普通高等教育
"十一五"国家级规划教材

教育类专业基础课系列教材

第五版

教育统计学

王孝玲◎著

华东师范大学出版社
上海

图书在版编目(CIP)数据

教育统计学/王孝玲著. —5 版. —上海:华东师范大学
出版社,2014.9
教育类专业基础课系列教材
ISBN 978-7-5675-2554-2

Ⅰ.①教…　Ⅱ.①王…　Ⅲ.①教育统计-统计学-高
等学校-教材　Ⅳ.①G40-051

中国版本图书馆 CIP 数据核字(2014)第 217135 号

教育类专业基础课系列教材

教育统计学(第五版)

著　　者　王孝玲
责任编辑　吴海红
审读编辑　宋亚洲
装帧设计　卢晓红

出版发行　华东师范大学出版社
社　　址　上海市中山北路 3663 号　邮编 200062
网　　址　www.ecnupress.com.cn
电　　话　021-60821666　行政传真 021-62572105
客服电话　021-62865537　门市(邮购)电话 021-62869887
地　　址　上海市中山北路 3663 号华东师范大学校内先锋路口
网　　店　http://hdsdcbs.tmall.com

印 刷 者　昆山市亭林印刷有限责任公司
开　　本　787毫米×1092毫米　1/16
印　　张　23.5
字　　数　584千字
版　　次　2015 年 2 月第 5 版
印　　次　2024 年 7 月第 17 次
书　　号　ISBN 978-7-5675-2554-2/G·7624
定　　价　52.00 元

出 版 人　王 焰

(如发现本版图书有印订质量问题,请寄回本社客服中心调换或电话 021-62865537 联系)

JIAOYUTONGJIXUE

第 五 版 前 言

　　该书自 1986 年出版至今，28 年来每年从未间断过印刷。据《中国教育报》2004 年 1 月 1 日第 5 版报道，由全国教师用书发行协会的统计，在全国高校教育统计学教材发行量排行榜上名列第一。该书修订二版获得了 2003 年度上海市优秀教材奖。2006 年，该书被列为普通高等教育"十一五"国家级规划教材。2009 年该书第四版荣获中国大学出版社图书奖首届优秀教材奖二等奖。

　　为了适应日益发展的教育科研数量化分析的需要，该书必须更新，即增加新的而去掉旧的统计方法和计算手段。本着这一原则此次作如下修订：

　　增加了常用的多元统计方法"主成分分析"、"聚类分析"两章，使多元统计的内容更加充实、完整、齐全；重新编排和调整了多元统计方法的章节次序，使其组织结构更加合理、顺畅、符合逻辑。

　　删去了较为陈旧的统计方法及已经过时的统计工具的使用；减化了不常用的冗长的统计附表；合并了重复的计算过程；紧缩了公式及计算式的表达形式；去掉了公式的推导及绝大部分证明（因为这是数理统计学的任务）；精减了对教育统计学来说不甚重要的理论与概念。

　　党的二十大报告提出，要"加快建设教育强国"，"坚持以人民为中心发展教育，加快建设高质量教育体系"。

　　本教材深入贯彻党的二十大精神，引导学生在对教育问题进行定量分析时，能够充分利用现代技术手段进行数据采集和处理，优化数据收集和分析方法，以进一步提高教育数据的科学性、准确性和实用性，为教育改革和发展提供有力支持。

　　在本次修订中，第十五章第三节和第十六章第四节，由中国浦东干部学院王君副教授撰写。衷心感谢许雷同志在本书的初版及几次修订中给予的帮助！

　　敬请同行、读者对此次修订版中的错误及不妥之处给予批评指正。

王孝玲

2023 年 5 月 20 日

第四版 前言

JIAOYUTONGJIXUE

该书于 1986 年出版以来,据《中国教育报》2004 年 1 月 1 日第 5 版报道,由全国教师用书发行协会的统计,在全国高校教育统计学教材发行量排行榜上名列第一。该书修订二版获得了 2003 年度上海市优秀教材奖。2006 年,该书被列为普通高等教育"十一五"国家级规划教材。

本次修订主要在以下几个方面:一是增加了多元统计方法中常用的"因素分析"一章,以适应日益发展的教育科研数量化分析的需要;二是全面系统地修改了符号系统,使之更清晰地表达统计量;三是更换了某些例子,使其更接近教育科研实际,应用时更具有可模仿性;四是引导读者综合地运用统计方法分析教育问题。

在本次修订中,第十五章第四节,由中国浦东干部学院王君副教授撰写。衷心感谢许敏、许雷两位同志在本书的初版及几次修订中给予的帮助!

限于作者的水平,此次修订版可能还会有错误或不妥之处,敬请同行、读者批评指正。

王孝玲

2007 年 8 月 23 日

目 录

目

录

第一章
绪　论

第一节　什么是教育统计学

一、教育统计学的任务

教育统计学是运用数理统计的原理和方法研究教育问题的一门应用科学。它的主要任务是研究如何搜集、整理、分析由教育调查和教育实验等途径所获得的数字资料,并以此为依据,进行科学推断,从而揭示蕴含在教育现象中的客观规律。但是从研究内容来说,教育研究课题的提出,内容的界定,对象范围的确定,假设的建立,结论的得出以及分析,却不是教育统计学的研究任务,因为这些问题还要依靠与研究内容有关的教育专业知识来解决。而教育统计学只能提供各种统计方法的应用条件和统计计算结果的解释。另外,统计原理和方法的数学证明及公式推导,也不是它的主要任务,而是数理统计学的任务。

二、教育统计学的内容

教育统计学的研究内容,从具体应用角度来分,可以分成描述统计、推断统计和实验设计三部分。由于实验设计比较复杂,可以独立成为一门学科,故一般教育统计学以阐述描述统计和推断统计两部分内容为主。

1. 描述统计

对已获得的数据进行整理、概括,显现其分布特征的统计方法,称为描述统计。通过教育调查和教育实验等获得了大量的数据,用归组、编表、绘图等统计方法对之进行归纳、整理,以直观形象的形式反映其分布特征;通过计算各种特征量,来反映它们分布上的数字特征。例如,计算集中量(如算术平均数、中位数、众数、加权算术平均数、几何平均数、调和平均数等)来反映它们的集中趋势;计算差异量(如全距、四分位距、百分位距、平均差、标准差、差异系数等)来反映它们的离散程度;计算偏态量及峰态量来反映它们的分布形态;计算相关量(如积差相关系数、等级相关系数、点二列相关系数、二列相关系数、Φ相关系数、四分相关系数、C相关系数、肯德尔和谐系数、多系列相关系数等)来反映两个或多个变量之间变化的一致性程度。这些均属于描述统计范围。其目的在于将大量零散的、杂乱无序的数字资料进行整理、归纳、简缩、概括,使事物的全貌及其分布特征清晰、明确地显现出来。

2. 推断统计

根据样本所提供的信息,运用概率的理论进行分析、论证,在一定可靠程度上对总体分布特征进行估计、推测,这种统计方法称为推断统计。推断统计的内容包括总体参数估计和假设检验两部分。例如,对总体参数值,即总体数字特征值(如总体平均数、总体标准差、总体相关系数等)的估计;对总体参数或总体参数之差(如总体平均数之差、总体方差之差、总体相关系数之差等)的假设检验;对总体分布是否服从某种分布的假设检验,等等,都属于推断统计的范围。其目的在于根据已知的情况,在一定概率意义上估计、推断未知的情况。

三、教育统计学是教育科研定量分析的重要工具

凡是客观存在的事物,都有数量的表现。凡有数量表现的事物,都可以进行测量。教育现象是一种客观存在的事物,它也有数量的表现。虽然教育现象具有多变性,而且引起它发生变化的因素甚多,难以准确地测量,但是它毕竟还是可以测量的。因此,在进行教育科学研究时,在一定条件下,是可以对教育现象进行定量分析的。教育统计学就是对教育问题进行定量分析的重要科学工具。无论是教育调查,还是教育实验,都需要用统计方法进行处理和分析。特别是教育实验,步步都离不开统计的方法和原理。例如,实验的设计,被试的选择,样本容量的确定,实验因子的安排,无关因素的控制,数据的整理、分析,统计的推断,结果的表述和解释等,各个环节都必须对统计方法有较深刻的理解和熟练的掌握,才能顺利进行。

第二节 教育统计学中的几个基本概念

一、随机变量

为了解释随机变量的概念,先介绍随机现象和随机事件。

具有以下三个特性的现象,称为随机现象。第一,一次试验有多种可能结果,其所有可能结果是已知的;第二,试验之前不能预料哪一种结果会出现;第三,在相同的条件下可以重复试验。例如,抛一枚硬币,有两种可能结果:不是正面朝上,就是反面朝上;究竟哪面朝上,事先不能预料;相同的条件下可以重复抛多次。这种现象是随机现象。随机现象的每一种结果叫做一个随机事件。这些随机事件在一次试验中,可能出现,也可能不出现,而在大量重复试验中,它们的发生却具有一定的规律性。例如,硬币的正面朝上称为随机事件 A,反面朝上称为随机事件 B。在抛一次硬币时,事件 A 可能发生,也可能不发生,但如果重复抛许多次,事件 A 的发生就会具有某种规律性,即它出现的频率接近 $1/2$。我们把能表示随机现象各种结果的变量称为随机变量。统计处理的变量都是些随机变量。例如,学生的身高、体重、性别、智商、某科考试成绩,教师的人数、年龄、教龄、工资,等等。本书用大写英文字母 X、Y 等,分别表示不同的随机变量。例如,用 X 表示某班语文测验分数这一随机变量;用 Y 表示数学分数这一随机变量。而该班每个学生的语文分数可以分别用 X_1,X_2,…,X_n 或 X_i 来表示;数学分数可以分别用 Y_1,Y_2,…,Y_n 或 Y_i 来表示。每个随机事件往往表现为一种数值。对于不是以数值表示的随机事件,可以将之数量化。例如,可将高考录取和未录取分别用 1 和 0 表示,将品德评定的优、良、中、差等级分别用 4、3、2、1 表示。

二、总体和样本

总体是我们所研究的具有某种共同特性的个体的总和。总体中的每个单位称为个体。我们所要研究的往往是这些个体某一方面的特性,如学生的身高、体重,某种知识、能力,作

业所用的时间,等等。但是总体中的个体,不一定是人的某种属性。假如,我们要考查小学生的识字量,这时,从测验材料角度来说,所有的常用字就是一个总体,而其中的每个字就是个体。样本是从总体中抽取的作为观察对象的一部分个体。当对总体某种特性进行研究时,限于人力、物力、经费和时间,不可能将总体中的每一个个体一一进行观测,往往需要从中抽取一部分个体,作为样本进行观察、分析,然后根据样本所获得的信息,在一定可靠度上推断总体。

当总体所包含的个体数目有限时,这一总体称为有限总体。而总体所包含的个体数目无限时,则称为无限总体。例如,我们研究某区高三英语毕业会考成绩,这是个有限总体。当我们研究 8 岁女童的身高,以古代人、现代人、中国人、外国人作为测查对象时,则这里的 8 岁女童为无限总体。从理论上说,如果我们对某个地区 8 岁女童的身高(有限总体)进行无限次的测量,则测量的一切可能结果,也可形成一个观察值上的无限总体。有限总体内所包含的个体数目,一般用 N 来表示。在实际研究工作中,总体应当选择有限的还是无限的,以及对于有限总体来说,总体内应当包含多少个体,这都应依研究的问题所欲推断的范围而定。例如,从某区随机抽取 6 所学校,对其学生家长的职业进行调查。此时,这 6 所学校的学生家长,可以作为该区的样本,同时也可以作为这 6 所学校的总体。总体和样本是相对的。当然,总体内的个体要有相当大的数量。以一个班的几十个人作为一个总体,未免太小。

样本中包含的个体数目称为样本的容量,一般用 n 表示。样本中个体数目大于 30 一般称为大样本,等于或小于 30 称为小样本。在有些情况下对数据进行统计处理时,大样本和小样本所用的统计方法并不相同。关于从总体中用什么方式抽取样本,样本容量如何确定,将在后面有关章节中加以叙述。

三、统计量和参数

样本上的数字特征是统计量。也就是说,根据实得的数据所计算出的能够描述这组数据各种特征的数量是统计量。例如,描述一组数据集中趋势的一种统计指标称为平均数(用 $\overline{X}$ 或 $\overline{Y}$ 表示);描述一组数据分散程度的一种统计指标称为标准差(用 σ_X 表示);描述某一事物两种特征之间关系的统计指标称为相关系数(用 r 表示),等等。这些都是统计量。

总体上的各种数字特征是参数。也即反映总体上各种特征的数量是参数。例如,反映总体集中趋势的一种统计指标称为总体平均数(用 μ 表示);反映总体内个体间分散程度的一种统计指标称为总体标准差(用 σ 表示);反映某一事物的两种特征之间在总体内变化关系的一种统计指标称为总体相关系数(用 ρ 表示),等等。这些都是总体参数。

在进行统计推断时,就是根据样本统计量来推断总体相应的参数。如根据样本的平均数推断总体的平均数;根据样本的标准差推断总体的标准差;根据样本的相关系数推断总体的相关系数;或者根据样本某种统计量指标的差数,推断总体相应指标差数的参数。

━━◁⚡ 练 习 题 ⚡▷━━

1. 什么是教育统计学?它的研究任务及主要内容是什么?
2. 学习教育统计学有什么重要意义?
3. 什么叫随机变量、总体与样本、统计量与参数?

第二章
数据的初步整理

第一节　数据的来源、种类及其统计分类

统计所处理的是数字资料。搜集数字资料是统计工作的第一步,而且是统计整理和分析的基础。如果搜集的资料不准确、不完整、不系统,那么不仅资料本身无应用价值,而且以此为依据所进行的统计整理和分析,会导致错误的结论。因此,搜集资料是统计工作的重要一环。

一、教育统计资料的来源

教育统计资料的来源有两个方面。

1. 经常性资料

主要指文字记载的资料,包括日常工作记录和统计报表等。例如,学校中关于老师的年龄、教龄、职称、工资、教育和教学工作情况的记录,关于学生的学期和学年各科成绩、品德评定、健康状况、奖惩情况、家长职业的记录,学校经费使用的记录,学制、课程、教材、教法改革情况,以及教育科学研究成果的记录,等等。统计报表主要是指教育部门逐级向上呈报的各种表格,如教职工登记表,在校各年级学生人数登记表,毕业生登记表,经费收支情况登记表,等等。

2. 专题性资料

如果要分析、研究某一专门的问题,仅靠经常性资料是远远不够的,必须进行专题性的教育调查或实验。通过专题性的调查或实验所获得的资料称为专题性资料。

（1）教育调查

教育调查是指在没有预定因子、不施行控制的条件下,对现成的教育方面有关客观事实所进行的观察和分析。它是教育科学研究中普遍采用的一种方法。

从调查方法来分,可分为现情调查、回顾调查和追踪调查。现情调查是指对当前正在发生的或存在着的事物所进行的调查。如对中学教师学历的调查。回顾调查是指用追溯方法来探索造成结果的因素,从果到因地研究问题的方法。如对犯罪青少年的犯罪原因的调查。追踪调查是指对同一批调查对象,在较长时期内作间隔性的观察分析。如对某县 100 名妇女的识字量,在十年之内每年测试一次,以了解其复盲情况的调查。

从调查范围来分,可分为全面调查和非全面调查。全面调查就是在一定范围内的普查。如对某城市中学生所进行的视力普查。非全面调查是指对从总体中抽取的一部分对象所进行的调查。在非全面调查中又分为抽样调查和典型调查。如上例,限于时间和人力,不能对该城市所有中学生的视力——进行测查,可从中随机抽取数所中学进行测查,以了解全城市的情况,这就是抽样调查。若从该城市中挑选视力保护工作较好的(或较差的)中学进行测查,以总结经验(或教训),这就是典型调查。

为了通过调查取得真实、准确、可靠、系统、完整的数据,必须有周密的调查计划,不仅应当明确调查目的、指标、方法,而且应当明确调查所获得数据的类型,以及统计处理的方法。

（2）教育实验

教育实验是指在预定的控制因子影响下,对教育方面有关客观事实所进行的观察和分析。

为了突出实验因子的作用,排除非实验因子的干扰,显现实验者所操纵的自变量对因变量的影响,一般设立两种实验处理进行对照和比较。根据两种实验处理对照比较的形式不同,分为单组实验、等组实验和轮组实验。单组实验是指对同一组实验对象先后施行两种实验处理。如,先以每人单独的形式跑 100 米,休息一小时后,再以两人竞赛的形式跑 100 米,看两种赛跑形式对跑 100 米所需时间的影响。等组实验是指在甲、乙两组条件基本相同的情况下,对之施行不同的实验处理。为了使两组对象条件相同,也可以将两组对象依据条件相同的原则一一配对。如根据两组学生的年龄、年级、性别、近视情况一一配对,然后一组学生采用雾视法（即每日戴老花眼镜远眺半小时）治疗假性近视眼,另一组学生不戴眼镜或每日戴平光眼镜远眺半小时,治疗假性近视眼,以对照比较两种治疗方法的效果。轮组实验是指在实验组和对照组分别进行两种实验处理,并且每种处理各重复一次,也即每个或多个单组实验的联合。假如在甲、乙两组进行 A、B 两种实验处理,甲组实验次序为先 A 后 B,重复时则为先 B 后 A;乙组实验次序为先 B 后 A,重复时则为先 A 后 B。仍以跑 100 米的形式不同为例来说明轮组实验。甲组第一天先以每人单独形式跑 100 米,休息一小时后,再以两人竞赛形式跑 100 米。第二天,甲组先以两人竞赛形式跑 100 米,休息 1 小时后,再以每人单独形式跑 100 米。而乙组第一天先以两人竞赛形式跑 100 米,休息 1 小时后,再以每人单独形式跑 100 米。第二天,乙组先以每人单独形式跑 100 米,休息 1 小时后,再以两人竞赛形式跑 100 米。这种布置可以消除因时间顺序不同所带来的误差。

二、数据的种类

数据是随机变量的观察值。它是用来描述对客观事物观察测量结果的数值。当我们对某个随机变量进行观测时,事先不能预料会取到什么值,一旦某个值被取定,就称这个值为随机变量的一个观察值,即数据。

数据的种类不同,统计处理的方法也不同。统计数据按来源可分为点计数据和度量数据;按随机变量取值情况,可分为间断型随机变量的数据和连续型随机变量的数据。

1. 点计数据和度量数据

点计数据是指计算个数所获得的数据。如学校数、班级数、学生数、教师数、课程数、教室数、教学仪器数等。

度量数据是指用一定的工具或一定的标准测量所获得的数据。例如,用测高器测得学生身高的数据,用秒表测得学生完成某种作业所用时间的数据,用某种智力测验测得学生智商的数据,用某学科测验获得学生该科知识、能力、掌握情况的数据,等等。

2. 间断型随机变量的数据和连续型随机变量的数据

取值个数有限的数据,称为间断型随机变量的数据。这种数据的单位是独立的,两个单位之间不能再划分成细小的单位,一般用整数表示。例如,三好学生人数、某门学科不及格人数;学生的智力、学科成绩等项指标按优劣程度分别排列的名次;用 1、2、3、4、5 五个等级,对学生的品德、兴趣、爱好、活动能力等所打的成绩,都属于间断型随机变量的数据。

取值个数无限的(不可数的)数据,称为连续型随机变量的数据。它们可能的取值范围能连续充满某一个区间。数据的单位之间可以再划分成无限多个细小的单位。数据可以用小数表示。例如,学生的身高、体重、智商、用百分制分数表示的学科成绩、完成作业所用的时间等,都属于连续型随机变量的数据。

三、数据的统计分类

数据的统计分类,是指按照研究对象的本质特征,根据分析研究的目的、任务,以及统计分析时所用统计方法的可能性,将所获得的数据进行分组归类。分类时要抓住研究对象的本质特性,并对它的概念作出明确、严格的界定。分类标志(即分组所依据的特性)既要明确,又要前后一致,也能将全部数据包含在内。分类不仅以研究对象的本质特性为依据,还要以研究目的、任务的需要为依据,当然也应考虑到统计方法的可能性。

分类标志按形式划分,可分为性质类别和数量类别。性质类别是按事物的不同性质进行分类。这种分类不表明事物之间的差异。例如,将学生分成男生与女生,将实验对象分成实验组与对照组,将作文成绩分为甲、乙、丙、丁,将健康状况分为好、中、差等。虽然后两例的分类,有好坏之分,但不能比较相差的数量。性质类别还可以进一步分成不同的层次。如本章第二节的表2.6是按性别和操行评定等级两个层次进行分类;表2.7是按班级、性别、操行评定等级三个层次进行分类。数量类别是按数值大小进行分类,并排成顺序。在排列顺序时,可以直接按数值大小进行排列,也可以用等级顺序进行排列。

第二节 统 计 表

统计表是用来表达统计指标与被说明的事物之间数量关系的表格。它可以将大量数据的分类结果,清晰、概括、一目了然地表达出来,明显地反映出事物的全貌及其蕴含的特性,省去冗长的文字叙述,便于分析、比较、计算和记忆。

一、统计表的结构及其编制的原则和要求

统计表一般由标题、表号、标目、线条、数字、表注等项构成。

编制统计表的基本原则是:表的结构要简单明了。一张表只能有一个中心,说明的问题要重点突出,一目了然,避免绘制臃肿的包罗万象的大表;表的层次要清楚,项目、指标的排列要按照逻辑顺序合理安排。

统计表的基本格式如表2.1所示。现按表的组成部分来说明编制的要求。

表2.1 统计表的基本格式

△△△△△△

	(顶线)
横标目的总标目 (亦可空白)	纵 标 目 (一般设谓语)
横 标 目 (一般设主语)	数 字
	(底线)

1. 标题

标题是表的名称,应确切地、简明扼要地说明表的内容。标题应写在表的上方。必要时,应在标题下注明资料的来源(地点、单位)和时间。

2. 表号

表号是表的序号。若文章中有几张表,则需按它们出现的先后次序编上序号,并写在标题的左方。

3. 标目

标目是表格中对统计数据分类的项目。按标目在表中的位置,可分为横标目和纵标目。位于表的左侧者为横标目,因为它与所指明的数字在同一横行;位于表的上端者为纵标目,因为它与所指明的数字在同一纵列。必要时,在横标目或纵标目的上方加上适当的总标目。按标目的内容又可以分为主语和谓语。主语是统计表叙述的对象,谓语是用以叙述的统计指标。由于横行书写的习惯,一般把主语放在横标目上,谓语放在纵标目上。如表 2.6 就是把主语(男、女学生)放在横标目上,谓语(甲、乙、丙、丁等级)放在纵标目上。但当主语较复杂时,可移动一部分到纵标目上去;如谓语较复杂时,可移动一部分到横标目上去。表 2.7 就是把主语的一部分(男、女学生)移到了纵标目上。一个设计良好的统计表,循"主语—谓语—数字"自左向右的顺序阅读,可以形成一个通顺的句子。例如表 2.6,可读为:某年级操行评定结果,男同学甲等有 14 人,乙等有 30 人,丙等有 14 人,丁等有 4 人;女同学甲等有 17 人,乙等有……

4. 线条

线条不宜过多。顶线、低线、隔开纵标目与数字的横线,以及隔开横标目与数字的纵线,是表的四种基本线条。如设有总和,可在总和上方添一横线。其余线条应尽量减少。特别是表的左上角不宜有斜线,表的中间不要有横线,表的左右两侧不要用纵线封闭。

5. 数字

表内数字必须准确,一律用阿拉伯字母表示,位次对齐,小数的位数一致。表内不应有空格。暂缺或未记录可用"…"或"……"表示,无数字用"—"表示,数字若是"0",则应填写"0"。

6. 表注

它不是表的必要组成部分。若确有必须补充说明的问题,可用简短的小号字写在表的下方。

二、统计表的种类

1. 简单表

只列出观察对象的名称、地点、时序或统计指标名称的统计表为简单表。如表2.2、2.3、2.4所示。

表 2.2　某年级各班学生人数

班　别	一班	二班	三班	四班	总和
人　数	42	36	50	45	173

表 2.3　某校高三学生各年高考录取人数

年　份	1996	1997	1998	1999	2000	总和
高考录取人数	132	154	144	123	125	678

表 2.4　某班各科期末成绩

学科名称	语　文	数　学	英　语
平均分数($\overline{X}$)	71	80	78

2. 分组表

只按一个标志分组的统计表为分组表。如表 2.5 就是只按年龄这一标志分成各年龄组。

表 2.5　上海市区男幼儿 20 米跑步用时

年　龄　组	3 岁—	4 岁—	5 岁—	6 岁—
平均秒数($\overline{X}$)	7.71	7.16	6.04	5.53

资料来源：引自《华东师范大学学报》(教育科学版)，1985 年第 2 期第 30 页。

3. 复合表

按两个或两个以上标志分组的统计表为复合表。如表 2.6 是按性别和操行评定等级两个标志进行分组的。按两个标志分组的统计表称二项表。表 2.7 是按照班级、性别、操行评定等级三个标志进行分组的。按三个标志分组的统计表称三项表。

表 2.6　某年级操行评定结果

性　别	甲		乙		丙		丁		总和
	人数	%	人数	%	人数	%	人数	%	
男	14	22.58	30	48.39	14	22.58	4	6.45	62
女	17	29.31	24	41.38	16	27.59	1	1.72	58
总　和	31		54		30		5		120
百分比	25.83%		45%		25%		4.17%		100%

表 2.7　某年级操行评定结果

班　别	甲		乙		丙		丁		总和
	男	女	男	女	男	女	男	女	
一　班	6	5	8	8	6	4	2	1	40
二　班	5	5	9	10	3	3	1	1	37
三　班	7	6	9	8	4	3	0	1	38
总　和	18	16	26	26	13	10	3	3	115

三、频数分布表列法

某一个随机事件在 n 次试验中出现的次数称为这个随机事件的频数。各种随机事件在 n 次试验中出现的次数分布称为频数分布。将其用表格形式表示出来称为频数分布表。例如,对某年级学生进行某科考试,一个学生做这份试卷,就是进行一次试验。120 个学生参加这次考试,就是进行 120 次试验。若其中获 72 分者有 15 人,则 15 就是 72 分这一随机事件出现的频数。从最低分 52 到最高分 96 之间各种分数出现的次数分布,就是这 120 人该科考试成绩的频数分布。用表格形式表示出来就是频数分布表。

1. 简单频数分布表

(1)间断变量的频数分布表

例如,某班 38 名学生,对 6 道选择题做对的频数分布,可用表 2.8 来表示。即全没做对的有 1 人,做对 1 题的有 3 人……

表 2.8　38 名学生 6 道选择题做对的频数分布

做对题数	0	1	2	3	4	5	6	总　和
频　数	1	3	6	13	10	4	1	38

(2)连续变量的频数分布表

现以笔者对华东师大附小二年级 80 名学生身高的实测数值(如表 2.9)为例,说明连续变量简单频数分布表的编制步骤。

表 2.9　师大附小二年级 80 个学生身高实测数值

135	134	129	133	131	131	131	134	125	128
135	127	127	133	130	132	132	129	124	132
122	124	127	131	137	132	133	134	124	128
135	133	131	123	115	132	134	138	124	132
128	136	127	120	125	131	136	127	124	129
129	132	138	125	131	120	121	144	128	133
128	127	130	120	121	122	127	121	125	130
140	121	126	130	122	128	127	125	127	131

① 求全距　在全部观察值中找出最大值和最小值,求其差,此差称为全距(用 R 表示)。本例的全距:

$$R = 144 - 115 = 29(\text{cm})$$

② 决定组数和组距　将全距分成若干组时,要确定组数和组距。组数就是分组的个数(用 k 表示)。组距就是每一个组内包含的距离(用 i 表示)。组数和组距是相互关联的,在确定时应同时考虑。原则上是,样本容量大,如几百、几千个,可组距小些,组数多些;样本容量小,如几十个,可组距大些,组数少些。分组一般以 10—15 组为宜,10—20 组也可以。最多不超过 20 组,最小不少于 10 组。最常用的组距为 1、2、3、5、10 个单位等。分组过多,不仅计算麻烦,而且由于组距范围太狭,不易反映整个分布的趋势;分组过少,会将许多不同的事实归在一起,误差较大,容易失去准确性。本例分成 10 组,组距应为 2.9 厘米($i = R/k = 29/10 = 2.9$),为了计算方便,可取整数 3 厘米。

③ 决定组限　组限就是每组的起止范围。每组的最低值为下限,最高值为上限。但是对于连续数据来说,各组的真正上限很难表示出来。如果将表 2.10 第一组的上、下限表示为 115—117,那这 117—118 之间的一段距离就置于这组之外了,这就破坏了全距的连续性。因

此,无需写出各组的上限,数值较大一组的下限就是数值较小一组的上限。如表 2.10 第一组的上限 118,就是第二组的下限。在归组时,如果有的数据正好等于某组的下限,可将之归入数据较大的一组。例如可将 118 归入第二组,将 121 归入第三组。

表 2.10　师大附小二年级 80 个学生身高的频数分布

身 高 (1)	登 记 (2)	频 数 (3)
115—	|	1
118—	|||	3
121—	丗|||	8
124—	丗 丗|	11
127—	丗 丗 丗||||	19
130—	丗 丗 丗||||	19
133—	丗 丗||	12
136—	丗	5
139—	|	1
142—	|	1
总　和		80

在发表资料和计算分析时,可用组中值表示各组的组限。所谓组中值就是每组上、下限的中点。即上、下限的平均值[组中值＝(上限＋下限)/2]。如表 2.11 第(2)列所示。

表 2.11　二年级 80 个学生身高的频数、累积频数、累积百分比分布表

身 高 (1)	组中值 (2)	频 数 (3)	累积频数 (4)	累积百分比 (5)
115—	116.5	1	1	1.25
118—	119.5	3	4	5.00
121—	122.5	8	12	15.00
124—	125.5	11	23	28.75
127—	128.5	19	42	52.50
130—	131.5	19	61	76.25
133—	134.5	12	73	91.25
136—	137.5	5	78	97.50
139—	140.5	1	79	98.75
142—	143.5	1	80	100.00
总　和		80		

④ 登记频数　分好了组之后,就可以将每个数据按所属的组一个一个地登记于表内。如可将表 2.9 中学生身高的每一个数据登记在表 2.10 的第(2)列内。登记的符号:\|、\|\|、\|\|\|、\|\|\|\|、丗;或一、丅、下、正、正。登记完毕,得出各组的频数(f),用数字记入第(3)列。

教育统计学

频数分布表是对杂乱无序的数据进行整理的重要手段。通过频数分布表可以直观地看出各种数据出现的次数,以及分布的状况,数据集中的趋势和差异情况。例如,从表 2.10 可以看出,该校二年级学生身高在 127～130 厘米的人数为最多,其平均身高可能就在此之间;最矮者不低于 115 厘米,最高者不超过 144 厘米,而且这两种人数最少;在人数最多一组的两侧,人数分布趋于对称。

2. 累积频数和累积百分比分布表

（1）累积频数分布表

用累积频数表示的频数分布表称为累积频数分布表。

累积频数分布表的编制步骤大致与简单频数分布表相同,其不同之处在于,登记频数时从数值最小的一组开始,每降下一组,必须把以上各组的频数累积起来,登记进去。如表 2.11 第（4）列所示。本例数值最小一组的频数为 1,因为以上无频数,故该组的累积频数为 1。往下第二组的频数为 3,该组累积频数为 $3+1=4$。往下第三组的频数为 8,该组的累积频数为 $8+3+1=12$,以此类推,一直登下去。最低一组的累积频数应当等于总频数。于是由表 2.11 的第（1）和第（4）列,构成累积频数分布表。

（2）累积百分比分布表

累积百分比分布表是累积频数分布表的变形。它是用累积百分比表示的频数分布表。其编制方法,是将各组的累积频数除以总频数再乘以 100。如表 2.11 的第（5）列所示。由表 2.11 第（1）和第（5）列,构成累积百分比分布表。

在教育测量中,常常依据实测数据编制成百分等级量表,用来说明、解释和评价某一测验的原始分数之优劣,以及在团体中的位置。这种量表就是利用累积百分比分布表的编制方法编制而成。

第三节　统　计　图

统计图是用来表达统计指标与被说明的事物之间数量关系的图形。它是整理数据的一种方法。它以直观形象的形式表达出事物的全貌及其分布特征,使人一目了然,便于理解,印象深刻,容易记忆。在运用统计图时,一般附有统计表。

一、统计图的结构及其绘制规则

统计图由标题、图号、标目、图形、图注等项构成。下面按其构成部分说明绘图的基本规则。

1. 标题

图的名称应简明扼要,切合图的内容,必要时可注明时间、地点。图题的字体在图中为最大,自左向右写在图的下方。

2. 图号

文章中若有几幅图,则需按其出现的先后顺序编上序号,写在图题的左前方。

3. 标目

对于有纵横轴的统计图,应在纵横轴上分别标明统计项目及其尺度。横轴是基线,一般表示被观察的现象,尺度要等距,自左向右,由小到大,写在横轴的下方。纵轴是尺度线,尺度从0开始,自下而上,从小到大,写在纵轴的左侧。两个轴都要注明单位。

4. 图形

图形线在图中为最粗,而且要清晰。为了美观起见,图形的高与宽之比以3比5为宜。在一幅图中若有几个图形线相比较,可以用不同图形线加以区别,各种图形线的含义可用图例在适当位置加以标明。

5. 图注

图注不是图中必要的组成部分。图中若有必须加以解释的地方,可用图注加以说明。图注的文字要简明扼要,字体要小,写在图题的下方。

二、表示间断变量的统计图

1. 直条图

直条图是用直条的长短表示统计事项数量的图形。它主要是用来比较性质相似的间断性资料。按图形中被比资料的组数不同,可分为单式和复式两种。图形中被比事物是一组资料的,称为单式直条图。如图2.1就是根据表2.6某年级操行评定的甲、乙、丙、丁各等级人数(不分男女)一组资料绘制而成。图形中被比事物含两组或两组以上资料的,称为复式直条图。如图2.2就是根据表2.6男、女生操行评定两组资料绘制而成。按直条图排列的方向不同,又可分为纵条图(如图2.1a及图2.2a)和横条图(如图2.1b和图2.2b)。绘制直条图时,除按制图的基本规则之外,还应注意以下几点:

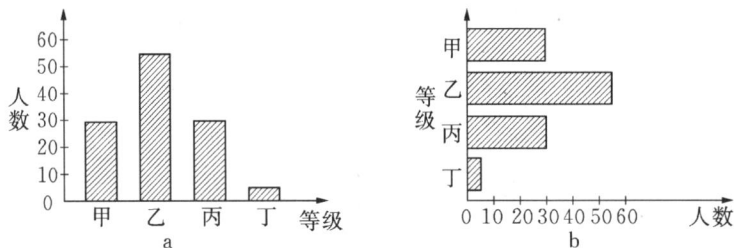

图2.1 某年级操行评定结果
资料来源:表2.6

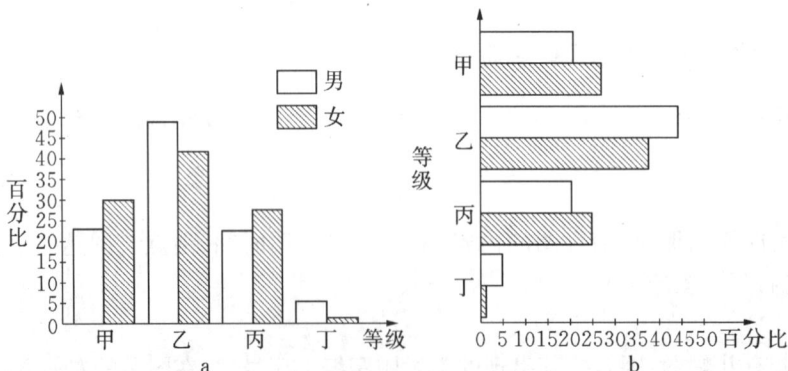

图2.2 某年级操行评定结果
资料来源:表2.6

第一,纵直条图以横轴为基线,横直条图以纵轴为基线。

第二,条宽应一致。条宽虽与数量大小无关,但为了美观,宽窄应适当。两排条形之间的间隔约为条宽的 $0.5 \sim 1$ 倍。

第三,各条形应按一定的顺序(如时间前后、数字大小、等级次序等)排列。

第四,直条的顶端和下端不要注写数字。

第五,在绘制复式直条图时,若两组被比事物总频数不同,尺度线应当用百分比表示。如图 2.2 就是根据表 2.6 男、女生各等级人数百分比绘制而成。因为男、女生人数各不相同,所以需要计算男女生各等级人数百分比。如男生甲等人数百分比为 $14 \div 62 \times 100\% = 22.58\%$,女生甲等人数百分比为 $17 \div 58 \times 100\% = 29.31\%$,其他依此类推。同一个指标上,被比的几个直条之间不必留空隙。

2. 圆形图

圆形图是用来表示间断性资料构成比的图形。圆形的面积表示一组数据的整体,圆中扇形表示各组成部分所占的比重。各部分的比重一般用百分比表示。

现用表 2.6 资料说明绘制圆形图的步骤。

第一,求各组成部分所占百分比。如表 2.6 某年级操行评定甲等人数百分比为 $31 \div 120 \times 100\% = 25.83\%$;乙等人数百分比为 $54 \div 120 \times 100\% = 45.00\%$……

第二,求各组成部分的中心角度数

	百分比	角度数
甲等	$360° \times 25.83\%$	$= 92.99°$
乙等	$360° \times 45.00\%$	$= 162.00°$
丙等	$360° \times 25.00\%$	$= 90.00°$
丁等	$360° \times 4.17\%$	$= 15.01°$

第三,以圆的下半径(或上半径)为基线,按被比事物特定顺序,根据各部分的角度数,以顺时针方向,用量角器将圆形分成几个扇形。

第四,用不同线条或不同颜色将各扇形加以区别,并在各扇形内用简要文字及百分比加以注明。如图 2.3 所示。若不在图中注明文字,可在图例中用文字注明各部分内容。

第五,若比较两组性质类似资料的构成比,可绘制直径相同、图中各部分内容排列顺序一致的两个圆相比较。如图 2.4 是某年级一班和二班作文成绩的比较。

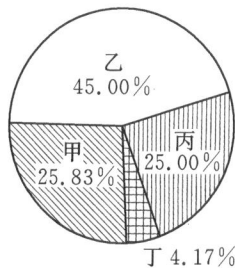

图 2.3 某年级操行评定结果
资料来源:表 2.6

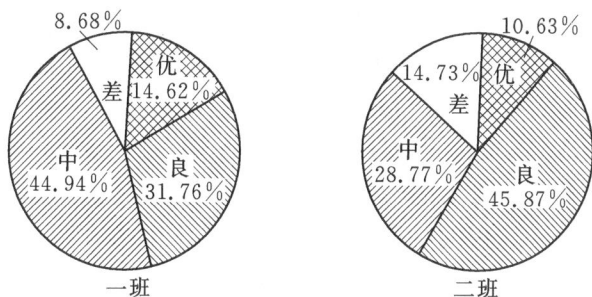

图 2.4 某年级一班和二班作文成绩

三、表示连续变量的统计图

1. 线形图

线形图用来表示连续性资料。它能表示两个变量之间的函数关系;一种事物随另一种事物变化的情况;某种事物随时间推移的发展趋势等。如图 2.5 就是用线形图来表示上海市区小学三、四年级每学月识字量增长率的情况。

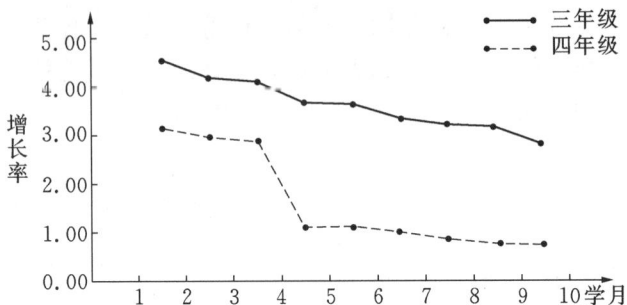

图 2.5　小学三、四年级各学月识字量增长率

绘制线形图的方法如下:

第一,一般横轴表示时间或自变量,纵轴表示频数或因变量。横轴可标出连续变量各组的上、下限或组中值,纵轴从 0 开始,标出频数或因变量的数值。

第二,在横轴各组中点,纵轴频数或因变量高度上描点,然后用直线连接每相邻的两点。

第三,图形线应按实际数字绘成折线,不要任意改为光滑曲线。

第四,图中几条相互比较的图形线,不宜过多,一般不超过五条,以免观察发生困难。每根图形线可以用不同形式表示,并用图例加以说明。但图中不必用文字或数字表示。

2. 频数分布图

常用的频数分布图有直方图、多边图和累积多边图。

(1) 直方图

直方图用面积表示频数分布。用各组上下限上的矩形面积表示各组频数。

现用表 2.11 的资料说明绘制直方图的步骤。

① 作横轴　首先把表 2.11 第(1)列的上、下限或第(2)列的组中值分置于横轴上。表 2.11 共有 10 个组,而作图时,须在横轴的两端至少各空出一个组距的位置。

② 作纵轴　将纵轴标明尺度及其单位,尺度从 0 标至含最大一组频数。

③ 在纵轴上定出各组频数高度,并在各组频数高度处划一横线与各组上、下限上的两条纵线相交,形成一个矩形　如图 2.6a 所示。由于横轴上各组距之间是连续的,故各矩形之间不能留空隙。甚至每个矩形的内侧垂线也可以不画。如图 2.6b 所示。

(2) 多边图

多边图以纵轴上的高度表示频数的多少。制图方法大体与直方图相同,其不同之处在于:以各组的中点为横坐标,以各组的频数为纵坐标描点,然后把每相邻两点用直线连接,即成多边图。图形两端应该引至外侧一组的中点与基线相接。如图 2.7 所示。

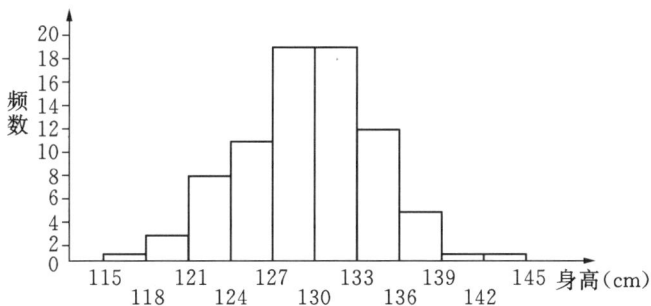

图 2.6a　二年级 80 个学生身高的频数分布直方图
资料来源：表 2.11

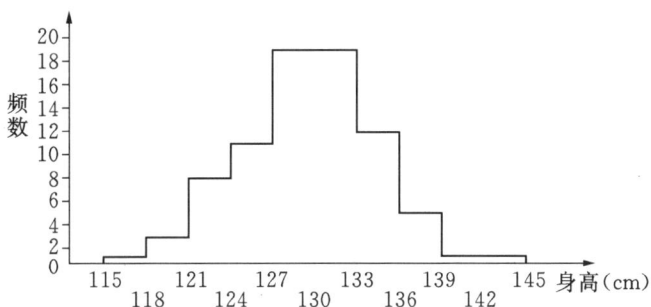

图 2.6b　二年级 80 个学生身高的频数分布直方图
资料来源：表 2.11

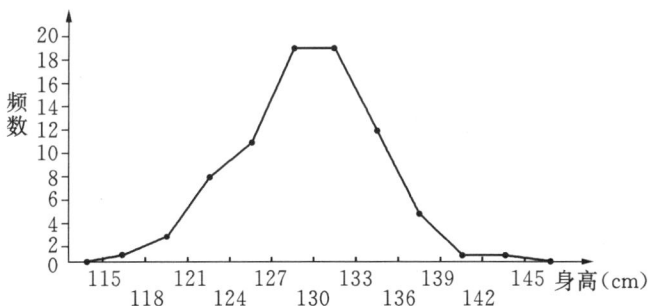

图 2.7　二年级 80 个学生身高的频数分布多边图
资料来源：表 2.11

　　多边图不仅能给人以更加简括的印象，而且在一个图上比较两组频数分布时，其交掩之处仍能明显地表示各自的面积。如图 2.8 就是在一张多边图上比较两所小学二年级身高频数分布的情况。绘图时，横轴尺度的起止范围，要能包括两组的所有数据。若两组数据总频数不同时，其纵轴应当用频数百分比（相对频数）表示。计算各组频数百分比的方法，见表 2.12 第(4)、第(5)列所示。

　　（3）累积频数和累积百分比多边图

　　现用表 2.11 资料说明绘制累积频数和累积百分比分布图的步骤。

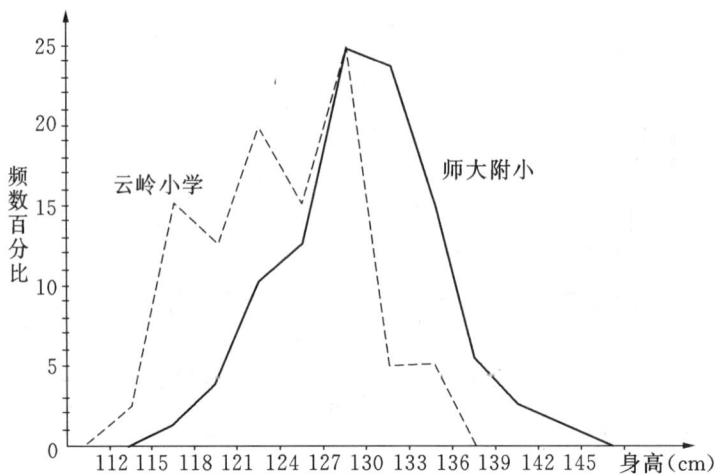

图 2.8　两所小学二年级学生身高频数百分比比较图

资料来源:表 2.12

表 2.12　师大附小和云岭小学二年级学生身高的频数百分比分布表

身　高 (1)	频　　数		频　数　百　分　比	
	师大附小 (2)	云岭小学 (3)	师大附小 (4)	云岭小学 (5)
112—		1		2.50
115—	1	6	1.25	15.00
118—	3	5	3.75	12.50
121—	8	8	10.00	20.00
124—	10	6	12.50	15.00
127—	20	10	25.00	25.00
130—	19	2	23.75	5.00
133—	12	2	15.00	5.00
136—	4		5.00	
139—	2		2.50	
142—	1		1.25	
总　和	80	40	100.00	100.00

① 作横轴　将表 2.11 第(1)列学生各组身高的上、下限分置于横轴上。

② 作纵轴　在纵轴上标明尺度与单位,以表示累积频数。

③ 描点　以各组上限为横坐标,以各组累积频数为纵坐标描点,用直线连接每相邻的两点,即成为累积频数多边图。图形左端应引至第一组的下限与基线相接。若将图形变成光滑的曲线,则如图 2.9 所示。

如若将纵轴表示累积频数百分比,则变成累积百分比多边图。对同一组资料,纵轴用累积频数与用累积频数百分比所作的图形是相同的。为了简便起见,就用纵轴右侧的尺度表示累积频数百分比。如图 2.9 右侧所示。累积频数和累积频数百分比多边图都呈 S 形,所以统称 S 形曲线。S 形曲线的用途很多,其特殊应用是:假如给出横轴上的一个分值,我们可以找出其百分位置。例如,要想知道身高 134.5 厘米的百分位置,就在横轴 134.5 厘米处作向

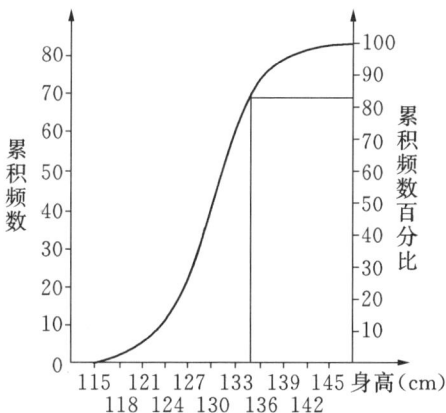

图 2.9　二年级 80 个学生身高的累积频数
和累积百分比分布图

资料来源:表 2.11

上的直线与曲线相交于一点,再从此点作一条和横轴平行的线与纵轴右侧的累积频数百分比线相交于一点(83,75),该点便是身高 134.5 厘米的百分位置。反之,如果知道纵轴上的百分位置,在横轴上也可以找出相应的分值。

在教育测量中,常利用绘制累积频数百分比分布图(即 S 形曲线)的方法,为某个标准化测验建立原始分数和百分等级的等值对应表,用此表来说明、解释、评价某个原始分数的优劣及其在团体中的位置。

📢⚡⚡ 练 习 题 ⚡⚡📢

1. 什么叫教育调查及教育实验?

2. 识别下列观察值所属的变量是连续变量还是间断变量?

① 实到学生有 36 人。

② 某学生身高为 1.61 米。

③ 父亲每月的工资为 5 500 元。

④ 某学生做对 14 道是非题。

⑤ 某学生跑 400 米用了 1 分 30 秒。

⑥ 某学生在用五级记分的体操比赛中获 3 分。

⑦ 某学生数学成绩为 85 分。

⑧ 某学生的智力在班里的名次为第 21 名。

3. 小学三年级某班珠算测验,在 5 分钟内做完 10 题的有 4 人,做完 9 题的有 7 人,做完 8 题的有 11 人,做完 7 题的有 9 人,做完 6 题的有 6 人,将之编成频数分布表。

4. 将下列 30 个英语分数编成组距为 5 的简单频数、累积频数、累积百分比分布表,并绘制成直方图、多边图、累积频数、累积百分比分布图。

```
76  71  66  63  88  83  77  72  68  64
70  76  81  79  73  71  66  61  55  65
74  86  78  82  74  84  67  72  76  74
```

5. 根据下表提供的某班数学测验成绩绘制以下几种图:

组　别	低	良	中	差
一	4	8	6	1
二	2	4	8	3
三	1	8	10	2

　　① 分别用单式纵条图、横条图和圆形图比较该班数学测验成绩各种等级的人数及构成比。

　　② 分别用复式纵条图和横条图比较三个小组数学测验成绩各种等级的人数百分比。

　　6. 把下列甲、乙两组学生化学成绩的分布制在同一个直角坐标上,以资比较。

化学成绩	20—	25—	30—	35—	40—	45—	50—	55—
甲组人数	3	1	6	10	18	21	29	28
乙组人数	1	14	20	19	21	21	14	13

化学成绩	60—	65—	70—	75—	80—	85—	90—	总和
甲组人数	40	31	32	19	14	10	4	266
乙组人数	5	4	2	0	0	0	0	134

JIAOYUTONGJIXUE

第三章
集 中 量

经过归组、列表、绘图等初步整理工作,数据分布的面貌和特征已经反映出来了。但是为了进一步分析研究,还需计算出描述一组数据的特征量,包括集中量(如算术平均数)、差异量(如标准差)、相关量(如积差相关系数)等。

集中量是代表一组数据典型水平或集中趋势的量。它能反映频数分布中大量数据向某一点集中的情况。例如,要想比较两个平行班某门学科的测验分数,不能将两个班中每个学生的分数一一列举出来进行比较。因为每个学生的测验分数由于多种因素的影响,大多是不相同的,用个别学生的分数进行比较是得不出什么结果的。如果将两个班的平均分数加以比较,就会既简洁又明了。虽然学生的分数有的高于平均数,有的低于平均数,与平均数之差有正有负,但是在求平均数的过程中就互相抵消了。

常用的集中量有算术平均数、中位数、众数等。现分述如下。

第一节　算术平均数

一、算术平均数的概念

算术平均数是所有观察值的总和除以总频数所得之商,简称为平均数或均数、均值,用 $\overline{X}$ 表示。它是统计学中最易理解最常应用的一种集中量指标。若以 X_1,X_2,$\cdots$,X_n 表示 X 变量的各个观察值,n 表示观察值的个数,则算术平均数可表示为

$$\overline{X} = \frac{X_1 + X_2 + \cdots + X_n}{n}$$

可概括为:

$$\overline{X} = \frac{\sum X}{n} \tag{3.1}$$

在这里,$\sum$ 表示总和的意思。

二、算术平均数的计算方法

1. 原始数据计算法

公式(3.1)就是用原始数据计算算术平均数的公式。例如,某小组 10 个学生的数学测验分数为:79、62、84、90、71、76、83、98、77、78。其算术平均数为

$$\overline{X} = \frac{79 + 62 + 84 + 90 + 71 + 76 + 83 + 98 + 77 + 78}{10} = 79.8$$

2. 频数分布表计算法

如果一组原始数据已经编成了频数分布表,而原始数据又不在手头上,这时,可利用频数分布表来求这组数据算术平均数的近似值。其计算方法是:各组组中值乘以各组频数,求其和,再除以总频数,即为这组数据算术平均数的近似值。因为频数分布表中每一组内的观察值虽然有高有低,但其误差趋于正负抵消,于是可以将每组的组中值近似地视为每组观察值的算术平均数。那么,每一组内观察值之和,就可以用该组的组中值乘以该组的频数而获得。例如表 3.1 第(4)列所示。而所有观察值的总和就可以用各组观察值之和的总和来代替。然后再除以总频数,即得算术平均数。用公式可表示为

$$\overline{X} = \frac{f_1 X_1 + f_2 X_2 + \cdots + f_K X_K}{f_1 + f_2 + \cdots + f_K}$$

$$= \frac{1}{n} \sum fX \tag{3.2}$$

在这里 X_1,X_2,$\cdots$,X_K 表示第一组到第 K 组的组中值

f_1,f_2,$\cdots$,f_K 表示第一组到第 K 组的频数

$\sum fX$ 表示各组组中值与频数乘积之和

$\sum f$ 表示频数总和($\sum f = n$)

用组中值计算算术平均数的步骤见表 3.1。

表 3.1　48 个学生数学分数算术平均数组中值计算表

分　数 (1)	组中值 X (2)	频　数 f (3)	组中值与频数之积 fX (4)	利用公式(3.2) 计算算术平均数 (5)
45—	47.5	1	47.5	
50—	52.5	2	105	
55—	57.5	0	0	
60—	62.5	2	125	$\sum fX = 3\,840$
65—	67.5	3	202.5	$\sum f = n = 48$
70—	72.5	8	580	$\overline{X} = \dfrac{3\,840}{48}$
75—	77.5	7	542.5	$= 80$
80—	82.5	7	577.5	
85—	87.5	7	612.5	
90—	92.5	5	462.5	
95—	97.5	6	585	
总　和		48	3 840	

用频数分布表中组中值近似计算的算术平均数与其真值非常接近。如该例用原始数据计算的算术平均数为 79.6,用组中值计算的算术平均数为 80,仅相差 0.4,即约 0.5%。

三、算术平均数的应用及其优缺点

算术平均数具备一个良好的集中量所应具备的一些条件:

一是反应灵敏。一组数据中任何一个数值发生或大或小的变化,所计算出来的算术平均数也会随之变大变小,能灵敏地反映出来。

二是严密确定。由同一组数据计算出来的算术平均数是同一个值。

三是简明易懂,计算简便。算术平均数的意义简单明了,容易理解。计算时,只需用简单的四则运算。

四是适合代数运算。例如,可以通过几个平均数求它们的总平均数,等等。

五是受抽样变动的影响较小,从同一个总体中随机抽取的容量相同的样本,所计算出的算术平均数与其他集中量指标相比,抽样误差较小。

除此之外,算术平均数还有几个特殊的优点:

第一,只知一组观察值的总和及总频数就可以求出算术平均数。

第二,用加权法可以求出几个平均数的总平均数。

第三,用样本数据推断总体集中量时,算术平均数最接近于总体集中量的真值,它是总体平均数的最好估计值。

第四,在计算方差、标准差、相关系数以及进行统计推断时,都要用到它。

但是,算术平均数却有以下几个缺点:

其一,易受两极端数值(极大或极小)的影响。如果一组数据中绝大多数数值都较高(或较低),而其中只有一个数值极低(或极高),由于每个数据都参加运算的结果,使所计算出来的算术平均数大大下降(或上升),这时,算术平均数就不足以代表这组数据的典型水平。

其二,一组数据中某个数值的大小模糊不清或不够确切时,就无法计算其算术平均数。

根据上述算术平均数的特性及其优缺点,可以看出,它所适用的条件是:一组数据中每个数据都比较准确、可靠;无两极端数值的影响;而且还要通过它计算其他统计量,这时,可以用它来作为集中量指标。

第二节　中　位　数

一、中位数的概念

中位数是位于依一定大小顺序排列的一组数据中央位置的数值,各有一半数据大于及小于这一数值分布着。可见,中位数是把按从小到大(或从大到小)排列的一组数据的数据个数一分为二的数值。用 Md 表示。它是集中量的一种指标,是百分位数的一种。

二、中位数的计算方法

1. 原始数据计算法

将一组原始数据依大小顺序排列后,若总频数为奇数,就以位于中央的数据作为中位数;若总频数为偶数,则以最中间的两个数据的算术平均数作为中位数。

例如,7 个数据从小到大排列为:3、5、7、8、9、11、14

因为数据个数为奇数,则位于中间的数值 8 就是中位数,即 Md = 8。

又如,8 个数据从大到小排列为:17、15、14、12、11、10、9、6

因为数据的个数为偶数,则位于最中间两个数据 12 与 11 的算术平均数就是中位数,则

$Md = (12 + 11) \div 2 = 11.5$。

由上述两个例子可以看出,中位数可能是一组数据中的某一个数值,也可能不是这组数据中的某一个数值。

2. 频数分布表计算法

若一组原始数据已经编成了频数分布表,可用内插法,通过频数分布表计算中位数。计算时,可以在频数分布表上由数值小向数值大的方向计算;也可以由数值大向数值小的方向计算。其计算公式为

$$Md = L_{md} + \left(\frac{n}{2} - n_1\right)\frac{i}{f_{md}} \quad \text{(由小向大计算)} \tag{3.3}$$

在这里　L_{md} 表示中位数所在组的下限

　　　　n 表示总频数

　　　　n_1 表示小于中位数所在组下限的频数总和

　　　　i 表示频数分布表上的组距

　　　　f_{md} 表示中位数所在组的频数

$$Md = U_{md} - \left(\frac{n}{2} - n_2\right)\frac{i}{f_{md}} \quad \text{(由大向小计算)} \tag{3.4}$$

在这里　U_{md} 表示中位数所在组的上限

　　　　n_2 表示大于中位数所在组上限的频数总和

现以表 3.2 为例,说明由数值小向数值大计算中位数的步骤。

表 3.2　48 个学生数学分数中位数计算表

分　数 (1)	频　数 (2)	累积频数 (3)	计算中位数 (4)
45—	1	1	
50—	2	3	
55—	0	3	
60—	2	5	$L_{md} = 80$
65—	3	8	$Md = L_{md} + \left(\dfrac{n}{2} - n_1\right)\dfrac{i}{f_{md}}$
70—	8 （$n_1 = 23$）	16	
75—	7	23	$= 80 + \left(\dfrac{48}{2} - 23\right) \times \dfrac{5}{7}$
80—	7 = f_{md}	30	$= 80.71$
85—	7	37	
90—	5 （$n_2 = 18$）	42	
95—	6	48	
总　和	48		

第一,求二分之一总频数。即 $\dfrac{n}{2} = \dfrac{48}{2} = 24$。

第二,确定中位数所在组。由小向大累积频数,直至略大于 $\dfrac{n}{2}$ 为止,该组就是中位数所

在组。表 3.2 中 80～85 这组,就是中位数所在组。

第三,确定从中位数所在组取多少个频数,就能使由小向大的累积频数等于 $\frac{n}{2}$。即 $\frac{n}{2} - n_1 = \frac{48}{2} - 23 = 1$。如图 3.1 所示。

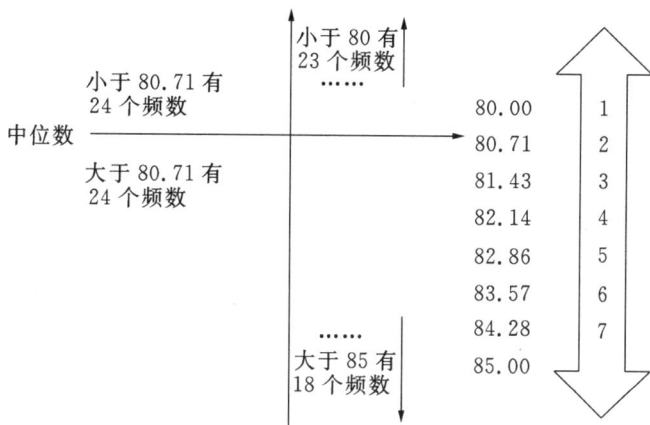

图 3.1　7 个频数在 80～85 一组的分布情况

第四,计算从中位数所在组所取频数的距离。即 $\left(\frac{n}{2} - n_1\right)\dfrac{i}{f_{\mathrm{md}}} = \left(\frac{48}{2} - 23\right) \times \frac{5}{7} = 0.71$。如图 3.1 所示。

第五,将以上所求结果与中位数所在组下限求和,便是中位数。

$$\mathrm{Md} = L_{\mathrm{md}} + \left(\frac{n}{2} - n_1\right)\frac{i}{f_{\mathrm{md}}} = 80 + \left(\frac{48}{2} - 23\right) \times \frac{5}{7} = 80.71$$

当由小往大计算中位数时,如果小于某一组下限的累积频数正好等于总频数的一半,那么该组的下限就是中位数;当由大往小计算时,大于某一组上限的累积频数正好等于总频数的一半,那么该组的上限就是中位数。

三、百分位数的概念及其计算方法

1. 百分位数的概念

百分位数是位于依一定顺序排列的一组数据中某一百分位置的数值。一般用 P_p 表示。例如,第 70 百分位数(P_{70}),就是在依从小到大排列的一组数据中小于这数值有 70% 个频数,大于这个数值有 30% 个频数的那个数值。中位数就是第 50 百分位数。小于它有 50% 个频数,大于它也有 50% 个频数。它是百分位数中的特例。

在教育测量中,常通过计算某个原始分数所属的百分位数来说明、解释、评价它在团体中所处的位置。

2. 百分位数的计算方法

在频数分布表上可以用内插法计算某个百分位数。其计算公式为

$$P_p = L_p + (pn - n_1)\frac{i}{f_p} \tag{3.5}$$

在这里 P_p 表示百分位数

p 表示与百分位数相对应的比数

n 表示总频数

L_p 表示百分位数所在组的下限

n_1 表示小于百分位数所在组下限的频数总和

f_p 表示百分位数所在组的频数

i 表示组距

例如，表 3.2 资料的第 30 百分位数，即 $P_p = P_{30}$。

$p = \dfrac{30}{100} = 0.30$，$n = 48$，$L_{30} = 70$，$n_1 = 8$，$f_{30} = 8$，$i = 5$，将以上数据代入公式(3.5)，则

$$P_{30} = L_{30} + (0.30n - n_1) \frac{i}{f_{30}} = 70 + (0.30 \times 48 - 8) \times \frac{5}{8} = 74$$

还可以利用第二章第三节累积百分比分布图（S 型曲线）来求某个百分位数。其方法就是在纵轴上确定所要求的百分位置，从该点出发作横线与曲线相交于一点，再从此点作垂线与横轴相交于一点，该点便是与某个百分位置相对应的百分位数。

四、中位数的应用及其优缺点

中位数虽然也具备一个良好集中量所应具备的一些条件，如它也比较严密确定，简明易懂，计算简便，受抽样变动影响较小，但与算术平均数相比是相形见绌的。例如，中位数不适合代数计算，它不能将几个中位数综合求出一个总的中位数；虽说中位数受抽样变动影响较小，但与算术平均数相比抽样偏差相对较大。不过中位数也有比算术平均数强的地方，那就是很少受两极端数值的影响，因为它不是由每个数据都参加运算求得，而是由数据的个数所决定，所以它反应不灵敏。但这正是中位数特殊应用价值之所在。它适用于以下几种情况：

- 一组数据中有特大或特小两极端数值时。
- 一组数据中有个别数据不确切、不清楚时。
- 资料属于等级性质时。

第三节 众 数

一、众数的概念

众数是集中量的一种指标，用 M_o 表示。它有理论众数及粗略众数两种定义方法。理论众数是指与频数分布曲线最高点相对应的横坐标上的一点。粗略众数是指一组数据中频数出现最多的那个数。理论众数可根据资料的分布形态，用积分法求得，但计算甚繁，一般是用经验公式求理论众数的近似值，或用观察法直接寻找粗略众数。

二、众数的计算方法

1. 用观察法直接寻找粗略众数

粗略众数不需要计算，可通过观察直接寻得。在一组原始数据中，频数出现最多的那个

数值就是众数。例如,一组原始数据 2、4、3、6、4、5、4,其中频数出现最多的数值是 4,于是 4 就是这组数据的众数。

在频数分布表中,频数最多一组的组中值就是粗略众数。例如在表 3.3 中,频数最多一组的频数为 19,这组(75～80)的组中值 77.5,就是表 3.3 资料的粗略众数。当两个相邻的组频数都是最多时,那么两组的分组点就是众数。

表 3.3　50 个学生语文分数的众数计算表

分　　数 (1)	频　　数 (2)	利用公式(3.6)计算众数 (3)
55—	1	
60—	3	
65—	4	$\overline{X} = 78.20$　Md = 77.89
70—	6	$M_o = 77.5$(粗略众数)
75—	19	$M_o \approx 3\text{Md} - 2\overline{X}$
80—	7	$= 3 \times 77.89 - 2 \times 78.20$
85—	5	$= 77.27$
90—	3	
95—	2	
总　　和	50	

2. 用公式求理论众数的近似值

求理论众数近似值的常用方法有两种。

(1) 皮尔逊(K. Pearson)的经验法

利用皮尔逊发现的算术平均数、中位数、众数三者关系来求理论众数近似值的经验公式为

$$M_o \approx 3\text{Md} - 2\overline{X} \tag{3.6}$$

但是,上述公式只有当频数分布呈正态或接近正态时才能使用。因为只有在这种条件下,众数才近似地等于三倍的中位数减去两倍的算术平均数。

例如,表 3.3 资料的算术平均数为 78.20,中位数为 77.89,根据公式(3.6),众数如该表第(3)列所示。

用公式计算出的众数 77.27 与用观察法寻得的众数 77.50 相差很少。

(2) 金氏(W. I. King)插补法

当频数分布呈偏态,即众数所在组以上各组频数总和与以下各组频数总和相差较多时,可以采用金氏公式计算众数,以进行比率调整。其公式为

$$M_o = L_{mo} + \frac{f_a}{f_a + f_b} \cdot i \tag{3.7}$$

在这里　L_{mo} 表示众数所在组的下限

　　　　f_a 表示大于众数所在组上限那个相邻组的频数

　　　　f_b 表示小于众数所在组下限那个相邻组的频数

　　　　i 表示组距

表 3.4 的频数分布呈偏态,则需用金氏公式来计算众数,如该表第(3)列所示。

表 3.4　66 个学生作文分数的众数计算表

分　数 （1）	频　数 （2）	利用公式（3.7）计算众数 （3）
32—	4	
35—	9	
38—	20	$L_{mo} = 38$　$f_a = 14$　$f_d = 9$
41—	14	$i = 3$
44—	7	$M_o = 38 + \dfrac{14}{14 + 9} \times 3$
47—	5	$= 39.83$
50—	4	
53—	2	
56—	1	
总　和	66	

　　该组资料由观察所得的粗略众数 39.50，由金氏公式计算所得的众数 39.83，两者也相差不多。

三、众数的应用及其优缺点

　　众数虽然简明易懂，较少受两极端数值的影响，但它并不具备一个良好集中量的基本条件。如，它随频数分布表上的组距变化而变化，即同一组资料在编制频数分布表时，组距不同，众数值就可能不同。所以它极不准确、极不稳定。它不适合代数计算，不能将几个众数综合求出一个总的众数。它受抽样变动较大。但可以利用它较少受两极端数值的影响、反应不灵敏的特点，在以下几种情况下使用。

　　• 当需要快速而又粗略地找出一组数据的代表值时。

　　• 当需要利用算术平均数、中位数、众数三者关系来粗略地判断频数分布的形态时。

　　• 利用众数帮助分析解释一组频数分布是否确实具有两个频数最多的集中点时。例如，当一个频数分布表上出现两个频数最多的组时，可以通过合并组距的方法视其资料的同质性。若合并后仍有两个集中点，则表明这组数据是由两种性质不同的资料混合在一起的。

四、算术平均数、中位数、众数三者的关系

　　算术平均数、中位数、众数的大小与频数分布的形态有关。

　　当频数分布呈正态时，算术平均数、中位数、众数三者重合为一点。即

$$\overline{X} = Md = M_o \text{（见图 3.2a）}$$

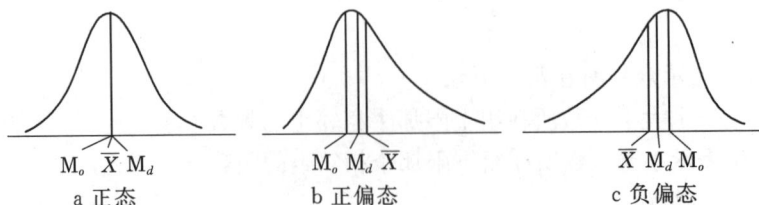

a 正态　　　　　　　b 正偏态　　　　　　　c 负偏态

图 3.2　算术平均数、中位数、众数三者在分布中的位置

当频数分布呈正偏态时，Md 居中，$\overline{X}$ 与 Md 距离较近，M_o 与 Md 距离较远。$\overline{X}$ 与 Md 的距离约占 $\overline{X}$ 与 M_o 距离的 1/3，而 M_o 与 Md 的距离约占 2/3。即：$\dfrac{\overline{X} - Md}{\overline{X} - M_o} = \dfrac{1}{3}$，且 $\overline{X} > Md > M_o$（见图 3.2b）。在负偏态时，为 $\overline{X} < Md < M_o$（见图 3.2c）。

第四节　加权平均数、几何平均数、调和平均数

加权平均数、几何平均数、调和平均数是在特定条件下需要用的平均数。

一、加权平均数

加权平均数是不同比重数据（或平均数）的平均数。用 $\overline{X}_w$（或 $\overline{X}_t$）表示。其计算公式有两种表示形式。第一种表示形式为

$$\begin{aligned} \overline{X}_w &= \frac{W_1 X_1 + W_2 X_2 + \cdots + W_n X_n}{W_1 + W_2 + \cdots + W_n} \\ &= \frac{\sum WX}{\sum W} \end{aligned} \qquad (3.8)$$

在这里　$\overline{X}_w$ 表示加权平均数

　　　　W 表示各观察值的权数

　　　　X 表示具有不同比重的观察值

例如，一个学生某门学科期中测验成绩为 72 分，期末测验成绩为 86 分，而期中与期末分数之比为 4 比 6，在求学期总平均分数时，应当用两种测验分数的加权算术平均数来表示。

$$\overline{X}_w = \frac{72 \times 4 + 86 \times 6}{4 + 6} = 80.4$$

学期总平均为 80.4 分。

第二种表示形式为

$$\begin{aligned} \overline{X}_t &= \frac{n_1 \overline{X}_1 + n_2 \overline{X}_2 + \cdots + n_K \overline{X}_K}{n_1 + n_2 + \cdots + n_K} \\ &= \frac{\sum n \overline{X}}{\sum n} \end{aligned} \qquad (3.9)$$

在这里　$\overline{X}_t$ 表示加权平均数

　　　　n 表示各组的频数

　　　　$\overline{X}$ 表示各组的平均数

例如，小学三年级的英语测验，甲班 32 人的平均分数为 72.6，乙班 40 人的平均分数为 80.2，丙班 36 人的平均分数为 75，全年级英语测验总平均分数应当用加权平均数来计算。

$$\overline{X}_t = \frac{72.6 \times 32 + 80.2 \times 40 + 75 \times 36}{32 + 40 + 36} = 76.21$$

全年级英语测验平均分数为 76.21。

公式(3.9)中的 n_1，n_2，…，n_K 为权数，它权衡了各小组平均数在总体平均数中所起的作用。这种方法在用组中值计算算术平均数时，已经运用过。各组的组中值相当于各小组的平均数，各组的频数就是权数。在计算平均数时，不是平等地看待各组组中值，而是用各组的频数权衡各组组中值在总平均数中的作用。

二、几何平均数

几何平均数是 n 个数值连乘积的 n 次方根。用 $\overline{X}_g$ 表示。

当一个数列的后一个数据是以前一个数据为基础成比率(即等比级数)增长时，要用几何平均数求其平均增长率(即等比级数中的比率)。几何平均数常用作速率的集中量。在教育方面，求学龄儿童人数的增加率、学校经费增加率、教师工资增加率、阅读能力进步率等，都要运用几何平均数。

几何平均数($\overline{X}_g$)的求法是 n 个数据连乘积的 n 次方根，用公式可以表示为

$$\overline{X}_g = \sqrt[n]{X_1 X_2 \cdots X_n} \tag{3.10}$$

在这里　X 表示后一个数是前一个数的倍数

n 表示后一个数是前一个数倍数的个数

例如，某校新生入学人数三年逐渐增加如下表，问平均每年入学人数的增长率是多少？

表 3.5　某校三年新生入学人数

年　份 (1)	新生入学人数 (2)	前后两年的比率 (3)
第一年	40	
第二年	360	9
第三年	1 440	4

求平均每年增加的比率，应当计算每年增加率的几何平均数。在应用公式(3.10)计算几何平均数时，应注意两点：第一，公式(3.10)中的 X，在这里不是逐年新生入学人数，而是后一年是前一年入学人数的倍数；第二，X 的个数 n，在这里不是新生入学的年份数 3，而是后一年是前一年入学人数倍数的个数 2。

$$\overline{X}_g = \sqrt{9 \times 4} = 6$$

新生入学人数平均每年增长的比率，后一年是前一年的 6 倍。如果减去第一年基数本身的一倍，即 $6 - 1 = 5$，那么，新生入学人数平均每年增加 5 倍。

当 n 大于 3 时，用公式(3.10)计算几何平均数很麻烦，一般运用对数方法计算。

例如，一个学生阅读能力每周测验成绩如表 3.6 第(2)列所示，求该生阅读能力平均进步率。

计算步骤如下：

第一，求后一周是前一周阅读能力得分的倍数。如表 3.6 第(3)列所示。

第二，求后一周是前一周得分倍数的常用对数值 $\log X$，如表 3.6 第(4)列所示。

第三，将每个对数值相加，并除以倍数的数目 n(即 $n = 3$)，于是，$\sum \log X / n = 0.250\,1 \div 3 = 0.083\,4$。

表 3.6 某生阅读能力测验成绩

周次 （1）	成绩（分） （2）	每周与前周的比率 X （3）	每个比率的常用对数 $\lg X$ （4）
第一周	45	（基数）	
第二周	62	1.378	0.139 2
第三周	76	1.226	0.088 5
第四周	80	1.053	0.022 4
总　和			0.250 1

第四，求 $\sum \log X / n$ 的真数值。即求其反对数值 Antilog 0.083 4 = 1.212。这就是该生阅读能力进步率的几何平均数。可以说，某生阅读能力平均地说，后一周是前一周的 1.212 倍。

第五，再减去基数本身的 1 倍。1.212 - 1 = 0.212（或 21.2%），即为该生阅读能力进步的平均增长率。

三、调和平均数

调和平均数是一组数据倒数的算术平均数的倒数，亦称倒数平均数。用 $\overline{X}_H$ 表示。

调和平均数在教育方面主要是用来求学习速度。例如，阅读速度、解题速度、识字速度等。平均速度一般用单位时间内的工作量来表示。

例如：一个学生阅读 2 页书，读前一页书时的速度折合为每小时 20 页，读后一页书时的速度折合为每小时 40 页，问该生平均每小时阅读速度为多少？

如果用算术平均数计算该生阅读速度，则每小时为 30 页，即

$$\overline{X} = \frac{20 + 40}{2} = 30$$

但是，下面的事实说明这个结果与真实情况不相符合。该生读第一页所用的时间为 $\frac{60}{20} = 3$（分），读第 2 页所用时间为 $\frac{60}{40} = 1\frac{1}{2}$（分），2 页共用 $\frac{60}{20} + \frac{60}{40} = 4\frac{1}{2}$（分）。如果按照算术平均数求出的每小时 30 页的阅读速度，则 $4\frac{1}{2}$ 分钟应当读 $\frac{30}{60} \times 4\frac{1}{2} = \frac{1}{2} \times \frac{9}{2} = \frac{9}{4} = 2\frac{1}{4}$（页）。而实际只读了 2 页。说明在这种情况下，用算术平均数求阅读速度是不恰当的，而应当用调和平均数。

调和平均数（$\overline{X}_H$）的求法为每个数据倒数的平均数之倒数。用公式可表示为

$$\overline{X}_H = \frac{1}{\frac{1}{n}\left(\frac{1}{X_1} + \frac{1}{X_2} + \cdots + \frac{1}{X_n}\right)} = \frac{1}{\frac{1}{n}\sum\left(\frac{1}{X}\right)}$$

$$= \frac{n}{\sum\left(\frac{1}{X}\right)} \tag{3.11}$$

该例若用公式(3.11)计算每小时平均阅读速度,则

$$\overline{X}_H = \frac{1}{\frac{1}{2}\left(\frac{1}{20} + \frac{1}{40}\right)} = 26.67(页)$$

这与事实是否相符合呢？如果每小时读$\frac{80}{3}$页,每分钟则读$\frac{80}{60\times 3} = \frac{80}{180}$(页)。$4\frac{1}{2}$分钟就读$\frac{80}{180}\times 4\frac{1}{2} = \frac{4}{9}\times\frac{9}{2} = 2$(页)。恰好与事实相符合,说明运用调和平均数的公式计算是正确的。

又如 4 个学生每小时解题数目分别为 3、4、6、8。问平均每小时解题速度如何？

根据公式(3.11),则

$$\overline{X}_H = \frac{1}{\frac{1}{4}\left(\frac{1}{3} + \frac{1}{4} + \frac{1}{6} + \frac{1}{8}\right)} = 4.57(题)$$

即平均解题速度为每小时 4.57 题。

如果用算术平均数计算,其结果$\left(\overline{X} = \frac{3+4+6+8}{4} = 5.25\right)$不是平均解题的速度,而是平均每人在 1 小时内解题的数目。因此,求 4 人的平均解题速度,就应当首先求出每人解 1 题所用的时间,即$\frac{1}{X}$(分母 X 表示每人在 1 小时内解题的数目,分子 1 表示 1 小时),由于每人解 1 题所用时间不同,则应求 4 个人平均每解 1 题所用的时间,即$\frac{1}{n}\left(\sum\frac{1}{X}\right)$,再求其倒数$\frac{1}{\frac{1}{n}\left(\sum\frac{1}{X}\right)}$ 就是平均 1 小时解题的速度。

练 习 题

1. 计算下列数据 96、81、87、70、93、77、84 的算术平均数。

2. 计算下列 112 个学生测验分数的算术平均数。

组限	52.5—	57.5—	62.5—	67.5—	72.5—	77.5—	82.5—	87.5—	92.5—	总和
频数	5	8	10	9	28	34	14	2	2	112

3. 求以下两组数据的中位数:
① 14、2、17、9、22、13、1、7、11
② 1、26、11、9、14、13、7、17、22、2

4. 自小而大地求第 2 题资料的中位数。

5. 求以下资料的第 P_{80},P_{60},P_{30},P_{20} 的百分位数。

组限	140—	145—	150—	155—	160—	165—	170—	175—	180—	185—	190—	195—	总和
频数	1	3	2	4	4	6	10	8	5	4	2	1	50

6. 用观察法求下列资料的粗略众数,并用公式计算其理论众数的近似值（$\overline{X} = 36.64$, $Md = 37.13$）。

组限	10—	15—	20—	25—	30—	35—	40—	45—	50—	55—	60—	65—	总和
频数	7	9	11	16	21	34	24	16	8	6	4	1	157

7. 用公式计算下列资料的理论众数近似值。

组限	40—	45—	50—	55—	60—	65—	70—	75—	80—	85—	90—	总和
频数	1	2	3	5	7	12	15	19	22	12	2	100

8. 某年初中入学考试时语文、数学、英语的计分比例为 4：3：3,一个学生的考试成绩语文为 72 分,数学为 94 分,英语为 79 分,求该生总平均分数(假设各科难度相近)。

9. 某生英语听力测验分数如下表,求其平均进步率及增长率。

测验次序	第一次	第二次	第三次	第四次	第五次
英语听力成绩	34.00	52.00	60.67	69.33	77.33

10. 5 个学生每分钟写钢笔字分别为 6 个、9 个、12 个、12 个、15 个,这 5 个学生平均写字的速度如何?

第四章
差 异 量

对于一组数据的全貌,仅用集中量来描述是不够的。因为集中量仅描述了一组数据的平均水平和典型情况,而由于某种偶然因素的影响,使数据具有一种变异性,即它们并不都等于同一个值,而是分散的、变化的。即便集中量相等的两组数据,它们的差异程度也不见得相同。例如,两组学生某科测验分数分别为:

甲组:54、63、72、74、82、88、99

乙组:67、71、73、76、79、82、84

虽然它们的平均分数均为 76,但它们的离散程度却不同。甲组比较分散,参差不齐,变异性较大;乙组比较集中、整齐,变异性较小。可见,对一组数据除了用集中量描述之外,还需要用差异量进行描述。

表示一组数据变异程度或离散程度的量称为差异量。差异量越大,表示数据分布的范围越广,越不整齐;差异量越小,表示数据分布得越集中,变动范围越小。常用的差异量指标有全距、四分位距、百分位距、平均差、方差、标准差、差异系数等。

第一节 全距、四分位距、百分位距

一、全距

全距是一组数据中最大值与最小值之差,又称极差。用 R 表示。如上例甲组的全距 $R = 99 - 54 = 45$;乙组的全距 $R = 84 - 67 = 17$。说明甲组比乙组离散程度大。用频数分布表求全距的方法是:最大一组与最小一组组中值之差,或者是最大一组上限与最小一组下限之差。例如,表 4.1 的全距 $R = 143.5 - 116.5 = 27$,或者 $R = 145 - 115 = 30$。

全距概念清楚,意义明确,计算简单,但因它仅由最大值与最小值而求得,易受两极端数值影响。不考虑中间数值的差异,反应不灵敏。只能作为差异量的粗略指标,在编制频数分布表时决定全距范围之用。

二、四分位距

1. 四分位距的概念

为了避免全距受两极端数值影响的缺点,则用依一定顺序排列的一组数据中间部位 50% 个频数距离的一半作为差异量指标,即四分位距。若将从小到大排列的一组数据分成频数相等的四段,第一与第二段的分界点称第一个四分位数。第三与第四段的分界点称第三个四分位数。则四分位距就是第三个四分位数(第 75 百分位数)与第一个四分位数(第 25

百分位数)差的一半。用公式可以表示为

$$QD = \frac{Q_3 - Q_1}{2} \tag{4.1}$$

在这里　QD 表示四分位距

　　　　Q_3 表示第三个四分位数(第 75 百分位数)

　　　　Q_1 表示第一个四分位数(第 25 百分位数)

2. 四分位距的计算方法

(1) 原始数据计算法

例如,有以下 16 个数据 25、22、29、12、40、15、14、39、37、31、33、19、17、20、35、30,其四分位距的计算方法如下:

先将原始数据从小到大排列好。

12、14、15、17、19、20、22、25、29、30、31、33、35、37、39、40

$Q_1 = 18$　　　　　　Md $= 27$　　　　　$Q_3 = 34$

然后根据求中位数的方法求出第一个四分位数 Q_1 和第三个四分位数 Q_3,将之代入公式(4.1),即为四分位距。

$$QD = \frac{34 - 18}{2} = 8$$

(2) 频数分布表计算法

先用内插法求出第一个四分位数 Q_1 及第三个四分位数 Q_3,然后将之代入公式(4.1)即可。计算 Q_1 与 Q_3 的公式分别为

$$Q_1 = L_{Q_1} + \left(\frac{n}{4} - n_1\right)\frac{i}{f_{Q_1}} \tag{4.2a}$$

在这里　L_{Q_1} 表示 Q_1 所在组的下限

　　　　n 表示总频数

　　　　n_1 表示小于 Q_1 所在组下限的频数总和

　　　　f_{Q_1} 表示 Q_1 所在组的频数

　　　　i 表示组距

$$Q_3 = L_{Q_3} + \left(\frac{3}{4}n - n_2\right)\frac{i}{f_{Q_3}} \tag{4.2b}$$

在这里　L_{Q_3} 表示 Q_3 所在组的下限

　　　　n_2 表示小于 Q_3 所在组下限的频数总和

　　　　f_{Q_3} 表示 Q_3 所在组的频数

表 4.1 资料的 Q_1、Q_3 与 QD,如该表第(4)列所示。

表 4.1　小学二年级 80 个学生身高的四分位距计算表

身高 (1)	频数 (2)	累积频数 (3)	计算四分位距 (4)
115—	1	1	
118—	3	4	$Q_1 = 124 + \left(\dfrac{80}{4} - 12\right)\dfrac{3}{10}$
121—	8	12	$= 126.40$
124—	$10 = f_{Q_1}$	22	$Q_3 = 130 + \left(\dfrac{3 \times 80}{4} - 42\right)\dfrac{3}{19}$
127—	20	42	$= 132.84$
130—	$19 = f_{Q_3}$	61	$QD = \dfrac{132.84 - 126.40}{2}$
133—	12	73	$= 3.22$
136—	4	77	
139—	2	79	
142—	1	80	
总和	80		

（表中 $n_1 = 12$，$n_2 = 42$）

这就是说，小学二年级 80 个学生身高的四分位距为 3.22 厘米。

3. 四分位距的应用及其优缺点

四分位距简明易懂，计算简便，较少受两极端数值的影响，比全距可靠得多。但它忽略了左右共 50% 数据的差异，又不适合代数运算，因而也限制了它的应用。

当一组数据用中位数表示集中量时，就要用四分位距表示差异量。因为它们同属于百分体系。四分位距与中位数一样适用于有特大或特小两极端数值，有个别数值不确切、不清楚，以及用等级表示的数据等情况。

三、百分位距

百分位距是指两个百分位数之差。常用的百分位距有两种：一为第 90 与第 10 百分位数之差，用 $P_{90} - P_{10}$ 表示。即依一定顺序排列的一组数据中间部位 80% 个频数的距离。一为第 93 与第 7 百分位数之差，用 $P_{93} - P_7$ 表示，是一组数据中间部位 86% 个频数的距离。

百分位数计算方法见第三章第二节。表 4.1 资料 $P_{90} - P_{10}$ 的百分位距：

$$P_{90} = L_{90} + \left(\frac{90}{100}n - n_1\right)\frac{i}{f_{90}} = 133 + (0.90 \times 80 - 61) \times \frac{3}{12} = 135.75$$

$$P_{10} = L_{10} + \left(\frac{10}{100}n - n_2\right)\frac{i}{f_{10}} = 121 + (0.10 \times 80 - 4) \times \frac{3}{8} = 122.50$$

$$P_{90} - P_{10} = 135.75 - 122.50 = 13.25$$

用同样的方法计算出的 $P_{93} - P_7 = 137.05 - 121.60 = 15.45$。

用几个百分位距能较好地反映一组数据的差异程度。在计算频数分布峰态量时，要用到上述的百分位距。

第二节　平均差

一、平均差的概念

上述的全距、四分位距、百分位距，都不是由每一个数据参加计算而求得的，所以不能说明全部数据的变动情况，而平均差就避免了这一缺点。所谓平均差，就是每一个数据与该组数据的中位数（或算术平均数）离差的绝对值的算术平均数。通常用 MD 表示。每个数据与平均数之差，有正有负，其和为零。因此以每个数据与中位数（或算术平均数）之差的绝对值来计算平均差。

二、平均差的计算方法

1. 原始数据计算法

用原始数据计算平均差的公式为

$$MD = \frac{\sum |X - Md|}{n} \tag{4.3}$$

在这里　X 表示原始数据

　　　　Md 表示中位数

　　　　n 表示总频数

例如，求原始数据 78、83、69、75、97、88、86 的平均差，其计算方法如下：

为了求中位数，先将数据从小到大排列，其 $Md = 83$，然后利用公式(4.3)计算平均差。

$$69、75、78、\underset{\underset{Md}{\|}}{83}、86、88、97$$

$MD = (|69 - 83| + |75 - 83| + |78 - 83| + |83 - 83| + |86 - 83| + |88 - 83| + |97 - 83|) \div 7 = 7$

2. 频数分布表计算法

用频数分布表上各组组中值计算平均差的公式为

$$MD = \frac{\sum f |X - Md|}{n} \tag{4.4}$$

在这里　f 表示各组的频数

　　　　X 表示各组的组中值

　　　　n 表示总频数

计算步骤见表 4.2。（本例的中位数已在第三章第二节计算出，$Md = 80.71$）

表 4.2　48 个学生数学分数平均差组中值计算表

分数 （1）	组中值 X （2）	频数 f （3）	离差（绝对值） $\|X-Md\|$ （4）	各组离差和 $f\|X-Md\|$ （5）	利用公式(4.4) 计算平均差 （6）
45—	47.5	1	33.21	33.21	
50—	52.5	2	28.21	56.42	
55—	57.5	0	23.21	0	
60—	62.5	2	18.21	36.42	Md = 80.71
65—	67.5	3	13.21	39.63	$MD=\dfrac{\sum f\mid X-Md\mid}{n}$
70—	72.5	8	8.21	65.68	$=\dfrac{473.58}{48}$
75—	77.5	7	3.21	22.47	$=9.87$
80—	82.5	7	1.79	12.53	
85—	87.5	7	6.79	47.53	
90—	92.5	5	11.79	58.95	
95—	97.5	6	16.79	100.74	
总和		48		473.58	

三、平均差的优缺点

平均差意义明确，计算容易，每个数据都参加了运算，考虑到全部的离差，反应灵敏。但计算要用绝对值，不适合代数运算，这一点使它的应用受到很大限制，因此在统计分析中应用较少。

第三节　方差和标准差

一、方差和标准差的概念

方差是指离差平方的算术平均数。具体地说，就是一组数据中每个数据与该组平均数之差，平方之，求其和，再除以数据的个数。用 σ_X^2 表示。其定义公式为

$$\sigma_X^2=\frac{\sum(X-\overline{X})^2}{n} \tag{4.5}$$

在这里　$X-\overline{X}$ 表示离差（即每个数据与平均数的差数）

$\sum(X-\overline{X})^2$ 表示离差平方和

n 表示总频数

标准差是指离差平方和平均后的方根。即方差的平方根。用 σ_X 表示。其定义公式为

$$\sigma_X = \sqrt{\frac{\sum (X - \overline{X})^2}{n}} \tag{4.6}$$

方差和标准差都是非常重要的差异量指标。由于在计算方差时,每个数据与平均数的离差有正有负,所以需要平方,使之变成正数,但是数据的单位同时也被平方了。为了使差异量的单位与原始数据相一致,又需开平方。

例如,按定义公式计算 6 名女童立定跳远成绩(cm)148.2、123.8、123.8、142.7、130.4、133.3 的方差及标准差时,先要计算出平均数 $\overline{X} = 133.7$,然后将数据代入上述二式,则方差为

$$\begin{aligned}
\sigma_X^2 &= \left[(148.2 - 133.7)^2 + (123.8 - 133.7)^2 + (123.8 - 133.7)^2 \right. \\
&\quad \left. + (142.7 - 133.7)^2 + (130.4 - 133.7)^2 + (133.3 - 133.7)^2 \right] \div 6 \\
&= 83.05 (\text{cm}^2)
\end{aligned}$$

标准差为

$$\sigma_X = \sqrt{83.05} \approx 9.11 (\text{cm})$$

标准差的值越大,表明这组数据的离散程度越大,即数据越参差不齐,分布范围越广;标准差的值越小,表明这组数据的离散程度越小,即数据越集中、整齐,分布范围越小。在教育科研中,究竟是标准差大好还是小好,这要看所分析的问题而异。假如,某班某科考试成绩标准差极大,这对教师的教学极其不利,而且该科的平均分数也失去了意义。假如,在选拔性和竞赛性的考试中,某一考题的标准差为零或极小,表明该题对学习好和学习差的学生没有区分的能力,是一个质量较差的题目。

二、方差和标准差的计算方法

用上述定义公式也可以计算方差和标准差。但计算时要先求平均数和离差,手续麻烦,结果不够精确。特别是当平均数含小数时,离差也会含小数,平方后小数位数更多,很不方便。因此常用以下几种方法进行计算。

1. 原始数据计算法

将定义公式加以整理,可变成不必求离差,直接用原始数据计算方差和标准差的公式。

$$\sigma_X^2 = \frac{\sum X^2}{n} - \left[\frac{\sum X}{n} \right]^2 \tag{4.7}$$

$$\sigma_X = \sqrt{\frac{\sum X^2}{n} - \left[\frac{\sum X}{n} \right]^2} \tag{4.8}$$

在这里　X 表示原始数据

　　　　X^2 表示原始数据的平方

上例用原始数据计算的方差和标准差为

$$\begin{aligned}
\sigma_X^2 &= \frac{148.2^2 + 123.8^2 + 123.8^2 + 142.7^2 + 130.4^2 + 133.3^2}{6} \\
&\quad - \left(\frac{148.2 + 123.8 + 123.8 + 142.7 + 130.4 + 133.3}{6} \right)^2 \\
&= 83.05 (\text{cm}^2)
\end{aligned}$$

$$\sigma_X = \sqrt{83.05} \approx 9.11 (cm)$$

与定义公式计算结果相同。若有出入也是因为小数位次取舍的关系,此时应以原始数据计算结果为准。

2. 频数分布表计算法

若将原始数据已经归入频数分布表,而且原始数据又不在手边,这时可以用组中值近似计算。其计算公式为

$$\sigma_X^2 = \frac{\sum fX^2}{n} - \left(\frac{\sum fX}{n}\right)^2 \tag{4.9}$$

$$\sigma_X = \sqrt{\frac{\sum fX^2}{n} - \left(\frac{\sum fX}{n}\right)^2} \tag{4.10}$$

在这里　X 表示各组组中值

　　　　f 表示各组频数

计算步骤如表 4.3 所示。

表 4.3　48 个学生数学分数方差、标准差的组中值计算表

分数 (1)	组中值 X (2)	频数 f (3)	fX (4)=(2)×(3)	fX^2 (5)=(2)×(4)	利用公式(4.9)和(4.10)计算 方差、标准差(6)
45—	47.5	1	47.5×1	47.5^2×1	
50—	52.5	2	52.5×2	52.5^2×2	
55—	57.5	0	57.5×0	57.5^2×0	
60—	62.5	2	62.5×2	62.5^2×2	$\sigma_X^2 = \dfrac{314\,400}{48} - \left(\dfrac{3\,840}{48}\right)^2$
65—	67.5	3	67.5×3	67.5^2×3	$= 150$
70—	72.5	8	72.5×8	72.5^2×8	$\sigma_X = \sqrt{150}$
75—	77.5	7	77.5×7	77.5^2×7	$= 12.25$
80—	82.5	7	82.5×7	82.5^2×7	
85—	87.5	7	87.5×7	87.5^2×7	
90—	92.5	5	92.5×5	92.5^2×5	
95—	97.5	6	97.5×6	97.5^2×6	
总和		48	3 840.00	314 400	

三、方差和标准差的应用及其优缺点

方差和标准差的优点:反应灵敏,随任何一个数据的变化而变化;严密确定,一组数据的方差及标准差有确定的值;计算简单;适合代数计算,不仅求方差和标准差的过程中可以进行代数运算,而且可以将几个方差和标准差综合成一个总的方差和标准差;用样本数据推断总体差异量时,方差和标准差是最好的估计量。它们在避免两极端数值影响方面大大超过全距;在考虑到全部离差方面,优于四分位距;在避免绝对值方面,优于平均差。方差和标准

教育统计学

差的缺点是:不太容易理解;易受两极端数值的影响;有个别数值糊涂不清时,无法计算。

与其他差异量指标相比,方差和标准差应用最为广泛。它的最直接用途是描述一组数据的离散程度,当一组数据的集中量用算术平均数表示时,差异量要用标准差表示。除此之外,在计算其他统计量时,如计算差异系数、相关系数、标准分数等,也都需要用到标准差。而方差在统计推断中常常会用到。特别是方差分析(对多组平均数差异显著性检验)的基本原理,就是利用了方差的可加性。

四、各种差异量的数值关系

当总频数相当大,且频数分布呈正态时,全距、四分位距、平均差、标准差的数值存在如下关系:全距大致等于6个标准差的距离,7.5个平均差的距离,9个四分位距的距离。用公式可表示为

$$R \approx 6\sigma_X \approx 7.5MD \approx 9QD$$

$$QD = 0.674\,5\sigma_X \qquad \sigma_X = 1.482\,6QD \qquad QD = 0.845\,3MD$$

$$MD = 0.797\,9\sigma_X \qquad \sigma_X = 1.253\,3MD \qquad MD = 1.184\,3QD$$

中位数上、下各一个四分位距之间包括50%的总频数。
算术平均数上、下各一个平均差之间包括57.51%的总频数。
算术平均数上、下各一个标准差之间包括68.26%的总频数。

第四节 相对差异量

一、相对差异量的概念

上述全距、四分位距、平均差及标准差都是带有与原观察值相同单位的名数,称为绝对差异量。这种差异量对两种单位不同,或单位相同而两个平均数相差较大的资料,都无法比较差异的大小,必须用相对差异量(即差异系数)进行比较。

所谓差异系数是指标准差与其算术平均数的百分比。它是没有单位的相对数。用公式可表示为

$$CV = \frac{\sigma_X}{\overline{X}}100\% \tag{4.11}$$

在这里 CV 表示差异系数
        σ_X 表示标准差
        $\overline{X}$ 表示算术平均数

由上式可见,差异系数就是以平均数为单位,视标准差占平均数百分比的大小来衡量差异的程度。差异系数越大,表明离散程度越大;差异系数越小,表明离散程度越小。

二、差异系数的用途

1. 比较不同单位资料的差异程度

例如,1975年上海市区6岁男童体重与身高差异系数 CV:

	平均数	标准差	差异系数 CV
体重	19.39 千克	2.16 千克	$\frac{2.16}{19.39} \times 100\% = 11.14\%$
身高	115.87 cm	4.86 cm	$\frac{4.86}{115.87} \times 100\% = 4.19\%$

可见体重的差异大于身高的差异。

2. 比较单位相同而平均数相差较大的两组资料的差异程度

例如,1975 年上海市区两组女童的体重差异系数 CV:

	平均数	标准差	差异系数 CV
2 个月组	5.45 千克	0.62 千克	$\frac{0.62}{5.45} \times 100\% = 11.38\%$
6 岁组	19.02 千克	2.12 千克	$\frac{2.12}{19.02} \times 100\% = 11.15\%$

两组女童体重的离散程度大体相同。

3. 可判断特殊差异情况

根据经验,一般 CV 值常在 5%—35% 之间。如果 CV 值大于 35% 时,可怀疑所求得的平均数是否失去了意义;如果 CV 小于 5% 时,可怀疑平均数与标准差是否计算有误。

三、差异系数的应用条件

从公式(4.11)可以看出,当平均数等于零时,此式就失去了意义。从测量的理论来说,只有等比量表的测量结果才使平均数等于零成为不可能。也就是说,用来测量的量尺,既具有等距的单位,又具有绝对零点(即测量的起点为绝对零),这时所测量出的数据其平均数才不可能等于零,如学生的身高、体重、作业所用时间等,才可以计算差异系数。而学科测验分数一般属于等级量表,它既无相等的单位,又无绝对零点,严格地说,不可以计算差异系数。但当测验编制得较好、测验分数接近于等距、平均分数不可能等于零,且两科成绩的平均数相差较大时,也可以勉强使用差异系数进行比较。

第五节 偏态量及峰态量

偏态量和峰态量是用以描述数据分布特征的统计量。在考察频数分布是否呈正态分布时,也恰好可以用偏态量和峰态量来作比较性量度。

一、偏态量

偏态量有两种计算方法

1. 利用算术平均数与众数或中位数的距离来计算

从第三章第三节,特别是图 3.2,我们可以知道,算术平均数($\overline{X}$)、中位数(Md)和众数(M_o)的大小与分布的形态有关。

当频数分布呈正态时三者合为一点,即 $\overline{X} = Md = M_o$;当频数分布呈偏态时,$\overline{X}$ 与 Md 距离较近,而 $\overline{X}$ 与 M_o 距离较远;分布呈正偏态时,$\overline{X} > Md > M_o$;分布呈负偏态时,$\overline{X} < Md <$

M_o。皮尔逊根据他所发现的这一关系，提出了用来描述分布形态的偏态量。其公式为

$$SK = \frac{\overline{X} - M_o}{\sigma_X} \qquad (4.12)$$

在这里　SK 表示偏态量

$\overline{X}$ 表示算术平均数

M_o 表示众数

σ_X 表示标准差

当 $SK = 0$，则分布呈对称形；当 $SK > 0$，分布为正偏态；当 $SK < 0$，分布为负偏态。

由于 M_o 具有不稳定、不确定性，常可用中位数及算术平均数来表示众数。即将公式(3.6)代入公式(4.12)，于是偏态量又可表示为

$$SK = \frac{\overline{X} - (3\text{Md} - 2\overline{X})}{\sigma_X} = \frac{3(\overline{X} - \text{Md})}{\sigma_X} \qquad (4.13)$$

例如，某校 182 名学生高三毕业会考数学分数的中位数 Md = 67，算术平均数为 $\overline{X} =$ 72，标准差 $\sigma_X = 12$，其偏态量为

$$SK = \frac{3(72 - 67)}{12} = 1.25$$

因为 $SK > 0$，表明该频数分布呈正偏态。

2. 根据动差来计算

动差是力学中测量力的旋转趋势的指标。旋转趋势的大小，随力点及其与原点距离大小而变化。动差等于力与该距离的乘积。统计学中用这一概念表示频数分布的离散程度，即把各个数值作为力，把各个数值与原点(数据的平均数)之差作为距离，这样计算出的动差称为中心动差。中心动差有四级：

一级动差　$\mu_1 = \dfrac{\sum (X - \overline{X})}{n} = 0$ 或 $\mu_1 = \dfrac{\sum f(X - \overline{X})}{n} = 0$

二级动差　$\mu_2 = \dfrac{\sum (X - \overline{X})^2}{n} = \sigma_X^2$ 或 $\mu_2 = \dfrac{\sum f(X - \overline{X})^2}{n} = \sigma_X^2$

三级动差　$\mu_3 = \dfrac{\sum (X - \overline{X})^3}{n}$ 或 $\mu_3 = \dfrac{\sum f(X - \overline{X})^3}{n}$

四级动差　$\mu_4 = \dfrac{\sum (X - \overline{X})^4}{n}$ 或 $\mu_4 = \dfrac{\sum f(X - \overline{X})^4}{n}$

二级动差就是方差。三级动差可用来计算频数分布的偏态系数。当用原始数据计算偏态系数时其公式为

$$\alpha_3 = \frac{\dfrac{\sum (X - \overline{X})^3}{n}}{\sigma_X^3} \qquad (4.14)$$

在这里　α_3 表示偏态系数

X 表示原始数据

$\overline{X}$ 表示平均数

σ_X 表示标准差

若用频数分布表计算偏态系数,其公式为

$$\alpha_3 = \frac{\dfrac{\sum f(X-\overline{X})^3}{n}}{\sigma_X^3} \tag{4.15}$$

在这里　X 表示各组组中值

　　　　f 表示各组频数

当 $\alpha_3 = 0$ 时,表明频数分布呈对称形;当 $\alpha_3 > 0$,表明频数分布呈正偏态;当 $\alpha_3 < 0$,表明频数分布呈负偏态。

当总频数 $n > 200$ 时,所计算出的偏态系数才比较可靠。为了从简介绍计算方法,现仅用极少量的数据来说明。

例如,表 4.4　10 个数据的平均数为 71.5,标准差为

$$\sigma_X = \sqrt{\frac{\sum(X-\overline{X})^2}{n}} = \sqrt{\frac{1\,192.50}{10}} = 10.92$$

表 4.4　以平均数为原点四种动差的计算表

X	$X-\overline{X}$	$(X-\overline{X})^2$	$(X-\overline{X})^3$	$(X-\overline{X})^4$
56	-15.50	240.25	$-3\,723.88$	57 720.14
58	-13.50	182.25	$-2\,460.38$	33 215.13
61	-10.50	110.25	$-1\,157.63$	12 155.12
63	-8.50	72.25	-614.13	5 220.11
70	-1.50	2.25	-3.38	5.07
74	2.50	6.25	15.63	39.08
79	7.50	56.25	421.88	3 164.10
84	12.50	156.25	1 953.13	24 414.13
84	12.50	156.25	1 953.13	24 414.13
86	14.50	210.25	3 048.63	44 205.14
	0	1 192.50	-567.00	204 552.15

于是,用三级动差计算的偏态系数为

$$\alpha_3 = \frac{-567.00/10}{10.92^3} = -0.04$$

表明 10 个数据的分布稍呈负偏态形式。

又如,表 4.5 资料 $\overline{X} = 80$,$\sigma_X = \sqrt{\dfrac{\sum f(X-\overline{X})^2}{n}} = \sqrt{\dfrac{7\,200}{48}} = 12.25$

将有关数据代入公式(4.15),则偏态系数为

$$\alpha_3 = \frac{-51\,000/48}{12.25^3} = -0.58$$

由于 $\alpha_3 < 0$，则频数分布为负偏态。

表 4.5　用组中值计算四种动差

分数 (1)	组中值 X (2)	频数 f (3)	$X-\overline{X}$ (4)	$(X-\overline{X})^2$ (5)	$f(X-\overline{X})^2$ (6)	$f(X-\overline{X})^3$ (7)	$f(X-\overline{X})^4$ (8)
45—	47.5	1	−32.5	1 056.25	1 056.25	−34 328.13	1 115 664.23
50—	52.5	2	−27.5	756.25	1 512.50	−41 593.75	1 143 828.13
55—	57.5	0	−22.5	506.25	0	0	0
60—	62.5	2	−17.5	306.25	612.50	−10 718.75	187 578.13
65—	67.5	3	−12.5	156.25	468.75	−5 859.38	73 242.25
70—	72.5	8	−7.5	56.25	450.00	−3 375.00	25 312.50
75—	77.5	7	−2.5	6.25	43.75	−109.38	273.45
80—	82.5	7	2.5	6.25	43.75	109.38	273.45
85—	87.5	7	7.5	56.25	393.75	2 953.13	22 148.48
90—	92.5	5	12.5	156.25	781.25	9 765.63	122 070.38
95—	97.5	6	17.5	306.25	1 837.50	32 156.25	562 734.38
总和		48			7 200.00	−51 000.00	3 253 125.38

二、峰态量

峰态量有两种计算方法。

1. 用两个百分位距来计算

一个频数分布，若平均数周围频数比例越大，分布形态越高狭（如图 4.1a）；若平均数周围频数比例越小，分布形态越低阔（如图 4.1b）。

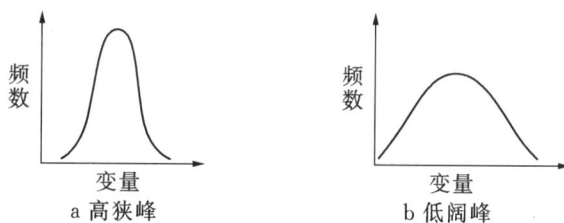

图 4.1　频数分布的峰态

常用的峰态量是以第 75 与第 25 的百分位距比上 2 倍的第 90 与第 10 的百分位距。即分布中央部位 50％个频数之间的距离与除去两端的居中部位 80％个频数之间距离的 2 倍之比。用公式可表示为

$$Ku = \frac{P_{75} - P_{25}}{2(P_{90} - P_{10})} \tag{4.16}$$

在这里　Ku 表示峰态量

　　P_{75}、P_{25}、P_{90}、P_{10} 分别表示第 75、25、90、10 百分位数

当 $Ku = 0.263$，分布呈正态峰，$Ku < 0.263$，分布呈高狭峰；$Ku > 0.263$，分布呈低阔峰。

例如,将第一节所计算出的表 4.1 资料 $P_{75} = 132.84$,$P_{25} = 126.40$,$P_{90} = 135.75$,$P_{10} = 122.50$ 代入上式,则峰态量为

$$Ku = \frac{132.84 - 126.40}{2(135.75 - 122.50)} = 0.243$$

由于 $Ku = 0.243 < 0.263$,则分布为高狭峰。

2. 根据动差来计算

四级动差可以用来计算频数分布的峰态系数。当用原始数据计算峰态系数时,其公式为

$$\alpha_4 = \frac{\dfrac{\sum (X - \overline{X})^4}{n}}{\sigma_X^4} - 3 \tag{4.17}$$

在这里 α_4 表示峰态系数
X 表示原始分数
$\overline{X}$ 表示平均数
n 表示总频数
σ_X 表示标准差

若用频数分布表计算峰态系数,其公式为

$$\alpha_4 = \frac{\dfrac{\sum f(X - \overline{X})^4}{n}}{\sigma_X^4} - 3 \tag{4.18}$$

在这里 X 表示各组组中值
f 表示各组频数

当 $\alpha_4 = 0$,分布呈正态峰;$\alpha_4 > 0$,分布呈高狭峰;$\alpha_4 < 0$,分布呈低阔峰。

只有当 $n > 1000$ 时,所计算出的峰态系数才比较可靠。为了从简介绍计算方法,现仅用少量数据来说明。

例如,表 4.4,10 个数据的标准差为 $\sigma_X = 10.92$,将有关数据代入公式(4.17),则峰态系数为

$$\alpha_4 = \frac{204\,552.15/10}{10.92^4} - 3 = -1.56$$

由于 $\alpha_4 < 0$,表明 10 个数据的分布呈低阔峰。

又如,表 4.5 资料 $\sigma_X = 12.25$,将有关数据代入公式(4.18),则峰态系数为

$$\alpha_4 = \frac{3\,253\,125.38/48}{12.25^4} - 3 = 0.01$$

$\alpha_4 = 0.01 > 0$,分布峰态稍微高狭。

练 习 题

1. 求下列原始数据的全距和四分位距。

23、36、20、25、33、31、27、29

2. 求下列 112 名学生测验分数的全距、四分位距及 P_{90} 与 P_{10} 的百分位距。

分数	52.5—	57.5—	62.5—	67.5—	72.5—	77.5—	82.5—	87.5—	92.5—	总和
频数	5	8	10	9	28	34	14	2	2	112

3. 求下列原始数据 14、17、21、12、19 的平均差。

4. 计算下列数据的平均差(中位数 Md = 64):

分数	10—	20—	30—	40—	50—	60—	70—	80—	90—	总和
频数	1	0	0	3	4	5	4	2	1	20

5. 分别用定义公式及原始数据计算 5 名男童体重(千克)41、39、37、35、38 的方差及标准差。

6. 计算下列资料的方差及标准差:

分数	50—	55—	60—	65—	70—	75—	80—	85—	90—	95—	总和
频数	2	4	6	11	24	37	19	12	9	4	128

7. 某班 36 个学生,英语测验分数的标准差为 9.6,求其离差平方和。

8. 17 岁学生 400 米跑步成绩,男生平均数为 92 秒,标准差为 7 秒;女生平均数为 117 秒,标准差为 10 秒,试比较 17 岁男女生 400 米跑步成绩的离散程度。

9. 210 名学生地理学科测验分数的中位数为 76.8,算术平均数为 74.6,标准差为 10.65,试根据 Md、$\bar{X}$、M_o 三者的距离计算分布的偏态量。

10. 用动差计算下列数据:50、54、56、59、66、72、79、88 的偏态系数及峰态系数。

11. 根据第 6 题资料用动差计算其偏态系数及峰态系数。

12. 用两个百分位距之比的方法,计算第 2 题资料的峰态量。

第五章
概率及概率分布

以上所讲的制表、绘图、求集中量、差异量、偏态量、峰态量等,都是对实际观察的数据所进行的整理、描述工作。但是,科学研究的目的不仅限于对已经掌握的数据进行描述,更重要的是利用这些数据的信息,对数据所属总体的某种特征,作出具有一定可靠程度的估计和推断。概率分布理论就是说明这种可靠程度的依据。

第一节　概率的一般概念

一、概率的定义

概率因寻求的方法不同有两种定义,即后验概率和先验概率。现分述如下。

1. 后验概率的定义

为了介绍后验概率,先从频率谈起。随机事件 A 在 n 次试验中出现 m 次,m 与 n 的比值,就是随机事件 A 出现的频率(即相对频数)。用公式可表示为

$$W_{(A)} = \frac{m}{n} \tag{5.1}$$

随着试验次数 n 的无限增大,随机事件 A 的频率稳定于一个常数 P,这个常数 P 就是随机事件 A 出现概率的近似值。可表示为

$$P_{(A)} \approx \frac{m}{n} \tag{5.2}$$

以随机事件 A 在大量重复试验中出现的稳定频率值作为随机事件 A 概率的估计值,这样寻得的概率称为后验概率。

例如,抛一枚质地均匀的硬币,正面朝上(随机事件 A)可能出现,也可能不出现。但是随着抛掷次数的不断增加,正面朝上出现的频率就在 0.5 附近摆动,抛掷次数越多,摆动范围越小,越接近 0.5。这一点已由表 5.1 中诸试验者的试验所验证。于是 0.5 这一频率就是正面

表 5.1　抛掷硬币试验中正面朝上的频率

试　验　者	抛硬币次数	正面朝上次数	正面朝上频率
德摩根	2 048	1 061	0.518 1
蒲丰	4 040	2 048	0.506 9
皮尔逊	12 000	6 019	0.501 6
皮尔逊	24 000	12 012	0.500 5

朝上这一随机事件 A 概率的近似值或估计值。因此我们认为一个质地均匀的硬币,正面朝上的概率应当为 0.5。

刻画随机事件 A 出现可能性大小的概率是客观存在的,是由事物属性决定的,它不依人的主观意志为转移。而这种概率是用随机事件 A 出现的频率估计的,故称为后验概率或统计概率。

2. 先验概率的定义

先验概率是通过古典概率模型加以定义的,故又称古典概率。古典概率模型要求满足两个条件:其一,试验的所有可能结果是有限的;其二,每一种可能结果出现的可能性(概率)相等。若所有可能结果的总数为 n,随机事件 A 包括 m 个可能结果,则事件 A 的概率为

$$P_{(A)} = \frac{m}{n} \tag{5.3}$$

例如,将一枚硬币抛 3 次,观察正(H)、反(T)面出现的情况。则所有可能结果有 8 种:HHH, HHT, HTH, THH, HTT, THT, TTH, TTT,即 $n = 8$。若一次正面朝上为事件 A,那么事件 A 包括 3 种可能结果:HTT, THT, TTH,即 $m = 3$。于是抛 3 次硬币恰有一次正面朝上的概率为:$P_{(A)} = m/n = 3/8$。

又如,某年级甲班 33 人,乙班 36 人,丙班 31 人,从中随机抽取学生,被抽到的所有可能结果 $n = 100$,每人被抽到的可能性相等,均为 $1/100$,甲班学生被抽到(事件 A 发生)的可能结果为 $m = 33$,甲班学生被抽到的概率为 $P_{(A)} = m/n = 33/100 = 0.33$。

先验概率是在特定条件下直接计算出来的,是随机事件的真实概率,不是由频率估计出来的。但是试验重复次数充分大时,后验概率也接近先验概率。上例抛硬币重复次数越多,正面朝上的后验概率越接近先验概率。

二、概率的性质

- 任何随机事件 A 的概率都是在 0 与 1 之间的正数。

$$0 \leqslant P_{(A)} \leqslant 1$$

- 不可能事件的概率等于零,$P_{(V)} = 0$。例如,新生儿会讲话的概率为 0。
- 必然事件的概率等于 1,$P_{(U)} = 1$。例如,健康儿童语言产生和发展的概率为 1。

三、概率的加法和乘法

1. 概率的加法

在一次试验中不可能同时出现的事件称为互不相容的事件。两个互不相容事件和的概率,等于这两个事件概率之和。用公式可表示为

$$P_{(A+B)} = P_{(A)} + P_{(B)} \tag{5.4}$$

例如:某一学生从 5 个试题中任意抽取一题,进行口试,如果抽到每一题的概率为 $1/5$,则抽到试题 1 或试题 2 的概率为

$$P_{(A+B)} = P_{(A)} + P_{(B)} = \frac{1}{5} + \frac{1}{5} = \frac{2}{5}$$

有限个互不相容事件和的概率,等于这些事件的概率之和。用公式可表示为

$$P_{(A_1+A_2+\cdots+A_n)} = P_{(A_1)} + P_{(A_2)} + \cdots + P_{(A_n)} \tag{5.5}$$

上例该生抽到试题1或试题2或试题5的概率应为

$$P_{(A_1+A_2+A_5)} = P_{(A_1)} + P_{(A_2)} + P_{(A_5)} = \frac{1}{5} + \frac{1}{5} + \frac{1}{5} = \frac{3}{5}$$

2. 概率的乘法

A 事件出现的概率不影响 B 事件出现的概率,这两个事件为独立事件。

两个独立事件积的概率,等于这两个事件概率的乘积。用公式可表示为

$$P_{(A \cdot B)} = P_{(A)} P_{(B)} \qquad (5.6)$$

在上例中,如果第一个学生把抽过的试题还回后,第二个学生再抽,则两个学生都抽到试题1的概率为

$$P_{(A \cdot B)} = P_{(A)} P_{(B)} = \frac{1}{5} \times \frac{1}{5} = \frac{1}{25}$$

有限个独立事件积的概率,等于这些事件概率的乘积。用公式可表示为

$$P_{(A_1 \cdot A_2 \cdots A_n)} = P_{(A_1)} P_{(A_2)} \cdots P_{(A_n)} \qquad (5.7)$$

在上例中,如果前一个学生把抽过的试题还回后,后一个学生再抽,则4个学生都抽到试题1的概率为

$$P_{(A_1 \cdot A_2 \cdot A_3 \cdot A_4)} = P_{(A_1)} P_{(A_2)} P_{(A_3)} P_{(A_4)} = \frac{1}{5} \times \frac{1}{5} \times \frac{1}{5} \times \frac{1}{5} = \frac{1}{625}$$

第二节 二 项 分 布

一、二项试验

凡满足以下条件的试验称二项试验:

- 一次试验只有两种可能结果,即成功和失败。
- 各次试验相互独立,即各次试验之间互不影响。
- 各次试验中成功的概率相等,各次试验中失败的概率自然也相等。

在教育研究中属于二项试验的事例很多。例如,某校男生人数占 1/3,从中抽取 4 个学生,每抽一个学生相当做一次试验,共做 4 次试验,每抽一个学生只有男、女两种可能结果,前一次抽到男或女与后一次抽到男或女没有关系,每次抽到男生的概率都是 1/3。

二、二项分布函数

二项分布是一种离散型随机变量的概率分布。

用 n 次方的二项展开式来表达在 n 次二项试验中成功事件出现不同次数($X = 0,1,2,3,\cdots,n$)的概率分布叫做二项分布。

现用一个例子来说明为什么二项概率分布可以用 n 次方的二项展开式来表达。

例如,一个学生全凭猜测来做 3 道正误题,设每题做对的概率为 $p = 1/2$,做错的概率为 $q = 1-p = 1-1/2 = 1/2$。每道题只有做对或做错两种可能结果[见图 5.1 第(1)(2)(3)

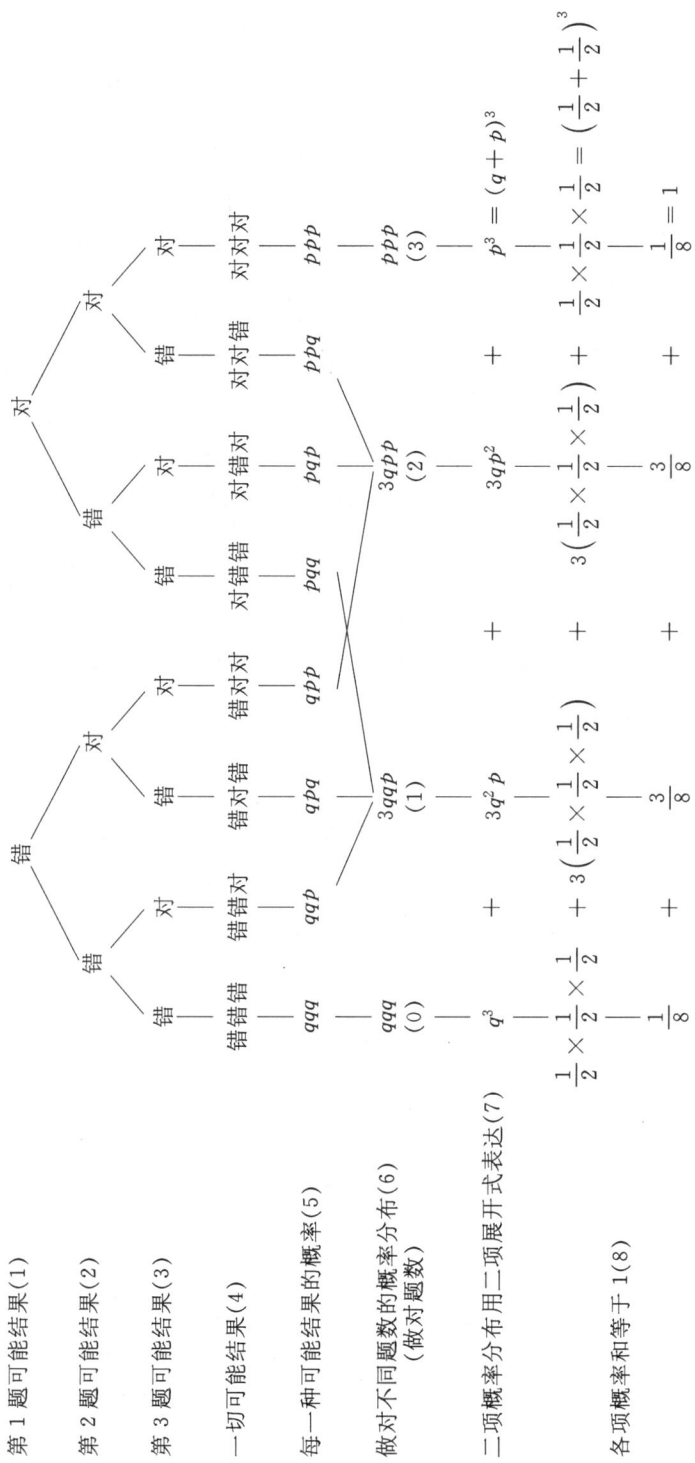

图 5.1 一个学生做三道题做对不同题数的概率分布

第 1 题可能结果(1)

第 2 题可能结果(2)

第 3 题可能结果(3)

一切可能结果(4)

每一种可能结果的概率(5)

做对不同题数的概率分布(6)（做对题数）

二项概率分布用二项展开式表达(7)

各项概率和等于 1(8)

第一题可能结果：错 | 对

每一种可能结果：qqq qqp qpq qpp pqq pqp ppq ppp

做对不同题数的概率分布：qqq (0)　$3qqp$ (1)　$3qpp$ (2)　ppp (3)

二项概率分布：q^3 ＋ $3q^2p$ ＋ $3qp^2$ ＋ $p^3 = (q+p)^3$

$\dfrac{1}{2}\times\dfrac{1}{2}\times\dfrac{1}{2}$ ＋ $3\left(\dfrac{1}{2}\times\dfrac{1}{2}\times\dfrac{1}{2}\right)$ ＋ $3\left(\dfrac{1}{2}\times\dfrac{1}{2}\times\dfrac{1}{2}\right)$ ＋ $\dfrac{1}{2}\times\dfrac{1}{2}\times\dfrac{1}{2} = \left(\dfrac{1}{2}+\dfrac{1}{2}\right)^3$

$\dfrac{1}{8}$ ＋ $\dfrac{3}{8}$ ＋ $\dfrac{3}{8}$ ＋ $\dfrac{1}{8} = 1$

行]。做 3 道题共有 8 种可能结果[见图 5.1 第(4)行]。

因为每道题做对与做错彼此之间是互相独立的,根据概率乘法定理,每一种可能结果的概率都等于每道题做对与做错不同组合概率的乘积[见图 5.1 第(5)行]。例如,3 道题都做错的概率为 $qqq = 1/2 \times 1/2 \times 1/2 = 1/8$,3 道题都做对的概率为 $ppp = 1/2 \times 1/2 \times 1/2 = 1/8$[见图 5.1 第(8)行]。另外,这 8 种可能结果是互不相容的,因为在一次作业中只能出现 1 种结果,不可能同时出现 8 种结果,而且哪一道题做对都是没有区别的,它们的概率都是 1/2。于是,根据概率加法定理,可以将 2 题做错、1 题做对的三种方式 qqp、qpq、pqq 的概率合并为 $3q^2 p$。将 1 题做错、2 题做对的三种方式 qpp、pqp、ppq 的概率合并成 $3qp^2$。这样,就可以根据做对题目的组合数 $C_3^0 = 1$,$C_3^1 = 3$,$C_3^2 = 3$,$C_3^3 = 1$,将 8 种可能结果的概率分成 4 类,即 q^3,$3q^2 p$,$3qp^2$,p^3。可见一个学生做 3 道正误题,做对不同题目数量的概率分布可用三次二项式 $(p+q)^3$ 的展开式来表达。1 道题都没有做对的概率为 $q^3 = 0.125$;做对 1 道题的概率为 $3pq^2 = 0.375 \cdots \cdots$

这里是把做一道题看作为做一次试验,一个学生做 3 道题看作是做 3 次试验,即 $n = 3$。而把做对 1 道题看作为成功事件出现了 1 次,那么在 n 次试验中成功事件出现不同次数的概率,可以用 $(p+q)^n$ 的展开式来表达。

现将展开二项式的几个要点总结如下:

- 项数:展开式中共有 $n+1$ 项。
- 方次:p 的方次,从 $0-n$ 为升幂。q 是 $n-0$ 为降幂。每项 p 与 q 的方次之和等于 n。
- 系数:各项系数是成功事件次数的组合数。C_n^0,C_n^1,$\cdots$,C_n^n。从两端起,等距项的系数相等;当项数为奇数时(n 为偶数),中间一项的系数最大;当项数为偶数时(n 为奇数),中间两项系数相等且最大。

二项展开式的各项系数也可以用杨辉三角简捷地求出。见表 5.2。表中下一行每一个系数都等于上一行它所对应的左右两个系数之和。

表 5.2 杨辉三角

n	二项展开式 n(从 1—10)次方的各项系数	总和
1	1 1	2
2	1 2 1	4
3	1 3 3 1	8
4	1 4 6 4 1	16
5	1 5 10 10 5 1	32
6	1 6 15 20 15 6 1	64
7	1 7 21 35 35 21 7 1	128
8	1 8 28 56 70 56 28 8 1	256
9	1 9 36 84 126 126 84 36 9 1	512
10	1 10 45 120 210 252 210 120 45 10 1	1 024

现将二项展开式概括成一个通式

$$P_{(X)} = C_n^X p^X q^{n-X}$$
$$= \frac{n!}{X!(n-X)!} p^X q^{n-X} \tag{5.8}$$

$$X = 0, 1, 2, \cdots, n$$

这就是二项分布函数,运用这一函数式可以直接求出成功事件恰好出现 X 次的概率。

例如:从男生占 2/5 的学校中随机抽取 6 个学生,问正好抽到 4 个男生的概率是多少?至多抽到 2 个男生的概率是多少?

将 $n = 6$, $p = 2/5$, $q = 1 - p = 1 - 2/5 = 3/5$, $X = 4$,代入(5.8)式,则恰好抽到 4 个男生的概率为

$$p_{(4)} = C_6^4 p^4 q^2 = \left(\frac{6 \times 5 \times 4 \times 3}{4 \times 3 \times 2} \right) \left(\frac{2}{5} \right)^4 \left(\frac{3}{5} \right)^2 = 0.138\,2$$

至多抽到 2 个男生的概率,等于 1 个也没有抽到、抽到 1 个和抽到 2 个男生的概率之和。即 $X = 0, 1, 2$ 的概率之和。

$$P_{(0)} + P_{(1)} + P_{(2)} = C_6^0 p^0 q^6 + C_6^1 p q^5 + C_6^2 p^2 q^4$$
$$= \left(\frac{3}{5} \right)^6 + 6 \left(\frac{2}{5} \right) \left(\frac{3}{5} \right)^5 + 15 \left(\frac{2}{5} \right)^2 \left(\frac{3}{5} \right)^4 = 0.544\,3$$

三、二项分布图

假如一个学生做 10 道正误题,做对每题的概率 $p = 1/2$,做错的概率 $q = 1/2$,则做对不同题数的概率分布,见表 5.3 第(3)列。

表 5.3　一个学生做 10 个正误题做对不同题数的概率分布

做对题目数 X (1)	出现方式的数目 f (2)	概率 $P(X)$ (3)	累积概率 $P(X$ 或小于 $X)$ (4)
0	1	0.001	0.001
1	10	0.010	0.011
2	45	0.044	0.055
3	120	0.117	0.172
4	210	0.205	0.377
5	252	0.246	0.623
6	210	0.205	0.828
7	120	0.117	0.945
8	45	0.044	0.989
9	10	0.010	0.999
10	1	0.001	1.000
总　　和	1 024	1.000	

若以表 5.3 第(1)列做对题目数量为 X,以第(3)列做对不同题数的概率为 Y,绘制直方图或多边图,即为二项分布图。如图 5.2。

从二项分布图可以看出,当 $p = q$,不管 n 多大,二项分布呈对称形。当 n 很大时,二项分布接近于正态分布。当 n 趋近于无限大时,正态分布是二项分布的极限。这在数学上已经得到证明。从图 5.2 也可想象出,在分布总宽度不变的情况下,随 n 的逐步增大,二项分布直方图的阶梯逐渐缩小,直到合并成一个光滑的曲线。当 $p \neq q$,且 n 相当小时,图形呈偏态,

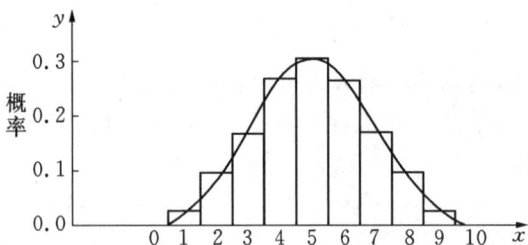

图 5.2 一个学生做 10 个正误题做对不同题数的概率分布

$p < q$ 与 $p > q$ 偏斜方向相反。但当 $p < q$ 且 $np \geqslant 5$，或者 $p > q$ 且 $nq \geqslant 5$ 时，二项分布将出现向正态分布接近的趋势。

四、二项分布的平均数和标准差

当二项分布接近正态分布时，在 n 次二项试验中成功事件出现次数的平均数为

$$\mu = np^{①} \qquad (5.9)$$

标准差为

$$\sigma = \sqrt{npq}^{②} \qquad (5.10)$$

---

① (5.9) 公式推导

$$\mu = E[X] = \sum_X X p_{(X)} = \sum_{X=0}^{n} X \cdot \frac{n!}{X!\,(n-X)!} p^X (1-p)^{n-X}$$

$$= \sum_{X=1}^{n} \frac{n!}{(X-1)!\,(n-X)!} p^X (1-p)^{n-X}$$

$$= np \sum_{X-1=0}^{n-1} \frac{(n-1)!}{(X-1)!\,[(n-1)-(X-1)]!} \cdot p^{X-1}(1-p)^{(n-1)-(X-1)}$$

$$= np[p+(1-p)]^{n-1}$$

$$= np$$

② (5.10) 公式推导

$$\sigma^2 = E[(X-\mu)^2] = E[X^2] - \mu^2$$

$$E[X^2] = E[X(X-1)+X]$$

$$\qquad = E[X(X-1)] + E[X]$$

$$\qquad = \sum_{X=0}^{n} X(X-1) \frac{n!}{X!\,(n-X)!} p^X (1-p)^{n-X} + \mu$$

$$\qquad = \sum_{X=2}^{n} \frac{n!}{(X-2)!\,(n-X)!} p^X (1-p)^{n-X} + \mu$$

$$\qquad = n(n-1)p^2 \sum_{X-2=0}^{n-2} \frac{(n-2)!}{(X-2)!\,[(n-2)-(X-2)]!} \cdot$$

$$\qquad\quad p^{X-2}(1-p)^{(n-2)-(X-2)} + \mu$$

$$\qquad = n(n-1)p^2[p+(1-p)]^{n-2} + \mu$$

$$\qquad = n(n-1)p^2 + \mu$$

$$\sigma^2 = E[X^2] - \mu^2$$

$$\quad = n(n-1)p^2 + \mu - \mu^2$$

$$\quad = n(n-1)p^2 + np - n^2 p^2$$

$$\quad = np[(n-1)p+1-np]$$

$$\quad = np[np-p+1-np]$$

$$\quad = np(1-p)$$

$$\quad = npq$$

$$\sigma = \sqrt{npq}$$

例如,从男、女生各占 1/2 的学校中随机抽 10 名学生,从理论上说,平均应抽到男生 $\mu = np = 10 \times 1/2 = 5$(人),标准差为

$$\sigma = \sqrt{npq} = \sqrt{10 \times 1/2 \times 1/2} = 1.58$$

但是如果只抽一次,不见得恰好抽到 5 个男生。若将抽到的学生还回总体中去,再随机抽 10 个学生,这样多次重复下去,虽然每次抽到的男生人数不等,但是所抽到男生人数的平均数接近 5 人。各次抽到男生人数的标准差接近 1.58。为了验证这一点,有人做了这样一个试验:从一个由 400 个呈正态分布的数据组成的,一半数据具有 A 特性,一半数据具有 B 特性的总体中,随机抽取 10 个数据,记下具有 A 特性数据的个数,将数据还回后,再随机抽 10 个数据,这样反复共抽 170 次(用 K 表示),具有 A 特性数据出现个数的频数分布如表 5.4 第(2)列所示。由实际观察到的 A 特性出现个数的平均数及标准差分别为

$$\overline{X} = \frac{\sum fX}{K} = \frac{870}{170} = 5.12$$

$$\sigma_X = \sqrt{\frac{\sum fX^2}{K} - \left(\frac{\sum fX}{K}\right)^2} = \sqrt{\frac{4\,928}{170} - \left(\frac{870}{170}\right)^2} = 1.67$$

表 5.4　170 个 ($n = 10$) 样本中个体具有 A 特性的频数分布

A 特性出现的个数 X (1)	实际频数 f (2)	f_x (3)	f_X^2 (4)
0	0	0	0
1	3	3	3
2	5	10	20
3	17	51	153
4	36	144	576
5	42	210	1 050
6	39	234	1 404
7	13	91	637
8	11	88	704
9	1	9	81
10	3	30	300
总　和	170	870	4 928

若 A 特性表示男,B 特性表示女,则 170 次抽到男性的平均数 5.12、标准差 1.67 都与理论值 $\mu = 5$,$\sigma = 1.58$ 相接近。

五、二项分布的应用

二项分布函数除了用来求成功事件恰好出现 X 次的概率之外,在教育中主要用来判断试验结果的机遇性与真实性的界限。

例如,一个学生猜做 10 个是非题,若全凭猜测,平均就可以猜对 5 道题($\mu = np = 10 \times 1/2 = 5$)。那么,学生必须做对多少题,我们才有 95% 的把握说,他们掌握了有关知识呢?从表 5.3 第(4)列累积概率可以看出,学生必须做对 8 题或 8 题以上,我们才有 95% 的把握说,他们掌握了有关知识。因为 $X = 8$ 的累积概率 $P_{(X=8)} = 0.989$。

属于二项分布的问题,若试验次数 n 较大,一般都用正态分布近似处理。

第三节　正态分布

正态分布是一种连续型随机变量的概率分布。是一种应用极为广泛、极其重要的概率分布。在教育研究中也有许多现象呈正态分布,例如,学生的品德、学业成绩、身高、体重等。

一、正态曲线

1. 正态曲线函数

正态曲线函数为

$$Y = \frac{N}{\sigma \sqrt{2\pi}} e^{-\frac{(X-\mu)^2}{2\sigma^2}} \tag{5.11}$$

这里　Y 表示变量 X 的高度或纵坐标(即代表 X 点上的无限小区间的频数密度)

X 表示连续变量的任何一点

μ 表示平均数

N 表示总频数

σ 表示此分布的标准差

π 表示常数,约为 3.141 59

e 表示常数,即自然对数之底,约为 2.718 28

上式中的 μ、σ 和 N 都是绝对数量,由于每个正态分布的 μ、σ 和 N 的不同,正态曲线也就不同。例如,几个平均数相同的正态分布,标准差大的,正态分布形态低阔;标准差小的,正态分布形态高狭。如图 5.3。这样,随着 μ、σ 和 N 的不同就形成一簇不同的正态分布形态。如果把 X 轴的记分由原始分数 X 改为标准分数 $Z = (X - \mu)/\sigma$,即把零点沿 X 轴迁到 μ 点,并以 σ 为单位记分;把 Y 轴的尺度由频数改为频率,于是由频率总和等于 1 就代替了频数总和等于 N,这样不仅不影响正态分布的固有特征,而且还把所有以绝对数量表示总体参数 μ 和 σ 的正态分布曲线函数,都变成了以平均数为 0、标准差为 1 的标准正态分布曲线函数,即正态曲线的频率密度函数。

$$Y = \frac{1}{\sqrt{2\pi}} e^{-\frac{z^2}{2}} \tag{5.12}$$

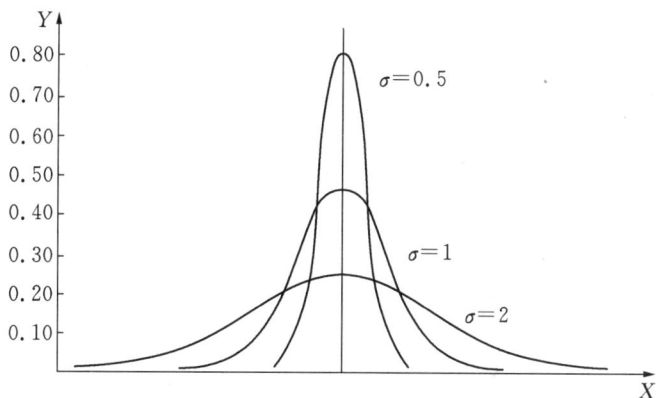

图 5.3　标准差不同的正态分布形态

这里 $Z = \dfrac{X-\mu}{\sigma}$ 是新的横轴上的记分。这样就把各种不同形态的正态分布都变成了一种统一的、固定形态的正态分布,即标准正态分布。通常我们所说的正态分布就是指这种标准正态分布。

相应于各 Z 值的频率密度 Y 值,不必自行计算,可查附表 1 寻得。以 Z 值为横轴,Y 值为纵轴,可画出标准正态曲线图。如图 5.4。

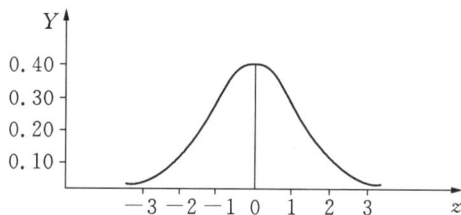

图 5.4　标准正态曲线

2. 正态曲线的特点

从标准正态曲线函数和图形可以看出,正态曲线有以下几个特点:

第一,曲线在 $Z = 0$($\bar{X} = \text{Md} = M_0$)处为最高点。因为函数中 e 的指数为负值,$Z$ 的绝对值越小,Y 值越大;$Z = 0$ 时,Y 值最大,即 $Y = 1/\sqrt{2\pi} = 0.398\,94$。

第二,曲线以 $Z = 0$ 处为中心,双侧对称。因为无论 Z 值是正是负,平方后,Y 值相等。

第三,曲线从最高点向左右缓慢下降,并无限伸延,但永不与基线相交。因为 Z 的绝对值越大,Y 值越小;Z 的绝对值无限增大时,Y 值非常接近于基线,但 Y 值永远不等于零。

第四,标准正态分布上的平均数为 0,标准差为 1。基线上 Z 从 -3 至 $+3$,6 个标准差距离间几乎含了全部(即 99.73%)面积。

第五,曲线从最高点向左右延伸时,在正负 1 个标准差之内,既向下又向内弯。从正负 1 个标准差开始,既向下又向外弯,即拐点位于正负 1 个标准差处。

二、正态曲线的面积与纵线

1. 累积正态分布函数

正态曲线与基线之间某一区间的面积,相当于能在该区间找到个体的概率。正态分布上的随机变量 X 是连续数量。曲线下的面积,即累积概率是用积分来表示的。而累积正态分布的函数是

$$P_{(-\infty < X < a)} = \int_{-\infty}^{a} \frac{1}{\sigma\sqrt{2\pi}} \mathrm{e}^{-\frac{(X-\mu)^2}{2\sigma^2}} \mathrm{d}x \tag{5.13}$$

在这里 ∫ 为积分符号

$\int_{-\infty}^{a}$ 表示从 $-\infty$ 到 a 区间的积分

dx 表示 X 轴上无限小的区间(自变量 x 的微分)

公式(5.13)表明 x 从 $-\infty$ 到 a 之间所有无限小区间 dx 上 Y 值的累积量,而

$$P_{(-\infty < X < \infty)} = \int_{-\infty}^{\infty} \frac{1}{\sigma \sqrt{2\pi}} e^{\frac{(X-\mu)^2}{2\sigma^2}} dx = 1 \tag{5.14}$$

2. 标准正态曲线下面积的求法

利用公式(5.13)可以求出正态曲线下任何区间的面积,但需用积分法,计算麻烦。统计学家为我们提供了标准正态曲线下的面积与纵线表(附表1)。此表有几个特点:第一,表内仅列有标准正态曲线下的面积。因此,查表前,首先应将原始变量 X 值用下式转换成标准分数

$$Z = \frac{X - \overline{X}}{\sigma_X} \tag{5.15}$$

在这里　Z 表示标准分数

　　　　X 表示原始分数

　　　　$\overline{X}$ 表示样本的平均数

　　　　σ_X 表示样本的标准差

第二,表内仅载有从 $Z=0$ 到右边 Z 值之间的面积。因为正态曲线在 $Z=0$ 处,左右对称。例如从 $Z=-1$ 至 $Z=1$ 之间的面积,等于 $Z=0$ 至 $Z=1$ 面积的 2 倍。第三,表中间的数值均表示 $Z=0$ 至某个 Z 值之间的面积。

附表1中第一列为 Z 值,第二列 Y 值表示 Z 值的纵线高度(概率),第三列 P 值表示某一 Z 值至 $Z=0$ 之间的面积(概率)。

(1)已知 Z 值求面积

利用附表1已知 Z 值求面积有三种情况:

① 求 $Z=0$ 至某一 Z 值之间的面积　例如, $Z=0$ 至 $Z=1$ 之间的面积为 0.341 34(见图 5.5a)。

② 求两个 Z 值之间的面积　例如, $Z=-1$ 至 $Z=1$ 之间的面积为:0.341 34+0.341 34=0.682 68(见图 5.5a);又如, $Z=1$ 至 $Z=2$ 之间的面积为: $Z=0$ 至 $Z=2$ 之间的面积(0.477 25)减去 $Z=0$ 至 $Z=1$ 之间的面积(0.341 34),即 0.477 25-0.341 34=0.135 91(见图 5.5b)。在求两个 Z 值之间的面积时,若两个 Z 值符号相反,它们之间的面积等于两个 Z 值至 $Z=0$ 之间的面积之和;若两个 Z 值符号相同,它们之间的面积等于两个 Z 值至 $Z=0$ 之间面积之差。

③ 求某一 Z 值以上或以下的面积　例如, $Z=1$ 以上的面积为: $Z=0$ 至 $Z=\infty$ 的面积(0.500 00)减去 $Z=0$ 至 $Z=1$ 之间的面积(0.341 34),即 0.500 00-0.341 34=0.158 66(见图 5.5c)。又如, $Z=1$ 以下的面积为: $Z=-\infty$ 至 $Z=0$ 之间的面积(0.500 00)加上 $Z=0$ 至 $Z=1$ 之间的面积(0.341 34),即 0.500 00+0.341 34=0.841 34(见图 5.5c)。

(a) $z = -1$ 至 $z = 1$ 之间的面积　　　　(b) $z = 1$ 至 $z = 2$ 之间的面积

(c) $z = 1$ 至 ∞ 和 $z = 1$ 至 $-\infty$ 之间的面积

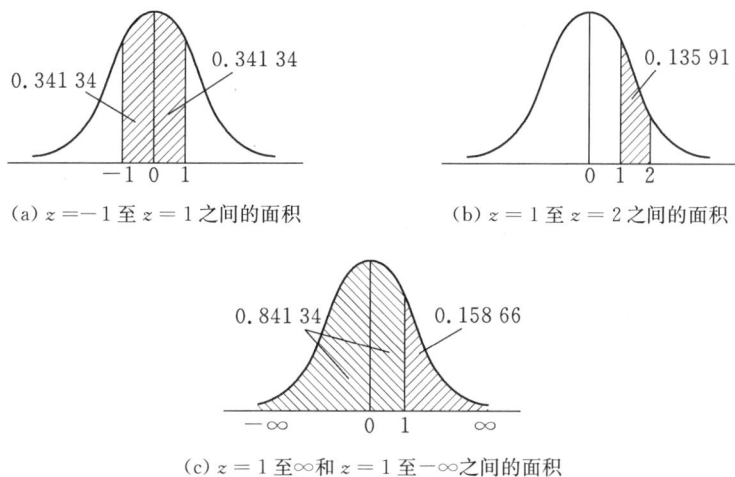

图 5.5　标准正态曲线下某一区间的面积

例如,某校 480 个学生的语文测验分数呈正态分布,其平均数为 75,标准差为 10,问从理论上说 65 至 83 分之间应当有多少人?

解题时,首先用公式(5.15)将原始分数转换成标准分数 Z 值

$$Z_1 = \frac{65 - 75}{10} = -1.00 \qquad Z_2 = \frac{83 - 75}{10} = 0.80$$

查附表 1,$Z = -1$ 至 $Z = 0$ 之间的面积为 0.341 34,

$Z = 0.80$ 至 $Z = 0$ 之间的面积为 0.288 14,

$Z = -1$ 至 $Z = 0.80$ 之间的面积为

$0.341\ 34 + 0.288\ 14 = 0.629\ 48$。

再将总频数乘以 0.629 48,即 $480 \times 0.629\ 48 = 302.15$(人)。因此从理论上讲,65 至 83 分之间应有 302.15 人分布着。

(2) 已知面积求 Z 值

当已知正态曲线下的面积,可从附表 1 P 值一列寻找与已知面积最接近的值,然后在第一列寻找与之对应的 Z 值。寻找 Z 值时有以下三种情况:

① 求 $Z = 0$ 以上或以下某一面积相对应的 Z 值　例如,已知 $Z = 0$ 以上的面积为 0.25,可直接在 P 值一列寻得与 0.25 最为接近的面积 0.248 57,则相对应的 $Z = 0.67$。用同样的方法也可寻到与 $Z = 0$ 以下面积相对应的 Z 值,但 Z 值为负。

② 求与正态曲线上端或下端某一面积相对应的 Z 值　例如,已知正态曲线下端 0.05 的面积,寻找相对应的 Z 值时,需要用 $0.5 - 0.05 = 0.45$,然后在 P 值一列中寻找与 0.45 相对应的 $Z = 1.65$,因为是 $Z = 0$ 以下的面积,故 Z 值为负号,即 $Z = -1.65$。用同样方法也可寻得曲线上端某一面积 Z 的分界点,但符号为正。

③ 求与正态曲线下中央部位某一面积相对应的 Z 值　例如,已知中央部位 0.99 的面积,在求左右 Z 值时,先要将 $0.99 \div 2 = 0.495$,然后在 P 值一列寻得与 0.495 相对应的 $Z = 2.58$,则左侧的 $Z = -2.58$,右侧的 $Z = 2.58$。

例如,某次测验分数是正态分布,其平均分 $\overline{X} = 72$,标准差 $\sigma_X = 6$,问在平均数上下多少分中间包括 95% 的学生? 在平均数上下多少分中间包括 99% 的学生?

将 $0.95 \div 2 = 0.475$，作为正态曲线下平均数以上的面积，查附表1，寻找与之相对应的 $Z = 1.96$，将 $Z = (X - \overline{X})/\sigma_X$ 移项，于是，平均数以上的分数为

$$X = \overline{X} + Z\sigma_X = 72 + 1.96 \times 6 = 83.76$$

平均数以下的分数为

$$X = \overline{X} - Z\sigma_X = 72 - 1.96 \times 6 = 60.24$$

在 60.24 分至 83.76 分之间包括有 95% 的学生。

将 $0.99 \div 2 = 0.495$，作为正态曲线下平均数以上的面积，查附表1，寻找与之相应的 $Z = 2.58$。于是：

平均数以上的分数为

$$X = \overline{X} + Z\sigma_X = 72 + 2.58 \times 6 = 87.48$$

平均数以下的分数为

$$X = \overline{X} - Z\sigma_X = 72 - 2.58 \times 6 = 56.52$$

在 56.52 分至 87.48 分之间包括有 99% 的学生。

3. 正态曲线的纵线

正态曲线的纵线高度 Y 是横轴上某一 Z 值的频率密度（即概率）。若已知 Z 值或面积都可以通过附表1寻得 Y 值。

（1）已知 Z 值求纵线高度

例如，在求 $Z = -2$ 的纵线高度时，首先在 Z 值一列找到2，则相对应的 $Y = 0.053\,99$。

（2）已知面积求纵线高度

例如，求与正态曲线上端 0.10 面积相对应的纵线高度时，需将 $0.5 - 0.10 = 0.40$，然后在 P 值一列寻到与 0.40 最接近的面积为 0.399\,73，其相对应的 $Y = 0.175\,85$。又如，已知正态曲线下中央部位的面积为 0.60，在求左右相对应的纵线高度时，需将 $0.60 \div 2 = 0.30$，然后从 P 值一列寻到与 0.30 最接近的面积为 0.299\,55，于是与之相对应的左右纵线高度均为 $Y = 0.280\,34$。

三、正态分布在测验记分方面的应用

正态分布在统计中的应用甚广，现仅介绍几种在测验记分方面的应用。

1. 将原始分数转换成标准分数

在比较学生几门学科的总成绩时，若将几门学科的原始分数相加求和，比较其总分，这是不科学、不合理的。因为，可能由于各科试题难易的不同，评分标准不同，学生对各科知识掌握的情况不同等，而使某门学科的分数普遍偏高，另一门学科的分数普遍偏低，这时，两门学科的分值不相同，即同为1分，在分数偏高的学科中价值较低，在分数偏低的学科中价值较高。由于各科原始分数缺乏相等的单位，故既不能相互比较，也不能相加求和。若各科原始分数呈正态分布或总体呈正态分布，则可将各科原始分数转换成标准分数，求其总和，再比较其总分的大小。例如，表5.5，甲、乙两生高中入学考试三门学科原始分数的总和乙生优于甲生，现将甲、乙两生各科原始分数用公式（5.15）转换成标准分数，则

甲生英语标准分数　　$Z = \dfrac{63 - 67}{9} = -0.44$

乙生英语标准分数　　$Z = \dfrac{72 - 67}{9} = 0.56$

其他各科标准分数见表 5.5 第(5)列。

表 5.5　甲乙两生三门学科的标准分数

考试科目 (1)	原始分数 (2)		团体的平均数 $\overline{X}$ (3)	团体的标准差 σ_X (4)	标准分数 Z (5)		在团体中的位置 (在该分数之下的人数比率) (6)	
	甲	乙			甲	乙	甲	乙
语文	59	51	50	4	2.25	0.25	0.987 78	0.598 71
数学	75	79	74	10	0.10	0.50	0.539 83	0.691 46
英语	63	72	67	9	-0.44	0.56	0.329 97	0.712 26
总和	197	202			1.91	1.31		
总平均					0.64	0.44	0.738 91	0.670 03

三门学科标准分数的总和是甲生优于乙生,恰好与原始分数的比较结果相反。

标准分数的优点:第一,各科标准分数的单位是绝对等价的。因此可以将每个学生各科标准分数相加求和,比较其总分的优劣。这是因为标准分数是以标准差为单位来度量每个考分与平均分之间的离差,无论平均数和标准差多么不同,一经转换成标准分数,就会统一变成平均数为 0、标准差为 1 的固定不变的标准形式。第二,标准分数的数值大小和正负,可以反映某一考分在团体中所处的位置。例如,利用标准正态曲线下的面积表(附表 1),可以知道在甲生英语标准分数 $Z = -0.44$ 之下有 32.997% 个考生,这是因为 $Z = -0.44$ 至 $Z = 0$ 之间的面积为 0.170 03,$Z = -\infty$ 至 $Z = 0$ 之间的面积为 0.500 00,则 $Z = -0.44$ 至 $Z = -\infty$ 之间的面积为 $0.500\,00 - 0.170\,03 = 0.329\,97$。在乙生英语标准分数 $Z = 0.56$ 之下有 71.226% 个考生。这是因为 $Z = 0.56$ 至 $Z = 0$ 之间的面积为 0.212 26,$Z = 0$ 至 $Z = -\infty$ 的面积为 0.500 00,$Z = 0.56$ 至 $Z = -\infty$ 的面积为 $0.500\,00 + 0.212\,26 = 0.712\,26$。甲乙两生各科成绩在团体中的位置见表 5.5 第(6)列。标准分数正是通过每个考分在团体中的位置来比较其优劣的,故称之为相对分数。

这里应注意的是:在求甲乙两生三科总成绩在团体中的位置时,不能直接用三科标准分数的总和(如甲生 $Z = 1.91$,乙生 $Z = 1.31$)去查表,而必须分别用他们三科标准分数的平均数(甲生 $\overline{Z} = 1.91/3 = 0.64$,乙生 $\overline{Z} = 1.31/3 = 0.44$)去查表。

2. 确定录取分数线

在选拔性或竞赛性的考试中,录取或授奖的人数(或比率)往往是事先确定的。若考分呈正态分布,在根据考试结果确定录取或授奖的分数线时,可将录取或授奖的人数比率作为正态分布中分线右侧(即上端)的面积,由此找出相应标准分数 Z 值,然后根据 $Z = (X - \overline{X})/\sigma_X$,已知 Z 值求原始分数 X。

例如,某项职业录取考试,在参加考试的 1 600 人中准备录取 200 人,考试分数接近正态分布,平均分数为 74,标准差为 11,问录取分数线是多少?首先将录取率 200/1 600 = 0.125

作为正态分布上端的面积,然后根据 $0.5-0.125=0.375$ 查附表1,在 P 栏中找到与 0.375 最接近的 P 值为 0.37493,其相应的 $Z=1.15$,则录取分数线为 $X=Z\sigma_x+\overline{X}=1.15\times11+74=86.65$。

3. 确定等级评定的人数

若学生知识能力的水平呈正态分布,拟将之分成等距的几个等级,在确定各等级人数时,可将正态分布基线上 $Z=-3$ 至 $Z=+3$ 之间6个标准差的距离分成相等的几份(因为在 $Z=\pm3$ 之间的面积已达 0.9973,几乎包括了全体学生),然后用附表1求出各段 Z 值间的面积,再乘以学生总人数,即为各等级人数。

例如,如果100个人某种能力呈正态分布,欲将分成甲、乙、丙、丁四个等距的等级,问各等级应有多少人? 首先将正态分布基线上6个标准差的距离四等分,即 $6\div4=1.5$,则应从 $Z=0$ 处开始至 $Z=\pm1.5$ 的距离作为乙、丙两个等级;从 $Z=1.5$ 至 $Z=3$ 为甲等的距离;

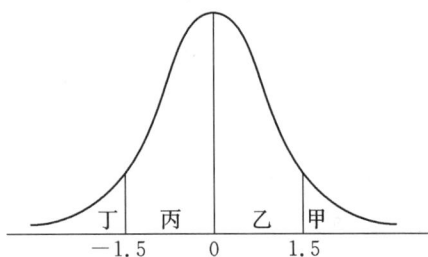

图5.6 用正态分布确定各等级人数

从 $Z=-1.5$ 至 $Z=-3$ 为丁等的距离,如图5.6所示。然后根据各等级两个 Z 值分界点查附表1寻得相应的面积 P,并计算出各等级的面积,再乘上学生总人数100,即为各等级人数。如甲等分界点 $Z=1.5$,查附表1寻得 $Z=1.5$ 至 $Z=0$ 之间的面积为 0.43319,则甲等的面积为 $0.5-0.43319=0.06681$,再乘以学生的总人数100,即为甲等的人数 $100\times0.06681=6.68\approx7$(人)。其他各等级人数计算方法见表5.6。

表5.6 利用正态分布确定各等级人数计算表

等 级	各等级 Z 值分界点及其分布范围	百 分 比	% · N	应占人数
甲	$Z=1.5$ 以上	$0.5-0.43319$	6.68	7
乙	$Z=0\sim Z=1.5$	0.43319	43.32	43
丙	$Z=0\sim Z=-1.5$	0.43319	43.32	43
丁	$Z=-1.5$ 以下	$0.5-0.43319$	6.68	7

4. 品质评定数量化

有时对某些作品或事物的评定,虽有严格的评定标准,但它却不像对理科作业评定那样,对于答案的正误、优劣有十分明确的界限。如对作文、书法、体操、歌咏等的评定,往往就受到评定者主观因素的影响,对同一作品或事物,不同的评定者会给予不同的评定结果。例如,张、李两位老师以甲、乙、丙、丁、戊五个等级分别对45名学生的书法作业进行评定,由于两位老师的审美观和对评定标准的掌握不完全相同,对于学生 A,张老师评给他甲等,而李老师评给他丙等;对于学生 B,张老师评给他乙等,李老师评给他丙等。在这种情况下,可将两位老师评定的等级分别变成数量化分数,用两位老师所评定的等级数量化分数的平均数来表示一个学生的评定结果。这样,每个学生书法作业成绩就可以相互比较了。

等级数量化分数是将两位老师所评定的各等级人数百分比分别作为正态曲线下的面

积,再以平分每块面积的 Z 值(中位数),作为各等级数量化的分数。

现以表5.7中张老师的评定为例,说明等级数量化的步骤。

表 5.7 两位老师对 45 名学生书法作业评定等级的数量化分数

评定的等级 (1)	评 定 者									
	张老师					李老师				
	n (2)	比率 (3)	本组 $\frac{1}{2}$ 以下面积和 (4)	本组 $\frac{1}{2}$ 至 $Z=0$ 的面积 (5)	中位数 (6)	n	比率	本组 $\frac{1}{2}$ 以下面积和	本组 $\frac{1}{2}$ 至 $Z=0$ 的面积	中位数
甲	11	.244 45	.877 78	.377 78	1.16	5	.111 11	.944 45	.444 45	1.59
乙	21	.466 67	.522 22	.022 22	.06	12	.266 67	.755 56	.255 56	.69
丙	6	.133 33	.222 22	.277 78	−.76	13	.288 89	.477 78	.022 22	−.06
丁	6	.133 33	.088 89	.411 11	−1.35	12	.266 66	.200 00	.300 00	−.84
戊	1	.022 22	.011 11	.488 89	−2.29	3	.066 67	.033 34	.466 66	−1.83
总和	45	1.000 00				45	1.000 00			

(1) 计算张老师所评定的各等级人数比率

如甲等人数比率为:11/45 = 0.244 45,其他各等级人数比率见表5.7的第(3)列。再将这些比率作为正态曲线下的面积(见图5.7a)。

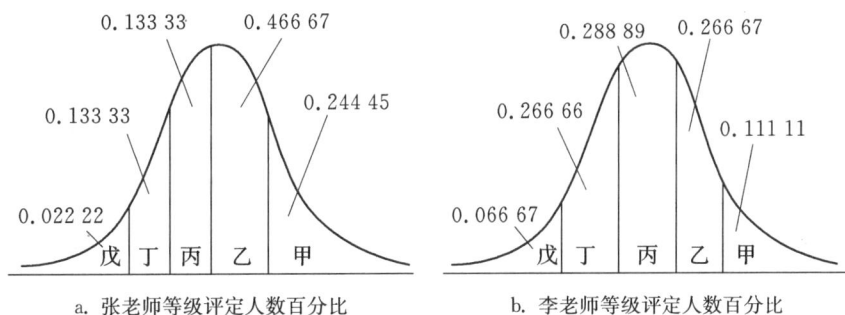

a. 张老师等级评定人数百分比   b. 李老师等级评定人数百分比

图 5.7 利用正态曲线作为等级的分布形式

(2) 计算本组 1/2 面积与本组以下面积之和

例如,丁等本组 1/2 面积(0.133 33 ÷ 2 = 0.066 67)与本组以下面积(0.022 22)之和为 0.066 67 + 0.022 22 = 0.088 89。其他各组见表5.7的第(4)列。

(3) 计算本组面积的平分点至 $Z=0$ 之间的面积,即表中第(4)列的各组数值与0.5之差。

第(4)列数值大于0.5者,减去0.5;小于0.5者,由0.5减之。例如,甲等本组面积平分点至 $Z=0$ 的面积为 0.877 78 − 0.500 00 = 0.377 78,丙等本组面积平分点至 $Z=0$ 的面积为 0.500 00 − 0.222 22 = 0.277 78,其他各组见表5.7的第(5)列。

(4) 求平分各块面积的中位数

根据各组面积平分点至 $Z=0$ 之间的面积,查正态曲线下面积表(附表1),寻找与之相对应

的 Z 值,然后由本组 $1/2$ 以下面积之和[即表 5.7 的第(4)列]来决定 Z 值的符号,大于 0.5 者为正,小于 0.5 者为负。如甲等 Z 值 1.16,由于该组 $1/2$ 以下面积之和 $0.877\,78>0.5$,故其 Z 值符号为正。又如丙等 Z 值 0.76,由于该组 $1/2$ 以下面积之和 $0.222\,22<0.5$,故其 Z 值符号为负[见表 5.7 第(6)列]。带有符号的 Z 值就是平分各块面积的中位数,亦即等级数量化分数。

根据上述步骤,将张、李两位老师所评定的等级转换成数量化分数后,再计算两位老师对一个学生等级数量化分数的平均数,用以表示每个学生的成绩。例如:

学生 A 等级数量化分数的平均数为 $(1.16-0.06)\div 2=0.55$

学生 B 等级数量化分数的平均数为 $(0.06-0.06)\div 2=0.00$

两生相比,A 生书法作业优于 B 生,这是因为在正态分布上,甲生 $Z=0.55$ 之下的面积(人数比率)$0.708\,84$ 大于乙生 $Z=0.00$ 之下的面积(人数比率)$0.500\,00$。

练 习 题

1. 什么是频数? 什么是概率?

2. 一个小组有 10 个学生,从中选一个组长,若每个人被选到的机会是相等的,问选到张明或李华的概率是多少? 如果进行两次选举,问两次都选到张明的概率是多少?

3. 什么是二项分布? 哪一类问题属于二项分布? 请写出二项分布函数。

4. 一个教师对 8 个学生的作业成绩进行猜测,如果教师猜对的可能性为 1/3,问:

① 平均能猜对几个学生的作业成绩?

② 这个教师至少要猜对几个学生的作业成绩,我们才可以有 95% 的把握说这个教师对学生作业成绩具有一定评判能力?

5. 一个测验含 4 个题目,每个题目各有 4 个答案,其中只有 1 个是正确的,如果一个学生完全凭猜测来选择答案,问:

① 平均能猜对多少题目?

② 标准差是多少?

③ 猜对 3 题的概率是多少?

6. 什么是正态分布? 正态曲线有什么特点?

7. 求下列正态曲线下各区间的面积。

① $Z=0 \rightarrow Z=1.2$ ② $Z=0.5 \rightarrow Z=2.8$

③ $Z=0 \rightarrow Z=-1.4$ ④ $Z=-1.5 \rightarrow Z=1.8$

⑤ $Z=-0.5 \rightarrow Z=-1.8$ ⑥ $Z=-2.5 \rightarrow Z=0.8$

8. 求正态曲线的纵线高度 Y 值:

① $Z=-1.7$ ② $Z=0.90$

③ 下端面积 $P=0.2$ ④ 中央面积 $P=0.8$

9. 某区 3 600 个学生数学测验分数接近正态分布,其平均分为 80 分,标准差为 11.5 分,问在 70—90 分之间应当有多少人? 占总人数的百分比是多少?

10. 试比较甲、乙两个学生三门学科的总成绩,并说明他们各科成绩以及总平均成绩在团体中的位置。

考试科目	学 生		团体平均分数 $\overline{X}$	团体标准差 σ_X
	甲	乙		
物　理	53	73	65	4
化　学	78	70	74	6
数　学	82	70	71	12

11. 某区拟对参加数学竞赛的 2 000 人中前 500 人予以奖励,考试的平均分数为 75,标准差为 9,问授奖的分数线是多少?

12. 500 名学生的逻辑思维能力呈正态分布,拟将之分成 A、B、C、D、E 五个等距的等级,问各等级 Z 值分界点是多少? 各等级应当有多少人?

13. 请将三位教师对 40 名学生普通话比赛的等级评定转化为数量化分数,并求出 A、B 两个学生平均等级的数量化分数。

等级	各位教师所评定的人数		
	教师甲	教师乙	教师丙
优	10	4	0
良	20	10	12
中	5	12	20
差	5	10	8
极差	0	4	0
总和	40	40	40

被评学生	评定者(教师)		
	甲	乙	丙
A	优	良	中
B	良	优	中

第六章
抽样分布及总体平均数的推断

第一节 抽 样 分 布

一、抽样分布的概念

要区分以下三种不同性质的分布：

- 总体分布：总体内个体数值的频数分布。
- 样本分布：样本内个体数值的频数分布。
- 抽样分布：某一种统计量的概率分布。

例如，将某市 600 名学生数学竞赛的分数作为一个总体，其 600 个考分的频数分布是总体分布；若从中随机抽出 40 个考分作为样本，这 40 个考分的频数分布是样本分布。如果对所抽到的 40 个考分计算其平均数及标准差后还回总体中去，再随机抽 40 个考分，计算其平均数及标准差。这样反复抽下去，就获得 $n = 40$ 的一切可能个样本的平均数及标准差，若将这一切可能个样本的平均数及标准差分别进行频数分布，就形成一个实验性的平均数抽样分布及标准差抽样分布。

又如，从某市高考分数中，随机抽取 100 名学生的数学与物理分数，计算这两门学科的相关系数之后，将数据还回总体中去，再随机抽取 100 名学生的数学及物理分数计算其相关系数，这样反复抽下去，所获得的 $n = 100$ 的一切可能样本相关系数的频数分布，就形成一个实验性的相关系数的抽样分布。

实验性的抽样分布是为了容易理解罢了，实际上抽样分布是一个理论的概率分布。它是统计推断的理论依据。

二、平均数抽样分布的几个定理

(1) 从总体中随机抽出容量为 n 的一切可能样本的平均数之平均数等于总体的平均数。用公式可表示为

$$E(\overline{X}) = \mu \tag{6.1}$$

在这里　E 表示平均的符号

　　　　$\overline{X}$ 表示样本的平均数

　　　　μ 表示总体的平均数

(2) 容量为 n 的平均数在抽样分布上的标准差，等于总体标准差除以 n 的平方根。用公式可以表示为

$$\sigma_{\overline{X}} = \frac{\sigma}{\sqrt{n}} \tag{6.2}$$

在这里　$\sigma_{\overline{X}}$ 表示平均数抽样分布的标准差(平均数标准误)

　　　　σ 表示总体标准差

　　　　n 表示样本的容量

(3) 从服从正态分布的总体中,随机抽取的容量为 n 的一切可能样本平均数的分布也呈正态分布。

(4) 虽然总体不呈正态分布,如果样本容量较大,反映总体 μ 和 σ 的样本平均数的抽样分布,也接近于正态分布。

以上几条定理,反映了平均数抽样分布的形态,一切可能样本平均数与总体平均数之间的关系;平均数抽样分布的标准差与总体标准差的关系——当总体标准差为已知时,平均数抽样分布的标准差与样本容量 n 的平方根成反比,即样本容量 n 越大,平均数抽样分布的标准差越小,当样本容量 n 确定时,平均数抽样分布的标准差与总体标准差成正比,即总体内个体数值离差程度越大,平均数抽样分布的标准差越大。

抽样分布是统计推断的理论依据。但在实际工作中,不是通过抽取一切可能个样本来求总体参数,而是抽取一个随机样本根据一定的概率来推断总体的参数。即使抽取一切可能个样本,计算出的某种统计量的值与总体相应参数的真值,大多也是不相同的,这是由于抽样误差的缘故。抽样误差我们用抽样分布上的标准差来表示。因此,某种统计量在抽样分布上的标准差称为该种统计量的标准误。如平均数抽样分布的标准差称为平均数的标准误;标准差抽样分布的标准差称为标准差的标准误;相关系数抽样分布的标准差称为相关系数的标准误。

标准误越小,表明样本统计量与总体参数的值越接近,样本对总体越有代表性,用样本统计量推断总体参数的可靠度越大,所以标准误是统计推断可靠性的指标。

三、样本平均数与总体平均数离差统计量的形态

前面讲到,从正态总体中随机抽取的容量为 n 的一切可能样本平均数以总体平均数为中心呈正态分布。当总体标准差已知时,一切可能样本平均数与总体平均数的离差统计量呈标准正态分布。

$$Z = \frac{\overline{X} - \mu}{\sigma_{\overline{X}}} = \frac{\overline{X} - \mu}{\dfrac{\sigma}{\sqrt{n}}} \tag{6.3}$$

在这里　Z 表示样本平均数的标准记分

　　　　$\overline{X}$ 表示样本的平均数

　　　　μ 表示总体平均数

　　　　$\sigma_{\overline{X}}$ 表示平均数标准误

总体标准差在一般情况下是未知的,它需用样本标准差来估计。数理统计已证明,总体标准差 σ 的无偏估计量 S 等于样本统计量 $\sigma_{\overline{X}}$ 乘以贝塞耳氏校正数 $\sqrt{\dfrac{n}{n-1}}$,即得

$$S = \sqrt{\frac{n}{n-1}} \sigma_{\overline{X}} \tag{6.4}$$

在这里　S 表示总体标准差的估计量

　　　　n 表示样本的容量

　　　　$\sigma_{\overline{X}}$ 表示样本的标准差

上式用原始数据又可表示为

$$S = \sqrt{\frac{n}{n-1}}\sqrt{\frac{\sum X^2 - (\sum X)^2/n}{n}} = \sqrt{\frac{\sum X^2 - (\sum X)^2/n}{n-1}} \qquad (6.5)$$

在这里　X 表示原始数据

　　　　X^2 表示原始数据的平方

　　从正态总体中随机抽取容量为 n 的一切可能样本平均数的抽样分布呈正态分布。当总体标准差 σ 未知,需用估计量 S 来代替,于是平均数标准误 $\sigma_{\overline{X}}$ 也被 $S_{\overline{X}}$ 所代替,这时一切可能样本平均数与总体平均数的离差统计量

$$t = \frac{\overline{X} - \mu}{S_{\overline{X}}} \qquad (6.6)$$

呈 t 分布。因为当总体 σ 已知时,$Z = (\overline{X} - \mu)/(\sigma/\sqrt{n})$ 中仅有一个变量 $\overline{X}$,而 μ、σ、n 都是常数,故 Z 值仅随样本 $\overline{X}$ 变化。当总体 σ 未知时,样本平均数与总体平均数离差统计量 $t = (\overline{X} - \mu)/(S/\sqrt{n})$ 中有两个变量,t 值不仅随样本 $\overline{X}$ 变化,还随 S 而变化,因为取一个样本就有一个 $\overline{X}$ 及一个 S 值。

　　最早使用 t 分布的是戈塞特(W. S. Gossett)。他于 1908 年以笔名"学生"(Student)把他的论文发表在生物统计杂志上,成为数理统计发展史上的一个里程碑。

　　t 分布与正态分布的相似之处:t 分布基线上的 t 值从 $-\infty$ —— $+\infty$;从平均数等于 0 处,左侧 t 值为负,右侧 t 值为正;曲线以平均数处为最高向两侧逐渐下降,尾部无限伸延,永不与基线相接,呈单峰对称形。区别之处在于:t 分布的形态随自由度($df = n - 1$)的变化呈一簇分布形态(即自由度不同的 t 分布形态也不同,如图 6.1)。t 分布的峰狭窄尖峭,尾长而翘得高,在基线上分布的范围广。自由度越小,分布范围越广。当自由度逐渐增大时,t 分布逐渐接近正态分布。当自由度趋于无限大时,t 分布与正态分布重合。假如 t 分布曲线下平均数两侧同包含 0.95 的面积,由于自由度不同,两端临界的 t 值也不同。从表 6.1 可以看出,当 $df = 2$,$t = \pm 4.30$;当 $df = 30$,$t = \pm 2.04$;当 $df = \infty$,$t = \pm 1.96$,与正态分布 Z 值相同。

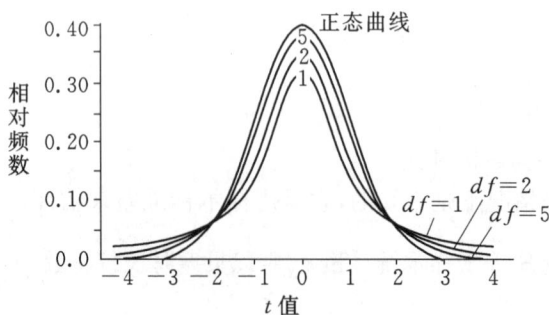

图 6.1　自由度为 1、2、5,t 比值曲线与正态曲线比较图

表 6.1　中央面积为 0.95 不同自由度 t 的临界值

自由度	2	4	6	20	30	∞
t 值	± 4.30	± 2.78	± 2.45	± 2.09	± 2.04	± 1.96

公式(6.5)分母中的 $n-1$，统计学上称为自由度。用 df 表示。自由度是指总体参数估计量中变量值独立自由变化的个数。

例如，用样本统计量 $\sigma_{\overline{X}}$ 估计总体参数 σ 时，估计量 $S = \sqrt{\dfrac{\sum (X - \overline{X})^2}{n-1}}$ 中的变量 $X - \overline{X}$（离差），只有 $n-1$ 个可以独立自由变化，而第 n 个离差，由于必须与其他离差凑成零，即 $\sum (X - \overline{X}) = 0$，就失去了独立自由变化的可能。故自由度 $df = n-1$。例如，一组数据：2、2、5、7，其 $\overline{X} = 4$，前三个离差 -2，-2，1 可以自由变化，由于 $\sum (X - \overline{X}) = 0$ 的限制，第四个离差只能等于 3。

自由度产生于利用样本统计量估计总体参数之时。自由度的个数等于样本容量 n 减去限制因子的个数。当利用样本 $\sigma_{\overline{X}}$ 估计总体 σ 时，受到 $\sum (X - \overline{X}) = 0$ 一个限制因子的限制，故自由度等于样本容量 n 减去 1，即 $df = n-1$。计算自由度的另一种方法是看总体参数估计量中运用了几个样本统计量，其自由度就等于样本容量减去几。例如，在总体参数 σ 的估计量 $S = \sqrt{\dfrac{\sum (X - \overline{X})^2}{n-1}}$ 中，运用了一个样本统计量 $\overline{X}$，故自由度等于样本容量 n 减去 1。但自由度并不总是 $n-1$，它随限制因子的个数而变化。在总体相关系数的推断中，有的 $df = n-2$，有的 $df = n-3$，等等。

第二节　总体平均数的估计

根据样本信息对总体参数的推断有两种不同形式：总体参数估计和假设检验。

一、总体参数估计的基本原理

根据样本统计量对相应总体参数所作的估计叫总体参数估计。总体参数估计分为点估计和区间估计。

1. 点估计

用某一样本统计量的值来估计相应总体参数的值叫总体参数的点估计。例如，从某市某年高三毕业会考语文成绩中随机抽取 550 个考分，算出 $\overline{X} = 62$ 分，则这 62 分就是全市 11 000 个考生语文总体平均分数的估计值。

点估计量的评价标准如下：

（1）无偏性

当用某一个样本统计量的值估计总体参数值时，总会有所偏差，有的大于总体参数，有的小于总体参数，如果一切可能个样本统计量的值与总体参数值偏差的平均值为 0，这种统计量就是总体参数的无偏估计量；如果一切可能样本统计量的值与总体参数值偏差的平均值大于或小于 0,这种统计量就是总体参数的有偏估计量。例如,样本平均数 $\overline{X}$ 就是总体平均数 μ 的无偏估计量。而样本的标准差 $\sigma_{\overline{x}}$ 就是总体标准差 σ 的有偏估计量。但是将样本的标准差 $\sigma_{\overline{x}}$ 乘上贝塞耳氏校正值之后,所得的 S 就变成总体标准差的无偏估计量。

(2) 有效性

当总体参数不止有一种无偏估计量时,某一种估计量的一切可能样本值的方差小者为有效性高,方差大者为有效性低。例如,$\overline{X}$、Md、M_0 都是总体 μ 的无偏估计量,但只有 $\overline{X}$ 的一切可能样本值的方差最小,故 $\overline{X}$ 是总体 μ 最有效的估计量。

(3) 一致性

当样本容量无限增大时,估计量的值能越来越接近它所估计的总体参数值,这种估计量是总体参数一致性估计量。例如,样本平均数 $\overline{X}$ 就是总体平均数 μ 的一致性估计量。样本标准差 $\sigma_{\overline{x}}$ 或 S 也都是总体标准差 σ 的一致性估计量。

即使具备上述条件的点估计,也是以误差存在为前提,而且它不能指出正确估计的概率有多大。

2. 区间估计

以样本统计量的抽样分布(概率分布)为理论依据,按一定概率要求,由样本统计量的值估计总体参数值的所在范围,称为总体参数的区间估计。

现以总体平均数区间估计为例,说明总体参数估计的基本原理。

从服从正态分布的总体中随机抽取容量为 n 的一切可能样本平均数的抽样分布以总体平均数为中心呈正态分布。当总体标准差 σ 已知时,一切可能样本平均数的标准记分 $Z = (\overline{X} - \mu)/(\sigma/\sqrt{n})$ 呈标准正态分布。若以样本平均数对总体平均数的估计要求达到 95% 的可靠度,则令 $Z = (\overline{X} - \mu)/(\sigma/\sqrt{n})$ 在 -1.96 至 1.96 之间变动,其间的面积为 0.95(由附表 1 知道,$Z = 1.96$ 至 $Z = 0$ 之间的面积为 0.475,于是 $Z = -1.96$ 至 $Z = 1.96$ 之间的面积为 $0.475 \times 2 = 0.95$),也就是说,$Z = -1.96$ 至 $Z = 1.96$ 之间的概率为 0.95,即

$$P\left(-1.96 < \frac{\overline{X} - \mu}{\dfrac{\sigma}{\sqrt{n}}} < 1.96\right) = 0.95 \qquad (6.7)$$

经过移项,上式可以写成

$$P\left(\mu - 1.96\,\frac{\sigma}{\sqrt{n}} < \overline{X} < \mu + 1.96\,\frac{\sigma}{\sqrt{n}}\right) = 0.95$$

这意味着样本平均数在抽样分布上从 $\mu - 1.96\sigma/\sqrt{n}$ 至 $\mu + 1.96\sigma/\sqrt{n}$ 之间出现的概率为 0.95,就是说,有 95% 的样本平均数在 $\mu \pm 1.96\sigma/\sqrt{n}$ 的范围内。或者说,在总体平均数减 1.96 倍标准误到总体平均数加 1.96 倍标准误的范围内,将包括有 95% 的样本平均数,而不在这个范围内的样本平均数只有 5%。

但是,在实际科研工作中,只抽取一个样本平均数,并在一定可靠度上推论总体平均数落在样本平均数周围多大的范围内,于是可将上式经过移项写成

$$P\left(\overline{X} - 1.96\,\frac{\sigma}{\sqrt{n}} < \mu < \overline{X} + 1.96\,\frac{\sigma}{\sqrt{n}}\right) = 0.95 \qquad (6.8)$$

这意味着总体平均数 μ 在 $\overline{X} - 1.96\sigma/\sqrt{n}$ 和 $\overline{X} + 1.96\sigma/\sqrt{n}$ 之间出现的概率为 0.95。就是说,总体平均数有 95% 的可能在 $\overline{X} \pm 1.96\sigma/\sqrt{n}$ 的范围内。或者说总体平均数在这个范围内的可能性有 95%,而不在这个范围内的可能性有 5%。如果我们推断说,总体平均数在 $\overline{X} \pm 1.96\sigma/\sqrt{n}$ 的范围内,这种说法有 95% 的可靠度,在作出这种结论时,平均说来,每 100 次有 95 次是正确的。因此,从 $\overline{X} - 1.96\sigma/\sqrt{n}$ 至 $\overline{X} + 1.96\sigma/\sqrt{n}$ 的这个区间称为平均数相应于 0.95 概率的置信区间。$\overline{X} - 1.96\sigma/\sqrt{n}$ 为置信下限,$\overline{X} + 1.96\sigma/\sqrt{n}$ 为置信上限。

从上述总体参数区间估计的基本原理可以看出,要对总体参数值进行区间估计,即要在一定可靠度上求出总体参数的置信区间的上下限,那么,第一,要知道与所要估计的参数相对应的样本统计量的值,以及样本统计量的理论分布;第二,要求出该种统计量的标准误;第三,要确定在多大的可靠度上对总体参数作估计,再通过查某种理论概率分布表,找出与某种可靠度相对应的该分布横轴上记分的临界值,才能计算出总体参数的置信区间上下限。

在对总体参数进行估计时,我们总希望置信区间小些,而估计的可靠度大些。但是在样本容量确定的情况下,这种希望是难以做到的。也就是说,要想估计的可靠度大些,置信区间的距离就要长些。但是可以在达到一定可靠度的前提下,通过减小标准误的办法来缩短置信区间的距离。

二、σ 已知条件下总体平均数的区间估计

当总体 σ 为已知,总体呈正态分布,样本容量 n 无论大小时,或者当总体 σ 为已知,虽总体不呈正态分布,但样本容量较大($n > 30$)时,样本平均数与总体平均数的离差统计量均呈正态分布。总体平均数的置信区间可按 Z 分布,用已知 σ 计算。

例如,某小学 10 岁全体女童身高历年来标准差为 6.25 厘米,现从该校随机抽 27 名 10 岁女童,测得平均身高为 134.2 厘米,试估计该校 10 岁全体女童平均身高的 95% 和 99% 置信区间。

统计学家的研究告诉我们,体重、身高、智力、课程分数等数据总体一般呈正态或接近正态分布。目前在实际研究工作中,对于样本所来自的总体是否呈正态分布,除特殊情况外,一般不另作检验,而是把它假定为正态或接近正态分布。(下同)

10 岁女童的身高假定是从正态总体中抽出的随机样本,并已知总体标准差为 $\sigma = 6.25$。无论样本容量 n 大小,一切样本平均数的标准记分应呈正态分布。于是可用正态分布来估计该校 10 岁女童身高总体平均数 95% 和 99% 的置信区间。

根据公式(6.8),总体平均数 95% 置信区间为

$$P\left(\overline{X} - 1.96\frac{\sigma}{\sqrt{n}} < \mu < \overline{X} + 1.96\frac{\sigma}{\sqrt{n}}\right) = 0.95$$

$$P\left(134.2 - 1.96 \times \frac{6.25}{\sqrt{27}} < \mu < 134.2 + 1.96 \times \frac{6.25}{\sqrt{27}}\right) = 0.95$$

$$P(131.842 < \mu < 136.558) = 0.95$$

置信下限为 131.842,置信上限为 136.558。于是在 95% 可靠度上可以说,该校 10 岁全体女童身高的平均数是在 131.842—136.558 厘米的范围内。

以 $Z = 0$ 为中心,左右两侧包含 0.99 的面积,根据 $0.99 \div 2 = 0.495$ 的面积,查附表 1,

得知两端 Z 的临界值分别为 ± 2.58，于是总体平均数 99％置信区间为

$$P\left(\overline{X}-2.58\,\frac{\sigma}{\sqrt{n}}<\mu<\overline{X}+2.58\,\frac{\sigma}{\sqrt{n}}\right)=0.99 \tag{6.9}$$

$$P\left(134.2-2.58\times\frac{6.25}{\sqrt{27}}<\mu<134.2+2.58\times\frac{6.25}{\sqrt{27}}\right)=0.99$$

$$P(131.097<\mu<137.303)=0.99$$

该校 10 岁女童身高总体平均数 99％置信下限为 131.097，置信上限为 137.303。

三、σ 未知条件下总体平均数的区间估计

1. σ 未知条件下总体平均数区间估计的基本原理

当总体 σ 未知，总体呈正态分布，样本容量无论大小时，或者当总体 σ 未知，总体虽不呈正态分布，但样本容量较大（$n>30$）时，样本平均数与总体平均数离差统计量均呈 t 分布。总体平均数的置信区间可按 t 分布，用 σ 的估计值计算。

若在 95％可靠度上对总体平均数作估计，就是使 t 分布上 $t=0$ 两侧的面积和为 0.95。令 $t=(\overline{X}-\mu)/S_{\overline{X}}$ 在左右两侧相应的临界值 $-t_{(df)0.05}$ 至 $+t_{(df)0.05}$ 之间变动，于是

$$P\left(-t_{(df)0.05}<\frac{\overline{X}-\mu}{S_{\overline{X}}}<t_{(df)0.05}\right)=0.95$$

经过移项，总体平均数 95％置信区间为

$$P(\overline{X}-t_{(df)0.05}S_{\overline{X}}<\mu<\overline{X}+t_{(df)0.05}S_{\overline{X}})=0.95 \tag{6.10}$$

同理，总体平均数 99％置信区间为

$$P(\overline{X}-t_{(df)0.01}S_{\overline{X}}<\mu<\overline{X}+t_{(df)0.01}S_{\overline{X}})=0.99 \tag{6.11}$$

95％的置信下限为 $\overline{X}-t_{(df)0.05}S_{\overline{X}}$，置信上限为 $\overline{X}+t_{(df)0.05}S_{\overline{X}}$；
99％的置信下限为 $\overline{X}-t_{(df)0.01}S_{\overline{X}}$，置信上限为 $\overline{X}+t_{(df)0.01}S_{\overline{X}}$。

公式(6.10)及(6.11)中 $S_{\overline{X}}$ 是平均数标准误的估计量。为了适合各种计算器的使用，可表示为以下三种形式。

① $$S_{\overline{X}}=\frac{S}{\sqrt{n}} \tag{6.12}$$

在这里　S 表示总体标准差的估计值
　　　　n 表示样本容量

② $$S_{\overline{X}}=\frac{\sigma_X}{\sqrt{n-1}} \tag{6.13}$$

在这里　σ_X 表示样本的标准差

③ $$S_{\overline{X}}=\sqrt{\frac{\sum X^2-(\sum X)^2/n}{n(n-1)}} \tag{6.14}$$

于是 95％置信限有三种形式

	置信下限	置信上限
①	$\overline{X} - t_{(df)0.05}\dfrac{S}{\sqrt{n}}$,	$\overline{X} + t_{(df)0.05}\dfrac{S}{\sqrt{n}}$
②	$\overline{X} - t_{(df)0.05}\dfrac{\sigma_X}{\sqrt{n-1}}$,	$\overline{X} + t_{(df)0.05}\dfrac{\sigma_X}{\sqrt{n-1}}$
③	$\overline{X} - t_{(df)0.05}\sqrt{\dfrac{\sum X^2 - (\sum X)^2/n}{n(n-1)}}$,	$\overline{X} + t_{(df)0.05}\sqrt{\dfrac{\sum X^2 - (\sum X)^2/n}{n(n-1)}}$

99％置信限有三种形式

	置信下限	置信上限
①	$\overline{X} - t_{(df)0.01}\dfrac{S}{\sqrt{n}}$,	$\overline{X} + t_{(df)0.01}\dfrac{S}{\sqrt{n}}$
②	$\overline{X} - t_{(df)0.01}\dfrac{\sigma_X}{\sqrt{n-1}}$,	$\overline{X} + t_{(df)0.01}\dfrac{\sigma_X}{\sqrt{n-1}}$
③	$\overline{X} - t_{(df)0.01}\sqrt{\dfrac{\sum X^2 - (\sum X)^2/n}{n(n-1)}}$,	$\overline{X} + t_{(df)0.01}\sqrt{\dfrac{\sum X^2 - (\sum X)^2/n}{n(n-1)}}$

公式(6.10)及(6.11)中,$t_{(df)0.05}$及$t_{(df)0.01}$是某种自由度及显著性水平 t 的临界值。所谓显著性水平就是对总体参数作估计时,可能犯错误的概率(用 α 表示)。假如在95％可靠度上对总体参数作估计,则犯错误的可能 $\alpha = 1 - 0.95 = 0.05$;假如在99％可靠度上对总体参数作估计,则犯错误的可能 $\alpha = 1 - 0.99 = 0.01$。

各种自由度 t 的临界值可查 t 值表(附表2)。t 值表左侧纵列指的是自由度,上端横行 P 值指的是显著性水平,$P(2)$ 表示将 α 值分置于双侧;$P(1)$ 表示将 α 值置于单侧。表中的数字是某一自由度和某一显著性水平 t 的临界值。例如,$df = 6$,$P(2) = 0.05$,则 $t_{(6)0.05} = 2.447$,这表示:自由度为6,显著性水平为 0.05,t 的双侧临界值为2.447。又如 $df = 28$,$P(1) = 0.01$,则 $t_{(28)0.01} = 2.467$,这表示:自由度为28,显著性水平为 0.01,t 的单侧临界值为2.467。

2. 小样本的情况

例如,从某小学三年级随机抽取12名学生,其阅读能力得分为28、32、36、22、34、30、33、25、31、33、29、26。试估计该校三年级阅读能力总体平均数95％和99％置信区间。

12个学生阅读能力的得分可以假定是从正态总体中抽出的随机样本,而总体标准差 σ 为未知,样本的容量较小($n = 12 < 30$),在此条件下,样本平均数与总体平均数离差统计量服从 t 分布。总体平均数置信区间的上下限用 σ 的估计值计算。

下面分别用平均数标准误的三种不同形式估计总体平均数的置信区间。

由本例原始数据计算出 $\overline{X} = 29.917$,$S = 4.100$,$\sigma_X = 3.926$,通过查附表2,$t_{(11)0.05} = 2.201$,$t_{(11)0.01} = 3.106$

(1) 用 S 计算

总体平均数95％置信区间为

$$P\left(\overline{X} - t_{(11)0.05}\frac{S}{\sqrt{n}} < \mu < \overline{X} + t_{(11)0.05}\frac{S}{\sqrt{n}}\right) = 0.95$$

$$P\left(29.917 - 2.201 \times \frac{4.1}{\sqrt{12}} < \mu < 29.917 + 2.201 \times \frac{4.1}{\sqrt{12}}\right) = 0.95$$

$$P(27.312 < \mu < 32.522) = 0.95$$

置信下限为 27.312，置信上限为 32.522。

总体平均数 99% 置信区间为

$$P\left(\overline{X} - t_{(11)0.01}\frac{S}{\sqrt{n}} < \mu < \overline{X} + t_{(11)0.01}\frac{S}{\sqrt{n}}\right) = 0.99$$

$$P\left(29.917 - 3.106 \times \frac{4.1}{\sqrt{12}} < \mu < 29.917 + 3.106 \times \frac{4.1}{\sqrt{12}}\right) = 0.99$$

$$P(26.241 < \mu < 33.593) = 0.99$$

置信下限为 26.241，置信上限为 33.593。

(2) 用 σ_X 计算

总体平均数 95% 置信区间为

$$P\left(\overline{X} - t_{(11)0.05}\frac{\sigma_X}{\sqrt{n-1}} < \mu < \overline{X} + t_{(11)0.05}\frac{\sigma_X}{\sqrt{n-1}}\right) = 0.95$$

$$P\left(29.917 - 2.201 \times \frac{3.926}{\sqrt{12-1}} < \mu < 29.917 + 2.201 \times \frac{3.926}{\sqrt{12-1}}\right) = 0.95$$

$$P(27.312 < \mu < 32.522) = 0.95$$

置信下限为 27.312，置信上限为 32.522。

总体平均数 99% 置信区间为

$$P\left(\overline{X} - t_{(11)0.01}\frac{\sigma_X}{\sqrt{n-1}} < \mu < \overline{X} + t_{(11)0.01}\frac{\sigma_X}{\sqrt{n-1}}\right) = 0.99$$

$$P\left(29.917 - 3.106 \times \frac{3.926}{\sqrt{12-1}} < \mu < 29.917 + 3.106 \times \frac{3.926}{\sqrt{12-1}}\right) = 0.99$$

$$P(26.240 < \mu < 33.594) = 0.99$$

置信下限为 26.240，置信上限为 33.594。

(3) 用原始数据计算

本例 $\sum X = 359$，$\sum X^2 = 10\,925$

总体平均数 95% 置信区间为

$$P\left(\overline{X} - t_{(11)0.05}\sqrt{\frac{\sum X^2 - (\sum X)^2/n}{n(n-1)}} < \mu < \overline{X} + t_{(11)0.05} \times \sqrt{\frac{\sum X^2 - (\sum X)^2/n}{n(n-1)}}\right)$$
$$= 0.95$$

$$P\left(29.917 - 2.201\sqrt{\frac{10\,925 - 359^2/12}{12(12-1)}} < \mu < 29.917 + 2.201\sqrt{\frac{10\,925 - 359^2/12}{12(12-1)}}\right)$$
$$= 0.95$$

$$P(27.312 < \mu < 32.522) = 0.95$$

置信下限为 27.312,置信上限为 32.522。

总体平均数 99% 置信区间为

$$P\left[\overline{X} - t_{(11)0.01}\sqrt{\frac{\sum X^2 - (\sum X)^2/n}{n(n-1)}} < \mu < \overline{X} + t_{(11)0.01} \times \sqrt{\frac{\sum X^2 - (\sum X)^2/n}{n(n-1)}}\right]$$
$$= 0.99$$

$$P\left[29.917 - 3.106\sqrt{\frac{10\,925 - 359^2/12}{12(12-1)}} < \mu < 29.917 + 3.106\sqrt{\frac{10\,925 - 359^2/12}{12(12-1)}}\right]$$
$$= 0.99$$

$$P(26.241 < \mu < 33.593) = 0.99$$

置信下限为 26.241,置信上限为 33.593。

三种形式计算结果几乎完全相同,由于四舍五入的关系,小数点后面第三位稍有差异。应用时根据情况可任选一种。

3. 大样本的情况

当总体呈正态分布,总体 σ 未知时,无论样本容量大小,样本平均数与总体平均数离差统计量都呈 t 分布。若样本容量较大($n > 30$),样本平均数与总体平均数离差统计量的 t 分布接近正态分布,在这种条件下对总体平均数进行区间估计时,可用正态分布近似处理。

例如:从某年高考随机抽 102 份作文试卷,算得平均分数为 26,标准差为 1.5,试估计总体平均数 95% 和 99% 置信区间。

学生高考分数假定是从正态总体中抽出的随机样本,而总体的标准差 σ 为未知,样本平均数与总体平均数离差统计量呈 t 分布。但是由于样本容量较大 $n = 102 > 30$,t 分布接近正态分布,故可用正态分布近似处理。于是

$$P(\overline{X} - 1.96S_{\overline{X}} < \mu < \overline{X} + 1.96S_{\overline{X}}) = 0.95 \qquad (6.15)$$

根据该例所给的已知条件,平均数标准误的估计量为 $S_{\overline{X}} = \sigma_X/\sqrt{n-1}$,但因样本容量较大,分母中 n 减 1 与不减 1 相差不大,为了简便起见也可以不减 1。

总体平均数 95% 置信区间为

$$P\left(\overline{X} - 1.96\frac{\sigma_X}{\sqrt{n}} < \mu < \overline{X} + 1.96\frac{\sigma_X}{\sqrt{n}}\right) = 0.95$$

$$P\left(26 - 1.96 \times \frac{1.5}{\sqrt{102}} < \mu < 26 + 1.96 \times \frac{1.5}{\sqrt{102}}\right) = 0.95$$

$$P(25.709 < \mu < 26.291) = 0.95$$

置信下限为 25.709,置信上限为 26.291。

总体平均数 99% 置信区间为

$$P\left(\overline{X} - 2.58 \times \frac{\sigma_X}{\sqrt{n}} < \mu < \overline{X} + 2.58\frac{\sigma_X}{\sqrt{n}}\right) = 0.99$$

$$P\left(26 - 2.58 \times \frac{1.5}{\sqrt{102}} < \mu < 26 + 2.58 \times \frac{1.5}{\sqrt{102}}\right) = 0.99$$

$$P(25.617 < \mu < 26.383) = 0.99$$

置信下限为 25.617，置信上限为 26.383。

第三节 假设检验的基本原理

利用样本信息，根据一定概率，对总体参数或分布的某一假设作出拒绝或保留的决断，称为假设检验。

现以总体参数的假设检验来简要、概括地说明它的基本原理。

当对某一总体参数进行假设检验时，首先从该总体中随机抽取一个样本，计算出统计量的值，并根据经验对相应总体参数提出一个假设值，这个假设是说：这个样本统计量的值是这个假设总体参数值的一个随机样本，即这个样本是来自于这个总体，而样本统计量的值与总体参数值之间的差异是由抽样误差所致。根据这一假设，可以认为，像这样的一切可能样本统计量的值，应当以总体参数值（假设的）为中心形成该种统计量的一个抽样分布，如果这个随机样本统计量的值在其抽样分布上出现的概率较大，这时只好保留这个假设，就是说，不得不承认这个样本是来自于这个总体，而样本统计量的值与总体参数值的差异是由抽样误差所致；如果这个随机样本统计量的值在其抽样分布上出现的概率极小，根据小概率事件在一次随机抽样中几乎是不可能发生的，于是不得不否定这个样本统计量的值是来自于这个总体参数值的假设。同时也不得不承认样本统计量的值与总体参数值（假设的）的差异不是由抽样误差所致，而是存在着本质差异。故称这个样本统计量的总体参数值与假设的总体参数值差异显著。

一、假设

假设检验一般有两个相互对立的假设。即零假设（或称原假设、虚无假设、解消假设）和备择假设（或称研究假设、对立假设）。所谓零假设就是关于当前样本所属的总体（指参数值）与假设总体（指参数值）无区别的假设。它往往是研究者根据样本信息期待拒绝的假设。零假设一般用 H_0 表示。所谓备择假设是与零假设相互排斥的假设。它是关于当前样本所属的总体（指参数值）与假设总体（指参数值）相反的假设，是研究者根据样本信息期待证实的假设，是根据样本信息否定了零假设时，应当采取的假设。备择假设一般用 H_1 表示。

假设检验是从零假设出发，视其被拒绝的机会，如果根据样本的信息，不得不否定零假设的真实性时，就不得不承认备择假设的真实性，这时，就要拒绝零假设而接受备择假设；如果根据样本的信息不能否定零假设的真实性时，就要保留零假设而拒绝备择假设。可见统计推理采用的是反证法。

二、小概率事件

样本统计量的值（随机事件）在其抽样分布上出现的概率小于或等于事先规定的水平，这时，就认为小概率事件发生了。把出现小概率的随机事件称为小概率事件。

小概率事件是否出现，这是对假设作决断的根据。在用样本统计量的值推断它的总体参数值时，要注意到在此之前已经对总体参数值提出过一个零假设。现在是在假定零假设真实的前提下，来考察样本统计量的值在以假设的总体参数值为中心的抽样分布上出现的概率如何。如果出现的概率很大,则可保留零假设,不否定此样本来自于该总体的结论;如果出现的概率很小,小到等于或小于事先规定的水平,这时,认为小概率事件发生了。而当概率足够小时,就可以作为从实际可能性上,把零假设加以否定的理由。根据这个原理认为:在随机抽样的条件下,一次实践竟然抽到与总体参数值有这么大差异的样本,可能性是极小的,实际中是罕见的,几乎是不可能的。所以不得不作出此样本不是来自于该总体的结论。即不得不作出关于样本统计量所属总体参数值与原来假设的总体参数值有本质差异的结论。

三、显著性水平

样本统计量的值在以总体参数值为中心的抽样分布上出现的概率,小到什么程度才算小概率事件发生了? 这是由研究者对于假设检验的结论所欲达到的可靠性程度所决定的。一般常用以下两种水平:一种是把概率等于或小于 0.05 的事件,作为小概率事件;另一种是把概率等于或小于 0.01 的事件,作为小概率事件。如果研究者在 0.05(或 0.01)的水平上对假设进行检验,那么,只要样本统计量的值在抽样分布上出现的概率等于或小于 0.05(或 0.01),即样本统计量的值落入了拒绝区域(图 6.2 阴影部分),就认为小概率事件发生了,应拒绝零假设。统计学中把这种拒绝零假设的概率称为显著性水平,用 $\alpha = 0.05$,$\alpha = 0.01$ 表示。也可以说,显著性水平是统计推断时,可能犯错误的概率。如果在 95% 的可靠度上对假设进行检验,则显著性水平为 0.05;如果在 99% 的可靠度上对假设进行检验,则显著性水平为 0.01。从图 6.2 可以看出,显著性水平越高(α 值越小),越不容易拒绝零假设,推断的可靠性越大;显著性水平越低(α 值越大),越容易拒绝零假设,推断的可靠性越小。

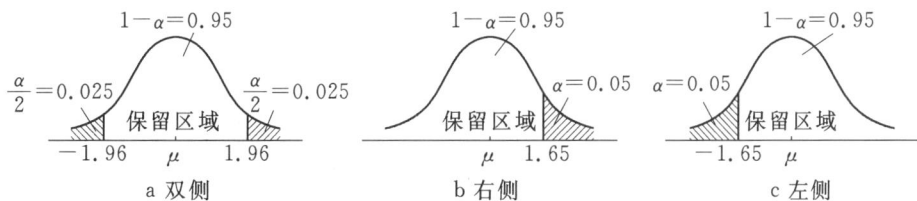

图 6.2　正态抽样分布上 $\alpha = 0.05$ 拒绝区域
(阴影部分)的三种不同位置

如将拒绝性概率分置于理论抽样分布的两侧,称为双侧检验,如图 6.2a 所示;如将拒绝性概率置于一侧(右侧或左侧)称为单侧检验。图 6.2b 为右侧检验,6.2c 为左侧检验。至于在什么情况下,运用哪种检验形式,将在下一节结合具体问题加以说明。

四、统计决断的两类错误及其控制

对于总体参数的假设检验,有可能犯两种类型的错误。如果拒绝了属于真实的零假设,即如果样本统计量的总体参数值正是假设的总体参数值,但是由于样本统计量的值落入了拒绝区域,而零假设遭到拒绝,这时就会犯第一类型的错误。犯这类错误可能性的大小,是研究者在实验之前所确定的甘愿冒的"假设真实而被拒绝"的概率,即 α 值的大小。如在 0.05 显著性水平上检验假设,若犯第一类错误,其概率为 5%;如在 0.01 显著性水平上检验假设,若犯第一类错误,其概率为 1%。由于犯第一类错误的大小等于 α 值,故又称这类错误为 α 错误。如果保留了属于不真实的零假设,就会犯第二类型的错误。犯这种"假设属伪而被保留"的第二类错误的概率,等于 β 值,故又称这类错误为 β 错误。β 值的大小可以计算出来,但比较繁复,这里不详述。

事实上,在检验之前,一般不确实地知道关于样本所属总体的假设是真还是假,因此,在检验假设时,最好同时减少犯这两种错误的概率。但这是个困难的命题。从图6.2抽样分布上保留区域和拒绝区域的关系可以看出,若降低显著性水平(α值增大),可以减少不真实假设被保留的概率,却同时增加属真假设被拒绝的概率;若提高显著性水平(α值缩小),可以减少属真假设被拒绝的概率,却同时增加了不真实假设被保留的概率。

如何将两种错误的概率同时控制在相对最小的程度呢? 第一类错误的概率,可以由研究者通过选择适当的显著性水平加以主动控制。比如说,当拒绝一个属真的假设其后果是非常严重的,这时可选用较高的显著性水平,如$\alpha = 0.01$,$\alpha = 0.005$等;当拒绝一个属真的假设其后果是不甚严重的,这时可选用较低的显著性水平,如$\alpha = 0.05$,$\alpha = 0.10$等。

使第一类错误的概率保持在需要的水平上,而控制第二类错误的概率有以下两种方法:

第一种方法是利用已知的实际总体参数值与假设参数值之间大小关系,合理安排拒绝区域的位置。例如,在图6.3中,已知样本平均数所属的总体平均数μ小于假设的总体平均数μ_0,当α值保持同一种水平时,可以比较下列拒绝区域三种不同位置所带来β值的大小。若将拒绝区域放在右侧,其β值为最大(如图6.3c);若放在两侧,其β值次之(如图6.3b);若放在左侧,其β值最小(如图6.3a)。因此,假如研究者根据理论或经验不能预料总体平均数的值与假设总体平均数的值之间关系时,可采用双侧检验,假设的形式为$H_0:\mu = \mu_0$,$H_1:\mu \neq \mu_0$;假如能预料到总体平均数的值大于假设的值,可采用右侧检验,假设的形式为:$H_0:\mu \leqslant \mu_0$,$H_1:\mu > \mu_0$;假如能预料到总体平均数的值小于假设的值,采用左侧检验,假设的形式为:$H_0:\mu \geqslant \mu_0$,$H_1:\mu < \mu_0$。

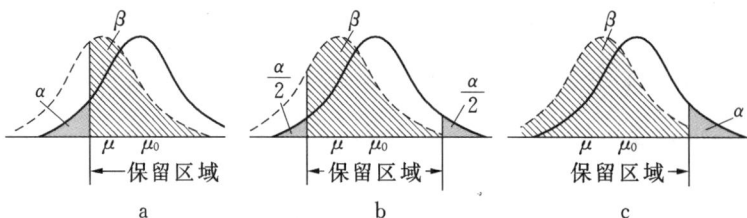

图6.3 当真实的平均数μ小于假设的平均数μ_0时,拒绝区域在正态抽样分布上三种不同位置带来β错误大小的不同

第二种方法是使样本容量增大,可以同时减少两类错误的概率,或减少其中一种错误的概率而不致增加另一种错误的概率。因为样本容量越大,抽样误差$\sigma/\sqrt{n}$越小,抽样分布的形态越高狭陡峭,两侧的面积越小,越能使第二类错误减小。从图6.4的双侧检验来看,$n = 100$比起$n = 25$,第二类错误的概率要小得多。

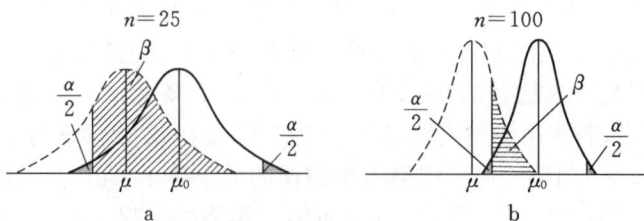

图6.4 样本容量n对β错误概率的影响($\alpha = 0.05$)

教育统计学

第四节　总体平均数的显著性检验

一、σ 已知条件下总体平均数的显著性检验

例 1：某小学历届毕业生汉语拼音测验平均分数为 66 分，标准差为 11.7。现以同样的试题测验应届毕业生（假定应届与历届毕业生条件基本相同），并从中随机抽 18 份试卷，算得平均分为 69 分，问该校应届与历届毕业生汉语拼音测验成绩是否一样？

检验的步骤：

（1）提出假设

$$H_0: \mu = 66 \qquad H_1: \mu \neq 66$$

（2）选择检验统计量并计算其值

学生汉语拼音成绩可以假定是从正态总体中抽出的随机样本，并已知总体标准差 $\sigma = 11.7$，无论样本容量大小，样本统计量的标准记分根据公式（6.3），检验统计量及其值为

$$Z = \frac{\overline{X} - \mu_0}{\frac{\sigma}{\sqrt{n}}} = \frac{69 - 66}{\frac{11.7}{\sqrt{18}}} = 1.09$$

（3）确定检验形式

因为没有资料可以说明应届毕业生汉语拼音成绩是高于还是低于历届毕业生，故采用双侧检验。

（4）统计决断

根据显著性水平查相应的理论概率分布表，寻找相应的临界值。本例如果在 0.05 显著性水平上作决断，正态分布两尾上的面积各为 0.025，根据 $0.5 - 0.025 = 0.475$ 在附表 1 的 P 值一列寻找与之最接近的值，它所对应的 Z 值，就是左右两侧的临界值 $Z_{0.05} = \pm 1.96$；如果在 0.01 显著性水平上作决断，正态两尾的面积各为 0.005，根据 $0.5 - 0.005 = 0.495$ 在附表 1 的 P 值一列寻找与之最接近的值，它所对应的 Z 值，就是左右两侧临界值 $Z_{0.01} = \pm 2.58$。

将实际计算出的检验统计量的值与查表寻找出来的临界值相比较，再根据统计决断规则对 H_0 作出保留或拒绝的决断。表 6.2 是双侧 Z 检验统计决断规则表，如果实际计算出的 $|Z| < 1.96$，表明样本统计量的值未落入拒绝区域。就是说，等于或大于样本统计量值的概率大于 0.05，即 $P > 0.05$，其检验结果是保留 H_0 而拒绝 H_1，意思是说，样本所属的总体平均数与假设的总体平均数无显著性差异。如果实际计算出的 $Z_{0.05} = 1.96 \leqslant |Z| < 2.58 = Z_{0.01}$，表明样本统计量的值在 0.05 显著性水平上落入了拒绝区域，而在 0.01 显著性水平上未落入拒绝区域。就是说，等于或大于样本统计量值的概率等于或小于 0.05，而大于 0.01，即 $0.01 < P \leqslant 0.05$，其检验结果是在 0.05 显著性水平上拒绝 H_0 而接受 H_1，意思是说，样本所属的总体平均数与假设的总体平均数有显著性差异。下这一结论的可靠度为 95%。常在实得的 Z 值右上角打一个星号"＊"表示。如果实际计算出的 $|Z| \geqslant 2.58 = Z_{0.01}$，表明样本统计量的值在 0.01 显著性水平上落入拒绝区域。就是说，等于或大于样本统计量值的概率等于或小于 0.01，即 $P \leqslant 0.01$，其检验结果是在 0.01 显著性水平上拒绝 H_0 而接受 H_1，意思是说，样本所属的总体平均数与假设的总体平均数有极其显著性差异。下这一结论的

可靠度为99%。常在实得的 Z 值右上角打两个星号"＊＊"表示。（下同）

表 6.2　双侧 Z 检验统计决断规则

$\lvert Z\rvert$ 与临界值的比较	P 值	检验结果	显著性
$\lvert Z\rvert<1.96=Z_{0.05}$ $Z_{0.05}=1.96\leqslant\lvert Z\rvert<$ $2.58=Z_{0.01}$ $\lvert Z\rvert\geqslant2.58=Z_{0.01}$	$P>0.05$ $0.01<P$ $\leqslant0.05$ $P\leqslant0.01$	保留 H_0 拒绝 H_1 在 0.05 显著性水平上拒绝 H_0 接受 H_1 在 0.01 显著性水平上拒绝 H_0 接受 H_1	不显著 显著（＊） 极其显著（＊＊）

本例实际计算出的 $\lvert Z\rvert=1.09<1.96=Z_{0.05}$，则 $P>0.05$，于是保留 H_0，而拒绝 H_1。其结论为：该校应届与历届毕业生汉语拼音成绩无显著性差异。

例2：某市高中入学考试数学平均分数为 68 分，标准差为 8.6。其中某所中学参加此次考试的 46 名学生的平均分数为 63。过去的资料表明，该校数学成绩低于全市平均水平，问此次考试该校数学平均分数是否仍显著低于全市的平均分数？

检验的步骤：

（1）提出假设

$$H_0:\mu\geqslant68\qquad H_1:\mu<68$$

（2）选择检验统计量并计算其值

该校学生高中入学考试数学分数，可以假定是从正态总体抽出的随机样本，并已知总体标准差 $\sigma=8.6$，无论样本容量 n 的大小，样本平均数的标准记分呈正态分布。根据公式（6.3）检验统计量的值为

$$Z=\frac{\overline{X}-\mu}{\dfrac{\sigma}{\sqrt{n}}}=\frac{63-68}{\dfrac{8.6}{\sqrt{46}}}=-3.94$$

（3）确定检验形式

过去的资料说明该校数学成绩低于全市平均水平，故采用左侧检验。

（4）统计决断

根据表6.3单侧 Z 检验统计决断规则，本例实际计算出的 $\lvert Z\rvert=3.94^{**}>2.33=Z_{0.01}$，则 $P<0.01$，于是在 0.01 显著性水平上拒绝 H_0，而接受 H_1。可以在实得 Z 值的右上角打两个星号"＊＊"表示。其结论为：该校高中入学考试数学的平均分数极其显著地低于全市的平均分数。

表 6.3　单侧 Z 检验统计决断规则

$\lvert Z\rvert$ 与临界值的比较	P 值	检验结果	显著性
$\lvert Z\rvert<1.65=Z_{0.05}$ $Z_{0.05}=1.65\leqslant\lvert Z\rvert<$ $2.33=Z_{0.01}$ $\lvert Z\rvert\geqslant2.33=Z_{0.01}$	$P>0.05$ $0.01<P$ $\leqslant0.05$ $P\leqslant0.01$	保留 H_0 拒绝 H_1 在 0.05 显著性水平上拒绝 H_0 接受 H_1 在 0.01 显著性水平上拒绝 H_0 接受 H_1	不显著 显著（＊） 极其显著（＊＊）

二、σ 未知条件下总体平均数的假设检验

1. 小样本的情况

例1:某区初三英语统一测验平均分数为 65,该区某校 20 份试卷的分数为:72、76、68、78、62、59、64、85、70、75、61、74、87、83、54、76、56、66、68、62。问该校初三英语平均分数与全区是否一样?

检验的步骤:

(1) 提出假设

$$H_0: \mu = 65 \qquad H_1: \mu \neq 65$$

(2) 选择检验统计量并计算其值

学生英语测验分数可以假定是从正态总体抽出的随机样本,而总体标准差 σ 未知。样本容量较小,$n = 20 < 30$,在此条件下,样本平均数与总体平均数的离差统计量呈 t 分布。于是检验统计量为:$t = (\overline{X} - \mu)/S_{\overline{X}}$。下面用平均数标准误估计量的三种不同形式分别计算 t 值。

由本例原始数据计算出的 $\overline{X} = 69.8$,$\sigma_X = 9.234$,$S = 9.474$,

① 用 S 计算

$$t = \frac{\overline{X} - \mu}{\dfrac{S}{\sqrt{n}}} \qquad (6.16)$$

$$t = \frac{69.8 - 65}{\dfrac{9.474}{\sqrt{20}}} = 2.266$$

② 用 σ_X 计算

$$t = \frac{\overline{X} - \mu}{\dfrac{\sigma_X}{\sqrt{n-1}}} \qquad (6.17)$$

$$t = \frac{69.8 - 65}{\dfrac{9.234}{\sqrt{20-1}}} = 2.266$$

③ 用原始数据计算

本例 $\sum X = 1\,396$,$\sum X^2 = 99\,146$

$$t = \frac{\overline{X} - \mu}{\sqrt{\dfrac{\sum X^2 - (\sum X)^2/n}{n(n-1)}}} \qquad (6.18)$$

$$t = \frac{69.8 - 65}{\sqrt{\dfrac{99\,146 - 1\,396^2/20}{20(20-1)}}} = 2.266$$

三种方法计算结果完全相同。应用时根据情况可任选一种。

（3）确定检验形式

因为没有资料可以说明该校初三英语成绩是高于还是低于全区的平均水平,故采用双侧检验。

（4）统计决断

根据 $df = n-1 = 20-1 = 19$,查附表2,$t_{(19)0.05} = 2.093$,$t_{(19)0.01} = 2.861$,由于 $2.093 < 2.266^* < 2.861$,按表6.4 t 检验统计决断的规则,则 $0.01 < P < 0.05$,于是在 0.05 显著性水平上拒绝 H_0,而接受 H_1。可在实得的 t 值右上角打一个星号"$*$"表示。其结论为:该校初三英语平均分数与全区平均分数有本质区别。或者说,它不属于平均数为65的总体。

表6.4　t 检验统计决断的规则

$|t|$ 与临界值的比较	P 值	检验结果	显著性
$|t| < t_{(df)0.05}$	$P > 0.05$	保留 H_0 拒绝 H_1	不显著
$t_{(df)0.05} \leqslant |t| < t_{(df)0.01}$	$0.01 < P \leqslant 0.05$	在 0.05 显著性水平上拒绝 H_0 接受 H_1	显著($*$)
$|t| \geqslant t_{(df)0.01}$	$P \leqslant 0.01$	在 0.01 显著性水平上拒绝 H_0 接受 H_1	极其显著($**$)

例2:某校上一届初一学生自学能力平均分数为38,这一届初一24个学生自学能力平均分数为42,标准差为5.7,假定这一届初一学生的学习条件与上一届相同,试问这一届初一学生的自学能力是否高于上一届?

检验的步骤:

（1）提出假设

$$H_0 : \mu \leqslant 38 \qquad H_1 : \mu > 38$$

（2）选择检验统计量并计算其值

这一届初一24个学生自学能力的得分可以假定是从正态总体抽出的随机样本,而总体标准差为未知。样本的容量 $n = 24 < 30$,在此条件下,样本平均数与总体平均数离差统计量呈 t 分布,其检验统计量为

$$t = \frac{\overline{X} - \mu}{\dfrac{\sigma_X}{\sqrt{n-1}}} = \frac{42 - 38}{\dfrac{5.7}{\sqrt{24-1}}} = 3.365$$

（3）确定检验形式

根据假设的形式应当采取右侧检验

（4）统计决断

根据 $df = n-1 = 24-1 = 23$,查附表2 $P(1)$,$t_{(23)0.05} = 1.714$,$t_{(23)0.01} = 2.500$,由于 $|t| = 3.365^{**} > 2.500 = t_{(23)0.01}$,则 $P < 0.01$,于是在 0.01 显著性水平上拒绝 H_0,接受 H_1。在实得的 t 值右上角用两个星号"$**$"表示。其结论为:该校这一届初一学生的自学能力极其显著地高于上一届。

2. 大样本的情况

例如:某年高考某市数学平均分为60,现从参加此次考试的文科学生中,随机抽取94份

试卷,算得平均分数为58,标准差为9.2,问文科数学成绩与全市考生是否相同?

检验的步骤:

(1) 提出假设

$$H_0: \mu = 60 \qquad H_1: \mu \neq 60$$

(2) 选择检验统计量并计算其值

文科学生数学高考分数假定是从正态总体抽出的随机样本,而总体标准差 σ 未知,样本平均数与总体平均数离差统计量呈 t 分布,但因样本容量较大,$n = 94 > 30$,t 分布接近于正态,故可用正态分布近似处理,即 $t = (\overline{X} - \mu)/S_{\overline{X}} \approx Z = (\overline{X} - \mu)/\sigma_{\overline{x}}$,在平均数标准误估计量 $S_{\overline{X}} = \sigma_X / \sqrt{n-1}$ 中,由于样本容量较大,n 减 1 与不减 1 相差不多,也可以不减 1。

$$Z = \frac{\overline{X} - \mu}{\dfrac{\sigma_X}{\sqrt{n}}} = \frac{58 - 60}{\dfrac{9.2}{\sqrt{94}}} = -2.11$$

(3) 确定检验形式

没有资料可以说明文科学生数学成绩低于还是高于全市平均水平,故采用双侧检验。

(4) 统计决断

根据表 6.2 双侧 Z 检验统计决断规则,由于 $Z_{0.05} = 1.96 < 2.11^* < 2.58 = Z_{0.01}$,则 $0.01 < P < 0.05$,于是在 0.05 显著性水平上拒绝 H_0 而接受 H_1。其结论为:某市文科学生数学高考平均分数与全市平均分数有本质区别,或者说,它不属于平均数为 60 的总体。

从本章总体平均数的推断可以看出,总体参数区间估计和假设检验都是对总体参数的统计推断。在条件相同的情况下,它们用的是同一个统计量函数。其不同之处在于,区间估计对总体参数事先并不提出一个假设的值,而假设检验对总体参数事先提出一个假设的值,最后视其被拒绝的机会如何。

练 习 题

1. 举例说明什么叫样本分布、总体分布、抽样分布?

2. 什么叫标准误?一组数据的标准差与平均数标准误有何区别?

3. 平均数标准误与总体标准差、样本容量有何关系?

4. 平均数抽样分布的形态与哪些因素有关?一切可能样本平均数与总体平均数离差统计量的分布形态与哪些因素有关?

5. t 分布与正态分布的形态有何异同点?

6. 什么叫总体参数的点估计及区间估计?两者有何区别?

7. 什么叫总体参数的无偏估计量、有效性估计量、一致性估计量?

8. 某中学二年级语文同一试卷测验分数历年来的标准差为 10.6,现从今年测验中随机抽取 10 份试卷,算得平均分为 72,试求平均数标准误,并求该校此次测验 95% 置信区间。

9. 已知某校高二 10 名学生的物理测验分数为 92、94、96、66、84、71、45、98、94、67,求此次测验全年级标准差的估计值,并估计全年级平均分数的 95% 置信区间。

10. 从某县小学四年级数学测验中抽 52 份卷子,算得平均数为 71.4,标准差为 11.3,求平均数标准误,并估计全县此次测验 99% 置信区间。

11. 试述总体参数假设检验的基本原理。

12. 什么叫零假设及备择假设?

13. 什么叫小概率事件?

14. 什么叫显著性水平?

15. 什么叫 α 错误和 β 错误? 如何同时控制这两种错误?

16. 如果确实知道样本所来自的总体平均数大于假设总体平均数,应采用单侧检验还是双侧检验? 如果采用单侧检验,是左侧检验还是右侧检验? 为什么? 其零假设及备择假设的形式是怎样的?

17. 某市全体 7 岁男童体重平均数为 21.61 千克,标准差为 2.21 千克,某小学 70 个 7 岁男童体重的平均数为 22.9,问该校 7 岁男童体重与该市是否一样?

18. 某区某年高考化学平均分数为 72.4,标准差为 12.6,该区实验学校 28 名学生此次考试平均分数为 74.7,问实验学校此次考试成绩是否高于全区平均水平?

19. 某区中学计算机测验平均分数为 70.3,该区甲校 15 名学生此次测验平均分数为 67.2,标准差为 11.4,问甲校此次测验成绩与全区是否有显著性差异?

20. 某小学个人卫生得分的平均数为 52.8,其中某班 28 名学生平均分数为 49.5,标准差为 7.8,问该班学生成绩是否低于全校的平均水平?

21. 某区初三英语会考平均分数为 66.7,该区民办中学 104 名初三学生此次考试平均分数为 67.5,标准差为 9.8。问民办中学此次考试成绩与全区是否有本质差异?

JIAOYUTONGJIXUE

第七章
平均数差异的显著性检验

上一章所讲的总体平均数的显著性检验,是根据一个样本平均数检验与假设总体平均数差异的显著性。本章是根据两个样本平均数之差检验两个相应总体平均数之差的显著性。根据两个样本统计量的差异检验两个相应总体参数差异的显著性,统计学上称为差异显著性检验。

第一节 平均数差异显著性检验的基本原理

一、平均数差异显著性检验的原理

两个样本平均数差异的显著性检验与一个样本平均数显著性检验道理相同。首先要对两个相应的总体平均数之间提出没有差异的零假设(即 $H_0 : \mu_1 - \mu_2 = 0$)和备择假设($H_1 : \mu_1 - \mu_2 \neq 0$),然后以两个样本平均数差的抽样分布(即以两个总体平均数之差等于零为中心的一切可能样本平均数之差的概率分布)为理论依据,来考察两个样本平均数之差是否来自于两个总体平均数之差为零的总体。也就是要看样本平均数之差在其抽样分布上出现的概率如何。当样本平均数之差较大,大到在其抽样分布上出现的概率足够小时,就可以作为从实际可能性上否定零假设的理由,于是应当拒绝零假设而接受备择假设。这意味着,样本平均数之差不是来自于两个总体平均数之差为零的总体。也就是说,两个总体平均数之间确实有本质差异,两个样本平均数之差是由两个相应总体平均数不同所致。如果样本平均数之差较小,在其抽样分布上出现的概率较大,那么,应保留零假设而拒绝备择假设。这意味着,样本平均数之差是来自两个总体平均数之差为零的总体。也可以说,两个样本平均数是来自同一个总体或来自平均数相同的两个总体,而样本平均数之差是由于抽样误差所致。

二、平均数之差的标准误

两个样本平均数差的抽样误差称为平均数之差的标准误。平均数之差的标准误,是用一切可能的样本平均数之差在抽样分布上的标准差来表示。平均数差的标准误来源于差的方差。

为了求差的方差,先要求差的平均数

$$\overline{D} = \frac{\sum (X_1 - X_2)}{n} = \frac{\sum X_1 - \sum X_2}{n} = \overline{X}_1 - \overline{X}_2 \tag{7.1}$$

在这里 $\overline{D}$ 表示平均数之差或差的平均数。

这表明两个变量之差的平均数,等于两个变量平均数之差。

然后求差的离差

$$D - \overline{D} = (X_1 - X_2) - (\overline{X}_1 - \overline{X}_2) = (X_1 - \overline{X}_1) - (X_2 - \overline{X}_2)$$

这表明两个变量之差的离差,等于两个变量离差之差。

再求差的离差平方和

$$\sum (D - \overline{D})^2 = \sum \left[(X_1 - \overline{X}_1) - (X_2 - \overline{X}_2) \right]^2$$
$$= \sum (X_1 - \overline{X}_1)^2 + \sum (X_2 - \overline{X}_2)^2 - 2 \sum (X_1 - \overline{X}_1)(X_2 - \overline{X}_2)$$

最后求差的方差

$$\sigma_D^2 = \frac{\sum (D - \overline{D})^2}{n}$$

$$= \frac{\sum (X_1 - \overline{X}_1)^2}{n} + \frac{\sum (X_2 - \overline{X}_2)^2}{n} - \frac{2 \sum (X_1 - \overline{X}_1)(X_2 - \overline{X}_2)}{n}$$

$$= \sigma_1^2 + \sigma_2^2 - 2COV = \sigma_1^2 + \sigma_2^2 - 2r\sigma_1\sigma_2 \tag{7.2}$$

这表明两个变量之差的方差,等于两个变量方差之和减去二倍相关系数 r(见第十一章)与两个标准差的乘积(关于 $COV = r\sigma_1\sigma_2$ 见第十一章)。

若将上式等号两边同除以 n,再开方,则可得两个变量之差的平均数标准误,也即相关样本平均数之差的标准误

$$\frac{\sigma_D}{\sqrt{n}} = \sigma_{\overline{D}} = \sqrt{\frac{\sigma_1^2 + \sigma_2^2 - 2r\sigma_1\sigma_2}{n}} \tag{7.3}$$

在这里 σ_1^2、σ_2^2 分别表示第一个与第二个变量的总体方差

σ_1、σ_2 分别表示第一个与第二个变量的总体标准差

r 表示两个变量的相关系数

n 表示样本的容量

当两个变量相互独立,即它们的相关系数 $r = 0$,这两个变量之差平均数标准误,就等于这两个变量平均数标准误的平方之和,再开方,也即独立样本平均数之差的标准误

$$\sigma_{\overline{D}} = \sqrt{\frac{\sigma_1^2}{n_1} + \frac{\sigma_2^2}{n_2}} \tag{7.4}$$

在这里 n_1、n_2 分别表示第一个与第二个样本的容量

上述的相关样本及独立样本平均数之差的标准误,都必须在两个总体标准差已知时才好应用。但在实际工作中,两个总体标准差一般是未知的,这时需要对它们进行估计,其估计方法在下一节结合实际例子加以叙述。

第二节　相关样本平均数差异的显著性检验

两个样本内个体之间存在着一一对应关系,这两个样本称为相关样本。

相关样本有以下两种情况:

一种是用同一个测验对同一组被试在实验前后进行两次测验,所获得的两组测验结果是相关样本。

另一种是根据某些条件基本相同的原则,把被试一一匹配成对,然后将每对被试随机地分入实验组和对照组,对两组被试施行不同的实验处理之后,用同一个测验所获得的测验结果,也是相关样本。因为实验组和对照组中的每对被试,各方面条件基本相同,可以看作同一个被试;对他们施行不同的实验处理之后,对同一个测验的得分,可以看作同一个被试在实验前后对同一个测验上的两次得分,故也是相关样本。

为了便于理解选择检验统计量的方法,下面先介绍配对组的情况。

一、配对组的情况

例1:为了揭示小学二年级的两种识字教学法是否有显著性差异,根据学生的智力水平、努力程度、识字量多少、家庭辅导力量等条件基本相同的原则,将学生配成 10 对,然后把每对学生随机地分入实验组和对照组。实验组施以分散识字教学法,而对照组施以集中识字教学法,后期统一测验结果如表 7.1 第(2)(3)列所示。每对学生的分数都有一个差数 $(D = X_1 - X_2)$。假如两种识字教学法没有本质区别,则它们差数的总体平均数应当等于零。也就是说,两个总体平均数之差为零。而两组测验分数的差数平均数不等于零,仅仅是由于抽样误差所致。

表 7.1　10 对学生在两种识字教学法中的测验分数和差数

对别 (1)	实验组 X_1 (2)	对照组 X_2 (3)	差数值 $D = X_1 - X_2$ (4)	差数值平方 D^2 (5)
1	93	76	17	289
2	72	74	−2	4
3	91	80	11	121
4	65	52	13	169
5	81	63	18	324
6	77	62	15	225
7	89	82	7	49
8	84	85	−1	1
9	73	64	9	81
10	70	72	−2	4
总和	$795 = \sum X_1$	$710 = \sum X_2$	$85 = \sum D$	$1\,267 = \sum D^2$

检验的步骤:

(1)提出假设

$$H_0 : \mu_1 = \mu_2 (或 \mu_D = 0) \qquad H_1 : \mu_1 \neq \mu_2 (或 \mu_D \neq 0)$$

(2)选择检验统计量并计算其值

两种识字方法的测验得分假定是从两个正态总体中抽出的相关样本,它们差数的总体也呈正态分布,而差数的总体标准差 σ_D 未知,差数的数目 $n=10<30$ 为小样本,于是样本的差数平均数与差数的总体平均数的离差统计量呈 t 分布。其检验统计量为

$$t = \frac{\overline{D} - \mu_D}{S_{\overline{D}}} = \frac{\overline{D} - 0}{S_{\overline{D}}} \qquad (7.5)$$

在这里 $\overline{D}$ 表示样本的差数平均数或两个样本平均数之差

μ_D 表示差数的总体平均数

$S_{\overline{D}}$ 表示差数平均数的标准误或平均数差异的标准误

因为本例两个总体标准差未知,其差数平均数的标准误不能用公式(7.3)表示,故需对之加以估计。其估计量有以下三种形式:

① 用观察值的差数 D 表示

$$S_{\overline{D}} = \sqrt{\frac{\sum D^2 - (\sum D)^2 / n}{n(n-1)}} \qquad (7.6)$$

在这里 D 表示观察值的差数

n 表示差数的个数

② 用总体标准差估计值 S 表示

$$S_{\overline{D}} = \sqrt{\frac{S_1^2 + S_2^2 - 2rS_1S_2}{n}} \qquad (7.7)$$

在这里 S_1^2、S_2^2 分别表示第一个与第二个总体方差估计值

S_1、S_2 分别表示第一个与第二个总体标准差的估计值

r 表示两个变量的相关系数

n 表示数据的对数

③ 用样本标准差 σ_X 表示

$$S_{\overline{D}} = \sqrt{\frac{\sigma_{X_1}^2 + \sigma_{X_2}^2 - 2r\sigma_{X_1}\sigma_{X_2}}{n-1}} \qquad (7.8)$$

在这里 $\sigma_{X_1}^2$、$\sigma_{X_2}^2$ 分别表示第一个与第二个样本的方差

σ_{X_1}、σ_{X_2} 分别表示第一个与第二个样本的标准差

现分别用差数平均数标准误的三种不同形式计算 t 值:

① 用 D 计算

$$t = \frac{\overline{D} - \mu_D}{\sqrt{\dfrac{\sum D^2 - (\sum D)^2 / n}{n(n-1)}}} \qquad (7.9)$$

先计算表 7.1 中每对观察值的差数[如第(4)列],并将差数相加计算出差数的平均数 $\overline{D} = \sum D/n = 85/10 = 8.5$,然后将每个差数平方[如第(5)列],再将有关数据代入公式

教育统计学

(7.9),其 t 值为

$$t = \frac{8.5 - 0}{\sqrt{\dfrac{1\,267 - 85^2/10}{10(10-1)}}} = 3.456$$

② 用 S 计算

$$t = \frac{\overline{X}_1 - \overline{X}_2}{\sqrt{\dfrac{S_1^2 + S_2^2 - 2rS_1S_2}{n}}} \tag{7.10}$$

由原始数据计算出的两个样本平均数、两个相应总体标准差的估计值和相关系数分别为：$\overline{X}_1 = 79.5$，$\overline{X}_2 = 71$，$S_1 = 9.618$，$S_2 = 10.478$，$r = 0.704$，并将之代入上式，则

$$t = \frac{79.5 - 71}{\sqrt{\dfrac{9.618^2 + 10.478^2 - 2 \times 0.704 \times 9.618 \times 10.478}{10}}} = 3.459$$

③ 用 σ_X 计算

$$t = \frac{\overline{X}_1 - \overline{X}_2}{\sqrt{\dfrac{\sigma_{X_1}^2 + \sigma_{X_2}^2 - 2r\sigma_{X_1}\sigma_{X_2}}{n-1}}} \tag{7.11}$$

由原始数据计算出的两个样本标准差为：$\sigma_{X_1} = 9.124$，$\sigma_{X_2} = 9.940$，并将之代入上式，则

$$t = \frac{79.5 - 71}{\sqrt{\dfrac{9.124^2 + 9.940^2 - 2 \times 0.704 \times 9.124 \times 9.940}{10-1}}} = 3.459$$

三种计算结果基本相同，应用时可根据计算器的情况任选一种。

（3）确定检验形式

没有资料可以说明两种教学方法哪一种效果好，故采用双侧检验。

（4）统计决断

根据自由度 $df = n - 1 = 10 - 1 = 9$，查 t 值表（附表2）$P(2)$，$t_{(9)0.05} = 2.262$，$t_{(9)0.01} = 3.250$。由于实际计算出来的 $|t| = 3.456^{**} > 3.250 = t_{(9)0.01}$，则 $P < 0.01$，根据表 6.4 t 检验统计决断规则，在 0.01 显著性水平上拒绝 H_0，而接受 H_1。其结论为：小学分散识字与集中识字教学法有极其显著性差异。由于分散识字教学法的平均分数高于集中识字教学法的平均分数，即 $\overline{X}_1 = 79.5 > 71 = \overline{X}_2$，故分散识字教学法优于集中识字教学法。

二、同一组对象的情况

例1： 32 人的射击小组经过三天集中训练，训练后与训练前测验分数如表 7.2 第（2）（3）列所示，问三天集中训练有无显著效果？（根据过去的资料得知，三天集中射击训练有显著效果）

表 7.2　32 个学生射击训练前后的测验分数和差数

序号 (1)	训练后 X_1 (2)	训练前 X_2 (3)	差数 $D = X_1 - X_2$ (4)	差数平方 D^2 (5)
1	42	40	2	4
2	38	35	3	9
3	53	56	−3	9
4	49	41	8	64
5	24	21	3	9
6	54	60	−6	36
7	43	34	9	81
8	51	40	11	121
9	60	64	−4	16
10	47	39	8	64
11	12	15	−3	9
12	32	30	2	4
13	65	61	4	16
14	48	58	−10	100
15	54	52	2	4
16	62	58	4	16
17	50	44	6	36
18	25	26	−1	1
19	63	59	4	16
20	45	37	8	64
21	39	32	7	49
22	48	53	−5	25
23	66	56	10	100
24	57	54	3	9
25	20	36	−16	256
26	60	42	18	324
27	51	44	7	49
28	28	23	5	25
29	34	30	4	16
30	62	68	−6	36
31	60	60	0	0
32	49	45	4	16
总和	$1\,491 = \sum X_1$	$1\,413 = \sum X_2$	$78 = \sum D$	$1\,584 = \sum D^2$

检验的步骤：

(1) 提出假设

$$H_0 : \mu_1 \leqslant \mu_2\,(\mu_D \leqslant 0) \qquad H_1 : \mu_1 > \mu_2\,(\mu_D > 0)$$

(2) 选择检验统计量并计算其值

训练前后射击得分假定是从两个正态总体抽出的相关样本,那么差数的总体也呈正态分布,而差数总体的标准差 σ_D 为未知,于是样本差数平均数与差数总体平均数离差统计量呈 t 分布。但因 $n = 32 > 30$ 时,t 分布接近正态,也可以用 Z 检验近似处理。下面用差数的平均数标准误三种不同形式计算 Z 值:

① 用 D 计算

$$Z = \frac{\overline{D} - 0}{\sqrt{\dfrac{\sum D^2 - (\sum D)^2 / n}{n(n-1)}}} \tag{7.12}$$

将表 7.2 的数据代入(7.12)式,则

$$Z = \frac{78/32}{\sqrt{\dfrac{1\,584 - 78^2/32}{32(32-1)}}} = 2.057$$

② 用 S 计算

$$Z = \frac{\overline{X}_1 - \overline{X}_2}{\sqrt{\dfrac{S_1^2 + S_2^2 - 2rS_1S_2}{n}}} \tag{7.13}$$

由原始数据计算出的 $\overline{X}_1 = 46.594$,$\overline{X}_2 = 44.156$,$S_1 = 14.016$,$S_2 = 13.868$,$r = 0.884$,将之代入上式,则

$$Z = \frac{46.594 - 44.156}{\sqrt{\dfrac{14.016^2 + 13.868^2 - 2 \times 0.884 \times 14.016 \times 13.868}{32}}} = 2.053$$

③ 用 σ_X 计算

$$Z = \frac{\overline{X}_1 - \overline{X}_2}{\sqrt{\dfrac{\sigma_{X_1}^2 + \sigma_{X_1}^2 - 2r\sigma_{X_1}\sigma_{X_2}}{n-1}}} \tag{7.14}$$

由原始数据计算出的 $\sigma_{X_1} = 13.795$,$\sigma_{X_2} = 13.650$,将之代入上式,则

$$Z = \frac{46.594 - 44.156}{\sqrt{\dfrac{13.795^2 + 13.650^2 - 2 \times 0.884 \times 13.795 \times 13.650}{32-1}}} = 2.053$$

三种计算结果基本相同,应用时可任选一种。

(3)确定检验形式

由于过去的资料表明三天射击训练有效果,即训练后射击得分的总体平均数与训练前射击得分的总体平均数之差大于零,故采用右侧检验。

(4)统计决断

根据表 6.3 单侧 Z 检验统计决断规则,本例 $Z_{0.05} = 1.65 < 2.057^* < 2.33 = Z_{0.01}$,则 $0.01 < P < 0.05$,于是在 0.05 显著性水平上拒绝 H_0 而接受 H_1。其结论为:三天射击训练有显著效果。

第三节　独立样本平均数差异的显著性检验

在教育研究中,对同一组被试在实验前后施以同一个测验,有时会产生两次测验的效应。而挑选条件相同的对象,进行配对比较,也较为困难。因此,在实际应用时,经常利用独立样本对总体平均数的差异进行检验。

两个样本内的个体是随机抽取的,它们之间不存在一一对应关系,这样的两个样本称为独立样本。

一、独立大样本平均数差异的显著性检验

两个样本容量 n_1 和 n_2 都大于 30 的独立样本称为独立大样本。

两个独立大样本平均数之差的标准误,在两个相应总体标准差已知时,用公式(7.4)表示;在两个相应总体标准差未知时,用下式加以估计。

$$S_{\bar{D}} = \sqrt{\frac{\sigma_{X_1}^2}{n_1} + \frac{\sigma_{X_2}^2}{n_2}} \tag{7.15}$$

在这里　　$\sigma_{X_1}^2$、$\sigma_{X_2}^2$ 分别表示第一个与第二个样本的方差

n_1、n_2 分别表示第一个与第二个样本的容量

例如,高一学生英语测验成绩如表 7.3,问男女生英语测验成绩是否有显著性差异?

检验的步骤:

(1) 提出假设

$$H_0:\mu_1 = \mu_2 \qquad H_1:\mu_1 \neq \mu_2$$

表 7.3　高一男女生英语测验结果

性　别 (1)	人　数 n (2)	样本平均数 $\bar{X}$ (3)	样本标准差 σ_X (4)
男	180	76.5	11.50
女	174	78.2	10.50

(2) 选择检验统计量并计算其值

男女生英语测验分数是从两个相应总体随机抽出的独立样本,两个总体标准差未知,但两个样本容量较大,即 $n_1 = 180 > 30$, $n_2 = 174 > 30$,于是可用公式(7.15)作为平均数之差的标准误,并用 Z 检验近似处理。其检验统计量为

$$Z = \frac{\bar{X}_1 - \bar{X}_2}{\sqrt{\frac{\sigma_{X_1}^2}{n_1} + \frac{\sigma_{X_2}^2}{n_2}}} \tag{7.16}$$

将有关数据代入上式,则

$$Z = \frac{76.5 - 78.2}{\sqrt{\dfrac{11.50^2}{180} + \dfrac{10.50^2}{174}}} = -1.45$$

（3）确定检验形式

因为没有资料可以说明高一男女生英语测验成绩谁优谁劣,故采用双侧检验。

（4）统计决断

根据表 6.2 双侧 Z 检验统计决断规则,本例实际计算出的 $|Z| = 1.45 < 1.96 = Z_{0.05}$, $P > 0.05$,于是保留 H_0 拒绝 H_1。其结论为:高一男女生英语测验成绩无显著性差异。

二、独立小样本平均数差异的显著性检验

两个样本容量 n_1 和 n_2 都小于 30,或其中一个小于 30 的独立样本为独立小样本。

现讨论独立小样本平均数之差的标准误。前面讲过,两个总体标准差已知时,两个独立样本平均数之差的标准误为 $\sigma_{\overline{D}} = \sqrt{\dfrac{\sigma_1^2}{n_1} + \dfrac{\sigma_2^2}{n_2}}$

当 $\sigma_1^2 = \sigma_2^2$,则为

$$\sigma_{\overline{D}} = \sqrt{\sigma^2\left(\frac{1}{n_1} + \frac{1}{n_2}\right)} \tag{7.17}$$

若 σ^2 未知,此时用 S_1^2 或 S_2^2 都可以分别作为它的无偏估计量。但若用加权平均法将 S_1^2 及 S_2^2 合起来共同求它的估计量 S^2 为最佳。故 S^2 称为汇合方差。其计算方法就是两个样本方差中的离差平方和之和,除以两个样本方差中的自由度之和。即

$$S^2 = \frac{\sum(X_1 - \overline{X}_1)^2 + \sum(X_2 - \overline{X}_2)^2}{(n_1 - 1) + (n_2 - 1)} \tag{7.18}$$

于是独立样本平均数之差的标准误为

$$S_{\overline{D}} = \sqrt{\frac{\sum(X_1 - \overline{X}_1)^2 + \sum(X_2 - \overline{X}_2)^2}{n_1 + n_2 - 2} \cdot \frac{n_1 + n_2}{n_1 n_2}} \tag{7.19}$$

为了计算方便,上式又可以写成以下三种形式:

① 用原始数据表示

$$S_{\overline{D}} = \sqrt{\frac{\sum X_1^2 - (\sum X_1)^2/n_1 + \sum X_2^2 - (\sum X_2)^2/n_2}{n_1 + n_2 - 2} \cdot \frac{n_1 + n_2}{n_1 n_2}} \tag{7.20}$$

② 用总体标准差估计值 S 表示

$$S_{\overline{D}} = \sqrt{\frac{(n_1 - 1)S_1^2 + (n_2 - 1)S_2^2}{n_1 + n_2 - 2} \cdot \frac{n_1 + n_2}{n_1 n_2}} \tag{7.21}$$

③ 用样本标准差 σ_X 表示

$$S_{\overline{D}} = \sqrt{\frac{n_1 \sigma_{X_1}^2 + n_2 \sigma_{X_2}^2}{n_1 + n_2 - 2} \cdot \frac{n_1 + n_2}{n_1 n_2}} \tag{7.22}$$

按理说,总体方差未知的两个独立样本,无论样本容量大小,平均数之差的标准误都要用上述汇合方差来表示。而汇合方差是以两个相应总体方差相等为前提的,所以在进行独立样本平均数差异显著性检验之前,首先要对两个总体方差是否相等进行齐性检验(检验方法将在本章第五节予以介绍)。那么,前面所讲的相关样本及独立大样本平均数差异显著性检验,两个总体方差也是未知,为什么平均数之差的标准误不用汇合方差表示呢? 为什么事先不对两个总体方差进行齐性检验呢? 这是因为相关样本是成对数据,每对数据都能求出差数,可将平均数差异显著性检验转化成差数的显著性检验。由于无需用汇合方差,所以也就无需用方差齐性检验来考查两个总体方差是否相等。上述独立大样本平均数之差的标准误,即公式(7.15)是统计学家依据大样本抽样原理建立起来的,它不需要假定两个总体方差相等,故无需进行方差齐性检验。而独立小样本平均数差异显著性检验之前,必须用方差齐性检验来考查两个总体方差是否相等。若检验结果表明两个总体方差相等,其平均数之差的标准误可用汇合方差形式表示;若检验结果表明两个总体方差不相等,则需另行处理(详见本章第四节)。

依上所述,独立小样本平均数差异显著性检验,应在方差齐性检验之后进行。但是为了行文方便,我们先讲独立小样本平均数差异显著性检验,并假定已经经过了方差齐性检验,检验结果表明两个总体方差相等。

例如,从高二年级随机抽取两个小组,在化学教学中实验组采用启发探究法,对照组采用传统讲授法,后期统一测验结果如表 7.4 第(2)(3)列所示,问两种教学法是否有显著性差异?(根据已有的经验确知启发探究法优于传统讲授法)

表 7.4 以原始数据检验实验组和对照组化学平均分数差异显著性用表

序号 (1)	实验组 X_1 (2)	对照组 X_2 (3)	X_1^2 (4)	X_2^2 (5)
1	64	60	64^2	60^2
2	58	59	58^2	59^2
3	65	57	65^2	57^2
4	56	41	56^2	41^2
5	58	38	58^2	38^2
6	45	52	45^2	52^2
7	55	46	55^2	46^2
8	63	51	63^2	51^2
9	66	49	66^2	49^2
10	69		69^2	
总和	$599 = \sum X_1$	$453 = \sum X_2$	$36\,321 = \sum X_1^2$	$23\,277 = \sum X_2^2$

检验的步骤:

(1) 提出假设

$$H_0 : \mu_1 \leqslant \mu_2 \qquad H_1 : \mu_1 > \mu_2$$

(2) 选择检验统计量并计算其值

两组化学测验分数假定是从两个正态总体随机抽出的独立样本,而两个相应总体标准差为未知,经方差齐性检验两个总体方差相等,两个样本容量都小于30,其样本平均数之差与相应总体平均数之差的离差统计量呈 t 分布,故应当采用 t 检验。现用平均数差异标准误的三种形式计算 t 值。

① 用原始数据计算

$$t = \frac{\overline{X}_1 - \overline{X}_2}{\sqrt{\dfrac{\sum X_1^2 - (\sum X_1)^2/n_1 + \sum X_2^2 - (\sum X_2)^2/n_2}{n_1 + n_2 - 2} \cdot \dfrac{n_1 + n_2}{n_1 n_2}}} \qquad (7.23)$$

将表 7.4 的有关数据代入上式,其值为:

$$t = \frac{599/10 - 453/9}{\sqrt{\dfrac{36\,321 - 599^2/10 + 23\,277 - 453^2/9}{10 + 9 - 2} \times \dfrac{10 + 9}{10 \times 9}}} = 2.835$$

② 用 S 计算

$$t = \frac{\overline{X}_1 - \overline{X}_2}{\sqrt{\dfrac{(n_1 - 1)S_1^2 + (n_2 - 1)S_2^2}{n_1 + n_2 - 2} \cdot \dfrac{n_1 + n_2}{n_1 n_2}}} \qquad (7.24)$$

本例计算出的 $S_1 = 6.999$,$S_2 = 7.714$,将之代入上式,则

$$t = \frac{599/10 - 453/9}{\sqrt{\dfrac{(10 - 1)6.999^2 + (9 - 1)7.714^2}{10 + 9 - 2} \times \dfrac{10 + 9}{10 \times 9}}} = 2.835$$

③ 用 σ_X 计算

$$t = \frac{\overline{X}_1 - \overline{X}_2}{\sqrt{\dfrac{n_1 \sigma_{X_1}^2 + n_2 \sigma_{X_2}^2}{n_1 + n_2 - 2} \cdot \dfrac{n_1 + n_2}{n_1 n_2}}} \qquad (7.25)$$

本例计算出的 $\sigma_{X_1} = 6.640$,$\sigma_{X_2} = 7.272$,将之代入上式,则

$$t = \frac{599/10 - 453/9}{\sqrt{\dfrac{10 \times 6.640^2 + 9 \times 7.272^2}{10 + 9 - 2} \times \dfrac{10 + 9}{10 \times 9}}} = 2.835$$

三种计算结果相同,应用时可任选一种。

(3) 确定检验形式

根据经验知道:启发探究教学法测验的平均分数一般高于传统讲授法的平均分数(即 $\mu_1 - \mu_2 > 0$),故采用右侧检验。

(4) 统计决断

根据自由度 $df = n_1 + n_2 - 2 = 10 + 9 - 2 = 17$,查 t 值表(附表 2) $P(1)$,$t_{(17)0.01} = 2.567$,$t_{(17)0.005} = 2.898$,由于实际计算出 $|t| = 2.835$,$t_{(17)0.01} = 2.567 < 2.835^{**} < 2.898 = t_{(17)0.005}$,则 $0.005 < P < 0.01$,于是根据表 6.4 t 检验统计决断规则,在 0.01 显著性水平上拒绝 H_0 而接受 H_1。其结论为:高二化学启发探究教学法优于传统讲授法,并达到极其显著性水平。

第四节 方差不齐性独立样本平均数
差异的显著性检验

总体方差不齐性的两个独立样本平均数之差的标准误,可用两个样本方差分别估计出的两个平均数标准误平方之和再开方来表示。这时样本平均数之差与相应总体平均数之差的离差统计量,呈与 t 分布相近似的 t' 分布。由于平均数之差的标准误有三种不同形式,故检验统计量 t' 也有三种表示形式:

① 用总体标准差估计值 S 表示

$$t' = \frac{\overline{X}_1 - \overline{X}_2}{\sqrt{\dfrac{S_1^2}{n_1} + \dfrac{S_2^2}{n_2}}} \tag{7.26}$$

② 用样本标准差 σ_X 表示

$$t' = \frac{\overline{X}_1 - \overline{X}_2}{\sqrt{\dfrac{\sigma_{X_1}^2}{n_1 - 1} + \dfrac{\sigma_{X_2}^2}{n_2 - 1}}} \tag{7.27}$$

③ 用原始数据表示

$$t' = \frac{\overline{X}_1 - \overline{X}_2}{\sqrt{\dfrac{\sum X_1^2 - (\sum X_1)^2 / n_1}{n_1(n_1 - 1)} + \dfrac{\sum X_2^2 - (\sum X_2)^2 / n_2}{n_2(n_2 - 1)}}} \tag{7.28}$$

例如,18 个走读生与 7 个同龄住宿生自学能力得分如表 7.5 第(2)(3)列所示,问走读生与住宿生自学能力是否有显著差异?

表 7.5 走读生与住宿生自学能力得分及其平方

序号 (1)	X		X^2	
	走读生 (2)	住宿生 (3)	走读生 (4)	住宿生 (5)
1	19	33	19^2	33^2
2	24	28	24^2	28^2
3	10	30	10^2	30^2
4	32	34	32^2	34^2
5	6	29	6^2	29^2
6	21	36	21^2	36^2
7	20	33	20^2	33^2
8	26		26^2	
9	12		12^2	
10	3		3^2	
11	25		25^2	

序号 （1）	X		X^2	
	走读生 （2）	住宿生 （3）	走读生 （4）	住宿生 （5）
12	27		27^2	
13	14		14^2	
14	22		22^2	
15	23		23^2	
16	8		8^2	
17	11		11^2	
18	27		27^2	
总和	$330 = \sum X_1$	$223 = \sum X_2$	$7\,244 = \sum X_1^2$	$7\,155 = \sum X^2$

检验的步骤：

（1）提出假设

$$H_0 : \mu_1 = \mu_2 \qquad H_1 : \mu_1 \neq \mu_2$$

（2）选择检验统计量并计算其值

走读与住宿生自学能力得分，可以假定是从两个正态总体随机抽出的独立样本，经方差齐性检验（检验方法见本章第五节）两个总体方差不相等，则需用 t' 作为检验统计量。

将 18 个走读生得分的 $S_1 = 8.381$，和 7 个住宿生得分的 $S_2 = 2.911$，以及表 7.5 中的有关数据代入公式（7.26），则

$$t' = \frac{330/18 - 223/7}{\sqrt{\dfrac{8.381^2}{18} + \dfrac{2.911^2}{7}}} = -5.981$$

将走读生得分的 $\sigma_{X_1} = 8.145$ 和住宿生得分的 $\sigma_{X_2} = 2.695$，以及有关数据代入公式（7.27），则

$$t' = \frac{330/18 - 223/7}{\sqrt{\dfrac{8.145^2}{18 - 1} + \dfrac{2.695^2}{7 - 1}}} = -5.981$$

将有关原始数据代入公式（7.28），则

$$t' = \frac{330/18 - 223/7}{\sqrt{\dfrac{7\,244 - 330^2/18}{18(18 - 1)} + \dfrac{7\,155 - 223^2/7}{7(7 - 1)}}} = -5.981$$

三种计算结果相同，应用时可任选一种。

（3）确定检验形式

由于没有资料表明走读与住宿生自学能力谁优谁劣，故采用双侧检验。

（4）统计决断

计算 0.05 显著性水平 t' 临界值的近似值：

① 用 S 计算

$$t'_{0.05} = \frac{(S_1^2/n_1) \cdot t_{(df_1)0.05} + (S_2^2/n_2) \cdot t_{(df_2)0.05}}{S_1^2/n_1 + S_2^2/n_2} \qquad (7.29)$$

根据 $df_1 = n_1 - 1 = 18 - 1 = 17$ 和 $df_2 = n_2 - 1 = 7 - 1 = 6$，查 t 值表(附表 2)$P(2)$，分别找到 $t_{(17)0.05} = 2.110$，$t_{(6)0.05} = 2.447$，将有关数据代入上式，则

$$t'_{0.05} = \frac{\dfrac{8.381^2}{18} \times 2.110 + \dfrac{2.911^2}{7} \times 2.447}{\dfrac{8.381^2}{18} + \dfrac{2.911^2}{7}} = 2.190$$

② 用 σ_X 计算

$$t'_{0.05} = \frac{[\sigma_{X_1}^2/(n_1-1)] \cdot t_{(df_1)0.05} + [\sigma_{X_2}^2/(n_2-1)] \cdot t_{(df_2)0.05}}{\sigma_{X_1}^2/(n_1-1) + \sigma_{X_2}^2/(n_2-1)} \qquad (7.30)$$

$$t'_{0.05} = \frac{\dfrac{8.145^2}{18-1} \times 2.110 + \dfrac{2.695^2}{7-1} \times 2.447}{\dfrac{8.145^2}{18-1} + \dfrac{2.695^2}{7-1}} = 2.190$$

③ 用原始数据计算

$$t'_{0.05} = \frac{\dfrac{\sum X_1^2 - (\sum X_1)^2/n_1}{n_1(n_1-1)} \cdot t_{(df_1)0.05} + \dfrac{\sum X_2^2 - (\sum X_2)^2/n_2}{n_2(n_2-1)} \cdot t_{(df_2)0.05}}{\dfrac{\sum X_1^2 - (\sum X_1)^2/n_1}{n_1(n_1-1)} + \dfrac{\sum X_2^2 - (\sum X_2)^2/n_2}{n_2(n_2-1)}} \qquad (7.31)$$

$$t'_{0.05} = \frac{\dfrac{7\,244 - 330^2/18}{18(18-1)} \times 2.110 + \dfrac{7\,155 - 223^2/7}{7(7-1)} \times 2.447}{\dfrac{7\,244 - 330^2/18}{18(18-1)} + \dfrac{7\,155 - 223^2/7}{7(7-1)}} = 2.190$$

三种计算结果相同，应用时可任选一种。

计算 0.01 显著性水平 t' 临界值的近似值：

① 用 S 计算

$$t'_{0.01} = \frac{(S_1^2/n_1) \cdot t_{(df_1)0.01} + (S_2^2/n_2) \cdot t_{(df_2)0.01}}{S_1^2/n_1 + S_2^2/n_2} \qquad (7.32)$$

根据 $df_1 = 18 - 1 = 17$，$df_2 = 7 - 1 = 6$，查 t 值表(附表 2)$P(2)$，$t_{(17)0.01} = 2.898$，$t_{(6)0.01} = 3.707$，则

$$t'_{0.01} = \frac{\dfrac{8.381^2}{18} \times 2.898 + \dfrac{2.911^2}{7} \times 3.707}{\dfrac{8.381^2}{18} + \dfrac{2.911^2}{7}} = 3.090$$

② 用 σ_X 计算

$$t'_{0.01} = \frac{[\sigma_{X_1}^2/(n_1-1)] \cdot t_{(df_1)0.01} + [\sigma_{X_2}^2/(n_2-1)] \cdot t_{(df_2)0.01}}{\sigma_{X_1}^2/(n_1-1) + \sigma_{X_2}^2/(n_2-1)} \qquad (7.33)$$

$$t'_{0.01} = \frac{\dfrac{8.145^2}{18-1} \times 2.898 + \dfrac{2.695^2}{7-1} \times 3.707}{\dfrac{8.145^2}{18-1} + \dfrac{2.695^2}{7-1}} = 3.090$$

③ 用原始数据计算

$$t'_{0.01} = \frac{\dfrac{\sum X_1^2 - (\sum X_1)^2/n_1}{n_1(n_1-1)} \cdot t_{(df_1)0.01} + \dfrac{\sum X_2^2 - (\sum X_2)^2/n_2}{n_2(n_2-1)} \cdot t_{(df_2)0.01}}{\dfrac{\sum X_1^2 - (\sum X_1)^2/n_1}{n_1(n_1-1)} + \dfrac{\sum X_2^2 - (\sum X_2)^2/n_2}{n_2(n_2-1)}} \qquad (7.34)$$

$$t'_{0.01} = \frac{\dfrac{7\,244 - 330^2/18}{18(18-1)} \times 2.898 + \dfrac{7\,155 - 223^2/7}{7(7-1)} \times 3.707}{\dfrac{7\,244 - 330^2/18}{18(18-1)} + \dfrac{7\,155 - 223^2/7}{7(7-1)}} = 3.090$$

三种计算结果相同,应用时可任选一种。

根据表 7.6 t' 检验统计决断规则,由于 $|t'| = 5.981^{**} > 3.090 = t'_{0.01}$,则 $P < 0.01$,于是在 0.01 显著性水平上拒绝 H_0 而接受 H_1。其结论为:走读与住宿生自学能力,从总体上来说有极其显著性差异。由于住宿生的样本平均数高于走读生,故住宿生自学能力高于走读生。

表 7.6 t' 检验统计决断的规则

$|t'|$ 与临界值的比较	P 值	检验结果	显著性
$\|t'\| < t'_{0.05}$	$P > 0.05$	保留 H_0 拒绝 H_1	不显著
$t'_{0.05} \leqslant \|t'\| < t'_{0.01}$	$0.01 < P \leqslant 0.05$	在 0.05 显著性水平上拒绝 H_0 接受 H_1	显著($*$)
$\|t'\| \geqslant t'_{0.01}$	$P \leqslant 0.01$	在 0.01 显著性水平上拒绝 H_0 接受 H_1	极其显著($**$)

第五节 方差齐性检验

对两个总体的方差是否有显著性差异所进行的检验称为方差齐性(相等)检验。

对两个独立样本方差是否齐性,要进行 F 检验。

一、F 分布

若从方差相同的两个正态总体中,随机抽取两个独立样本,以此为基础,分别求出两个相应总体方差的估计值,这两个总体方差估计值的比值称为 F 比值,即 $F = S_1^2/S_2^2$。F 比值的抽样分布称为 F 分布。

例如从两个正态总体中随机抽取 $n_1 = 9$，$n_2 = 6$ 的两个独立样本,求出两个相应总体方差估计值的 F 比值之后,把这两个样本的数据还回总体中去,然后再从中随机抽取 $n_1 = 9$，$n_2 = 6$ 的两个独立样本,又可以算出一个样本的 F 值。这样反复抽下去,那么,一切可能样本 F 比值的频数分布,就形成一个实验性的 $df_1 = n_1 - 1 = 9 - 1 = 8$ 和 $df_2 = n_2 - 1 = 6 - 1 = 5$ 的 F 比值的抽样分布。

F 分布的形态随 F 比值分子和分母中自由度的变化而形成一簇正偏态分布。(如图 7.1 所示)

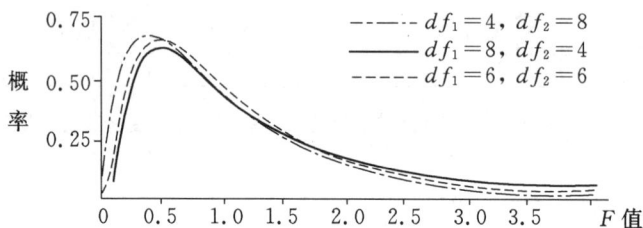

图 7.1　自由度三种不同组合的 F 抽样分布

各种自由度组合所形成的理论 F 值,可查 F 值表(附表 3)。表的最上端横行表示 F 比值中分子的自由度(df_1),最左端纵列表示分母的自由度(df_2),附表3(1)、3(2)表示 0.05 显著性水平的 F 值,而附表 3(3)、3(4)表示 0.01 显著性水平的 F 值。如上例分子的自由度 $df_1 = n_1 - 1 = 9 - 1 = 8$,分母的自由度 $df_2 = n_2 - 1 = 6 - 1 = 5$,0.05 显著性水平的理论 F 值,就是附表 3(1)第 8 列第 5 行交叉对应的 F 值,可表示为 $F_{(8, 5)0.05} = 4.82$;0.01 显著性水平的理论 F 值,就是附表 3(3)第 8 列第 5 行交叉对应的 F 值,可以表示为 $F_{(8, 5)0.01} = 10.3$。

在一般情况下,经常应用的是右侧 F 检验,所以 F 值表只列有右侧理论值(临界值)。在计算样本的 F 值时,要求将总体方差估计值较大的作为分子,而总体方差估计值较小的作为分母,使计算所得 F 值落在 1 和大于 1 的范围内,以便在作 F 检验时,将实际计算出的 F 值与查表所得 F 临界值相比较。

二、两个独立样本的方差齐性检验

例如,本章第三节从高二年级随机抽取两个独立样本,在化学教学中,实验组采用启发探究法,对照组采用传统讲授法,后期统一测验结果如表 7.4 第(2)(3)列所示。问两种教学法测验分数总体方差是否齐性?

检验的步骤:

(1)提出假设

$$H_0 : \sigma_1^2 = \sigma_2^2 \qquad H_1 : \sigma_1^2 \neq \sigma_2^2$$

(2)选择检验统计量并计算其值

实验组和对照组化学测验分数假定是从两个正态总体随机抽出的独立样本,那么,两个相应总体方差估计值比值的抽样分布呈 F 分布,于是可以用 F 作为检验两个总体方差齐性的统计量。现分别用三种形式计算 F 值:

① 用 S 计算

$$F = \frac{S_1^2}{S_2^2}$$

(7.35)

在这里 S_1^2 表示第一个总体方差的估计值

   S_2^2 表示第二个总体方差的估计值

根据表 7.4 计算出的实验组的 $S = 6.999$，对照组的 $S = 7.714$。将两个 S 值代入上式计算 F 值时，S 值较大的作为分子，较小的作为分母，则

$$F = \frac{7.714^2}{6.999^2} = 1.21$$

② 用 σ_X 计算

$$F = \frac{n_1 \sigma_{X_1}^2 / (n_1 - 1)}{n_2 \sigma_{X_2}^2 / (n_2 - 1)} \qquad (7.36)$$

在这里 $\sigma_{X_1}^2$ 和 $\sigma_{X_2}^2$ 分别表示两个样本的方差

   n_1 和 n_2 分别表示两个样本容量

表 7.4 中实验组 10 个人的标准差 6.640 小于对照组 9 个人的标准差 7.272，在计算 F 值时，标准差大的作分子，小的作分母，则

$$F = \frac{9 \times 7.272^2 / (9 - 1)}{10 \times 6.640^2 / (10 - 1)} = 1.21$$

③ 用原始数据计算

$$F = \frac{\left[\sum X_1^2 - (\sum X_1)^2 / n_1\right] / (n_1 - 1)}{\left[\sum X_2^2 - (\sum X_2)^2 / n_2\right] / (n_2 - 1)} \qquad (7.37)$$

根据上面的计算得知，表 7.4 中对照组分数的方差大于实验组，故对照组分数为 X_1，实验组分数为 X_2。将有关数据代入上式，则

$$F = \frac{(23\ 277 - 453^2/9)/(9 - 1)}{(36\ 321 - 599^2/10)/(10 - 1)} = 1.21$$

三种计算结果完全相同，应用时可任选一种。

(3) 统计决断

根据分子的自由度 $df_1 = n_1 - 1 = 9 - 1 = 8$，和分母的自由度 $df_2 = n_2 - 1 = 10 - 1 = 9$，查附表 3(1) 寻得 $F_{(8, 9)0.05} = 3.23$，由于实际计算出的 $F = 1.21 < 3.23 = F_{(8, 9)0.05}$，则 $P > 0.05$，根据表 7.7F 检验统计决断规则，保留 H_0 而拒绝 H_1。其结论为：启发探究法与传统讲授法两种测验分数的总体方差为齐性，或者说，两个样本方差来自同一个总体。

表 7.7 F 检验统计决断规则

F 值与临界值的比较	P 值	检验结果	显著性
$F < F_{(df_1, df_2)0.05}$	$P > 0.05$	保留 H_0 拒绝 H_1	不显著
$F_{(df_1, df_2)0.05} \leqslant F$ $< F_{(df_1, df_2)0.01}$	$0.01 < P \leqslant 0.05$	在 0.05 显著性水平上拒绝 H_0 接受 H_1	显著(*)
$F \geqslant F_{(df_1, df_2)0.01}$	$P \leqslant 0.01$	在 0.01 显著性水平上拒绝 H_0 接受 H_1	极其显著(**)

再如,本章第四节 18 个走读生与 7 个同龄住宿生自学能力得分如表 7.5,问走读生与住宿生自学能力得分的总体方差是否齐性?

检验的步骤:

(1) 提出假设

$$H_0 : \sigma_1^2 = \sigma_2^2 \qquad H_1 : \sigma_1^2 \neq \sigma_2^2$$

(2) 选择检验统计量并计算其值

两组自学能力的分数假定是从两个正态总体随机抽出的独立样本,那么,两个相应总体方差估计值比值的抽样分布呈 F 分布,故可用 F 比值对两个总体方差进行齐性检验。现分别用三种不同方法计算 F 值:

① 用 S 计算

走读生得分的 $S = 8.381$,住宿生得分的 $S = 2.911$,将之代入公式(7.35)计算 F 值时,S 值较大的作分子,较小的作分母,于是

$$F = \frac{S_1^2}{S_2^2} = \frac{8.381^2}{2.911^2} = 8.29$$

② 用 σ_X 计算

走读生得分的 $\sigma_X = 8.145$,住宿生得分的 $\sigma_X = 2.695$,将之代入公式(7.36)计算 F 值时,σ_X 较大的作分子,较小的作分母,于是

$$F = \frac{n_1 \sigma_{X_1}^2 / (n_1 - 1)}{n_2 \sigma_{X_2}^2 / (n_2 - 1)} = \frac{18 \times 8.145^2 / (18 - 1)}{7 \times 2.695^2 / (7 - 1)} = 8.29$$

③ 用原始数据计算

将表 7.5 的有关数据代入公式(7.37),于是

$$F = \frac{\left[\sum X_1^2 - (\sum X_1)^2 / n_1\right] / (n_1 - 1)}{\left[\sum X_2^2 - (\sum X_2)^2 / n_2\right] / (n_2 - 1)}$$

$$= \frac{(7\,244 - 330^2 / 18) / (18 - 1)}{(7\,155 - 223^2 / 7) / (7 - 1)} = 8.29$$

(3) 统计决断

根据 $df_1 = n_1 - 1 = 18 - 1 = 17$,$df_2 = n_2 - 1 = 7 - 1 = 6$,查 F 值表[附表 3(1)和 3(3)],$F_{(17, 6)0.05} = 3.91$,$F_{(17, 6)0.01} = 7.49$。而实际计算出的 $F = 8.29^{**} > 7.49 = F_{(17, 6)0.01}$,则 $P < 0.01$,于是在 0.01 显著性水平上拒绝 H_0 而接受 H_1。其结论为:走读与住宿生自学能力得分的方差不齐性,并有极其显著性差异。

三、两个相关样本的方差齐性检验

对两个相关样本的方差进行齐性检验时,需要用 t 检验,其检验统计量为

$$t = \frac{\sigma_{X_1}^2 - \sigma_{X_2}^2}{\sqrt{\dfrac{4\sigma_{X_1}^2 \sigma_{X_2}^2 (1 - \gamma^2)}{n - 2}}} \qquad (7.38)$$

在这里 $\sigma_{X_1}^2$ 与 $\sigma_{X_2}^2$ 分别表示两个样本方差

γ 表示两个样本之间的相关系数

n 表示样本容量

例如:用 A、B 两试卷对 36 名学生的测验结果,其 A 卷的样本标准差 $\sigma_{X_1} = 13$,B 卷的样本标准差 $\sigma_{X_2} = 11$,A、B 两试卷的相关系数 $\gamma = 0.40$,问 A、B 两试卷的方差是否齐性?

检验的步骤:

(1) 提出假设

$$H_0 : \sigma_1^2 = \sigma_2^2 \qquad H_1 : \sigma_1^2 \neq \sigma_2^2$$

(2) 选择检验统计量并计算其值

由于两组分数是用 A、B 卷对同一批学生的测验结果,故为相关样本。它们方差差异的显著性应当用 t 检验。将有关数据代入公式(7.38),则

$$t = \frac{13^2 - 11^2}{\sqrt{\dfrac{4 \times 13^2 \times 11^2 (1 - 0.40^2)}{36 - 2}}} = 1.068$$

(3) 确定检验形式

没有资料可以说明 A、B 两个试卷测验分数哪一个方差大,故采用双侧检验。

(4) 统计决断

根据自由度 $df = n - 2 = 36 - 2 = 34$,查 t 值表(附表 2)$P(2)$ 寻得 t 的双侧临界值 $t_{(34)0.05} = 2.032$,而实际计算出的 $t = 1.068 < 2.032 = t_{(34)0.05}$,则 $P > 0.05$,根据表 6.4t 检验统计决断规则,保留 H_0 而拒绝 H_1。其结论为:A、B 两个试卷测验分数的总体方差齐性。

练 习 题

1. 一个 $n = 10$ 的配对样本,实验组和对照组分别施以两种教学方法,后期测验结果如下表,试比较两种教学法是否有显著性差异?

配　　对	实验组(X_1)	对照组(X_2)
1	16.1	13.1
2	13.2	6.3
3	15.8	12.5
4	18.2	16.7
5	14.0	9.2
6	16.3	14.6
7	15.2	13.8
8	9.5	10.4
9	13.9	10.5
10	18.4	14.7

2. 某校 8 名自由体操队员训练前后两次得分如下表,问训练是否有显著效果?

序　号	训练前(X_1)	训练后(X_2)
1	16	20
2	14	14
3	18	16
4	20	21
5	15	19
6	14	15
7	17	15
8	21	19

3. 测得甲、乙两所小学二年级学生的身高如下表,试问这两所小学二年级学生的身高是否有显著差异?

校别	人数(n)	平均身高($\overline{X}$)	标准差(σ_X)
甲	100	136	15.4
乙	120	128	14.0

4. 下列数据是两所幼儿园6岁儿童某项测验成绩:甲园:11、8、10、11、9、10、9、12;乙园:13、14、9、13、11、12、12。试问两所幼儿园该项测验成绩是否有显著性差异?(先进行方差齐性检验)

5. 某班地理测验5个男同学的得分为70、72、69、67、71;11个女同学的得分为46、89、91、56、80、84、51、99、42、64、48。问男女同学地理测验成绩是否有显著差异?(先进行方差齐性检验)

6. 40人英语测验中的听力和阅读分数的方差分别为7和9,两部分满分分数相等,平均分数相近,相关系数为0.52,问听力与阅读分数的方差是否齐性?

第八章
方 差 分 析

第一节 方差分析的基本原理

一、方差分析的目的

上一章所讲的平均数差异的显著性检验，是对两个平均数的比较，在实际研究工作中，往往还需要对两个以上平均数进行比较。如果仍用每对平均数差异显著性检验，就会使检验的效率降低。例如，在比较 4 组平均数时，如果逐对进行平均数比较，需要作 $C_4^2 = 6$ 次可能组合的检验。若每次都在 0.95 的可靠度上检验，那么，6 次检验的可靠度将降低为 $0.95^6 = 0.735$。因此，在比较多组平均数的时候，人们常用方差分析综合性地确定几个平均数差异的显著性。方差分析的基本功能就在于对多组平均数差异的显著性进行检验。

二、方差分析的逻辑

现用一个例子来说明方差分析的逻辑。假如，从小学一、三、五年级中，随机各抽取 4 个学生，向他们呈现一组词汇，然后将他们识记词汇的分数绘成图。这个图可能是图 8.1 的情况，也可能是图 8.2 的情况。将图 8.1 与图 8.2 加以比较，可以看出，图 8.2 上三个小组的平均数比图 8.1 上三个小组的平均数差异明显。这是因为图 8.1 上三个小组的平均数差异较小，但各个小组内部的分数差异较大。而图 8.2 上三个小组的平均数差异较大，各个小组内部的分数差异较小。如果把各组平均数之间的差异称为组间差异，把各小组内部分数之间的差异称为组内差异，则从上例可以说，当组间差异相对越大，而组内差异相对越小。确切地说，组间差异对组内差异的比值越大，则各组平均数的差异就越明显。通过对组间差异与组内差异比值的分析，来推断几个相应平均数差异的显著性，这就是方差分析的逻辑。

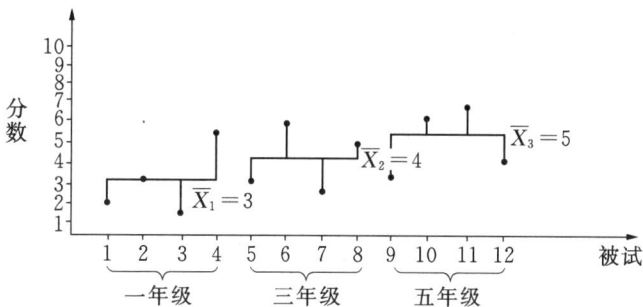

图 8.1 不同年级的学生识记词汇的结果

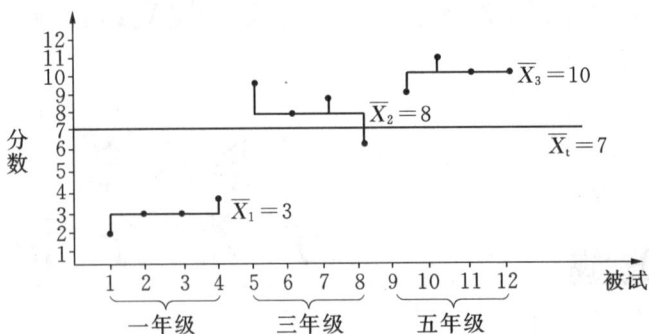

图 8.2　不同年级的学生识记词汇的结果

三、以 F 检验来推断几个平均数差异的显著性

若组间差异用组间方差 MS_b 表示,组内差异用组内方差 MS_w 表示,由于组间与组内方差互为独立,故可用 F 检验来检验组间与组内方差是否相等。如果组间与组内方差相等,即 F 比值等于或接近 1,表明各组平均数无显著性差异;如果 F 值很大,F 值大到超过 F 抽样分布上某种显著性水平的临界值,则应拒绝组间与组内方差无显著性差异的零假设,而接受组间与组内方差有显著性差异的备择假设。这时,只能作出各组平均数有显著性差异的结论。这一结论是说,分组所依据的因素对实验结果有重要影响。或者说,实验者所操纵的实验因素的作用较大。

组间方差 MS_b 等于组间平方和 SS_b 除以组间的自由度 df_b,即

$$MS_b = \frac{SS_b}{df_b} \tag{8.1}$$

组内方差 MS_w 等于组内平方和 SS_w 除以组内的自由度 df_w,即

$$MS_w = \frac{SS_w}{df_w} \tag{8.2}$$

于是组间与组内方差的 F 比值为

$$F = \frac{MS_b}{MS_w} \tag{8.3}$$

下面分别介绍组间、组内平方和及自由度的计算方法。

1. 总平方和可以分解成组间平方和及组内平方和

以表 8.1(与图 8.2 为同一组资料)来说,三组不同学龄的学生识记同一组词汇,由于多种因素的影响,学生的分数是参差不齐的,在分析各组平均数差异原因或寻找影响差异的主要因素时,可以将每个分数与总平均数

表 8.1　不同年级的学生识记词汇的分数

一年级	三年级	五年级
2	10	9
3	7	11
3	9	10
4	6	10

$$\left(\overline{X}_t = \frac{2+3+3+4+10+7+9+6+9+11+10+10}{12} = 7\right)$$

之间的差异分成两部分,并且设想这两部分差异主要是由两类不同的因素所引起。一类是由实验者操纵的已知的实验因素(三种不同学龄)所引起,表现在各小组平均数

$$\left(\overline{X}_1 = \frac{2+3+3+4}{4} = 3, \ \overline{X}_2 = \frac{10+7+9+6}{4} = 8, \ \overline{X}_3 = \frac{9+11+10+10}{4} = 10\right)$$

之间的差异;另一类是由偶然因素(如被试的个别差异或实验误差)所引起,表现在各组内部每个分数与小组平均数之间的差异。

如果组间差异和组内差异都以其相应的离差平方和来表示(因为它具有可加性),则它们的关系为

$$总平方和 = 组间平方和 + 组内平方和$$

从图 8.2 也可以看出上述的关系:每一个分数与总平均数的离差,等于这个分数与本组平均数的离差加上本组平均数与总平均数的离差。如果我们用 X 表示各个分数,$\overline{X}_j$ 表示第 j 组的平均数,$\overline{X}_t$ 表示总平均数,那么,某个分数与总平均数的离差可以表示为

$$X - \overline{X}_t = (X - \overline{X}_j) + (\overline{X}_j - \overline{X}_t)$$

某一小组中 n 个分数与总平均数的离差平方和为

$$\begin{aligned}
\sum(X - \overline{X}_t)^2 &= \sum[(X - \overline{X}_j) + (\overline{X}_j - \overline{X}_t)]^2 \\
&= \sum[(X - \overline{X}_j)^2 + 2(X - \overline{X}_j)(\overline{X}_j - \overline{X}_t) + (\overline{X}_j - \overline{X}_t)^2] \\
&= \sum(X - \overline{X}_j)^2 + 2\sum(X - \overline{X}_j)(\overline{X}_j - \overline{X}_t) + \sum(\overline{X}_j - \overline{X}_t)^2
\end{aligned}$$

因为

$$\sum(X - \overline{X}_j) = 0$$

所以

$$\sum(X - \overline{X}_t)^2 = \sum(X - \overline{X}_j)^2 + n(\overline{X}_j - \overline{X}_t)^2$$

设有 N 个观察值,可分为 $N/n = K$ 个组。(即设 $i = 1, 2, \cdots, n$, $j = 1, 2, \cdots, K$)

K 组的离差平方和为

$$\underset{(总平方和)}{\sum\sum(X - \overline{X}_t)^2} = \underset{(组内平方和)}{\sum\sum(X - \overline{X}_j)^2} + \underset{(组间平方和)}{n\sum(\overline{X}_j - \overline{X}_t)^2}$$

于是上式的关系为

$$SS_t = SS_b + SS_w$$

下面用表 8.1 的数据来验证这种关系

$$SS_b = n\sum(\overline{X}_j - \overline{X}_t)^2 = 4[(3-7)^2 + (8-7)^2 + (10-7)^2] = 104$$

$$SS_w = \sum\sum(X - \overline{X}_j)^2 = (2-3)^2 + (3-3)^2 + \cdots + (10-10)^2 = 14$$

$$SS_t = \sum\sum(X - \overline{X}_t)^2 = (2-7)^2 + (3-7)^2 + \cdots + (10-7)^2 = 118$$

可见,本例体现着总平方和等于组间平方和与组内平方和之和的原理。即

$$SS_t = SS_b + SS_w = 104 + 14 = 118$$

2. 总自由度可分解成组间自由度及组内自由度

组间自由度:$df_b = K - 1$(即组数减 1)

组内自由度:$df_w = (n_1 - 1) + (n_2 - 1) + \cdots + (n_K - 1)$

$$= n_1 + n_2 + \cdots + n_K - K(即各组容量之和减去组数)$$

当各组容量相等时,$df_w = K(n-1) = N - K$

组间自由度及组内自由度与总自由度之间也存在上述关系,即总自由度等于组间自由度加组内自由度。其关系式为

$$df_t = df_b + df_w$$

当各组容量相等时为

$$N - 1 = (K - 1) + (N - K)$$

本例的 $df_b = 3 - 1 = 2$,$df_w = 3(4-1) = 9$,$df_t = 3 \times 4 - 1 = 11$。$df_t = df_b + df_w = 2 + 9 = 11$。恰好验证了上述关系。

3. 组间方差与组内方差的 F 比值

组间方差:$MS_b = \dfrac{SS_b}{df_b}$,本例 $MS_b = \dfrac{104}{2} = 52$

组内方差:$MS_w = \dfrac{SS_w}{df_w}$,本例 $MS_w = \dfrac{14}{9} = 1.556$

$F = \dfrac{MS_b}{MS_w}$,本例 $F = \dfrac{MS_b}{MS_w} = \dfrac{52}{1.556} = 33.42$

如果要考察本例三组的平均数差异是否显著,可以根据组间方差的自由度($df_b = 2$)和组内方差的自由度($df_w = 9$)查 F 值表[附表 3(1) 和 3(3)],寻得 $F_{(2,9)0.05} = 4.26$,$F_{(2,9)0.01} = 8.02$。因为实际计算出的 $F = 33.42^{**} > 8.02 = F_{(2,9)0.01}$,则 $P < 0.01$,表明各组平均数不是来自同一个总体,它们有着极其显著的差异。或者说,小学生的学龄对词汇的识记有极其重要影响。

四、方差分析中的几个概念

实验中的自变量称为因素。只有一个自变量的实验称为单因素实验。有两个或两个以上自变量的实验称为多因素实验。某一个因素的不同情况称为因素的"水平"。包括量差或质别两类情况,按各个"水平"条件进行的重复实验称为各种处理。例如,为了比较三种教学方法是否有显著区别,将 30 名学生分成三组,每组 10 人,对每组学生分别施以 A、B、C 三种不同的教学方法。因为教学方法是实验中唯一的自变量,故为单因素实验。A、B、C 三种具体的教学方法是教学方法这一单一因素的三种不同"水平"。对每组 10 个学生的施教为 10 次重复实验,即对每组 10 个学生的三种不同处理。假如要研究两种教材及三种教学法对学生学习成绩的影响,该实验是双因素的实验。一个因素是教材,它有两种"水平";另一个因素是教学方法,它有三种"水平"。这个实验称为 2×3 的实验设计,共有 6 种处理。若一个实

验为 $2 \times 2 \times 2$ 设计,则表示该实验有三个因素,每个因素有两种水平,共有 8 种处理。

用方差分析法检验某一因素对因变量的作用,称为单因素方差分析,检验某几个因素对因变量的作用,称为多因素方差分析。

下面在单因素方差分析中,将介绍完全随机设计及随机区组设计两种方法。

第二节　完全随机设计的方差分析

为了检验某一个因素多种不同水平间差异的显著性,将从同一个总体中随机抽取的被试,再随机地分入各实验组,施以各种不同实验处理之后,用方差分析法对这多个独立样本平均数差异的显著性进行检验,称为完全随机设计的方差分析。

一、n 相等的情况

例1: 从五所中学(全国重点、市重点、区重点、一般中学、较差的中学)同一个年级随机各抽 3 名学生,数学统一测验结果如表 8.2 上半段所示,问五所学校数学测验成绩有无显著性差异?

表 8.2　五组数学成绩平方和计算表

序号	A	B	C	D	E	
1	76	78	86	83	73	
2	73	81	84	82	74	
3	70	81	85	87	78	
n	3	3	3	3	3	$15 = \sum n = nK$
$\sum X$	219	240	255	252	225	$1\,191 = \sum \sum X$
$\overline{X}$	73	80	85	84	75	
$\sum X^2$	16\,005	19\,206	21\,677	21\,182	16\,889	$94\,959 = \sum \sum X^2$
$\dfrac{(\sum X)^2}{n}$	15\,987	19\,200	21\,675	21\,168	16\,875	$94\,905 = \sum \dfrac{(\sum X)^2}{n}$

检验的步骤:

(1) 提出假设

$H_0 : \mu_1 = \mu_2 = \mu_3 = \mu_4 = \mu_5$ 　　　H_1:至少有两个总体平均数不相等

(2) 选择检验统计量并计算其值

五组测验分数假定是从五个相应的正态总体随机抽出的独立样本。故可用组间与组内方差的 F 比值来检验五个总体平均数差异的显著性。

下面分几步来求 F 值:

① 计算平方和

在计算平方和时,为了简化手续,获得精确的结果,一般不用离差形式,而用原始数据直接计算。

根据下式,可以推演出三种用原始数据表示的平方和。

$$SS = \sum (X - \overline{X})^2 = \sum X^2 - \frac{(\sum X)^2}{n}$$

组间平方和 $\quad SS_b = n \sum (\overline{X}_j - \overline{X}_t)^2$

$$\dot{=} \sum \frac{(\sum X)^2}{n} - \frac{(\sum \sum X)^2}{nK} \qquad (8.4)$$

组内平方和 $\quad SS_w = \sum \sum (X - \overline{X}_j)^2$

$$= \sum \sum X^2 - \sum \frac{(\sum X)^2}{n} \qquad (8.5)$$

总平方和 $\quad SS_t = \sum \sum (X - \overline{X}_t)^2$

$$= \sum \sum X^2 - \frac{(\sum \sum X)^2}{nK} \qquad (8.6)$$

为了求公式(8.4)、(8.5)中的三个关键数值 $\sum \sum X$、$\sum \sum X^2$、$\sum [(\sum X)^2/n]$,可列表 8.2 的下半部分。其左侧为每个小组的 $\sum X$,$\sum X^2$、$(\sum X)^2/n$(这些数值可令计算器处于计算标准差的 SD 状态,分别将各小组的数据输入后直接求出)。右侧为各组的总和,如 $\sum \sum X = 219 + 240 + 255 + 252 + 225 = 1\,191$。

根据表 8.2 中的数据,各种平方和为

$$SS_b = 94\,905 - \frac{1\,191^2}{3 \times 5} = 339.60$$

$$SS_w = 94\,959 - 94\,905 = 54$$

$$SS_t = 94\,959 - \frac{1\,191^2}{3 \times 5} = 393.60$$

② 计算自由度

$$df_b = K - 1 = 5 - 1 = 4$$

$$df_w = K(n - 1) = 5(3 - 1) = 10$$

$$df_t = nK - 1 = 3 \times 5 - 1 = 14$$

③ 求 F 比值

$$F = \frac{SS_b/df_b}{SS_w/df_w} = \frac{339.6/4}{54/10} = 15.72$$

(3) 统计决断

根据 $df_b = 4$,$df_w = 10$,查 F 值表[附表 3(1),3(3)],$F_{(4, 10)0.05} = 3.48$,$F_{(4, 10)0.01} = 5.99$。$F = 15.72** > 5.99 = F_{(4, 10)0.01}$,则 $P < 0.01$。于是根据表 7.7 F 检验统计决断规则,在 0.01 显著性水平上拒绝 H_0 接受 H_1。其结论为:至少有两所中学该年级学生的数学测验成绩有极其显著性差异。

为了便于表述和分析,需列方差分析表。检验结果,若保留 H_0,应书明"不显著",或写出 $F_{(df_b, df_w)0.05}$ 的临界值;若检验结果显著,在计算出的 F 值右上角打一个星号"*";若极其显著,打两个星号"**"。

表 8.3　五组数学成绩方差分析表

差异来源	平方和(SS)	自由度(df)	方差(MS)	F
组间差异	339.6	4	84.9	15.72**
组内差异	54	10	5.4	
总差异	393.6	14		

（表内总差异一行可以不列）

本例在第四节和第五节还将进行各对平均数差异显著性检验和方差齐性检验。

二、n 不相等的情况

例 2：从某校同一年级中随机抽取 19 名学生，再将之随机分成四组，在两周内四组学生均用 120 分钟复习同一组英语单词，第一组每逢星期一复习 60 分钟；第二组每逢星期一、三各复习 30 分钟；第三组每逢星期一、三、五各复习 20 分钟；第四组每天复习 10 分钟。两周复习之后，相隔两个月再进行统一测验，其结果如表 8.4 的上半段所示，问四种复习方法有无显著性差异？

检验的步骤：

（1）提出假设

$H_0: \mu_1 = \mu_2 = \mu_3 = \mu_4$ 　　　$H_1:$ 至少有两个总体平均数不相等

表 8.4　四组学生英语单词成绩平方和计算表

序号	X_A	X_B	X_C	X_D	
1	24	29	30	27	
2	26	25	28	31	
3	20	21	32	32	
4	28	27	30	33	
5		28	26		
6		30			
n	4	6	5	4	$19 = \sum n$
$\sum X$	98	160	146	123	$527 = \sum\sum X$
$\overline{X}$	24.5	26.67	29.2	30.75	
$\sum X^2$	2 436	4 320	4 284	3 803	$14\,843 = \sum\sum X^2$
$\dfrac{(\sum X)^2}{n}$	2 401	4 266.67	4 263.2	3 782.25	$14\,713.12 = \sum \dfrac{(\sum X)^2}{n}$

（2）选择检验统计量并计算其值

四组测验分数假定是从四个正态总体中随机抽出的四个独立样本，故可用方差分析的 F 比值来检验四个总体平均数差异的显著性。

① 计算平方和

由于各组的 n 不相等，计算组间平方和及总平方和的公式可为

$$SS_b = \sum \frac{(\sum X)^2}{n} - \frac{(\sum \sum X)^2}{\sum n} \qquad (8.7)$$

$$SS_t = \sum \sum X^2 - \frac{(\sum \sum X)^2}{\sum n} \qquad (8.8)$$

将表8.4的数据代入公式(8.7)、(8.5)、(8.8),于是三种平方和为

$$SS_b = \sum \frac{(\sum X)^2}{n} - \frac{(\sum \sum X)^2}{\sum n} = 14\ 713.12 - \frac{527^2}{19} = 95.80$$

$$SS_w = \sum \sum X^2 - \sum \frac{(\sum X)^2}{n} = 14\ 843 - 14\ 713.12 = 129.88$$

$$SS_t = \sum \sum X^2 - \frac{(\sum \sum X)^2}{\sum n} = 14\ 843 - \frac{527^2}{19} = 225.68$$

② 计算自由度

$$df_b = K - 1 = 4 - 1 = 3$$
$$df_w = n_1 + n_2 + n_3 + n_4 - K = 4 + 6 + 5 + 4 - 4 = 15$$
$$df_t = n_1 + n_2 + n_3 + n_4 - 1 = 4 + 6 + 5 + 4 - 1 = 18$$

③ 求 F 比值

$$F = \frac{SS_b/df_b}{SS_w/df_w} = \frac{95.80/3}{129.88/15} = 3.69$$

(3) 统计决断

根据 $df_b = 3$,$df_w = 15$,查 F 值表[附表3(1)、3(3)],$F_{(3,15)0.05} = 3.29$,$F_{(3,15)0.01} = 5.42$。$3.29 < 3.69^* < 5.42$,则 $0.01 < P < 0.05$,于是根据表7.7F检验统计决断的规则,在 0.05 显著性水平上拒绝 H_0 而接受 H_1。其结论为:英语单词的四种复习方法,至少有两种方法有显著性差异。

表8.5　四组学生英语单词成绩方差分析表

差异来源	平方和(SS)	自由度(df)	方差(MS)	F
组间差异	95.80	3	31.94	3.69^*
组内差异	129.88	15	8.66	
总差异	225.68	18		

当组间和组内方差的 F 检验结果有显著性差异时,还需再进行各对平均数差异检验和方差齐性检验(见第四节和第五节)。

三、运用 n、$\overline{X}$、S(或 σ_X)进行组间与组内方差的 F 检验

在仅有 n、$\overline{X}$、S(或 σ_X)资料的条件下,也可以计算出组间方差和组内方差的 F 比值,对

几组平均数的差异进行方差分析。

例3：某校三个平行班(三个班的条件基本相同)的物理课程，由三个教师分别任教，期末统一测验结果如下表。问三个教师的该课程教学效果是否有显著性差异？

班别	人数(n)	平均分数($\overline{X}$)	总体标准差的估计值(S)	样本标准差(σ_X)
一	36	73.4	5.6	5.522
二	40	75.2	4.9	4.838
三	38	74.8	6.4	6.315

检验的步骤：

(1) 提出假设

$H_0: \mu_1 = \mu_2 = \mu_3$ H_1：至少有两个总体平均数不相等

(2) 选择检验统计量并计算其值

三组物理测验分数假定是从三个相应的正态总体随机抽出的独立样本，故可用组间方差和组内方差的 F 比值来检验三个班的物理平均分数是否来自于同一个总体。

下面分几步计算 F 值：

① 计算各种平方和

为了计算组间平方和，首先要用加权平均数的公式(3.9)计算总平均数。

$$\overline{X}_t = \frac{\sum n\overline{X}}{\sum n} = \frac{73.4 \times 36 + 75.2 \times 40 + 74.8 \times 38}{36 + 40 + 38} = 74.50$$

计算组间平方和：

$$SS_b = n_1(\overline{X}_1 - \overline{X}_t)^2 + n_2(\overline{X}_2 - \overline{X}_t)^2 + \cdots + n_K(\overline{X}_K - \overline{X}_t)^2$$
$$SS_b = 36 \times (73.4 - 74.5)^2 + 40 \times (75.2 - 74.5)^2 + 38 \times (74.8 - 74.5)^2$$
$$= 66.58$$

分别用 S 和 σ_X 计算组内平方和

用 S 计算：

$$SS_W = (n_1 - 1)S_1^2 + (n_2 - 1)S_2^2 + \cdots + (n_K - 1)S_K^2$$
$$SS_W = (36 - 1)5.6^2 + (40 - 1)4.9^2 + (38 - 1)6.4^2 = 3\,549.51$$

用 σ_X 计算：

$$SS_W = n_1\sigma_{X_1}^2 + n_2\sigma_{X_2}^2 + \cdots + n_K\sigma_{X_K}^2$$
$$SS_W = 36 \times 5.522^2 + 40 \times 4.838^2 + 38 \times 6.315^2 = 3\,549.39$$

用 S 或用 σ_X 计算出的 SS_W 数值基本相等，可根据情况任选一种。

② 计算自由度

$$df_b = K - 1 = 3 - 1 = 2$$
$$df_W = n_1 + n_2 + n_3 - K = 36 + 40 + 38 - 3 = 111$$

③ 计算 F 比值

$$F = \frac{SS_b/df_b}{SS_w/df_w} = \frac{66.58/2}{3\,549.51/111} = 1.04$$

（3）统计决断

根据 $df_b = 2$，$df_w = 111$，查 F 值表[附表 3(1)]，找到 $F_{(2,111)0.05} = 3.08$，由于 $F = 1.04 < 3.08 = F_{(2,111)0.05}$，则 $P > 0.05$，于是根据表 7.7 F 检验统计决断规则，保留三个总体平均数相等的 H_0，而拒绝 H_1。其结论为：三位物理教师的教学效果无显著性差异。

表 8.6　三组物理成绩方差分析表

差异来源	平方和(SS)	自由度(df)	方差(MS)	F 值	$F_{(2,111)0.05}$
组间差异	66.58	2	33.29	1.04	3.08
组内差异	3 549.51	111	31.98		

第三节　随机区组设计的方差分析

在检验某一因素多种不同水平（即不同实验处理）之间差异的显著性时，为了减少被试间个别差异对结果的影响，把从同一个总体中抽取的被试按条件相同的原则分成各个组（称区组），使每个区组内的被试尽量保持同质。在对各区组施以多种实验处理之后，用方差分析法对这多个相关样本平均数差异所进行的显著性检验，称之为随机区组设计的方差分析。

每一区组内被试的人数分配有以下三种方式：

第一种，一个被试作为一个区组，所有的被试都要分别接受各种实验处理。

第二种，每一区组内被试的人数是实验处理数的整数倍。假如实验处理数为甲、乙、丙三种，每一区组内的被试数可以是 9 人，于是同一区组内的每三个人可随机接受同一种实验处理。

第三种，区组内不是以个别被试为基本单元，而是以一个团体为一个基本单元。假如以不同学校某一个年级作为实验对象，那么，每一学校该年级的几个班都可以成为一个区组。

总之，就区组来说，每一个区组都接受所有的各种实验处理；就实验处理来说，每一种实验处理在各个区组中重复的次数相同。

在完全随机设计的方差分析中，虽已确知组内差异来源于被试的个别差异和实验误差两个方面。但由于各种实验处理是对独立样本进行的，即接受各种实验处理的不是同一组被试，故每一种实验处理中的个别差异无法从中分离出来。而随机区组设计的方差分析，其各种实验处理是对相关样本进行的，即接受各种实验处理的是同一些区组，故个别差异可以从组内差异中分离出来，从而减少由个别差异造成的误差，增加实验的信息，提高实验的效率。

例如，让 4 名学生先后做三套认识率相同而汉字不同的组词测验，其结果如表 8.7 上半段第(2)(3)(4)列所示，问三套测验是不是平均数相等的复本测验？

表 8.7　4位学生对三套测验得分的平方和计算表

学生序号 (1)	X_A (2)	X_B (3)	X_C (4)	$\sum R$ (5)	$(\sum R)^2$ (6)
1	71.7	73.4	72.3	217.40	47 262.76
2	71.5	72.6	72.1	216.20	46 742.44
3	70.1	72.3	70.8	213.20	45 454.24
4	70.6	72.2	71.6	214.40	45 967.36
$\sum X$	283.90	290.50	286.80	$861.20 = \sum\sum X = \sum\sum R$	185 426.80
$\sum X^2$	20 151.51	21 098.45	20 564.90	$61 814.86 = \sum\sum X^2$	
$\dfrac{(\sum X)^2}{n}$	20 149.80	21 097.56	20 563.56	$61 810.92 = \sum\dfrac{(\sum X)^2}{n}$	
n	4	4	4	$12 = nK$	
$\overline{X}$	70.98	72.63	71.70		

检验的步骤：

（1）提出假设

$H_0: \mu_1 = \mu_2 = \mu_3$　　　$H_1:$ 至少有两个总体平均数不相等

（2）选择检验统计量并计算其值

4 名学生是从同一个总体抽出的 4 个区组，它们在三个测验上的得分是相关样本，故可将区组间的个别差异从组内差异中分离出来，余下实验误差，于是可以用组间方差与误差方差的 F 比值来检验三个测验卷总体平均数差异的显著性。

① 计算平方和

由于组内平方和可分解成区组平方和及误差平方和

$$SS_W = SS_r + SS_e$$

于是总平方和可分解成组间平方和、区组平方和及误差平方和

$$SS_t = SS_b + SS_r + SS_e$$

根据表 8.7 的数据各种平方和为

总平方和：

$$SS_t = \sum\sum X^2 - \frac{(\sum\sum X)^2}{nK} = 61\,814.86 - \frac{861.20^2}{4\times 3} = 9.41$$

组间平方和：

$$SS_b = \sum\frac{(\sum X)^2}{n} - \frac{(\sum\sum X)^2}{nK} = 61\,810.92 - \frac{861.20^2}{4\times 3} = 5.47$$

区组平方和：

$$SS_r = \sum\frac{(\sum R)^2}{K} - \frac{(\sum\sum R)^2}{nK} \tag{8.9}$$

在这里 R 表示某一区组在某种处理的分数

$\sum R$ 表示某一区组在各种处理的分数总和

$\sum\sum R$ 表示各个区组在各种处理的分数总和

n 表示区组数

K 表示处理数

$$SS_r = \frac{185\,426.80}{3} - \frac{861.20^2}{4\times3} = 3.48$$

误差平方和:

$$SS_e = SS_t - SS_b - SS_r = 9.41 - 5.47 - 3.48 = 0.46$$

② 计算自由度

总自由度:$df_t = nK - 1 = 4\times3 - 1 = 11$

组间自由度:$df_b = K - 1 = 3 - 1 = 2$

区组自由度:$df_r = n - 1 = 4 - 1 = 3$

误差自由度:$df_e = df_t - df_b - df_r = 11 - 2 - 3 = 6$

③ 计算方差

组间方差:

$$MS_b = \frac{SS_b}{df_b} = \frac{5.47}{2} = 2.74$$

区组方差:

$$MS_r = \frac{SS_r}{df_r} \tag{8.10}$$

$$= \frac{3.48}{3} = 1.16$$

误差方差:

$$MS_e = \frac{SS_e}{df_e} \tag{8.11}$$

$$= \frac{0.46}{6} = 0.08$$

④ 计算 F 值

$$F = \frac{MS_b}{MS_e} \tag{8.12}$$

$$= \frac{2.74}{0.08} = 34.25$$

(3) 统计决断

根据 $df_b = 2$,$df_e = 6$,查 F 值表[附表3(3)],寻得 $F_{(2,6)0.01} = 10.9$,而实际计算出的 $F = 34.25^{**} > 10.9 = F_{(2,6)0.01}$,则 $P < 0.01$,于是根据表7.7 F 检验统计决断规则,在 0.01 显著性水平上拒绝 H_0 而接受 H_1。其结论为:因为三套汉字组词测验中至少有两套总体平

均数不相等,故不能成为三个复本测验。

随机区组设计的方差分析,一般不对区组差异的显著性进行 F 检验,因为区组间的差异显著与否,对于各种实验处理的平均数是否有显著性差异毫无意义。但是,如果要考察区组设计是否有必要,或者考察区组的划分是否成功,可以对区组差异的显著性进行 F 检验。若区组差异显著,表明区组设计是必要的,因为这种设计减小了实验误差。或者表明区组的划分成功。若区组差异不显著,表明各区组的被试本来就是同质的,没必要划分区组。或者表明区组的划分不成功。区组差异显著性检验的步骤如下:

① 提出假设

$H_0: \mu_1 = \mu_2 = \mu_3 = \mu_4$ 　　　　H_1:至少有两个总体平均数不相等

H_0 是说,4 个区组测验分数的总体平均数相等,H_1 是说,至少有两个区组总体平均数不相等。

② 计算检验统计量的 F 值

$$F = \frac{MS_r}{MS_e} \tag{8.13}$$

$$= \frac{1.16}{0.08} = 14.50$$

③ 统计决断

根据 $df_r = 3$,$df_e = 6$,查 F 值表[附表 3(3)],寻得 $F_{(3, 6)0.01} = 9.78$,而 $F = 14.50^{**} > 9.78 = F_{(3, 6)0.01}$,则 $P < 0.01$,于是根据表 7.7 F 检验统计决断规则,在 0.01 显著性水平上拒绝 H_0 而接受 H_1。其结论为:四个区组的总体平均数有显著性差异。表明区组设计是有必要的,或者说,区组的划分是成功的。

(4) 列方差分析表

表 8.8　四个区组对三套组词测验的方差分析表

差异来源	平方和(SS)	自由度(df)	方差(MS)	F
组间差异	5.47	2	2.74	34.25^{**}
区组差异	3.48	3	1.16	14.50^{**}
误差差异	0.46	6	0.08	
总差异	9.41	11		

第四节　各个平均数差异的显著性检验

上述的 F 检验只能综合性地说明几组平均数间差异是否显著。如果 F 检验的结果保留 H_0,即几组平均数之间无显著性差异,则不必再进一步分析;如果 F 检验的结果拒绝 H_0,即至少有两组平均数间有显著性差异,至于哪一对平均数之间有显著性差异,哪一对平均数之间无显著性差异,还需进行各个平均数差异的显著性检验。

对多组平均数每对之间的差异进行多重比较的方法,以 Newman-Keul 提出的 q 检验法(或称 N—K 法)最为常用。

一、完全随机设计的 q 检验

1. 各组 n 相等的情况

其检验统计量为

$$q = \frac{\overline{X}_1 - \overline{X}_2}{\sqrt{\dfrac{MS_W}{n}}} \tag{8.14}$$

在这里　$\overline{X}_1$ 和 $\overline{X}_2$ 表示每两组的样本平均数

MS_W 表示组内方差

n 表示各组的样本容量

例如,第二节例1,对五所中学某年级数学统一测验结果进行方差分析的 F 检验,有显著性差异。现用 q 检验来比较每对平均数差异的显著性。

该例的组内方差 $MS_W = 5.4$,将各组有关数据代入上式,求每对平均数之差的 q 值。如 A、B 两组的

$$q = \frac{\overline{X}_A - \overline{X}_B}{\sqrt{\dfrac{MS_W}{n}}} = \frac{73 - 80}{\sqrt{\dfrac{5.4}{3}}} = -5.22$$

其他各对平均数之差的 q 值依此类推。

为了进行统计决断,在查 q 值表(附表4)寻找 q 临界值时,需要根据以下三个条件:①组内方差的自由度(df_W);②显著性水平;③等级数 a。所谓等级数就是在平均数从小到大排列的顺序中,每对平均数间包含的组数(包括被比较的两个组在内)。本例的 A 与 B 之间包含有 1,2,3 三个组,故等级数 $a = 3$。A 与 C 组之间包含有 1,2,3,4,5 五个组,故等级数 $a = 5$。

等　级	1	2	3	4	5
平均数	73	75	80	84	85
组　名	A	E	B	D	C

现将本例组内自由度 $df_W = 10$,显著性水平 $\alpha = 0.05$、$\alpha = 0.01$,以及每对平均数之间各种等级数的 q 临界值,列入表8.9第(3)(4)列。

表8.9　五组数学成绩平均数间的 q 临界值

自由度 (df_W) (1)	等级数 (a) (2)	q 临界值	
		$q_{0.05}$ (3)	$q_{0.01}$ (4)
10	2	3.15	4.48
10	3	3.88	5.27
10	4	4.33	5.77
10	5	4.65	6.14

然后将实际计算出的每对平均数之差的 $|q|$ 与相应 q 临界值相比较。再根据表8.10 q 检

验统计决断规则,确定各对平均数之差的显著性。例如,A 组与 B 组的 $|q|=5.22$,其等级数 $a=3$,从表 8.9 中寻得相应的 $q_{(10)(3)0.05}=3.88$, $q_{(10)(3)0.01}=5.27$,而实际计算出的 $|q|$,$q_{(10)(3)0.05}=3.88<5.22^{*}<5.27=q_{(10)(3)0.01}$,则 $0.01<P<0.05$,根据表 8.10q 检验统计决断规则,应在 0.05 显著性水平上拒绝 A、B 两组平均数无显著性差异的 H_0,而接受 A、B 两组平均数有显著性差异的 H_1。其结论为:A、B 两组平均数在 0.05 显著性水平上有显著性差异。然后将每对平均数之差的 $|q|$ 列入表 8.11。

表 8.10　q 检验统计决断规则

$|q|$ 与临界值比较	P 值	检验结果	显著性
$\|q\|<q_{(df_w)(a)0.05}$	$P>0.05$	保留 H_0 拒绝 H_1	不显著
$q_{(df_w)(a)0.05}\leqslant\|q\|<$ $q_{(df_w)(a)0.01}$	$0.01<P\leqslant0.05$	在 0.05 显著性水平上拒绝 H_0 接受 H_1	显著($*$)
$\|q\|\geqslant q_{(df_w)(a)0.01}$	$P\leqslant0.01$	在 0.01 显著性水平上拒绝 H_0 接受 H_1	极其显著($**$)

表 8.11　五组数学成绩各对平均数的比较

		$\overline{X}_A$ 73	$\overline{X}_B$ 80	$\overline{X}_C$ 85	$\overline{X}_D$ 84
$\overline{X}_B$	80	5.22^{*}			
$\overline{X}_C$	85	8.94^{**}	3.73		
$\overline{X}_D$	84	8.20^{**}	2.98	0.75	
$\overline{X}_E$	75	1.49	3.73^{*}	7.45^{**}	6.71^{**}

($*$表示差异显著,$**$表示差异极其显著)

2. 各组 n 不等的情况

此时检验统计量为

$$q=\frac{\overline{X}_1-\overline{X}_2}{\sqrt{\dfrac{MS_w}{2}\left(\dfrac{1}{n_1}+\dfrac{1}{n_2}\right)}} \tag{8.15}$$

在这里　n_1 和 n_2 分别表示两个样本的容量

例如,第二节例 2,同一个年级四组学生在两周内都用 120 分钟复习同一组英语单词,对复习时间间隔不同的学习效果经完全随机设计方差分析的 F 检验,有显著性差异。现用 q 检验来比较每对平均数差异的显著性。

该例的组内方差 $MS_w=8.66$,再将各组有关数据代入上式,求每对平均数之差的 q 值。如 A、B 两组的

$$q=\frac{\overline{X}_A-\overline{X}_B}{\sqrt{\dfrac{MS_w}{2}\left(\dfrac{1}{n_A}+\dfrac{1}{n_B}\right)}}=\frac{24.50-26.67}{\sqrt{\dfrac{8.66}{2}\left(\dfrac{1}{4}+\dfrac{1}{6}\right)}}=-1.62$$

其他各对平均数之差的 q 值依此类推。

根据组内自由度 $df_w=15$,显著性水平 $\alpha=0.05$,$\alpha=0.01$,以及每对平均数间的等级

数 a，查 q 值表（附表4），寻得 q 的临界值如表8.12第(3)(4)列所示。

等 级	1	2	3	4
平均数	24.50	26.67	29.20	30.75
名 称	A	B	C	D

表 8.12　四种不同时间间隔复习英语单词平均数间的 q 临界值

自由度 df_W (1)	等级数 a (2)	q 临界值	
		$q_{0.05}$ (3)	$q_{0.01}$ (4)
15	2	3.02	4.17
15	3	3.68	4.84
15	4	4.08	5.26

将实际计算出的每对平均数之差的 $|q|$ 与相应 q 临界值相比较，再根据表8.10q 检验统计决断规则，确定各对平均数之差的显著性。例如，A 组与 B 组等级数 $a = 2$，从表8.12中寻得相应的 $q_{(15)(2)0.05} = 3.02$，而实际计算出的 $|q| = 1.62 < 3.02 = q_{(15)(2)0.05}$，则 $P > 0.05$，根据表8.10应保留 A、B 两组平均数无显著性差异的 H_0，而拒绝 A、B 两组平均数有显著性差异的 H_1。其结论为：两周内第一组每逢星期一复习60分钟与第二组每逢星期一、三各复习30分钟的学习效果无显著性差异。各对平均数之差的 $|q|$ 列于表8.13。

表 8.13　四组学生英语单词成绩各对平均数的比较

		$\overline{X}_A$ 24.50	$\overline{X}_B$ 26.67	$\overline{X}_C$ 29.20
$\overline{X}_B$	26.67	1.62		
$\overline{X}_C$	29.20	3.37	2.01	
$\overline{X}_D$	30.75	4.25*	3.04	1.11

（＊表示差异显著）

二、随机区组设计的 q 检验

检验统计量为

$$q = \frac{\overline{X}_1 - \overline{X}_2}{\sqrt{\dfrac{MS_e}{n}}} \tag{8.16}$$

在这里　MS_e 表示误差方差

　　　　n 表示区组数

例如，第三节四个区组在三套汉字组词测验上的得分经随机区组设计方差分析的 F 检验，有显著性差异，现用 q 检验来比较每对平均数差异的显著性。

该例的误差方差 $MS_e = 0.08$，再将各个试卷测验分数的有关数据代入上式，求每对试卷测验平均分数之差的 q 值。如 A、B 两份试卷平均分数之差的 q 值为

$$q = \frac{\overline{X}_A - \overline{X}_B}{\sqrt{\dfrac{MS_e}{n}}} = \frac{70.98 - 72.63}{\sqrt{\dfrac{0.08}{4}}} = -11.70$$

其他各对试卷平均分数之差的 q 值依此类推。

根据误差自由度 $df_e = 6$，显著性水平 $\alpha = 0.05$、$\alpha = 0.01$，以及每对平均数间的等级数 a，查 q 值表（附表 4），寻得 q 的临界值如表 8.14 第（3）（4）行所示。

等 级	1	2	3
平均数	70.98	71.70	72.63
名 称	A	C	B

表 8.14 三套组词测验平均分数间的 q 临界值

自由度 df_e (1)	等级数 a (2)	q 临界值	
		$q_{0.05}$ (3)	$q_{0.01}$ (4)
6	2	3.46	5.24
6	3	4.34	6.33

A、B 两份试卷的等级数 $a = 3$，从表 8.14 中寻得相应的 $q_{(6)(3)0.01} = 6.33$，而实际计算出的 $|q| = 11.70^{**} > 6.33 = q_{(6)(3)0.01}$，则 $P < 0.01$。根据表 8.10，应在 0.01 的显著性水平上拒绝 A、B 两试卷无显著性差异的 H_0，而接受 A、B 两试卷有显著性差异的 H_1。其结论为：A、B 两份试卷不能成为平均数相等的复本测验。各对平均数之差的 $|q|$ 列于表 8.15。

表 8.15 三套组词测验各对平均数分数的比较

		$\overline{X}_A$ 70.98	$\overline{X}_B$ 72.63
$\overline{X}_B$	72.63	11.70^{**}	
$\overline{X}_C$	71.70	5.11^{*}	6.60^{**}

（ * 表示差异显著，** 表示差异极其显著）

第五节 多组方差的齐性检验

方差分析的 F 检验是以各种实验处理的组内方差齐性为前提的，在方差分析之前，理应对各种处理的组内方差先进行齐性检验。如果方差为齐性，而经 F 检验几种处理的平均数差异显著，这时才可以将各种处理平均数的差异归因于其总体平均数不同所致；如果不能判断几个总体方差是否齐性，那么，经 F 检验所得各种处理的平均数差异显著的结果，可能有一部分归因于各种处理的方差不同所致。但是，方差齐性检验也可以在 F 检验结果为各种处理的平均数差异显著的情况下进行，因为 F 检验之后，如果各种处理的平均数差异不显著，则不必再进行方差齐性检验。

两组方差齐性检验可采用第七章第五节的 F 检验,多组方差的显著性可以用哈特莱(Hartley)所提出的最大 F 值检验法进行齐性检验。其检验统计量为

$$F_{max} = \frac{S_{max}^2}{S_{min}^2} \tag{8.17}$$

这里　　S_{max}^2 表示各种处理的最大方差

　　　　S_{min}^2 表示各种处理的最小方差

一、n 相等的情况

第二节例 1,五所学校某个年级数学测验平均分数经组间和组内方差的 F 检验结果有极其显著性差异。现对其方差进行齐性检验。

检验的步骤:

(1) 提出假设

$H_0 : \sigma_A^2 = \sigma_B^2 = \sigma_C^2 = \sigma_D^2 = \sigma_E^2$ 　　　H_1 :至少有两个总体方差不相等

(2) 计算检验统计量的值

现用表 8.2 的有关数据计算各校总体方差的估计值

$$S_A^2 = \frac{\sum X_A^2 - (\sum X_A)^2/n}{n-1} = \frac{16\ 005 - 15\ 987}{3-1} = 9$$

$$S_B^2 = \frac{\sum X_B^2 - (\sum X_B)^2/n}{n-1} = \frac{19\ 206 - 19\ 200}{3-1} = 3$$

$$S_C^2 = \frac{\sum X_C^2 - (\sum X_C)^2/n}{n-1} = \frac{21\ 677 - 21\ 675}{3-1} = 1$$

$$S_D^2 = \frac{\sum X_D^2 - (\sum X_D)^2/n}{n-1} = \frac{21\ 182 - 21\ 168}{3-1} = 7$$

$$S_E^2 = \frac{\sum X_E^2 - (\sum X_E)^2/n}{n-1} = \frac{16\ 889 - 16\ 875}{3-1} = 7$$

上述这些总体方差估计值,也可令计算器处于 SD 状态,分别将各校原始分数输入后,直接求得总体标准差的估计值 S(有的计算器用 σ_{n-1} 表示),然后再加以平方即可。

该例各校 S^2 最大值为 9,最小值为 1,于是

$$F_{max} = \frac{9}{1} = 9$$

(3) 统计决断

查 F_{max} 的临界值,需根据三个条件:方差的组数 K;自由度 $df = n-1$;显著性水平。本例根据 $K = 5$, $df = 2$(各组 n 均为 3)和显著性水平查附表 5,寻找相应的 F_{max} 临界值。但表上 df 是从 4 开始的,如果按 $df = 4$, $K = 5$,其 $F_{max0.05} = 25.2$,由表上数值的总趋势而断,$df = 2$, $K = 5$ 的 $F_{max0.05}$ 值肯定大于 25.2。而实际计算出的 $F_{max} = 9 < 25.2$,根据表 8.16 F_{max} 检验统计决断规则,应保留各校方差齐性的 H_0 而拒绝各校总体方差不齐性的 H_1。

于是可以认为,在第二节方差分析中,对于本例所作出的至少有两所学校平均数有极其显著性差异的结论是可靠的。

表 8.16 F_{max} 检验统计决断规则

F_{max} 与临界值的比较	P 值	检验结果	显著性
$F_{max} < F_{max0.05}$	$P > 0.05$	保留 H_0 拒绝 H_1	不显著
$F_{max0.05} \leqslant F_{max} < F_{max0.01}$	$0.01 < P \leqslant 0.05$	在 0.05 显著性水平上拒绝 H_0 接受 H_1	显著(*)
$F_{max} \geqslant F_{max0.01}$	$P \leqslant 0.01$	在 0.01 显著性水平上拒绝 H_0 接受 H_1	极其显著 (**)

二、n 不相等的情况

第二节例 2 四组学生以不同时间间隔复习同一组英语单词的成绩,经组间与组内方差的 F 检验有显著性差异。现在进行四组方差的齐性检验。

检验的步骤:

(1)提出假设

$H_0 : \sigma_A^2 = \sigma_B^2 = \sigma_C^2 = \sigma_D^2$ H_1:至少有两个总体方差不相等

(2)计算检验统计量的值

将表 8.4 中有关数据代入 $S^2 = \dfrac{\sum X^2 - (\sum X)^2/n}{n-1}$ 公式,计算各组总体方差的估计值:

$$S_A^2 = \frac{\sum X_A^2 - (\sum X_A)^2/n_A}{n_A - 1} = \frac{2\,436 - 2\,401}{4 - 1} = 11.667$$

$$S_B^2 = \frac{\sum X_B^2 - (\sum X_B)^2/n_B}{n_B - 1} = \frac{4\,320 - 4\,266.67}{6 - 1} = 10.667$$

$$S_C^2 = \frac{\sum X_C^2 - (\sum X_C)^2/n_C}{n_C - 1} = \frac{4\,284 - 4\,263.2}{5 - 1} = 5.200$$

$$S_D^2 = \frac{\sum X_D^2 - (\sum X_D)^2/n_D}{n_D - 1} = \frac{3\,803 - 3\,782.25}{4 - 1} = 6.917$$

其中 S^2 最大值为 11.667,最小值为 5.200,将之代入公式(8.17),则

$$F_{max} = \frac{S_{max}^2}{S_{min}^2} = \frac{11.667}{5.2} = 2.244$$

(3)统计决断

当各组 n 不等时,可用容量最大一组 n 计算自由度。本例根据 $K = 4$, $df = n - 1 = 6 - 1 = 5$(第二组的容量为最大,即 $n = 6$),及显著性水平查 F_{max} 值表(附表 5),找到 $F_{max0.05} = 13.7$。由于实际计算出的 $F_{max} = 2.244 < 13.7 = F_{max0.05}$,则 $P > 0.05$,按表 8.10 F_{max} 检验统计决断规则,保留各组方差齐性的 H_0。从而应当承认组间与组内方差 F 检验的结果,即关

于至少有两组总体平均数差异显著的结论是可靠的。

第六节 多因素方差分析简介

一、多因素方差分析的功能

上述的方差分析都是单因素的。但教育现象的发生或变化都是由多因素共同作用的结果。而单因素实验之所以可能,是将影响因变量变化的其他因素加以控制的原因。其控制的方法就是使各组被试的条件基本保持一致。例如,在考察几种教学方法是否有显著性差异时,可使各组被试在智力水平、知识基础、努力程度、学习内容、授课时数以及教师教学效果等条件基本一致,从而观察单一因素的作用。而多因素方差分析,不仅可以检验各个因素对因变量作用的显著性,而且还可以检验因素与因素间共同结合对因变量发生交互作用的显著性。这就是多因素方差分析的功能。现以双因素完全随机设计的方差分析为例说明多因素方差分析的基本方法,为读者进一步学习各种多因素方差分析打下基础。

二、双因素完全随机设计方差分析的基本方法

若一个实验有 A、B 两个因素,A 因素有 a_1 和 a_2 两种水平,B 因素有 b_1 和 b_2 两种水平,现对 A 因素、B 因素以及 A 与 B 因素交互作用对实验结果影响的显著性进行检验,其检验的步骤为:

(1) 提出假设

共有三种假设:

① $H_0: \mu_{a_1} = \mu_{a_2}$ $H_1: \mu_{a_1} \neq \mu_{a_2}$

H_0 是说,A 因素对实验结果无影响,即 A 因素两种水平的总体平均数相等。H_1 是说,A 因素对实验结果有影响,即 A 因素两种水平的总体平均数不相等。

② $H_0: \mu_{b_1} = \mu_{b_2}$ $H_1: \mu_{b_1} \neq \mu_{b_2}$

H_0 是说,B 因素对实验结果无影响,即 B 因素两种水平的总体平均数相等。H_1 是说,B 因素对实验结果有影响,即 B 因素两种水平的总体平均数不相等。

③ H_0:A、B 两个因素交互作用不显著 H_1:A、B 两个因素交互作用显著

(2) 确定检验统计量

A 因素的检验统计量为:

$$F = \frac{MS_A}{MS_W} \tag{8.18}$$

在这里 MS_A 表示 A 因素的组间方差

　　　　 MS_W 表示组内方差

B 因素的检验统计量为:

$$F = \frac{MS_B}{MS_W} \tag{8.19}$$

在这里 MS_B 表示 B 因素的组间方差

A 和 B 交互作用的检验统计量为：

$$F = \frac{MS_{A \times B}}{MS_W} \qquad (8.20)$$

在这里 $MS_{A \times B}$ 表示 A、B 交互作用的组间方差

（3）统计决断

根据表 7.7 F 检验统计决断规则，进行 F 检验，其方法与前面相同。

三、双因素完全随机设计方差分析举例

例如，为了研究初二年级地方性教材、全国统编教材与自学辅导、传统讲授法对学习成绩的影响，从初二年级中随机抽取 16 名学生，随机分为四组（每组 4 人），各组分别接受一种教材和一种教法，后期统一测验结果如表 8.17。表中 A 因素表示教材，a_1 表示地方性教材，a_2 表示全国统编教材，B 因素表示教法，b_1 表示自学辅导法，b_2 表示传统讲授法，表中数字表示统一测验分数，每方格下端括号内数字表示该组分数总和。表格下端及右侧数字分别表示 a_1，a_2，b_1，b_2 分数之和。右下角数字表示所有分数之和。

表 8.17　初二两种教材及两种教法的实验结果

		A 因素（教材）		总　　和
		a_1（地方性）	a_2（全国统编）	
B 因素（教法）	b_1（自学辅导）	64 62 70 60(256)	67 71 70 68(276)	532
	b_2（传统讲授）	89 76 81 92(338)	82 73 78 77(310)	648
总　　和		594	586	1 180

检验的步骤：

（1）提出假设

① $H_0: \mu_{a_1} = \mu_{a_2}$　　　$H_1: \mu_{a_1} \neq \mu_{a_2}$

H_0 是说，教材对学习效果无显著影响，即地方性教材和全国统编教材的总体平均数相等。H_1 是说，教材对学习效果有显著影响，即地方性教材和全国统编教材总体平均数不相等。

② $H_0: \mu_{b_1} = \mu_{b_2}$　　　$H_1: \mu_{b_1} \neq \mu_{b_2}$

H_0 是说，教法对学习效果无显著影响，即自学辅导法和传统讲授法总体平均数相等；H_1 是说，教法对学习效果有显著影响，即自学辅导法和传统讲授法总体平均数不相等。

③ H_0：教材与教法对学习效果交互作用不显著　　H_1：教材与教法对学习效果交互作用显著

（2）计算检验统计量的值

A、B、$A \times B$ 的检验统计量可以用它们的平方和除以相应的自由度来表示

$$F = \frac{MS_A}{MS_W} = \frac{SS_A/df_A}{SS_W/df_W} \qquad F = \frac{MS_B}{MS_W} = \frac{SS_B/df_B}{SS_W/df_W} \qquad F = \frac{MS_{A \times B}}{MS_W} = \frac{SS_{A \times B}/df_{A \times B}}{SS_W/df_W}$$

① 平方和的分解

2×2 完全随机设计的总平方和可分解为 A 因素、B 因素、$A \times B$ 交互作用的组间平方和及组内平方和。用公式表示为：

$$SS_t = SS_A + SS_B + SS_{A \times B} + SS_W$$

从上式可见，双因素与单因素完全随机设计平方和的不同之处在于，组间平方和被分解成 A 因素、B 因素和 $A \times B$ 交互作用三种平方和，即

$$SS_b = SS_A + SS_B + SS_{A \times B}$$

（a）计算 SS_t、SS_b、SS_W

为了计算各种平方和，先把 $a_1 b_1$，$a_1 b_2$，$a_2 b_1$，$a_2 b_2$ 看作为单因素完全随机设计的四组分数，然后求：

总平方和 $SS_t = \sum\sum X^2 - \dfrac{(\sum\sum X)^2}{nK} = 88\,282 - \dfrac{1\,180^2}{4 \times 4} = 1\,257$

组间平方和
$$SS_b = \sum \frac{(\sum X)^2}{n} - \frac{(\sum\sum X)^2}{nK}$$
$$= \frac{256^2 + 338^2 + 276^2 + 310^2}{4} - \frac{1\,180^2}{4 \times 4} = 989$$

组内平方和 $\qquad SS_W = SS_t - SS_b = 1\,257 - 989 = 268$

（b）计算 SS_A、SS_B、$SS_{A \times B}$

在计算 A 因素组间平方和时，是将 16 名学生只按 A 因素分组，每组共 8 人，于是
A 因素组间平方和：

$$SS_A = \sum \frac{(\sum X_a)^2}{n_a} - \frac{(\sum\sum X_a)^2}{n_a K_a} = \frac{594^2 + 586^2}{8} - \frac{1\,180^2}{8 \times 2} = 4$$

B 因素组间平方和：

$$SS_B = \sum \frac{(\sum X_b)^2}{n_b} - \frac{(\sum\sum X_b)^2}{n_b K_b} = \frac{532^2 + 648^2}{8} - \frac{1\,180^2}{8 \times 2} = 841$$

$A \times B$ 的组间平方和：

$$SS_{A \times B} = SS_b - SS_A - SS_B = 989 - 4 - 841 = 144$$

② 自由度的分解

总自由度 $\quad df_t = nK - 1 = 4 \times 4 - 1 = 15$

组间自由度 $\quad df_b = K - 1 = 4 - 1 = 3$

组内自由度 $\quad df_W = K(n-1) = 4(4-1) = 12$

组间自由度又可分解为 A、B、$A \times B$ 三部分，即

$$df_A = K_a - 1 = 2 - 1 = 1, \quad df_B = K_b - 1 = 2 - 1 = 1,$$
$$df_{A \times B} = df_b - df_A - df_B = 3 - 1 - 1 = 1。$$

③ 计算 A、B、$A \times B$ 的方差

$$MS_A = \frac{SS_A}{df_A} = \frac{4}{1} = 4 \quad MS_B = \frac{SS_B}{df_B} = \frac{841}{1} = 841$$

$$MS_{A \times B} = \frac{SS_{A \times B}}{df_{A \times B}} = \frac{144}{1} = 144 \quad MS_W = \frac{SS_W}{df_W} = \frac{268}{12} = 22.33$$

④ 计算 F 值

A 因素　　$F = \dfrac{MS_A}{MS_W} = \dfrac{4}{22.33} = 0.18$

B 因素　　$F = \dfrac{MS_B}{MS_W} = \dfrac{841}{22.33} = 37.66$

$A \times B$　　$F = \dfrac{MS_{A \times B}}{MS_W} = \dfrac{144}{22.33} = 6.45$

（3）统计决断

根据 A、B、$A \times B$ 组间自由度 1 和组内自由度 $df_W = 12$，查 F 值表（附表 3），寻得 $F_{(1, 12)0.05} = 4.75$，$F_{(1, 12)0.01} = 9.33$，将实际计算出的 F 值与临界值相比较，有

A 因素　　$F = 0.18 < 4.75 = F_{(1, 12)0.05}$

B 因素　　$F = 37.66^{**} > 9.33 = F_{(1, 12)0.01}$

$A \times B$　　$F_{(1, 12)0.05} = 4.75 < 6.45^{*} < 9.33 = F_{(1, 12)0.01}$

根据表 7.7F 检验统计决断规则，保留关于 A 因素（教材）对学习效果无显著影响的 H_0，而拒绝 A 因素（教材）对学习效果有显著影响的 H_1；在 0.01 显著性水平上拒绝 B 因素（教法）对学习效果无显著影响的 H_0，而接受 B 因素（教法）对学习效果有显著影响的 H_1；在 0.05 显著性水平上拒绝 $A \times B$（教材与教法）对学习效果交互作用不显著的 H_0，而接受 $A \times B$（教材与教法）对学习效果交互作用显著的 H_1。

表 8.18　两种教材及两种教法对学习成绩影响的方差分析表

差异来源	平方和(SS)	自由度(df)	方差(MS)	F	$F_{0.05}$	$F_{0.01}$
A 因素	4	1	4	0.18	4.75	9.33
B 因素	841	1	841	37.66**		
$A \times B$	144	1	144	6.45*		
组　内	268	12	22.33			
总差异	1 257	15				

有时需要进一步检验 A 因素的两种水平 a_1 和 a_2 在 B 因素 b_1 或 b_2 水平上差异的显著性；或者检验 B 因素的两种水平 b_1 和 b_2 在 A 因素 a_1 或 a_2 水平上差异的显著性。仍可采用 F 检验法。其简要步骤如下。

① 求平方和

A 因素在 b_1 水平上的平方和为：

$$SS_{A(b_1)} = \sum \frac{[\sum X_{a(b_1)}]^2}{n_{a(b_1)}} - \frac{[\sum\sum X_{a(b_1)}]^2}{n_{a(b_1)}K_{a(b_1)}} = \frac{256^2 + 276^2}{4} - \frac{532^2}{4 \times 2} = 50$$

A 因素在 b_2 水平上的平方和为：

$$SS_{A(b_2)} = \sum \frac{[\sum X_{a(b_2)}]^2}{n_{a(b_2)}} - \frac{[\sum\sum X_{a(b_2)}]^2}{n_{a(b_2)}K_{a(b_2)}} = \frac{338^2 + 310^2}{4} - \frac{648^2}{4 \times 2} = 98$$

B 因素在 a_1 水平上的平方和为：

$$SS_{B(a_1)} = \sum \frac{[\sum X_{b(a_1)}]^2}{n_{b(a_1)}} - \frac{[\sum\sum X_{b(a_1)}]^2}{n_{b(a_1)}K_{b(a_1)}} = \frac{256^2 + 338^2}{4} - \frac{594^2}{4 \times 2} = 840.5$$

B 因素在 a_2 水平上的平方和为：

$$SS_{B(a_2)} = \sum \frac{[\sum X_{b(a_2)}]^2}{n_{b(a_2)}} - \frac{[\sum\sum X_{b(a_2)}]^2}{n_{b(a_2)}K_{b(a_2)}} = \frac{276^2 + 310^2}{4} - \frac{586^2}{4 \times 2} = 144.5$$

② 计算自由度

$$df_{A(b_1)} = df_{A(b_2)} = df_{B(a_1)} = df_{B(a_2)} = 2 - 1 = 1。$$

③ 求方差

$$MS_{A(b_1)} = \frac{SS_{A(b_1)}}{df_{A(b_1)}} = \frac{50}{1} = 50 \quad MS_{A(b_2)} = \frac{SS_{A(b_2)}}{df_{A(b_2)}} = \frac{98}{1} = 98$$

$$MS_{B(a_1)} = \frac{SS_{B(a_1)}}{df_{B(a_1)}} = \frac{840.5}{1} = 840.5 \quad MS_{B(a_2)} = \frac{SS_{B(a_2)}}{df_{B(a_2)}} = \frac{144.5}{1} = 144.5$$

④ 求 F 值

$$F = \frac{MS_{A(b_1)}}{MS_W} = \frac{50}{22.33} = 2.24 \quad F = \frac{MS_{A(b_2)}}{MS_W} = \frac{98}{22.33} = 4.39$$

$$F = \frac{MS_{B(a_1)}}{MS_W} = \frac{840.5}{22.33} = 37.64 \quad F = \frac{MS_{B(a_2)}}{MS_W} = \frac{144.5}{22.33} = 6.47$$

⑤ 统计决断

根据 $df_{A(b_1)} = df_{A(b_2)} = df_{B(a_1)} = df_{B(a_2)} = 1$ 及 $df_W = 12$，查 F 值表（附表 3），寻得 $F_{(1, 12)0.05} = 4.75$，$F_{(1, 12)0.01} = 9.33$。将实际计算的 F 值与临界值相比较，按表 7.7F 检验统计决断规则确定其显著性，并把检验结果列入方差分析表。检验结果表明，A 因素在 b_1 水平上差异不显著，即在采用自学辅导法时，地方性教材及全国统编教材差异不显著；A 因素在 b_2 水平上差异尚未达到显著性水平，即在采用传统讲授法时，地方性教材及全国统编教材差异不显著；B 因素在 a_1 水平上差异极其显著，即应用地方性教材时，自学辅导法及传统讲授法有极其显著性差异；B 因素在 a_2 水平上差异显著，即应用全国统编教材时，自学辅导法及传统讲授法差异显著。

表 8.19　两种教材与两种教法对测验成绩影响的方差分析表

差异来源		平方和（SS）	自由度（df）	方差（MS）	F	$F_{0.05}$	$F_{0.01}$
A 因素	在 b_1 水平	50	1	50	2.24	4.75	9.33
	在 b_2 水平	98	1	98	4.39		
B 因素	在 a_1 水平	840.5	1	840.5	37.64**		
	在 a_2 水平	144.5	1	144.5	6.47*		
组　内		268	12	22.33			

练 习 题

1. 从 A、B、C 三所学校某年级随机各抽取 4 名学生，测得语文分数为：A 校 74、82、70、76；B 校 88、80、85、83；C 校 71、73、74、70，问 A、B、C 三个学校语文成绩是否有显著差异？

2. 某校从同一个年级三个班中各随机抽取几名学生进行书法比赛，其得分：A 班 61、70、58；B 班 69、71、82、64、83；C 班 74、68、85、76。问三个班成绩是否有显著性差异？

3. 某高校四个专业二年级英语阅读成绩如下表，问四个专业的成绩是否有显著差异？

班　别	人数（n）	平均数（$\overline{X}$）	总体标准差的估计值（S）
A	42	39	3.8
B	44	36	5.4
C	39	31	5.8
D	41	28	3.4

4. 小学四年级语文测验中，组词、造句、阅读、写作分数各占 25%，现从某班随机抽取 8 名学生，其四项分数如下表，问四项成绩是否有显著性差异？

学生序号	组词（X_A）	造句（X_B）	阅读（X_C）	写作（X_D）
1	20.5	20.3	19.7	18.8
2	20.2	19.8	19.7	18.8
3	20.6	20.5	19.7	19.0
4	19.5	19.5	18.9	18.3
5	19.5	19.4	18.8	18.4
6	19.8	19.7	19.5	19.0
7	21.2	21.2	20.1	19.4
8	19.5	19.2	19.0	18.0

5. 对第 1、3、4 题分别进行各对平均数差异的显著性检验。

6. 对第 1、3 题分别进行方差齐性检验。

7. 为了考察性别与批评、表扬对学生作业完成效果的影响，随机抽取男、女生各 10 人，并随机将男、女生各分为两组，在作业开始前，对一组男生及一组女生进行批评，对另一组男生及另一组女生进行表扬,作业成绩如下表,问性别与批评、表扬对作业完成效果的作用如何?

| | | A 因素(性别) | | 总　和 |
		a_1(男)	a_2(女)	
B 因素(态度)	b_1(批评)	18 30 22 24 20(114)	27 31 30 27 30(145)	259
	b_2(表扬)	49 36 41 55 50(231)	42 33 38 35 39(187)	418
总　和		345	332	677

第九章
总体比率的推断

第一节　比率的抽样分布

一、数据的特点

前面所讲的总体平均数、方差的统计推断,都是对由测量而获得的、正态连续变量的数据所进行的统计推断。在教育研究中经常通过问卷、调查,获得由点计而来的间断变量的数据或比率。这类数据是按性质不同所划分的各种类别的个体的数目或比率。例如,男女学生获得奖学金的人数或比率;某高校本地学生及外地学生的人数或比率等。有的时候,由于研究的需要也将本来属于测量获得的、正态连续变量的数据,按一定标准划分成不同类别。例如,将学生考试成绩划分成及格和不及格的人数及其比率;将参加高考的学生划分成录取和未录取的人数及其比率,等等。

对点计数据的统计推断,不能采用前述的统计推断方法,而应采用总体比率的推断方法或 χ^2 检验。当事物仅被划分成两类,则可用本章介绍的总体比率进行统计推断;当事物被划分成两类以上时,则需用 χ^2 检验(在第十章介绍)进行统计推断。当然 χ^2 检验也可以对仅有两种类别的资料进行统计推断。

二、比率的抽样分布

比率的抽样分布是二项分布。假如有一个二项分布的总体,其中具有某种属性的事件(称成功事件)出现的概率为 p',不具有这种属性的事件(称失败事件)出现的概率为 $q'=1-p'$。现从中随机抽取一个容量为 $n(n$ 次重复试验)的样本,算得成功事件出现的比率 $p=X/n(X$ 表示成功事件出现的次数)之后,将之还回总体中去,再从中随机抽取一个容量为 n 的样本,又可以算得一个成功事件出现的比率 p。这样反复抽下去,就可以获得一切可能个样本,将这一切可能个样本的 p 值进行频数分布,就形成一个实验性的比率的抽样分布。二项概率分布是进行总体比率统计推断的理论依据。

当 $p=q$,无论 n 的大小,二项分布呈对称形;当 $p<q$ 且 $np\geqslant 5$,或 $p>q$ 且 $nq\geqslant 5$ 时,二项分布已经开始接近正态分布。

三、比率的标准误

二项试验成功事件一切可能样本的比率在抽样分布上的标准差为比率的标准误。
比率的标准误是由二项分布的标准差除以 n 而获得

$$\frac{\sigma}{n} = \frac{\sqrt{np'q'}}{n}$$

$$\sigma_p = \sqrt{\frac{p'q'}{n}} \qquad (9.1)$$

在这里 σ_p 表示比率的标准误

p' 表示总体比率

$q' = 1 - p'$

n 表示样本容量(试验重复次数)

当总体比率已知时,比率的标准误即为公式(9.1)。当总体比率未知时,需用样本比率 $p = X/n$ 作为总体比率 p' 的点估计。于是总体比率标准误的估计量为

$$S_p = \sqrt{\frac{pq}{n}} \qquad (9.2)$$

在这里 S_p 表示比率标准误的估计量

p 表示样本的比率

$q = 1 - p$

n 表示样本容量

例如,从某区随机抽取 100 个中学生,查得正常视力有 65 人,若用样本比率 $p = 65/100 = 0.65$ 来估计全区中学生正常视力的比率时,其抽样误差根据公式(9.2)为

$$S_p = \sqrt{\frac{0.65 \times 0.35}{100}} = 0.047\ 7$$

第二节　总体比率的区间估计

根据一定概率的要求,估计总体比率的所在范围,称为总体比率的区间估计。

若对上例根据一定概率的要求估计全区中学生正常视力的所在范围,应当采用 $(p + q)^{100} = (0.65 + 0.35)^{100}$ 的二项展开式来求得,但是计算很繁复。为了简化手续,下面介绍两种简单的方法。

一、正态近似法

从第五章第二节知道,当 $p = q$,无论 n 多大,二项分布呈对称形;即便 $p \neq q$,只要 np 及 nq 其中最小的频数等于或大于 5,二项分布已经接近正态分布。本例 $nq = 35 > 5$,则二项分布接近于正态分布,故可用正态分布近似处理。其统计量为

$$Z = \frac{p - p'}{\sqrt{\frac{pq}{n}}} \qquad (9.3)$$

令 Z 在 -1.96 和 1.96 之间变动,其间的概率为 95%,即

$$P\left(-1.96 < \frac{p - p'}{\sqrt{\dfrac{pq}{n}}} < 1.96\right) = 0.95$$

经过移项上式可写成：

$$P\left(p - 1.96\sqrt{\frac{pq}{n}} < p' < p + 1.96\sqrt{\frac{pq}{n}}\right) = 0.95 \tag{9.4}$$

于是，总体比率 95% 的置信下限为 $p - 1.96\sqrt{\dfrac{pq}{n}}$，置信上限为 $p + 1.96\sqrt{\dfrac{pq}{n}}$。

令 Z 在 -2.58 和 2.58 之间变动，其间的概率为 99%，即

$$P\left(-2.58 < \frac{p - p'}{\sqrt{\dfrac{pq}{n}}} < 2.58\right) = 0.99$$

经过移项上式可写成：

$$P\left(p - 2.58\sqrt{\frac{pq}{n}} < p' < p + 2.58\sqrt{\frac{pq}{n}}\right) = 0.99 \tag{9.5}$$

于是，总体比率 99% 的置信下限为 $p - 2.58\sqrt{\dfrac{pq}{n}}$，置信上限为 $p + 2.58\sqrt{\dfrac{pq}{n}}$。

本例总体比率 95% 的置信区间为：

$$P\left(0.65 - 1.96\sqrt{\frac{0.65 \times 0.35}{100}} < p' < 0.65 + 1.96\sqrt{\frac{0.65 \times 0.35}{100}}\right) = 0.95$$
$$P(0.557 < p' < 0.744) = 0.95$$

置信下限为 0.557，置信上限为 0.744。

如果用百分比来表示，可将上、下限分别乘以 100%，于是置信下限为 55.7%，置信上限为 74.4%。

这就是说，该区中学生正常视力比率有 95% 的可能在 0.557 至 0.744 的范围内。或者说，有 95% 的可能在 55.7% 至 74.4% 的范围内。

本例总体比率 99% 置信区间为：

$$P\left(0.65 - 2.58\sqrt{\frac{0.65 \times 0.35}{100}} < p' < 0.65 + 2.58\sqrt{\frac{0.65 \times 0.35}{100}}\right) = 0.99$$
$$P(0.527 < p' < 0.773) = 0.99$$

置信下限为 0.527，置信上限为 0.773。

用百分比表示：置信下限为 52.7%，置信上限为 77.3%。就是说，该区中学生正常视力的比率，有 99% 的可能在 0.527 至 0.773 范围内。或者说，有 99% 的可能在 52.7% 至 77.3% 范围内。

但是，当 p 在 0 或 1 附近，或者样本容量 n 较小，二项分布呈偏态，这时不能用正态近似

法估计总体比率的置信限,而可以采用以下的查表法。

二、查表法

附表 6 已将 $1 \leqslant n \leqslant 1000$,$p \geqslant 1\%$ 的二项分布置信限列入其中。我们只要知道实验的次数 n 和二项分布成功事件出现的绝对频数 X,就可根据此表查出总体比率 95% 或 99% 的置信限。特别是当 n 较小,p 接近 0 或 1,不能用正态分布近似处理时,更需要使用此表。

例 1:从某小学三年级随机抽取 24 个学生,测得汉语拼音成绩优秀者有 5 人,试估计该校三年级学生此次测验成绩优秀的百分比是多少?

根据 $n = 24$,$X = 5$,查百分率的可信限表[附表 6.1(1)],找到 95% 的置信下限为 7%,置信上限为 42%;99% 的置信下限为 5%,置信上限为 49%。

就是说,该校小学三年级汉语拼音成绩优秀的有 95% 的可能在 7%—42% 的范围内,有 99% 的可能在 5%—49% 范围内。

例 2:向 53 人调查关于举行全国统一高考的意见,其中表示赞成者有 23 人,试估计赞成全国统一高考总体比率 95% 及 99% 的置信区间。

如果根据 $n = 53$,$X = 23$,查附表 6.1(2)不能直接找到相应总体百分比的置信限。因为附表 6.1(2)中,n 的数值从 50 开始以 10 递增。因此需用内插法求置信限。首先查出与 $n = 50$,$X = 23$ 相对应 95% 的置信限为 32,61;以及 $n = 60$,$X = 23$ 的置信限为 26,52;

设所要求的 95% 置信下限为 p_1,上限为 p_2,则

$$(50 - 60) : (53 - 60) = (32 - 26) : (p_1 - 26) \qquad p_1 = 30.2$$

$$又 (50 - 60) : (53 - 60) = (61 - 52) : (p_2 - 52) \qquad p_2 = 58.3$$

于是 95% 的置信下限为 30.2%,置信上限为 58.3%。以同样方法求得 99% 的置信下限为 26.5%,置信上限为 62.3%。就是说,赞成全国统一高考 95% 的可能在 $30.2\% \sim 58.3\%$ 范围内,99% 的可能在 $26.5\% \sim 62.3\%$ 范围内。

第三节 总体比率的假设检验

与总体比率区间估计相同,这里也介绍两种方法。

一、正态近似法

当 $p = q$,无论 n 的大小;或者 np、nq 其中一个最小频数等于或大于 5,这时二项分布近似于正态分布,可以用 Z 检验总体比率的显著性。

例如:某市中学教师中大学本科毕业的比率为 0.60,现从某区随机抽取 50 名中学教师,其中大学本科毕业的有 32 人,问该区中学教师大学本科毕业的比率与全市中学教师大学本科毕业的比率是否有显著性差异?

检验的步骤:

(1) 提出假设

$$H_0 : p' = 0.60 \qquad H_1 : p' \neq 0.60$$

（2）选择检验统计量并计算其值

本例属于二项分布，但由于最小频数 $nq = 50 \times 0.36 = 18 > 5$，其二项分布接近正态分布，故可选择 Z 作为检验统计量。

$$Z = \frac{p - p'}{\sqrt{\dfrac{p'q'}{n}}} \tag{9.6}$$

在这里　p 表示样本的比率

　　　　p' 表示总体的比率

　　　　q' 表示 $1 - p'$

　　　　n 表示样本的容量

$$Z = \frac{0.64 - 0.60}{\sqrt{\dfrac{0.60 \times 0.40}{50}}} = 0.58$$

（3）统计决断

根据表 6.2 双侧 Z 检验统计决断的规则，$Z = 0.58 < 1.96 = Z_{0.05}$，则 $P > 0.05$，差异不显著。于是保留 H_0 而拒绝 H_1。其结论为：该区中学教师大学本科毕业的比率与全市没有显著性差异。也可以说，中学教师中大学本科毕业的样本比率 0.64 是来自于比率为 0.60 的总体。

本例也可以不用比率（相对频数）而用绝对频数进行 Z 检验。即将公式（9.6）等号右边分子和分母同乘以 n。

$$Z = \frac{np - np'}{\sqrt{np'q'}} \tag{9.7}$$

$$= \frac{32 - 50 \times 0.60}{\sqrt{50 \times 0.60 \times 0.40}} = 0.58$$

用绝对频数和相对频数计算出的 Z 值完全相同。

二、查表法

例如：某区高考录取率为 0.25，其中甲校 26 个毕业生中有 4 人被录取，问甲校与全区录取率是否有显著性差异？

检验的步骤：

（1）提出假设

$$H_0: p' = 0.25 \qquad H_1: p' \neq 0.25$$

（2）计算总体比率的临界值

由于最小频数 $np = 4 < 5$ 的二项分布呈偏态，对于总体比率的显著性检验不能用正态分布处理，可通过查百分率的可信限表（附表 6.1），求二项分布的两端临界值加以解决。

根据 $n = 26$，$X = 4$，查百分率的可信限表[附表 6.1(2)]找到总体比率 95% 的置信区间为 4%—35%。

（3）统计决断

由于假设的总体比率落在样本所来自的总体比率 95% 两端临界限的中间，即 $0.04 <$ $0.25 < 0.35$，故应保留 H_0 而拒绝 H_1。其结论为：甲校高考录取率与全区录取率无显著性差异。

第四节　总体比率差异的显著性检验

上一节所讲的总体比率假设检验，是根据一个样本进行的，在教育研究中往往需要根据两个样本的比率来比较两个相应总体的比率是否有显著性差异。

一、两个独立样本比率差异的显著性检验

两个独立样本比率之差的标准误为

$$S_{p_1-p_2} = \sqrt{\frac{p_1 q_1}{n_1} + \frac{p_2 q_2}{n_2}} \tag{9.8}$$

在这里　p_1 表示第一个样本的比率

　　　　p_2 表示第二个样本的比率

　　　　$q_1 = 1 - p_1$

　　　　$q_2 = 1 - p_2$

　　　　n_1 和 n_2 分别表示第一个和第二个样本的容量

在检验两个独立样本比率差异的显著性时，以假设这两个样本比率来自同一个总体为前提，于是就用两个样本比率的加权平均数作为总体比率的估计量，即

$$\overline{p} = \frac{n_1 p_1 + n_2 p_2}{n_1 + n_2} \qquad\qquad \overline{q} = \frac{n_1 q_1 + n_2 q_2}{n_1 + n_2}$$

将 $\overline{p}$ 和 $\overline{q}$ 代入（9.8）式，于是，两个独立样本比率之差的标准误有两种情况：

当 $n_1 \neq n_2$ 时，为

$$S_{p_1-p_2} = \sqrt{\frac{\overline{p}\,\overline{q}}{n_1} + \frac{\overline{p}\,\overline{q}}{n_2}} = \sqrt{\overline{p}\,\overline{q}\left(\frac{n_1 + n_2}{n_1 n_2}\right)}$$

$$= \sqrt{\frac{(n_1 p_1 + n_2 p_2)(n_1 q_1 + n_2 q_2)}{n_1 n_2 (n_1 + n_2)}} \tag{9.9}$$

当 $n_1 = n_2$ 时，为

$$S_{p_1-p_2} = \sqrt{\frac{2\,\overline{p}\,\overline{q}}{n}} = \sqrt{\frac{(p_1 + p_2)(q_1 + q_2)}{2n}} \tag{9.10}$$

如果两个独立样本的最小频数都等于或大于 5，两个样本比率之差的抽样分布也接近于正态，于是可用 Z 检验两个比率之差的显著性。其检验统计量为

$$Z = \frac{p_1 - p_2}{\sqrt{\dfrac{(n_1 p_1 + n_2 p_2)(n_1 q_1 + n_2 q_2)}{n_1 n_2 (n_1 + n_2)}}} \tag{9.11}$$

例如:关于人体血液循环的讲授,在实验组运用条叠投影片,使学生直观形象地看到人体大小循环,动、静脉的流动情况。在对照组由教师画图说明人体血液循环的方向。授课结束,当堂测验的结果如下表,问两种教学用具的效果是否有显著性差异?

组　别	及格者	不及格者	总　和
实验组	70	30	$100 = n_1$
对照组	24	36	$60 = n_2$
总　和	$94 = n_{c_1}$	$66 = n_{c_2}$	$160 = N$

检验的步骤:

（1）提出假设

$$H_0 : p_1' = p_2' \qquad H_1 : p_1' \neq p_2'$$

（2）选择检验统计量并计算其值

由于实验组和对照组为两个独立样本,两组的最小频数 $n_1 q_1 = 100 \times 0.30 = 30$, $n_2 p_2 = 60 \times 0.4 = 24$,均大于5,于是两个样本比率之差的抽样分布接近于正态,故可用公式（9.11）对两个比率差异进行显著性检验。

上表中 $n_1 p_1 + n_2 p_2 = n_{c_1}$, $n_1 q_1 + n_2 q_2 = n_{c_2}$, $n_1 + n_2 = N$,则公式（9.11）可以变成一种很简单的形式:

$$Z = \frac{p_1 - p_2}{\sqrt{\dfrac{(n_1 p_1 + n_2 p_2)(n_1 q_1 + n_2 q_2)}{n_1 n_2 (n_1 + n_2)}}} = \frac{p_1 - p_2}{\sqrt{\dfrac{n_{c_1} n_{c_2}}{n_1 n_2 N}}} \qquad (9.12)$$

本例

$$Z = \frac{70/100 - 24/60}{\sqrt{\dfrac{94 \times 66}{100 \times 60 \times 160}}} = 3.73$$

（3）统计决断

根据表6.2双侧 Z 检验统计决断的规则,$|Z| = 3.73^{**} > 2.58 = Z_{0.01}$,则 $P < 0.01$,于是在 0.01 显著性水平上拒绝 H_0 而接受 H_1。其结论为:运用条叠投影片演示人体血液循环与黑板上画图讲解,两种方法的效果有极其显著性差异。

二、两个相关样本比率差异的显著性检验

如果检验两个相关样本比率之差,即检验同一组对象实验前后两个比率之差,或者两个配对组比率之差,可不必计算比率之差的标准误,而采用一种简单的方法处理。

例如:某校 120 个学生期末代数测验之后,让他们在寒假里独立完成教师编选的代数练习题,开学初进行同类题目的测验,两次测验结果见下面频数表,问学生独立完成教师编选的代数练习题,对提高代数成绩是否有显著效果?

	(1) 频数表						(2) 符号表		
	第二次测验						第二次测验		
	良	非良					良	非良	

第一次测验 良: 48 | 14 | 62
第一次测验 非良: 22 | 36 | 58
70 | 50

第一次测验 良: a | b | $a+b$ $(a+b)/n=p_1$
第一次测验 非良: c | d | $c+d$ $(c+d)/n=q_1$

$a+c$ $b+d$
$\dfrac{a+c}{n}$ $\dfrac{b+d}{n}$
$\|$ $\|$
p_2 q_2

$$n=a+b+c+d$$

从符号表可以看出,两次测验成绩良好的比率之差,只涉及两次测验成绩发生变化的频数 b 和 c,不涉及两次成绩无变化的频数 a 和 d。

两次测验良好成绩的比率之差为:

$$p_1 - p_2 = \frac{a+b}{n} - \frac{a+c}{n} = \frac{b-c}{n}$$

若两个比率无显著性差异,则 $b=c$。

现假设另外有一个成绩发生变化的二项分布的总体,从中随机抽取容量为 $n' = b+c$ 的样本。根据两个总体比率无显著性差异的假设,b 和 c 出现的概率应为 $1/2$,即第一次测验为良,而第二次测验为非良者,在总体中出现的概率为 $p' = 1/2$;第一次为非良,而第二次为良者,在总体中出现的概率为 $q' = 1 - p' = 1 - 1/2 = 1/2$。于是第一次为良,第二次为非良的总体平均数为 $n'p' = 1/2(b+c)$。标准差为 $\sqrt{n'p'q'} = \sqrt{(b+c)1/2 \times 1/2}$。现可用公式 (9.7)对第一次为良、第二次为非良的总体平均数进行 Z 检验。其检验统计量为:

$$Z = \frac{n'p - n'p'}{\sqrt{n'p'q'}} = \frac{b - (b+c)\frac{1}{2}}{\sqrt{(b+c)\frac{1}{2} \times \frac{1}{2}}} = \frac{b-c}{\sqrt{b+c}} \tag{9.13}$$

本例 $Z = \dfrac{14-22}{\sqrt{14+22}} = -1.33$

根据表 6.3 单侧 Z 检验统计决断的规则,$|Z| = 1.33 < 1.65 = Z_{0.05}$,则 $P > 0.05$,于是,保留 H_0 而拒绝 H_1。其结论为:独立完成教师所编选的代数练习题,对提高代数成绩无显著效果。

═══ 练 习 题 ═══

1. 调查了某区 1 500 个中学生,其中有 900 个是共青团员,试估计全市中学生共青团员人数比率的 99% 置信区间。

2. 某师范学校 25 个学生中书法不合格者有 2 人,求书法不合格者的总体比率的 95% 置信区间。(用查表法)

教育统计学

3. 某工业大学一年级高等数学考试成绩不及格的比率为 3%,其中机械系的 106 人中有 6 人不及格,问机械系高等数学考试成绩不及格的比率与全校的比率是否有显著性差异?

4. 某校初中毕业生报考中等技术学校的有 15%,该校数学兴趣小组 28 个初中生中有 4 人报考中等技术学校,问数学兴趣小组中的初中毕业生与全校初中毕业生报考中等技术学校的人数比率是否有显著性差异?

5. 某区化学统一测验,甲校 35 人中有 16 人在 75 分以上;乙校 65 人中有 18 人在 75 分以上,问甲乙两校 75 分以上的比率是否有显著性差异?

6. 某校在关于某种奖学金制度的宣传工作前后,对 150 个学生进行调查,其结果如下表,问宣传工作是否有显著效果?

		第二次调查		
		不赞成	赞成	
第一次调查	赞成	10	20	30
	不赞成	95	25	120
		105	45	

第十章
χ^2 检 验

第一节　χ^2 及其分布

一、χ^2 检验的特点

χ^2 检验是对样本的频数分布所来自的总体分布是否服从某种理论分布或某种假设分布所作的假设检验。即根据样本的频数分布来推断总体的分布。它与前面所讲的测量数据的假设检验的不同在于：第一，测量数据的假设检验，其数据属于连续变量，而 χ^2 检验的数据属于点计而来的间断变量。第二，测量数据所来自的总体要求呈正态分布，而 χ^2 检验的数据所来自的总体分布是未知的。第三，测量数据的假设检验是对总体参数或几个总体参数之差所进行的假设检验；χ^2 检验在多数情况下不是对总体参数的检验，而是对总体分布的假设检验。所以，χ^2 检验属于自由分布的非参数检验。

上一章所讲的比率和比率之差的假设检验，是对二项分布数据的假设检验。处理的是一个因素分为两个类别，或者是两个因素，每个因素都分为两个类别的资料。它最多只能同时比较两组比率的差异。而 χ^2 检验可以同时处理一个因素分为多种类别，或多种因素各有多种类别的资料。所以，凡是可以应用比率进行检验的资料，都可以应用 χ^2 检验。

二、χ^2 检验统计量

χ^2 检验统计量的基本形式为

$$\chi^2 = \sum \frac{(f_0 - f_t)^2}{f_t} \tag{10.1}$$

在这里　f_0 表示实际频数

f_t 表示理论频数

$\sum$ 表示总和

现用实例说明 χ^2 值的计算方法。

例如：从某校随机抽取 50 个学生，其中男生 27 人，女生 23 人，问该校男女生人数是否相同？

根据男女生人数相同的假设，其理论频数应为 $50/2 = 25$。于是

$$\chi^2 = \sum \frac{(f_0 - f_t)^2}{f_t} = \frac{(27-25)^2}{25} + \frac{(23-25)^2}{25} = 0.32$$

为了方便,可以列表计算 χ^2 值。

表 10.1　男女学生人数的 χ^2 值计算表

	实际频数 f_0 (1)	理论频数 f_t (2)	差　数 $f_0 - f_t$ (3)	差数的平方 $(f_0 - f_t)^2$ (4)	差的平方与理论频数之比 $(f_0 - f_t)^2 / f_t$ (5)
男　生	27	25	2	4	$4/25 = 0.16$
女　生	23	25	−2	4	$4/25 = 0.16$
总　和	50	50			$\chi^2 = 0.32$

可见,χ^2 值就等于各组实际频数和理论频数差的平方与理论频数之比,再求其和。

χ^2 值有以下几个特点:

第一,χ^2 值具有可加性。如男生 χ^2 值为 0.16,女生 χ^2 值也为 0.16,总的 $\chi^2 = 0.16 + 0.16 = 0.32$。

第二,χ^2 值永远是正值。因为实际频数与理论频数之差,无论是正值还是负值,平方后均为正值。

第三,χ^2 值的大小随实际频数与理论频数差的大小而变化。两者之差越小,说明样本分布与假设的理论分布越相一致;两者之差越大,说明样本分布与假设的理论分布越不相一致。

究竟 χ^2 值大到什么程度才能说样本分布与理论分布不一致呢? 这要看样本的 χ^2 值在其抽样分布上出现的概率如何而定。

三、χ^2 的抽样分布

用上例说明 χ^2 的抽样分布。如果将上述所抽取的 50 个学生还回总体之中,再从中随机抽取 50 个学生,又可以计算出一个样本 χ^2 值。这样反复抽下去,就会有一切可能个样本 χ^2 值。这一切可能个样本 χ^2 值的频数分布,就形成一个实验性的 χ^2 的抽样分布。

χ^2 分布有以下两个特点:

第一,χ^2 分布呈正偏态,右侧无限伸延,但永不与基线相交。

第二,χ^2 分布随自由度的变化而形成一簇分布形态。所谓自由度是指实际频数与理论频数差数中,能够独立变化的个数。本例实际频数与理论频数的差数有 2 个,因为受到 $\sum (f_0 - f_t) = 0$ 因子的限制,其中只有一个可以独立变化,则自由度 $df = 1$。

自由度越小,χ^2 分布偏斜度越大;自由度越大,分布形态越趋于对称。(见图 10.1)

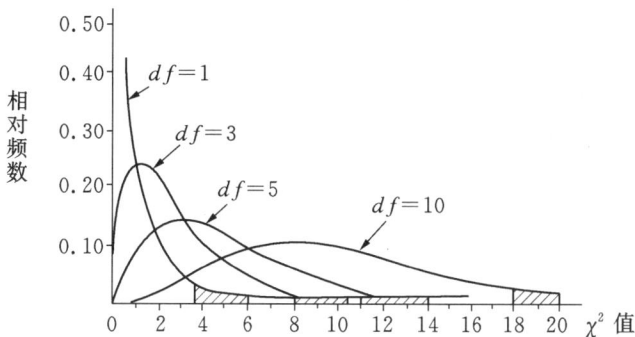

图 10.1　四种不同自由度的 χ^2 分布(显著性水平为 0.05)

第二节　单向表的 χ^2 检验

把实得的点计数据按一种分类标准编制成表就是单向表。对于单向表的数据所进行的 χ^2 检验就是单向表的 χ^2 检验,即单因素的 χ^2 检验。例如,把学生的学习成绩按优、良、中、差分成等级,对于这类数据所进行的 χ^2 检验就是单向表的 χ^2 检验。

一、按一定比率决定理论频数的 χ^2 检验

例如:大学某系 54 位老年教师中,健康状况属于好的有 15 人,中等的有 23 人,差的有 16 人,问该校老年教师健康状况好、中、差的人数比率是否为 1：2：1?

检验的步骤:

(1) 提出假设

H_0:健康状况好、中、差的人数比率为 1：2：1

H_1:健康状况好、中、差的人数比率不是 1：2：1

(2) 计算 χ^2 值

根据零假设,健康状况好、中、差的理论频数 f_t 分别为

$$54 \times \frac{1}{4} = 13.5,\ 54 \times \frac{2}{4} = 27,\ 54 \times \frac{1}{4} = 13.5$$

然后根据(10.1)式求 χ^2 值

$$\chi^2 = \frac{(15-13.5)^2}{13.5} + \frac{(23-27)^2}{27} + \frac{(16-13.5)^2}{13.5} = 1.22$$

也可列表计算 χ^2 值。

(3) 统计决断

首先决定自由度。单向表 χ^2 的自由度一般等于组数减 1,即 $df = K - 1$,因为它受到 $\sum (f_0 - f_t) = 0$ 一个因子的限制。然后根据 $df = K - 1 = 3 - 1 = 2$,查 χ^2 值表(附表7),找到 $\chi^2_{(2)0.05} = 5.99$,再将实际计算出的 χ^2 与之相比较。由于 $\chi^2 = 1.22 < 5.99 = \chi^2_{(2)0.05}$,则 $P > 0.05$,按照表 10.3 χ^2 检验统计决断的规则,应保留 H_0 而拒绝 H_1。其结论为:该校老年教师的健康状况,好、中、差人数比率为 1：2：1。

表 10.2　不同健康状况人数的 χ^2 值计算表

健康状况	f_0 (1)	f_t (2)	$f_0 - f_t$ (3)	$(f_0 - f_t)^2$ (4)	$(f_0 - f_t)^2 / f_t$ (5)
好	15	13.5	1.5	2.25	0.167
中	23	27	−4	16	0.593
差	16	13.5	2.5	6.25	0.463
总　和	54	54			$\chi^2 = 1.22$

表 10.3　χ^2 检验统计决断原则

χ^2 值与临界值的比较	P 值	检验结果	显著性
$\chi^2 < \chi^2_{(df)0.05}$	$P > 0.05$	保留 H_0 拒绝 H_1	不显著
$\chi^2_{(df)0.05} \leqslant \chi^2 < \chi^2_{(df)0.01}$	$0.01 < P \leqslant 0.05$	在 0.05 显著性水平上拒绝 H_0 接受 H_1	显著（＊）
$\chi^2 \geqslant \chi^2_{(df)0.01}$	$P \leqslant 0.01$	在 0.01 显著性水平上拒绝 H_0 接受 H_1	极其显著（＊＊）

二、一个自由度的 χ^2 检验

1. 各组 $f_t \geqslant 5$ 的情况

例如：从小学生中随机抽取 76 人,其中 50 人喜欢体育,26 人不喜欢体育,问该校学生喜欢和不喜欢体育的人数是否相等?

检验的步骤：

（1）提出假设

H_0：喜欢与不喜欢体育的人数相等

H_1：喜欢与不喜欢体育的人数不相等

（2）计算 χ^2 值

本例 $df = 1$,两组的理论频数均为 $f_t = 38 > 5$,在计算 χ^2 值时与前面的格式相同。

表 10.4　喜欢与不喜欢体育人数的 χ^2 值计算表

	f_0 (1)	f_t (2)	$f_0 - f_t$ (3)	$(f_0 - f_t)^2$ (4)	$(f_0 - f_t)^2 / f_t$ (5)
喜　欢	50	38	12	144	$144/38 = 3.79$
不喜欢	26	38	-12	144	$144/38 = 3.79$
总　和	76	76			$\chi^2 = 7.58$

（3）统计决断

根据 $df = K - 1 = 2 - 1 = 1$,查 χ^2 值表(附表 7),$\chi^2_{(1)0.01} = 6.63$,由于 $\chi^2 = 7.58^{**} > 6.63 = \chi^2_{(1)0.01}$,则 $P < 0.01$,按照表 10.3 χ^2 检验统计决断规则,应在 0.01 显著性水平上拒绝 H_0 而接受 H_1。其结论为:该校喜欢体育的人数与不喜欢体育的人数不相等,并有极其显著性差异。

2. 某组 $f_t < 5$ 的情况

当 $df = 1$,其中只要有一个组的 $f_t < 5$,就要运用亚茨(Yates)连续性校正法,即在每一组实际频数与理论频数差数的绝对值平方之前,各减去 0.5。即

$$\chi^2 = \sum \frac{(|f_0 - f_t| - 0.5)^2}{f_t} \tag{10.2}$$

连续性校正之所以必要,是因为由点计数据求得的 χ^2 值是间断数列,当 $df = 1$,$f_t < 5$ 时,其间断性尤为明显。而 χ^2 值表上的理论值是用连续量表表示的,其 χ^2 分布是一条连续

的光滑的曲线。为了对连续的 χ^2 曲线作较好的估计,需要在每个小于理论频数的实际频数上加 0.5,而在大于理论频数的实际频数上减去 0.5。

例如:某区中学共青团员的比率为 0.8,现从该区某中学随机抽取 20 人,其中共青团员有 12 人,问该校共青团员的比率与全区是否一样?

检验的步骤:

(1) 提出假设

H_0:该校共青团员的比率与全区一样

H_1:该校共青团员的比率与全区不一样

(2) 计算 χ^2 值

根据零假设,该校共青团员的 $f_t = 20 \times 0.8 = 16$,非共青团员的 $f_t = 20 \times 0.2 = 4$。

由于本例 $df = 1$,有一个组的 $f_t = 4 < 5$,在计算 χ^2 值时需要进行亚茨连续性校正。

表 10.5 检验某中学共青团员比率是否与全区一样的 χ^2 值计算表

	f_0 (1)	f_t (2)	$\lvert f_0 - f_t \rvert$ (3)	$\lvert f_0 - f_t \rvert - 0.5$ (4)	$(\lvert f_0 - f_t \rvert - 0.5)^2$ (5)	$(\lvert f_0 - f_t \rvert - 0.5)^2 / f_t$ (6)
共青团员	12	16	4	$4 - 0.5 = 3.5$	12.25	$12.25/16 = 0.77$
非共青团员	8	4	4	$4 - 0.5 = 3.5$	12.25	$12.25/4 = 3.06$
总 和	20	20				$\chi^2 = 3.83$

(3) 统计决断

根据 $df = 1$,查 χ^2 值表(附表 7),$\chi^2_{(1)0.05} = 3.84$,由于实际计算出的 $\chi^2 = 3.83 < 3.84 = \chi^2_{(1)0.05}$,则 $P > 0.05$,于是保留 H_0 而拒绝 H_1,其结论为:该校共青团员的比率与全区没有显著性差异。

三、频数分布正态性的 χ^2 检验

例如,120 个 11 岁男生身高的频数分布如表 10.6 第(1)和第(6)列所示,问其总体是否呈正态分布?($\overline{X} = 139.9$,$\sigma_X = 7.5$)

检验的步骤:

(1) 提出假设

H_0:样本所属的总体呈正态分布

H_1:样本所属的总体不呈正态分布

(2) 计算 χ^2 值

按照样本所属的总体呈正态分布的零假设,运用正态曲线下面积的有关知识,首先求各组的理论频数,其步骤为:

① 将表 10.6 第(1)列各组的上下限转换成标准分数 Z 值。如 154—158 这组下限的

$$Z = \frac{X - \overline{X}}{\sigma_X} = \frac{154 - 139.9}{7.5} = 1.88,$$

上限的 $Z = \dfrac{158 - 139.9}{7.5} = 2.41$。其他各组上下限的 Z 值见第（2）列。

表 10.6　120 个 11 岁男生身高频数分布正态性 χ^2 值计算表

分数 （1）	各组限 的 Z 值 （2）	平均值至 各组限间 的面积 （3）	各组的正 态面积 （4）	各组理论频数 （f_t） （5）	实际 频数 （f_0） （6）	$f_0 - f_t$ （7）	$(f_0 - f_t)^2$ （8）	$(f_0 - f_t)^2/f_t$ （9）
$-\infty$	$-\infty$	0.500 0	0.008 4	1.008 ⎫	0 ⎫			
122—	-2.39	0.491 6	0.023 8	2.856 ⎬11.198	4 ⎬13	1.802	8.247	0.290
126—	-1.85	0.467 8	0.061 2	7.334 ⎭	9 ⎭			
130—	-1.32	0.406 6	0.121 4	14.568	10	-4.568	20.867	1.432
134—	-0.79	0.285 2	0.186 5	22.380	22	-0.380	0.144	0.006
138—	-0.25	0.098 7	0.209 0	25.080	33	7.920	62.726	2.501
142—	0.28	0.110 3	0.180 7	21.684	20	-1.684	2.836	0.131
146—	0.81	0.291 0	0.120 5	14.460	11	-3.460	11.972	0.828
150—	1.35	0.411 5	0.058 4	7.008 ⎫	6 ⎫			
154—	1.88	0.469 9	0.022 1	2.652 ⎬10.620	4 ⎬11	0.380	0.144	0.014
158—	2.41	0.492 0	0.008 0	0.960 ⎭	1 ⎭			
$+\infty$	$+\infty$	0.500 0						
总和			1.000 0	120.00	120			$\chi^2 =$ 5.202

　　② 根据各组上下限 Z 值查附表 1，寻找各组上下限 Z 值至 $Z = 0$ 之间的面积。如 154—158 这一组下限 $Z = 1.88$ 至 $Z = 0$ 之间的面积为 0.469 9，上限 $Z = 2.41$ 至 $Z = 0$ 之间的面积为 0.492 0，其他各组上下限 Z 值至 $Z = 0$ 之间的面积见第（3）列。

　　③ 求各组的面积。如 154—158 这组的面积为 $0.492 0 - 0.469 9 = 0.022 1$，其他各组的面积见第（4）列。这里需要注意：138—142 这组的面积应为 $Z = -0.25$ 至 $Z = 0$ 的面积 0.098 7 与 $Z = 0.28$ 至 $Z = 0$ 的面积 0.110 3 之和，即为 $0.098 7 + 0.110 3 = 0.209 0$。这是因为该组上下限 Z 值的符号相反，它们之间的面积应当等于它们至 $Z = 0$ 面积之和。

　　④ 将各组的面积与总频数相乘，求各组的理论频数。如 154—158 这组的理论频数为 $0.022 1 \times 120 = 2.652$，其他各组理论频数见第（5）列。

　　在计算实际频数与理论频数差数之前，两端若有任何一组的理论频数小于 5，就要进行校正。即把 $f_t < 5$ 这组的理论频数与相邻组的理论频数合并。如果合并后的理论频数仍小于 5，则可再行合并，直至大于 5 为止。例如：表 10.6 上端三组合并成一组，下端三组合并成一组。然后将相应组的实际频数也进行合并之后，再根据公式（10.1）求 χ^2 值。其 $\chi^2 = 5.202$。

　　（3）统计决断

　　正态性 χ^2 检验的自由度 $df = K - 3$。这是因为它是单向表的 χ^2 检验，受到 $\sum(f_0 - f_t) = 0$ 一个因子的限制。除此之外，在应用 $Z = \dfrac{X - \overline{X}}{\sigma_X}$ 公式计算理论频数时，运用了 $\overline{X}$ 和 σ_X 两个

第十章　χ^2　检验

样本统计量，又受到两重限制，所以一共失去了三个自由度。在计算自由度时，应当注意的是：这里的组数 K 是指合并后保留下来的组数。本例合并后的组数 $K=7$，则 $df=7-3=4$。然后根据 $df=4$ 查χ^2值表（附表7），找到 $\chi^2_{(4)0.05}=9.49$。而实际计算出的 $\chi^2=5.20<9.49=\chi^2_{(4)0.05}$，则 $P>0.05$，按照表 10.3 χ^2 检验统计决断规则，应保留 H_0 而拒绝 H_1。其结论为：11 岁男学生的身高总体是呈正态分布的。

第三节　双向表的 χ^2 检验

把实得的点计数据按两种分类标准编制成的表就是双向表。对双向表的数据所进行的 χ^2 检验，就是双向表的 χ^2 检验，即双因素的 χ^2 检验。例如，对于同一批学生既把他们按学习成绩分成优、良、中、差，又把他们按思想品德表现分成甲、乙、丙、丁，对这类数据所进行的 χ^2 检验，就是双向表的 χ^2 检验。

假如把双向表中横行所分的组数用 r 表示，把纵列所分的组数用 c 表示，那么，双向表的 χ^2 检验也称为 rc 表的 χ^2 检验。上例的 $r=4$，$c=4$，如果对之进行χ^2检验，就是 4×4 的 χ^2 检验。

在双向表的 χ^2 检验中，如果要判断两种分类特征，即两个因素之间是否有依从关系，这种 χ^2 检验称为独立性χ^2 检验。

例1：家庭经济状况属于上、中、下的高三毕业生，对于是否愿意报考师范大学有三种不同的态度（愿意、不愿意、未定），其人数分布如表 10.7 括号外面的数据。问学生是否愿意报考师范大学与家庭经济状况是否有关系？

表 10.7　学生对报考师范大学的态度与家庭经济状况之间关系的双向表

家庭经济状况	对于报考师范大学的态度			总　和
	愿　意	不愿意	未　定	
上	18(20.53)	27(19.43)	10(15.03)	$55=n_{r_1}$
中	20(22.03)	19(20.85)	20(16.13)	$59=n_{r_2}$
下	18(13.44)	7(12.72)	11(9.84)	$36=n_{r_3}$
总　和	$56=n_{c_1}$	$53=n_{c_2}$	$41=n_{c_3}$	$150=N$

（表中括号内的数据为理论频数 f_t）

由于 $r=3$，$c=3$，可进行 3×3 表的独立性χ^2 检验。

检验的步骤：

（1）提出假设

H_0：学生是否愿意报考师范大学的态度与家庭经济状况没有关系

H_1：学生是否愿意报考师范大学的态度与家庭经济状况有关系

（2）计算χ^2 值

为了计算χ^2 值，首先要计算各组的理论频数。根据经济状况与报考师范大学的态度无关的零假设，计算双向表理论频数的公式为：

$$f_t = \frac{n_r n_c}{N} \qquad (10.3)$$

在这里　n_r 表示横行各组实际频数的总和

　　　　n_c 表示纵列各组实际频数的总和

　　　　N 表示样本容量的总和

例如:经济状况上等而又愿意报考师范大学的理论频数为

$$f_t = \frac{n_{c_1} n_{r_1}}{N} = \frac{56 \times 55}{150} = 20.53$$

意思是说,根据对于报考师范大学的态度与经济状况无关的零假设,在 150 人中愿意报考师范大学的比率为 $\frac{56}{150} = 0.3733$,按这一比率,在经济状况属于上等的 55 人中,应当有 $f_t = \frac{56}{150} \times 55 = 20.53$(人) 愿意报考师范大学。

计算出各组理论频数之后,根据公式(10.1),χ^2 值为

$$\chi^2 = \frac{(18-20.53)^2}{20.53} + \frac{(27-19.43)^2}{19.43} + \cdots + \frac{(11-9.84)^2}{9.84} = 10.48$$

rc 表的 χ^2 值除用理论频数方法计算外,还可以用下式由实际频数直接求得。

$$\chi^2 = N \left(\sum \frac{f_0^2}{n_r n_c} - 1 \right) \qquad (10.4)$$

在这里　f_0 表示 rc 表中每格的实际频数

　　　　n_r 表示横行各组的实际频数总和

　　　　n_c 表示纵列各组的实际频数总和

　　　　N 表示样本容量的总和

将表 10.7 括号外面的数据代入上式:

$$\chi^2 = 150 \left[\frac{18^2}{56 \times 55} + \frac{27^2}{53 \times 55} + \frac{10^2}{41 \times 55} + \frac{20^2}{56 \times 59} \right.$$

$$\left. + \frac{19^2}{53 \times 59} + \frac{20^2}{41 \times 59} + \frac{18^2}{56 \times 36} + \frac{7^2}{53 \times 36} + \frac{11^2}{41 \times 36} - 1 \right] = 10.47$$

两种方法计算出的 χ^2 值基本相等。应用时可任选一种。

(3)统计决断

rc 表的自由度为:

$$df = (r-1)(c-1) \qquad (10.5)$$

在这里　r 表示双向表中横行的组数

　　　　c 表示双向表中纵列的组数

根据 $df = (3-1)(3-1) = 4$,查 χ^2 值表(附表 7),$\chi^2_{(4)0.05} = 9.49$,$\chi^2_{(4)0.01} = 13.28$,由于 $9.49 < 10.47^* < 13.28$,则 $0.01 < P < 0.05$。按照表 10.3 χ^2 检验统计决断的规则,应

在 0.05 显著性水平上拒绝 H_0 而接受 H_1。其结论为:学生是否愿意报考师范大学的态度与家庭经济状况有关系。

在双向表 χ^2 检验中,如果是判断几次重复实验的结果是否相同,这种 χ^2 检验称为同质性检验。

例2: 从甲、乙、丙三个学校的平行班中,随机抽取三组学生,测得他们的语文成绩如表 10.8 括号外面的数据。问甲、乙、丙三个学校此次语文测验成绩是否相同?

因为 $r=3$,$c=2$,可进行 3×2 表的 χ^2 检验。

检验的步骤:

(1) 提出假设

H_0:甲、乙、丙三个学校语文测验成绩相同

H_1:甲、乙、丙三个学校语文测验成绩不相同

(2) 计算 χ^2 值

根据三个学校成绩无显著性差异的零假设,利用公式(10.3)计算各组的理论频数,列于表 10.8 括号内,并根据(10.1)式计算 χ^2 值。

表 10.8　三个学校语文成绩的双向表

	及　格	不及格	总　和
甲	24(17.68)	10(16.32)	$34 = n_{r_1}$
乙	15(18.20)	20(16.80)	$35 = n_{r_2}$
丙	13(16.12)	18(14.88)	$31 = n_{r_3}$
总　和	$52 = n_{c_1}$	$48 = n_{c_2}$	$100 = N$

$$\chi^2 = \frac{(24-17.68)^2}{17.68} + \frac{(10-16.32)^2}{16.32} + \cdots + \frac{(18-14.88)^2}{14.88} = 7.13$$

3×2 表的 χ^2 值也可以用公式(10.4)来计算:

$$\chi^2 = N\left(\sum \frac{f_0^2}{n_r n_c} - 1\right)$$
$$= 100\left(\frac{24^2}{52\times34} + \frac{10^2}{48\times34} + \frac{15^2}{52\times35} + \frac{20^2}{48\times35} + \frac{13^2}{52\times31} + \frac{18^2}{48\times31} - 1\right)$$
$$= 7.14$$

两种方法计算出的 χ^2 值基本相同。应用时可任选一种。

(3) 统计决断

根据 $df = (r-1)(c-1) = (3-1)(2-1) = 2$,查 χ^2 值表(附表7),找到 $\chi^2_{(2)0.05} = 5.99$,$\chi^2_{(2)0.01} = 9.21$,由于 $5.99 < 7.14^* < 9.21$,则 $0.01 < P < 0.05$,按照表 10.3 χ^2 检验统计决断规则,应在 0.05 显著性水平上拒绝 H_0,而接受 H_1。其结论为:甲、乙、丙三个学校语文测验成绩有显著性差异。

双向表的独立性 χ^2 检验和同质性 χ^2 检验,只是检验的意义不同,而方法完全相同。对于同一组数据所进行的 χ^2 检验,有时既可以理解为独立性 χ^2 检验,又可以理解为同质性检验,两者无本质区别。

如果 rc 表的 χ^2 检验所作的结论为差异显著,但这并不意味着各组之间的差异都显著。如果需要进一步知道哪些组差异显著,哪些组差异不显著,还需进行四格表的 χ^2 检验。

第四节　四格表的 χ^2 检验

一、独立样本四格表的 χ^2 检验

独立样本四格表的 χ^2 检验,就是独立样本双向表中 2×2 表的 χ^2 检验。它既可以用缩减公式由实际频数直接计算 χ^2 值,又可以用上述求理论频数的方法计算 χ^2 值。

1. 缩减公式 χ^2 值的计算

独立样本四格表 χ^2 值的缩减公式为

$$\chi^2 = \frac{(ad-bc)^2 N}{(a+b)(a+c)(b+d)(c+d)} \qquad (10.6)$$

在这里　a、b、c、d 分别表示四格表中的实际频数

在上一节例 2 中,甲、乙、丙三组语文测验成绩综合而言差异显著,现对乙、丙两组成绩差异进行显著性检验。

为了运用缩减公式计算 χ^2 值,可将表 10.8 中乙、丙两组的实际频数用 a、b、c、d 表示,见表 10.9a。

表 10.9a　乙、丙两个学校语文测验成绩的四格表

组　别	及　格	不及格	总　和
乙	$a=15$	$b=20$	$a+b=35$
丙	$c=13$	$d=18$	$c+d=31$
总　和	$a+c=28$	$b+d=38$	$N=66$

检验的步骤:

(1) 提出假设

H_0:乙、丙两组语文测验成绩无本质差异

H_1:乙、丙两组语文测验成绩有本质差异

(2) 计算 χ^2 值

将表 10.9a 中的数据代入公式(10.6),则

$$\chi^2 = \frac{(15\times 18 - 20\times 13)^2 \times 66}{35\times 28\times 38\times 31} = 0.006$$

本例也可以用求理论频数的方法计算 χ^2 值,即用(10.3)式求各组的理论频数,并列入表 10.9b 的括号内,再用(10.1)式计算 χ^2 值。

表 10.9b　乙、丙两个学校语文测验成绩的四格表

组　别	及　格	不及格	总　和
乙	15(14.85)	20(20.15)	$35 = n_{r_1}$
丙	13(13.15)	18(17.85)	$31 = n_{r_2}$
总　和	$28 = n_{c_1}$	$38 = n_{c_2}$	$66 = N$

$$\chi^2 = \sum \frac{(f_0 - f_t)^2}{f_t}$$
$$= \frac{(15 - 14.85)^2}{14.85} + \frac{(20 - 20.15)^2}{20.15} + \frac{(13 - 13.15)^2}{13.15} + \frac{(18 - 17.85)^2}{17.85}$$
$$= 0.006$$

两种方法计算出的 χ^2 值相同。

（3）统计决断

根据 $df = 1$，查 χ^2 值表（附表 7），找到 $\chi^2_{(1)0.05} = 3.84$，由于 $\chi^2 = 0.006 < 3.84 = \chi^2_{(1)0.05}$，则 $P > 0.05$，按照表 10.3 χ^2 检验统计决断规则，应保留 H_0 而拒绝 H_1。其结论为：乙、丙两组语文测验成绩无显著性差异。

事实说明，当 rc 表 χ^2 检验结果差异显著时，并不等于每两组的差异都显著。

2. 校正 χ^2 值的计算

当 $df = 1$，样本容量总和 $N < 30$ 或 $N < 50$ 时（决定于对检验结果要求的严格程度），应对 χ^2 值进行亚茨连续性校正。其校正公式为

$$\chi^2 = \frac{\left(\mid ad - bc \mid - \frac{N}{2} \right)^2 N}{(a+b)(a+c)(b+d)(c+d)} \tag{10.7}$$

例如：高二 40 个学生考试焦虑测验结果如表 10.10a，问男女学生考试焦虑人数分布有无本质差异？

表 10.10a　男女学生考试焦虑人数分布的四格表

	焦虑程度低	焦虑程度高	总　和
男	$a = 18$	$b = 6$	$a + b = 24$
女	$c = 10$	$d = 6$	$c + d = 16$
总　和	$a + c = 28$	$b + d = 12$	$N = 40$

检验的步骤：

（1）提出假设

H_0：男女生考试焦虑人数分布无本质差异

H_1：男女生考试焦虑人数分布有本质差异

（2）计算 χ^2 值

首先用缩减的校正公式计算 χ^2 值：

由于 $df = 1$，$N = 40$，$30 < 40 < 50$，如果对于检验的结果从严要求，在计算 χ^2 值时，仍

需进行连续性校正。将表 10.10a 的数据代入(10.7)式。

$$\chi^2 = \frac{\left(\mid 18\times 6 - 6\times 10 \mid - \frac{40}{2}\right)^2 \times 40}{24\times 28\times 12\times 16} = 0.24$$

若以求理论频数的方法计算 χ^2 值,由于 $df=1$,有一个组的理论频数小于 5,$f_t = 4.8 < 5$,仍需用(10.2)式进行亚茨连续性校正。

表 10.10b　男女学生考试焦虑人数分布的四格表

	焦虑程度低	焦虑程度高	合　计
男	18(16.8)	6(7.2)	24
女	10(11.2)	6(4.8)	16
合　计	28	12	40 = N

$\left(\text{表中括号内的数据是用}\ f_t = \frac{n_r n_c}{N}\ \text{计算出的理论频数}\right)$

$$\chi^2 = \sum \frac{(\mid f_0 - f_t \mid - 0.5)^2}{f_t}$$
$$= \frac{(\mid 18 - 16.8 \mid - 0.5)^2}{16.8} + \frac{(\mid 6 - 7.2 \mid - 0.5)^2}{7.2}$$
$$+ \frac{(\mid 10 - 11.2 \mid - 0.5)^2}{11.2} + \frac{(\mid 6 - 4.8 \mid - 0.5)^2}{4.8} = 0.24$$

两种校正方法计算结果相同。应用时可任选一种。

(3) 统计决断

根据 $df=1$,查 χ^2 值表(附表 7),找到 $\chi^2_{(1)0.05} = 3.84$,由于 $\chi^2 = 0.24 < 3.84 = \chi^2_{(1)0.05}$,则 $P > 0.05$。按照表 10.3 χ^2 检验统计决断规则,保留 H_0,而拒绝 H_1。其结论为:高二男女学生考试焦虑人数分布无显著性差异。

二、相关样本四格表的 χ^2 检验

1. 缩减公式 χ^2 值的计算

相关样本四格表 χ^2 值的缩减公式为

$$\chi^2 = \frac{(b-c)^2}{b+c} \tag{10.8}$$

在这里　b,c 表示两次测验结果发生变化的实际频数

例如:124 个学生 1 000 米长跑,训练一个月前后两次测验达标情况如下表,问一个月的训练是否有显著效果?

检验的步骤:

(1) 提出假设

H_0:一个月长跑训练无显著效果

H_1:一个月长跑训练有显著效果

(2) 计算 χ^2 值

将右表数据代入(10.8)式,则

$$\chi^2 = \frac{(19-33)^2}{19+33} = 3.77$$

<table>
<tr><td colspan="4" align="center">第二次测验</td></tr>
<tr><td></td><td></td><td>达标</td><td>未达标</td></tr>
<tr><td rowspan="2">第一次测验</td><td>达 标</td><td>$a=61$</td><td>$b=19$</td></tr>
<tr><td>未达标</td><td>$c=33$</td><td>$d=11$</td></tr>
</table>

本例也可以用求理论频数的方法计算χ^2值。

同一组学生两次测验结果只涉及b(第一次达标而第二次未达标者)和c(第一次未达标而第二次达标者)。根据一

个月长跑训练无显著效果的零假设,b和c的理论频数均为$f_t = \frac{b+c}{2} = \frac{19+33}{2} = 26$,于是

$$\chi^2 = \sum \frac{(f_0 - f_t)^2}{f_t} = \frac{(19-26)^2}{26} + \frac{(33-26)^2}{26} = 3.77$$

用缩减公式与用理论频数计算出的χ^2值相同。应用时可任选一种。

(3) 统计决断

根据$df = 1$,查χ^2值表(附表7),找到$\chi^2_{(1)0.05} = 3.84$,由于实际计算出的$\chi^2 = 3.77 <$ $3.84 = \chi^2_{(1)0.05}$,则$P > 0.05$。按照表10.3 χ^2检验统计决断的规则,应保留H_0而拒绝H_1。其结论为:一个月长跑训练无显著效果。

2. 校正χ^2值的计算

当$df = 1$,两个相关样本四格表中$(b+c) < 30$或$(b+c) < 50$(决定于对检验结果要求的严格程度),应对χ^2值进行亚茨连续性校正。其校正公式为

$$\chi^2 = \frac{(|b-c|-1)^2}{b+c} \tag{10.9}$$

例如:某校将参加课外阅读活动的14个学生与未参加此种活动的14个学生,根据各方面条件基本相同的原则进行配对,测得他们的阅读理解成绩如下表,问课外阅读活动对提高阅读理解能力是否有良好的作用?

检验步骤:

(1) 提出假设

H_0:课外阅读活动对阅读理解能力的提高没有什么作用

H_1:课外阅读活动对阅读理解能力的提高有良好作用

<table>
<tr><td colspan="4" align="center">参加课外阅读活动</td></tr>
<tr><td></td><td></td><td>良</td><td>非良</td></tr>
<tr><td rowspan="2">未参加课外阅读活动</td><td>良</td><td>$a=3$</td><td>$b=1$</td></tr>
<tr><td>非良</td><td>$c=8$</td><td>$d=2$</td></tr>
</table>

(2) 计算χ^2值

由于$df = 1$,$(b+c) < 30$,在计算χ^2值时可以用(10.9)校正公式

$$\chi^2 = \frac{(|1-8|-1)^2}{1+8} = 4.00$$

若用理论频数计算χ^2值,根据课外阅读活动对阅读理解能力的提高无作用为零假设,则b与c的理论频数均为$f_t = \frac{b+c}{2} = \frac{1+8}{2} = 4.5$,由于两组$f_t = 4.5 < 5$,应当运用(10.2)式进行校正。于是

$$\chi^2 = \sum \frac{(\mid f_0 - f_t \mid - 0.5)^2}{f_t}$$

$$= \frac{(\mid 1 - 4.5 \mid - 0.5)^2}{4.5} + \frac{(\mid 8 - 4.5 \mid - 0.5)^2}{4.5} = 4.00$$

两种方法计算出的 χ^2 值相同,应用时可任选一种。

(3)统计决断

根据 $df = 1$,查 χ^2 值表(附表7),找到 $\chi^2_{(1)0.05} = 3.84$,$\chi^2_{(1)0.01} = 6.63$,由于 $3.84 < 4.00^* < 6.63$,则 $0.01 < P < 0.05$,按照表10.3 χ^2 检验统计决断的规则,应在0.05显著性水平上拒绝 H_0,而接受 H_1。其结论为:课外阅读活动对阅读理解能力的提高有良好作用。

练 习 题

1. 某校学生对中学文理分科赞成者占 25%,不置可否者占 35%,不赞成者占 40%,该校某班36名学生中赞成者7人,不置可否者10人,不赞成者19人。问该班学生对文理分科各种态度的人数比率与全校是否一样?

2. 大学某系一年级外地学生有42人,本地学生有24人,问全校一年级外地与本地学生的人数是否有显著差异?

3. 某小学四年级学生家长不给孩子留家庭作业的占 70%,该年级某小组16个学生家长不给孩子留作业的有8人,问该组家长不给孩子留作业的人数比率与全年级是否有显著性差异?

4. 试检验以下实际频数分布是否符合正态分布?

分数	360—	390—	420—	450—	480—	510—	540—
频数	1	2	10	16	17	18	18

570—	600—	630—	660—	690—	720—	750—	总和
17	13	12	8	3	2	1	138

(本题的平均数 $\overline{X} = 552.61$,标准差 $\sigma_X = 79.79$)

5. 试检验学生家长的阶层与对新学制的态度是否有关系?〔分别以(10.4)式和求理论频数的方法计算 χ^2 值〕

家长所属的阶层	对某种学制的态度			总 和
	赞成	反对	不定	
高级知识分子	14	18	20	52
职 员	22	10	12	44
工 人	12	7	10	29
总 和	48	35	42	125

6. 某校高三物理考试成绩如下表,问四个平行班的成绩是否有本质差异?

班　别	70 分以上	70 分以下	总　　和
一班	22	23	45
二班	21	14	35
三班	17	18	35
四班	27	17	44
总　和	87	72	159

7. 甲乙两校某年毕业生考取及未考取大学的人数如下表。试用 χ^2 缩减公式来检验两校高考录取率是否有显著性差异。

校　别	考　取	未考取	总　　和
甲	42(*a*)	10(*b*)	52(*a*+*b*)
乙	60(*c*)	58(*d*)	118(*c*+*d*)
总　和	102(*a*+*c*)	68(*b*+*d*)	170 = *N*

8. 某班 38 名高三学生报考大学文科的 20 人中有 16 人录取,报考理科的 18 人中有 15 人录取,问文理科录取率是否有显著性差异?（分别用求理论频数及缩减校正公式计算 χ^2 值)

9. 将第九章练习题中的第 6 题进行 χ^2 检验。

10. 22 个学生仰卧起坐训练前不及格而训练后及格者有 5 人,训练前及格而训练后不及格者有 3 人,问训练是否有显著效果?

第十一章
相 关 分 析

平均数、标准差是对单变量进行描述的特征量。若对两个变量之间变化关系进行描述，需要用相关量。例如，描述同一组学生两门学科成绩的关系；智力与学习成绩的关系；某一试题的得分与试卷总分之间的关系，等等，都要用相关量来描述。

第一节　相 关 的 意 义

一、相关的概念

两个变量之间不精确、不稳定的变化关系称为相关关系。它与函数关系的区别就在于两个变量值不是一一对应得那样精确、稳定。

两个变量之间的变化关系，既表现在变化方向上，又表现在密切程度上。

从变化方向来看，两个变量之间有以下几种关系：

1. 正相关

两个变量的变化方向一致，即一个变量值变大时，另一个变量值也随之变大；一个变量值变小时，另一个变量值也随之变小，这两个变量之间的关系称为正相关。如智商与学习成绩的关系（在非智力因素基本相同的情况下）。

2. 负相关

两个变量的变化方向相反，即一个变量值变大时，另一个变量值随之变小；一个变量值变小时，另一个变量值随之变大，这两个变量之间的关系称为负相关。如解题能力（得分）与解题所用时间长短的关系。

3. 零相关

两个变量值变化方向无一定规律，即一个变量值变大时，另一个变量值可能变大也可能变小，并且变大、变小的机会趋于相等，这两个变量之间的关系称为零相关。亦即两者之间无相关。

从密切程度来看，无论两个变量的变化方向是否一致，凡密切程度高的称为强相关或高度相关，密切程度一般的称为中度相关，密切程度弱的称为弱相关或低度相关。

二、相关系数

用来描述两个变量相互之间变化方向及密切程度的数字特征量称为相关系数。一般用 r 表示。

相关系数的数值范围是在 -1 到 $+1$ 之间，即 $0 \leqslant |r| \leqslant 1$。从 r 的正、负号以及绝对值的大小，可以表明两个变量之间变化的方向及密切程度。"+"、"−"号表示变化方向。"+"号

表示变化方向一致,即正相关;"一"号表示变化方向相反,即负相关。r的绝对值表示两个变量之间的密切程度(即强度)。绝对值越接近1,表示两个变量之间关系越密切;越接近0,表示两个变量之间关系越不密切。例如,$r=1$,表示两个变量为完全正相关;$r=-1$,表示两个变量为完全负相关。当然在教育研究中,这两种情况几乎是找不到的。假如$r_1=-0.8$,$r_2=0.24$,表明r_1为负相关,r_2为正相关。r_1的相关程度高于r_2。又如,$r_1=-0.42$,$r_2=0.42$,虽然r_1为负相关,r_2为正相关,但r_1与r_2相关程度相同。

相关系数的值,仅仅是一个比值。它不是由相等单位度量而来(即不等距),也不是百分比,因此,不能直接作加、减、乘、除运算。例如,对于$r_1=0.3$,$r_2=0.6$,$r_3=0.9$,我们不能说r_1与r_2、r_2与r_3的相关程度之差是相等的,也不能说在相关程度上r_2是r_1的两倍,r_3是r_1的三倍。

相关系数只能描述两个变量之间的变化方向及密切程度,并不能揭示两者之间的内在本质联系。如果要分析其内在本质联系,必须借助与这两个变量有关的专业知识。另外,存在相关的两个变量,也不一定存在因果关系。相关关系中可能是因果关系,也可能不是因果关系。若拟判断存在相关的两个变量是否存在因果关系,同样要根据有关知识、经验作进一步的分析研究。

第二节　积　差　相　关

一、概念及其适用范围

1. 积差相关的概念

当两个变量都是正态连续变量,而且两者之间呈线性关系时,表示这两个变量之间的相关称为积差相关。例如,初中升高中入学考试生物与化学成绩均以百分制表示,若两者分别呈正态分布,它们之间呈线性关系,这时可用积差相关来表示它们的变化关系。

2. 积差相关的使用条件

第一,两个变量都是由测量获得的连续性数据。上例百分制分数可视为测量获得的连续性数据。

第二,两个变量的总体都呈正态分布,或接近正态分布,至少是单峰对称的分布。判断总体是否呈正态分布的方法很多,其中一种方法就是进行χ^2检验(见第十章第二节)。

第三,必须是成对数据,而且每对数据之间相互独立。

第四,两个变量之间呈线性关系。这可由相关散布图的形状来决定。

若在直角坐标系中,以横轴为X,纵轴为Y,根据两个变量成对的数据(X,Y)描点,即构成相关散布图。

相关散布图的形状有多种多样。设以$(\overline{X},\overline{Y})$为零点,此时:若第一、第三象限的散点多于第二、第四象限,且分布范围狭窄,为高度正相关,如图11.1a所示。若第一、第三象限的散点多于第二、第四象限,且分布范围适中,为中度正相关,如图11.1b所示。若第二、第四象限的散点多于第一、第三象限,且分布范围适中,为中度负相关,如图11.1c所示。以上三个散布图的散点分布形状都呈斜向椭圆形,散点在椭圆中心处分布密集,在椭圆长轴两端分布稀疏,这反映两变量之间是直线关系。如果用两个变量的标准分数,即

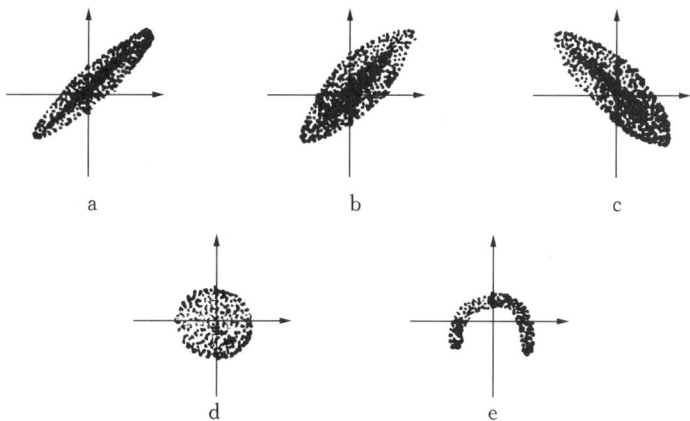

图 11.1　不同形态及不同程度的相关散布图

$$Z_X = \frac{X - \overline{X}}{\sigma_X}, \ Z_Y = \frac{Y - \overline{Y}}{\sigma_Y}$$

绘制散布图,对两个变量的相关程度可反映得更加准确。当图形不明显时,而纵列散点的平均数接近于一条直线,也可判断为两个变量呈线性关系。

若四个象限的散点相等,且分布均匀,为零相关。如图 11.1d 所示。若散点分布呈曲线形,为曲线相关。如图 11.1e 所示。

散布图的趋势若表明两个变量是线性关系,才可以计算积差相关系数。若表明是曲线关系,则需用曲线相关计算相关系数。

第五,要排除共变因素的影响。若两个变量都随着一个共同因素在变化,即便计算出的积差相关系数很高,也难以判断这两个变量之间存在着高度相关。例如,在非智力因素基本相同的条件下,用智力不同学生的学习成绩来考查两门学科之间的相关情况,因为两门学科都随智力而变化,智力高者两门学科成绩都好,智力低者两门学科成绩都差。因此难以将它们之间的高度相关都归因于这两门学科的关系。

第六,样本容量 $n \geqslant 30$,计算出的积差相关系数才具有有效意义。

3. 积差相关系数的定义公式

为了介绍积差相关的定义公式,先介绍协方差。

协方差是两个变量离差乘积之和除以 n 所得之商。用公式可表示为

$$COV = \frac{\sum (X - \overline{X})(Y - \overline{Y})}{n} \tag{11.1}$$

在这里　COV 表示两个变量的协方差

　　　　$X - \overline{X}$ 表示 X 变量的离差

　　　　$Y - \overline{Y}$ 表示 Y 变量的离差

　　　　n 表示样本的容量

现以表 11.1 中 10 个学生初一(X)与初二(Y)的数学测验分数为例,说明协方差的计算过程。首先求出 $\overline{X} = 71$,$\overline{Y} = 72.3$,然后分别算出每个学生 X 与 $\overline{X}$,Y 与 $\overline{Y}$ 的离差,再将每对离差乘积总和除以 n,即为协方差,本例协方差 $COV = \frac{134}{10} = 13.4$。

表 11.1 10 个学生初一(X)与初二(Y)数学分数
积差相关系数计算表

序号 (1)	X (2)	Y (3)	$X-\overline{X}$ (4)	$Y-\overline{Y}$ (5)	$(X-\overline{X})(Y-\overline{Y})$ (6)	$(X-\overline{X})^2$ (7)	$(Y-\overline{Y})^2$ (8)
1	74	76	3	3.7	11.1	9	13.69
2	71	75	0	2.7	0	0	7.29
3	72	71	1	−1.3	−1.3	1	1.69
4	68	70	−3	−2.3	6.9	9	5.29
5	76	76	5	3.7	18.5	25	13.69
6	73	79	2	6.7	13.4	4	44.89
7	67	65	−4	−7.3	29.2	16	53.29
8	70	77	−1	4.7	−4.7	1	22.09
9	65	62	−6	−10.3	61.8	36	106.09
10	74	72	3	−0.3	−0.9	9	0.09
总和	710	723			134	110	268.10

协方差是积差相关系数的基础。它的离差乘积之和的大小,就能反映两个变量之间的关系。在 X 与 Y 两个变量值中,当 X 大于 $\overline{X}$ 时,Y 也大于 $\overline{Y}$,而 X 小于 $\overline{X}$ 时,Y 也小于 $\overline{Y}$,在这种情况下,两个离差乘积和为正,且数值较大,说明两个变量的变化方向一致,且关系密切;在两个变量值中,当 X 小于 $\overline{X}$ 时,Y 反而大于 $\overline{Y}$,X 大于 $\overline{X}$ 时,Y 反而小于 $\overline{Y}$,在这种情况下,两个离差乘积和为负,且数值较大,说明两个变量的变化方向相反,但关系密切;在两个变量值中,当 X 大于 $\overline{X}$ 时,Y 可能大于 $\overline{Y}$,也可能小于 $\overline{Y}$,当 X 小于 $\overline{X}$,Y 可能大于 $\overline{Y}$,也可能小于 $\overline{Y}$,两个离差乘积和趋于 0。说明两个变量之间无相关。

但是协方差是带有具体单位的绝对数量,它不能与单位不同的资料相比较。

为了使协方差变成相对数,能够与不同单位的资料相比较,可将两个离差除以相应的标准差,使之变成两个标准分数,然后将两个标准分数的乘积之和除以 n,便为积差相关系数 r。

积差相关系数就是两个变量标准分数乘积之和除以 n 所得之商。用公式可表示为

$$r = \frac{\sum\left(\dfrac{X-\overline{X}}{\sigma_X}\right)\left(\dfrac{Y-\overline{Y}}{\sigma_Y}\right)}{n} = \frac{\sum(X-\overline{X})(Y-\overline{Y})}{n\sigma_X\sigma_Y} \tag{11.2}$$

在这里 σ_X 表示 X 变量的样本标准差

σ_Y 表示 Y 变量的样本标准差

表 11.1 中 10 个学生初一数学分数的标准差为:

$$\sigma_X = \sqrt{\frac{\sum(X-\overline{X})^2}{n}} = \sqrt{\frac{110}{10}} = 3.317$$

初二数学分数的标准差为:

$$\sigma_Y = \sqrt{\frac{\sum(Y-\overline{Y})^2}{n}} = \sqrt{\frac{268.1}{10}} = 5.178$$

将表 11.1 的有关数据代入(11.2)式,则 10 个学生初一与初二数学分数的积差相关系数为:

$$r = \frac{134}{10 \times 3.317 \times 5.178} = 0.780$$

前面讲过相关系数的数值范围在 -1.00 至 1.00 之间,现可用积差相关的两个浅显的实例来说明。

例如,表 11.2 中 X 和 Y 每对数值相等,则每对离差也相等,并且符号相同,两个标准差也相等。于是

表 11.2　关于完全正相关的说明

X (1)	Y (2)	$X-\overline{X}$ (3)	$Y-\overline{Y}$ (4)	$(X-\overline{X})(Y-\overline{Y})$ (5)
70	70	-2	-2	4
71	71	-1	-1	1
72	72	0	0	0
73	73	1	1	1
74	74	2	2	4

$$r = \frac{\sum(X-\overline{X})(Y-\overline{Y})}{n\sigma_X\sigma_Y} = \frac{\sum(X-\overline{X})(X-\overline{X})}{n\sigma_X\sigma_X}$$
$$= \frac{\sum(X-\overline{X})^2}{n\sigma_X^2} = \frac{\sigma_X^2}{\sigma_X^2} = 1$$

这是完全正相关。

表 11.3 中的 X 和 Y 两列数值相同,但方向相反,则每对离差数值相等而符号相反,两个标准差也相等,于是

表 11.3　关于完全负相关的说明

X (1)	Y (2)	$X-\overline{X}$ (3)	$Y-\overline{Y}$ (4)	$(X-\overline{X})(Y-\overline{Y})$ (5)
70	74	-2	2	-4
71	73	-1	1	-1
72	72	0	0	0
73	71	1	-1	-1
74	70	2	-2	-4

$$r = \frac{\sum(X-\overline{X})(Y-\overline{Y})}{n\sigma_X\sigma_Y} = \frac{\sum(X-\overline{X})[-(X-\overline{X})]}{n\sigma_X\sigma_X} = \frac{-\sigma_X^2}{\sigma_X^2} = -1$$

这是完全负相关。

上述两例是完全相关中的特例。其实完全相关并不一定是两个变量值完全相同。

二、积差相关系数的计算方法

用定义公式可以计算积差相关系数,但麻烦,结果不够精确,一般采用原始数据计算法。

其计算公式为

$$r = \frac{\sum XY - (\sum X)(\sum Y)/n}{\sqrt{\sum X^2 - (\sum X)^2/n}\,\sqrt{\sum Y^2 - (\sum Y)^2/n}} \qquad (11.3)$$

在这里 $\sum XY$ 表示 X 与 Y 两个变量每对观察值的乘积之和

$\qquad\qquad$ $\sum X$ 表示 X 变量的观察值的总和

$\qquad\qquad$ $\sum Y$ 表示 Y 变量的观察值的总和

$\qquad\qquad$ $\sum X^2$ 表示 X 变量的观察值平方之和

$\qquad\qquad$ $\sum Y^2$ 表示 Y 变量的观察值平方之和

为了计算公式(11.3)中的有关数据,将表 11.1 的资料列成表 11.4,并将表中有关数据代入上式,则

$$r = \frac{\sum XY - (\sum X)(\sum Y)/n}{\sqrt{\sum X^2 - (\sum X)^2/n}\,\sqrt{\sum Y^2 - (\sum Y)^2/n}}$$

$$= \frac{51\,467 - 710 \times 723/10}{\sqrt{50\,520 - 710^2/10} \times \sqrt{52\,541 - 723^2/10}} = 0.780$$

表 11.4　10 个学生初一(X)与初二(Y)数学分数积差相关系数计算表

序　号 (1)	X (2)	Y (3)	X^2 (4)	Y^2 (5)	XY (6)
1	74	76	74^2	76^2	74×76
2	71	75	71^2	75^2	71×75
3	72	71	72^2	71^2	72×71
4	68	70	68^2	70^2	68×70
5	76	76	76^2	76^2	76×76
6	73	79	73^2	79^2	73×79
7	67	65	67^2	65^2	67×65
8	70	77	70^2	77^2	70×77
9	65	62	65^2	62^2	65×62
10	74	72	74^2	72^2	74×72
总和	710	723	50 520	52 541	51 467

三、相关系数的等距转换及其合并

前面已经讲过,相关系数不可以直接相加求和,因为它不具有等距的单位。但是在教育研究中,往往需要计算几个相关系数的平均数。例如,拟将对同一个总体内几组被试先后测验结果所获得的几个相关系数综合成一个相关系数;或者要将各地科研协作者对同一个总体的被试施测结果所获得的几个相关系数综合成一个相关系数;在用相关系数估计测验信度或效度时,若需将测验中几部分的信度或效度综合成一个总信度或总效度时,也需要求几个相关系数的平均数。

将相关系数 r 转换成等距单位的 Z_r 值,可用统计学家费舍的 Z_r 转换法,其转换公式为

$$Z_r = \frac{1}{2}\ln\left(\frac{1+r}{1-r}\right) \text{或} Z_r = 1.151\ 3\lg\left(\frac{1+r}{1-r}\right) \tag{11.4}$$

因 Z_r 的分布无论总体 ρ 的大小及样本容量 n 的大小,都近似正态分布,故 Z_r 是等距的。

在实际应用时,将 r 转换成 Z_r,不必用上式计算,可直接查 r 与 Z_r 转换表(附表8)。

例如,为了考察数学与物理两门学科成绩的相关程度,从北京、上海、广州各随机抽取某年全国统一高考的数学与物理试卷计算出的积差相关系数如表 11.5 第(4)列所示,求三个城市数学与物理高考成绩相关系数的平均数。

表 11.5　某年高考数学与物理成绩三个相关系数平均数计算表

市别 (1)	n (2)	$n-3$ (3)	r (4)	Z_r (5)	$(n-3)Z_r$ (6)
北京	113	$113-3$	0.515	0.570	$(113-3) \times 0.570 = 62.700$
上海	552	$552-3$	0.498	0.546	$(552-3) \times 0.546 = 299.754$
广州	80	$80-3$	0.563	0.637	$(80-3) \times 0.637 = 49.049$
总和		736			411.503

现用上例说明计算几个相关系数平均数的方法。

(1) 将各相关系数 r 转换成 Z_r

即利用 r 与 Z_r 转换表(附表8)根据 r 值寻找相应的 Z_r 值,如北京数学与物理高考成绩的相关系数 $r = 0.515$,其 $Z_r = 0.570$。其他转换结果如上表第(5)列。

(2) 求 Z_r 的平均数 $\overline{Z}_r$

其计算公式为

$$\overline{Z}_r = \frac{\sum (n-3)Z_r}{\sum (n-3)} \tag{11.5}$$

在这里　Z_r 表示各相关系数 r 的标准分数

　　　　 n 表示各组样本容量

本例

$$\overline{Z}_r = \frac{(113-3) \times 0.570 + (552-3) \times 0.546 + (80-3) \times 0.637}{(113-3) + (552-3) + (80-3)} = 0.559$$

(3) 将 $\overline{Z}_r$ 转换成 $\overline{r}$

仍用 r 与 Z_r 转换表(附表8)在 Z_r 列中找到与 $\overline{Z}_r$ 最接近的值,其相对应的 r 值,就是 $\overline{r}$。本例与 $\overline{Z}_r = 0.559$ 相对应的 $\overline{r} = 0.507$,即三个城市某年高考数学与物理成绩相关系数的平均数 $\overline{r} = 0.507$。

四、相关系数的显著性检验

(一) 相关系数的抽样分布

从两个正态连续变量的总体中,随机抽取 n 对数据,算得一个样本相关系数 r 值,随后将这些数据还回两个总体中去,再从中随机抽取 n 对数据,又可以计算出一个样本的 r 值,这样

反复抽下去,就会有一切可能个样本的 r 值,这一切可能个样本 r 值的频数分布,就构成一个实验性的相关系数 r 的抽样分布。实际上,相关系数的抽样分布是一个理论的概率分布。

相关系数抽样分布的形态,随总体相关系数 ρ 和样本容量 n 的大小而变化。从图 11.2 可以看出,当 $\rho=0$ 时,样本 r 的抽样分布呈正态;当 $\rho \neq 0$,而 n 相当大时(如 $\rho=0.6$,$n=50$),r 的抽样分布接近于正态;当 $\rho \neq 0$ 而 n 相当小时(如 $\rho=0.6$,$n=6$),r 的抽样分布呈偏态;可以想象当 ρ 的数值很大时(如 $\rho=0.8$),即使 n 较大,r 的抽样分布也呈偏态。

根据样本相关系数 r 对总体相关系数 ρ 进行推断,是以 r 的抽样分布正态性为转移的,只有当总体相关系数为零,或者接近于零,样本容量 n 相当大($n>50$ 或 $n>30$)时,r 的抽样分布才接近于正态分布。

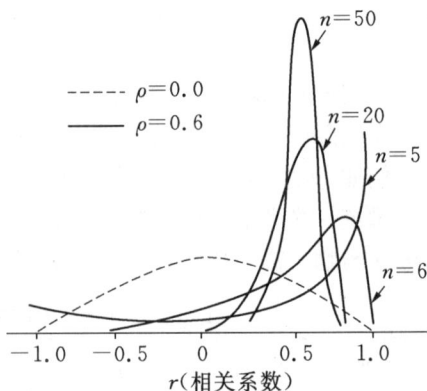

图 11.2 $\rho=0$ 和 $\rho=0.6$ 相关系数 r 的抽样分布

(二) 相关系数显著性检验的基本原理

上面求出的相关系数 r,是根据样本数据计算出来的,它存在着抽样误差。即使从总体相关系数 $\rho=0$ 的总体中随机抽取的样本,由于抽样的偶然性,计算出的 r 有可能不等于零,即 $|r|>0$。因此,还不能根据 $|r|$ 的大小,对 X 与 Y 之间关系的密切程度作出判断,还要看 r 在以 $\rho=0$ 为中心的抽样分布上出现的概率如何。如果从 $\rho=0$ 的总体中随机抽取的 r 在抽样分布上出现的概率较大,则 r 和 $\rho=0$ 的差异无显著意义。这时,即使 $|r|$ 的数值较大,也不能认为 X 与 Y 是相关的;反之,如果从 $\rho=0$ 的总体中,随机抽取的 r 在抽样分布上出现的概率较小,则 r 和 $\rho=0$ 有显著性差异。这时,即使 $|r|$ 数值较小,也应认为 X 和 Y 是相关的。所以只有在后一种情况下,才能根据样本 $|r|$ 的大小来说明 X 与 Y 相关关系的密切程度如何。

(三) 相关系数显著性检验的步骤及方法

1. $H_0: \rho=0$ 条件下,相关系数的显著性检验

对于总体相关系数 $\rho=0$ 的零假设进行显著性检验时,又分为两种情况:

(1) 当 $n \geqslant 50$ 的情况

当 $n \geqslant 50$ 时,r 的抽样分布接近于正态分布,其标准误为

$$S_r = \frac{1-r^2}{\sqrt{n-1}} \qquad (11.6)$$

在这里　r 表示两个变量的积差相关系数

　　　　n 表示样本的容量

例如,150 个 6 岁男童体重和屈臂悬体的相关系数为 $r=-0.35$,问从总体来说,6 岁男童体重和屈臂悬体之间是否存在相关?

检验的步骤:

① 提出假设

$$H_0 : \rho = 0 \qquad H_1 : \rho \neq 0$$

② 选择检验统计量并计算其值

由于 $n = 150 > 50$，r 的抽样分布接近于正态，则检验统计量为

$$Z = \frac{r - \rho}{\dfrac{1 - r^2}{\sqrt{n-1}}} = \frac{r - 0}{\dfrac{1 - r^2}{\sqrt{n-1}}} = \frac{r\sqrt{n-1}}{1 - r^2} \tag{11.7}$$

将本例有关数据代入上式，则

$$Z = \frac{(-0.35)\sqrt{150-1}}{1 - (-0.35)^2} = -4.87$$

③ 确定检验的形式

进行双侧检验。

④ 统计决断

根据表 6.2，双侧 Z 检验统计决断规则，由于 $|Z| = 4.87^{**} > 2.58 = Z_{0.01}$，则 $P < 0.01$，于是在 0.01 显著性水平上拒绝 H_0 而接受 H_1。其结论为：样本相关系数 $r = -0.35$ 与总体零相关有极其显著性差异。或者说，$r = -0.35$ 的样本不是来自于 $\rho = 0$ 的总体。从而可以说，6 岁男童体重与屈臂悬体之间存在着负相关。

（2）当 $n < 50$ 的情况

当 $n < 50$ 时，关于 $\rho = 0$ 的零假设，可用费舍（Fisher）指出的 t 统计量来检验相关系数的显著性。

$$t = \frac{r\sqrt{n-2}}{\sqrt{1 - r^2}} \qquad (df = n - 2) \tag{11.8}$$

在这里　r 表示两个变量的积差相关系数

　　　　n 表示样本的容量

例如，本章表 11.1 的资料，10 个学生初一数学分数与初二数学分数的相关系数 $r = 0.78$，问从总体上来说，初一与初二数学分数是否存在相关？

检验的步骤：

① 提出假设

$$H_0 : \rho = 0 \qquad H_1 : \rho \neq 0$$

② 选择检验统计量并计算其值

由于 $n = 10 < 50$，r 的抽样分布不呈正态，则检验统计量为

$$t = \frac{r\sqrt{n-2}}{\sqrt{1 - r^2}} = \frac{0.78\sqrt{10-2}}{\sqrt{1 - 0.78^2}} = 3.524$$

③ 确定检验形式

采用双侧检验。

④ 统计决断

根据 $df = n - 2 = 10 - 2 = 8$，查 t 值表（附表 2）$P(2)$，找到 $t_{(8)0.01} = 3.355$，由于 $|t| =$

$3.524^{**} > 3.355 = t_{(8)0.01}$，则 $P < 0.01$，按表 6.4t 检验统计决断的规则，应在 0.01 显著性水平上拒绝 H_0，而接受 H_1。其结论为：样本的 $r = 0.78$ 与总体零相关有极其显著性差异。或者说，$r = 0.78$ 的样本不是来自于 $\rho = 0$ 的总体。从总体上说，初一数学分数与初二数学分数存在着正相关。

为了简化计算，可根据自由度 $df = n-2$，以及所确定的检验形式（单侧或双侧），直接查积差相关系数界值表（附表 9），寻找 r 的临界值［表中 $P(1)$ 表示单侧临界值，$P(2)$ 表示双侧临界值］，然后将样本 r 值直接与临界值相比较，按表 11.6 相关系数统计决断的规则，对 r 的总体 ρ 是否为零作出统计决断。如上例，根据 $df = n-2 = 10-2 = 8$，查附表 9，r 的双侧临界值为 $r_{(8)0.01} = 0.765$，由于 $r = 0.78^{**} > 0.765 = r_{(8)0.01}$，则 $P < 0.01$，于是在 0.01 显著性水平上拒绝 H_0，而接受 H_1。与用公式（11.8）检验结论完全相同。

表 11.6　相关系数显著性统计决断规则（单侧或双侧）

$|r|$ 与临界值的比较	P 值	检验结果	显著性
$|r| < r_{(df)0.05}$	$P > 0.05$	保留 H_0 接受 H_1	不显著
$r_{(df)}0.05 \leqslant |r| < r_{(df)0.01}$	$0.01 < P \leqslant 0.05$	在 0.05 显著性水平上拒绝 H_0 接受 H_1	显著（＊）
$|r| \geqslant r_{(df)0.01}$	$P \leqslant 0.01$	在 0.01 显著性水平上拒绝 H_0 接受 H_1	极其显著（＊＊）

2. $H_0: \rho = \rho_0$ 条件下，相关系数的显著性检验

以上检验相关系数的两种方法，都是对于 $H_0: \rho = 0$ 所进行的检验。如果要检验 $\rho \neq 0$ 而等于任何一个定值，即 $\rho = \rho_0$ 或检验两个相关系数的差异时，上述的方法就不适用了。因为 $\rho \neq 0$ 时 r 的抽样分布不呈正态而呈偏态。在此情况下，可查 r 与 Z_r 转换表（附表 8）将 r 转换成 Z_r，而 Z_r 的分布无论 ρ 的大小及 n 的大小都近似于正态。于是就不受 $\rho = 0$ 及 n 要相当大这两个条件的限制。

例如，29 个学生几何期中与期末考试成绩的 $r = 0.30$，问全年级几何期中与期末考试成绩的相关系数是否为 0.64？

检验步骤：

（1）提出假设

$$H_0: \rho = 0.64 \qquad H_1: \rho \neq 0.64$$

（2）将 r 转换成 Z_r，ρ 转换成 Z_ρ

查 r 与 Z_r 的转换表（附表 8），与 $r = 0.300$ 相对应的 $Z_r = 0.310$，与 $\rho = 0.64$ 相对应的 $Z_\rho = 0.758$。

（3）选择检验统计量并计算其值

由于 Z_r 的抽样分布呈正态分布，则检验统计量为

$$Z = \frac{z_r - z_\rho}{\dfrac{1}{\sqrt{n-3}}} = (z_r - z_\rho)\sqrt{n-3} \tag{11.9}$$

在这里 $1/\sqrt{n-3}$ 表示 Z_r 的标准误，其中 n 代表样本容量。

本例 $$Z = (0.310 - 0.758) \sqrt{29 - 3} = -2.28$$

（4）确定检验的形式

采用双侧检验。

（5）统计决断

实际计算出的 $|Z| = 2.28$，根据表 6.2 双侧 Z 检验统计决断规则，由于 $Z_{0.05} = 1.96 <$ $2.28^* < 2.58 = Z_{0.01}$，则 $0.01 < P < 0.05$，于是应在 0.05 显著性水平上拒绝 H_0 接受 H_1。其结论为：样本 $r = 0.30$ 与总体 $\rho = 0.64$ 有显著性差异。或者说，$r = 0.30$ 的样本不是来自于 $\rho = 0.64$ 的总体。即全年级几何期中与期末考试成绩之间的相关系数极少可能是 0.64。

五、两个相关系数差异的显著性检验

以上所讲的相关系数的假设检验是根据一个样本进行的。在教育研究中有时需要对两个独立样本 r_1 和 r_2 的差异进行显著性检验。

由于费舍 Z_r 的抽样分布呈正态，因而 $Z_{r_1} - Z_{r_2}$ 的抽样分布也呈正态，于是可用正态分布的 Z 比值来检验两个独立样本相关系数差异的显著性。

例如：甲班 40 名学生，语文与英语成绩相关系数 $r_1 = 0.62$，乙班 36 名学生的 $r_2 = 0.45$，问甲、乙两班学生语文与英语成绩相关系数之间是否有显著差异？

检验的步骤：

（1）提出假设

$$H_0: \rho_1 = \rho_2 \qquad H_1: \rho_1 \neq \rho_2$$

（2）将 r_1 和 r_2 转换成 Z_{r_1} 和 Z_{r_2}

查 r 与 Z_r 转换表（附表 8），寻得与 $r_1 = 0.62$ 相对应的 $Z_{r_1} = 0.725$，与 $r_2 = 0.45$ 相对应的 $Z_{r_2} = 0.485$。

（3）选择检验统计量并计算其值

由于 r_1 和 r_2 为两个独立样本，$Z_{r_1} - Z_{r_2}$ 的抽样分布也呈正态，则检验统计量为

$$Z = \frac{(Z_{r_1} - Z_{r_2}) - (Z_{\rho_1} - Z_{\rho_2})}{\sqrt{\dfrac{1}{n_1 - 3} + \dfrac{1}{n_2 - 3}}}$$

根据 $H_0: \rho_1 = \rho_2$，则上式变为

$$Z = \frac{(Z_{r_1} - Z_{r_2}) - 0}{\sqrt{\dfrac{1}{n_1 - 3} + \dfrac{1}{n_2 - 3}}} \tag{11.10}$$

在这里 $\sqrt{\dfrac{1}{n_1 - 3} + \dfrac{1}{n_2 - 3}}$ 表示两个独立样本 $Z_{r_1} - Z_{r_2}$ 的标准误，即 $S_{(z_{r_1} - z_{r_2})}$。其中 n_1 和 n_2 分别表示两个样本的容量。

将有关数据代入上式，则

$$Z = \frac{0.725 - 0.485}{\sqrt{\dfrac{1}{40 - 3} + \dfrac{1}{36 - 3}}} = 1.00$$

（4）统计决断

由于 $|Z|=1.00<1.96=Z_{0.05}$，则 $P>0.05$，根据表6.2双侧 Z 检验统计决断规则，应保留 H_0 而拒绝 H_1。其结论为：甲、乙两个班语文和英语两个相关系数 r_1 与 r_2 没有显著性差异。或者说 r_1 与 r_2 来自同一个总体。

如果是两个非独立样本，那么，这两个相关系数差异的显著性，不能用上述 r 与 Z_r 的转换来检验。

第三节　等 级 相 关

等级相关是指以等级次序排列或以等级次序表示的变量之间的相关。主要包括斯皮尔曼（Spearman）二列等级相关及肯德尔和谐系数（the kendall's coefficient of concordance）多列等级相关。

一、斯皮尔曼等级相关

（一）概念及其适用范围

当两个变量值以等级次序排列或以等级次序表示时，两个相应总体并不一定呈正态分布，样本容量也不一定大于30，表示这两变量之间的相关，称为等级相关。

根据某种标准对某项成绩所评定的等级，或按某种指标的优劣程度所排列的名次等，均属于等级秩序性分数。

因为计算等级相关系数时，并不要求总体呈正态分布，也不要求 $n>30$，所以应用范围较广。但是，若两个变量的原始资料都是较精确的度量资料，则不必化成较粗略的等级资料，否则会失掉很多信息。除了两个变量（或其中一个变量）的原始资料本身就属于等级性资料，或者难以判断资料所属总体呈何种分布形态，一般以采用积差相关为宜。

（二）相关系数的计算

计算等级相关系数的公式为

$$r_R = 1 - \frac{6\sum D^2}{n(n^2-1)} \tag{11.11}$$

在这里　　r_R 表示等级相关系数

D 表示两个变量每对数据等级（不是指原始的等级）之差

n 表示样本的容量

例如，10名高三学生学习潜在能力（简称学能）测验（X）与自学能力测验成绩（Y）如下表第（2）（4）列所示，问两者相关情况如何？

虽然 X 变量可视为正态连续变量，但 Y 变量是按某种标准评定的等级（自学能力越强，等级数越小），故两者之间的关系只好用等级相关来表示。等级相关系数的计算步骤如下：

表 11.7　10 名学生学习潜在能力与自学能力测验成绩等级相关计算表

学生序号 (1)	学习潜在能力		自学能力		等级差数 D (6)	差数平方 D^2 (7)
	X (2)	等级 (3)	Y (4)	等级 (5)		
1	90	1	3	2	−1	1
2	84	2	2	1	1	1
3	76	3	5	3	0	0
4	71	5	7	5.5	−0.5	0.25
5	71	5	8	7.5	−2.5	6.25
6	71	5	6	4	1	1
7	69	7	8	7.5	−0.5	0.25
8	68	8	7	5.5	2.5	6.25
9	66	9	10	10	−1	1
10	64	10	9	9	1	1
总和						18

第一步,赋予等级。分别将两个变量的成绩从优到劣赋予等级,最优者赋予 1,最劣者赋予 n,或者最劣者赋予 1,最优者赋予 n。在赋予等级时,两个变量方向要一致,中间依次递增,在原始等级分数中若有相同的等级分数时,可用它们所占等级位置的平均数作为它们的等级。

例如,学能测验中有 3 个 71 分,它们所占等级位置数分别为 4、5、6,其平均数为 5,则它们的等级数均为 5。又如,自学能力测验原始等级分数中,有 2 个 7,它们所占等级位置数分别为 5、6,其平均数为 5.5,则它们的等级数均为 5.5,其他依此类推。

第二步,计算两个变量每对数据所赋予的等级数之差 D,及差数的平方之和,即 $\sum D^2$。

第三步,将有关数据代入等级相关的计算公式,则

$$r_R = 1 - \frac{6 \times 18}{10(10^2 - 1)} = 0.891$$

(三) 相关系数的显著性检验

10 个学生学习潜在能力与自学能力测验成绩相关系数为 0.891,问从总体上说,两者是否存在相关?

检验的步骤:

等级相关与积差相关系数检验方法相同。

(1) 提出假设

$$H_0: \rho = 0 \qquad H_1: \rho \neq 0$$

(2) 计算检验统计量的值

因为 $n = 10 < 30$,其 t 检验统计量的值为

$$t = \frac{r_R \sqrt{n-2}}{\sqrt{1 - r_R^2}} = \frac{0.891 \times \sqrt{10 - 2}}{\sqrt{1 - 0.891^2}} = 5.551$$

第十一章　相关分析

（3）确定检验形式

采用双侧检验。

（4）统计决断

根据 $df = n - 2 = 10 - 2 = 8$，查 t 值表（附表2）$P(2)$，若在 0.01 显著性水平上作决断，寻得 $t_{(8)0.01} = 3.355$，由于实际计算出的 $t = 5.551^{**} > 3.355 = t_{(8)0.01}$，则 $P < 0.01$，按表 6.4 t 检验统计决断规则，拒绝 H_0 而接受 H_1。其结论为：10 个学生的学习潜在能力和自学能力的样本相关系数与总体零相关有极其显著性差异。或者说，从总体上看，学生的学习潜在能力与自学能力之间存在着较高的正相关。

当 n 在 1 至 1 000 之间，可根据自由度 $df = n - 2$，直接查积差相关系数界值表（附表9）寻找相应 r 的临界值，以作出决断。本例根据 $df = 10 - 2 = 8$，查积差相关系数界值表[附表9(1)]寻得 $r_{(8)0.01} = 0.765$，由于实际计算出的 $r = 0.891^{**} > 0.765 = r_{(8)0.01}$，则 $P < 0.01$，按表 11.6 相关系数统计决断规则，应在 0.01 显著性水平上拒绝 H_0 而接受 H_1。

当 n 在 4 至 50 之间，也可根据样本容量 n，直接查等级相关系数界值表（附表10），寻找 r_R 的临界值[表中 $P(1)$ 表示单侧临界值，$P(2)$ 表示双侧临界值]，然后将样本 r_R 值直接与临界值相比较以作出统计决断。本例，$n = 10$，查得双侧临界值 $r_{R(10)0.01} = 0.794$，实际计算出的 $r_R = 0.891^{**} > 0.794 = r_{R(10)0.01}$，则 $P < 0.01$，于是在 0.01 显著性水平上拒绝 H_0 而接受 H_1。

以上三种检验方法结果相同。

二、肯德尔和谐系数

（一）概念及其适用范围

当多个（两个以上）变量值以等级次序排列或以等级次序表示，描述这几个变量之间的一致性程度（即相关）的量，称为肯德尔和谐系数。它常用来表示几个评定者对同一组学生学习成绩等级评定的一致性程度，或同一个评定者对同一组学生的学习成绩用等级先后评定多次之间的一致性程度。

（二）相关系数的计算

1. 无相同等级的情况

当同一位评定者对所有被评事物的评定无相同等级时，其肯德尔和谐系数的计算公式为

$$r_W = \frac{SS_R}{\frac{1}{12}K^2(n^3 - n)} \tag{11.12}$$

在这里　r_W 表示肯德尔和谐系数

　　　　K 表示评定者的人数或同一评定者对同一组被评事物先后评定次数

　　　　n 表示被评定事物的个数

　　　　R 表示 K 个评定者对同一个被评事物所给予的等级之和

　　　　SS_R 表示 R 的离差平方和，即 $SS_R = \sum R^2 - (\sum R)^2 / n$

例如，4 位教师对 6 个学生作文竞赛的名次排列次序如表 11.8 第（2）列所示，问评定的一致性程度如何？

表 11.8　4 位教师对 6 个学生作文竞赛名次排列的肯德尔和谐系数计算表

学　生 $n = 6$ (1)	评定者 $K = 4$ (2)				R (3)	R^2 (4)
	1	2	3	4		
1	3	4	2	1	10	10^2
2	4	3	1	3	11	11^2
3	2	1	3	4	10	10^2
4	6	5	6	5	22	22^2
5	1	2	4	2	9	9^2
6	5	6	5	6	22	22^2
总　和					84	1 370

公式(11.12)中的 SS_R 为

$$SS_R = \sum R^2 - \left(\sum R\right)^2 / n$$
$$= 10^2 + 11^2 + \cdots + 22^2 - (10 + 11 + \cdots + 22)^2 / 6$$
$$= 1\ 370 - 84^2 / 6 = 194$$

将有关数据代入公式(11.12),于是 4 位评分者对 6 个学生作文竞赛等级评定的相关程度为:

$$r_W = \cfrac{194}{\cfrac{1}{12} \times 4^2 \times (6^3 - 6)} = 0.693$$

2. 有相同等级的情况

当同一位评定者对所有被评事物的评定有相同等级时,可对肯德尔和谐系数进行校正,校正公式为

$$r_W = \cfrac{SS_R}{\cfrac{1}{12} K^2 (n^3 - n) - K \sum T} \qquad (11.13)$$

在这里
$$T = \sum (m^3 - m)/12 \qquad (11.14)$$

m 表示相同等级的个数

例 2,同一位教师对 5 份研究生入学考试政治试卷根据标准先后 3 次等级评定结果如表 11.9 第(2)列所示,问 3 次评定结果的相关程度如何?

表 11.9　同一位教师对 5 份研究生入学政治试卷先后
3 次等级评定结果的肯德尔和谐系数计算表

学生 $n = 5$ (1)	先后评定次数 $K = 3$ (2)			等级 (3)			R (4)	R^2 (5)
	1	2	3	1	2	3		
1	3	5	3	5	5	4.5	14.5	14.5^2
2	1	2	2	1	2	2.5	5.5	5.5^2

学生 $n = 5$ (1)	先后评定次数 $K = 3$ (2)			等级 (3)			R (4)	R^2 (5)
	1	2	3	1	2	3		
3	2	1	1	3	1	1	5	5^2
4	2	3	2	3	3	2.5	8.5	8.5^2
5	.2	4	3	3	4	4.5	11.5	11.5^2
总　和							45.	470

校正的肯德尔和谐系数计算步骤如下：

(1) 赋予等级

在同一次评定中，若有相同的等级（指原始的），可用它们所占位置等级的平均数作为它们的等级。如第一次评定中，有 3 个 2，它们所占的位置数分别为 2、3、4，其平均数为 3，则赋予它们的等级数均为 3，其他依此类推，见第(3)列。

(2) 计算 SS_R

将每个学生三次被评等级求和为 R，平方之和为 R^2，如第(4)(5)列所示，于是 SS_R 为

$$SS_R = \sum R^2 - (\sum R)^2/n = 470 - 45^2/5 = 65$$

(3) 计算 $\sum T$

根据公式(11.14)，第一次评定中有 3 个等级相同。则 $T_1 = \frac{3^3 - 3}{12} = 2$；第三次评定中有 2 个 2 相同，2 个 3 相同，则 $T_3 = \frac{2^3 - 2}{12} + \frac{2^3 - 2}{12} = 1$，于是 $\sum T = 2 + 1 = 3$。

(4) 计算校正的肯德尔和谐系数

将有关数据代入公式(11.13)，于是

$$r_W = \frac{65}{\frac{1}{12} \times 3^2 \times (5^3 - 5) - 3 \times 3} = 0.802$$

(三) 相关系数的显著性检验

现以上述同一位教师对 5 份政治试卷先后评定 3 次的肯德尔和谐系数 $r_W = 0.802$ 为例，来说明与总体零相关差异显著性检验的步骤：

(1) 提出假设

$$H_0: \rho = 0 \qquad H_1: \rho \neq 0$$

(2) 计算检验统计量的值

检验统计量为：

$$\chi^2 = K(n-1)r_W \qquad (11.15)$$

将有关数据代入上式，则

$$\chi^2 = 3 \times (5-1) \times 0.802 = 9.62$$

（3）统计决断

根据自由度 $df = n - 1 = 5 - 1 = 4$，查 χ^2 值表（附表 7），寻得 0.05 及 0.01 显著性水平的 χ^2 临界值分别为 $\chi^2_{(4)0.05} = 9.49$，$\chi^2_{(4)0.01} = 13.28$，而实际计算出的 $\chi^2 = 9.62$，$\chi^2_{(4)0.05} = 9.49 < 9.62^* < 13.28 = \chi^2_{(4)0.01}$。根据表 10.3 χ^2 检验统计决断规则，$0.01 < P < 0.05$，于是在 0.05 显著性水平上拒绝 H_0 而接受 H_1，其结论为：同一位教师对 5 份研究生入学考试政治试卷先后 3 次等级评定结果从总体上说是一致的（相关的），此结论的可靠度为 95%。

第四节　质与量的相关

质与量的相关是指一个变量为质，另一个变量为量，这两个变量之间的相关。如智商、学科分数、身高、体重等是表现为量的变量，男与女、优与劣、及格与不及格等是表现为质的变量。质与量的相关主要包括二列相关、点二列相关、多系列相关。

一、二列相关

（一）概念及其适用范围

当两个变量都是正态连续变量，其中一个变量被人为地划分成二分变量（如按一定标准将属于正态连续变量的学科考试分数划分成及格与不及格，录取与未录取，把某一体育项目测验结果划分成通过与未通过，达标与未达标，把健康状况划分成好与差，等等），表示这两个变量之间的相关，称为二列相关。

二列相关的使用条件为：

- 两个变量都是连续变量，且总体呈正态分布，或总体接近正态分布，至少是单峰对称分布。
- 两个变量之间是线性关系。
- 二分变量是人为划分的，其分界点应尽量靠近中值。
- 样本容量 n 应当大于 80。

（二）相关系数的计算

二列相关系数的计算公式有两种表示形式，其中一种形式为：

$$r_b = \frac{\overline{X}_p - \overline{X}_q}{\sigma_t} \frac{pq}{Y} \tag{11.16}$$

在这里　r_b 表示二列相关系数

p 表示二分变量中某一类别的频数比率

q 表示二分变量中另一类别的频数比率

$\overline{X}_p$ 表示与二分变量中 p 类相对应的连续变量的平均数

$\overline{X}_q$ 表示与二分变量中 q 类相对应的连续变量的平均数

σ_t 表示连续变量中所有分数的标准差

Y 表示正态曲线下与 p 相对应的纵线高度

另一种表示形式为：

$$r_b = \frac{\overline{X}_p - \overline{X}_t}{\sigma_t} \frac{p}{Y} \qquad (11.17)$$

在这里 $\overline{X}_t$ 表示连续变量中所有分数的平均数

按理计算二列相关系数的样本容量应大于 80,为了简明地介绍计算方法,仅以小样本为例。

例如,15 名初三毕业生,其中升入重点中学有 5 人,升入非重点中学 10 人,其高中入学考试英语分数如表 11.10,问中学的类别与英语考试成绩的相关情况如何?

表 11.10　初三学生的学校类别与高中入学考试英语分数二列相关系数计算表

学生序号 (1)	考试分数 X (2)	重点中学 1 (3)	非重点中学 0 (4)	学生序号 (1)	考试分数 X (2)	重点中学 1 (3)	非重点中学 0 (4)
1	68		0	11	70		0
2	82	1		12	76	1	
3	54		0	13	71		0
4	73	1		14	73		0
5	61		0	15	71		0
6	75	1		分数总和	1 063	386	677
7	72		0	人数总和	15	5	10
8	63		0	人数比率		0.333 33	0.666 67
9	80	1		平均数 $\overline{X}$	70.867	77.200	67.700
10	74		0	标准差 σ_t	6.946		

高中入学考试英语成绩可以看作为正态连续变量,而重点与非重点中学是人为划分的二分变量,故学校类别与考试成绩的相关可以用二列相关系数来表示。

公式(11.16)及(11.17)中的有关数据已计算出来,列在表 11.10 的右下方。而 Y 值是与 p 值相对应的正态曲线的纵线高度。本例 $p = 0.333\,33$,由于它小于 0.5,则 $0.5 - 0.333\,33 = 0.166\,67$,从正态曲线面积与纵线表(附表 1)的 P 列中寻找与 $0.166\,67$ 最接近的值,其相对应的 $Y = 0.363\,71$,于是

$$r_b = \frac{\overline{X}_p - \overline{X}_q}{\sigma_t} \frac{pq}{Y}$$

$$= \frac{77.200 - 67.700}{6.946} \times \frac{0.333\,33 \times 0.666\,67}{0.363\,71} = 0.836$$

$$r_b = \frac{\overline{X}_p - \overline{X}_t}{\sigma_t} \frac{p}{Y} = \frac{77.200 - 70.867}{6.946} \times \frac{0.333\,33}{0.363\,71} = 0.836$$

两种计算结果完全相同。第二个公式中所需数值运用计算器可一次计算出来。

(三) 相关系数的显著性检验

本例中学的类别(重点及非重点)与高中入学考试英语分数的二列相关系数为 0.836,问

从总体上说,两者是否存在相关?

检验的步骤:

(1) 提出假设

$$H_0 : \rho = 0 \qquad H_1 : \rho \neq 0$$

H_0 是说,中学的类别(重点及非重点)与高中入学考试英语成绩的总体相关系数为零,即无相关存在;H_1 是说,中学的类别(重点及非重点)与高中入学考试的英语成绩的总体相关系数不是零,即存在相关。

(2) 计算检验统计量的值

二列相关系数的检验统计量为

$$Z = \frac{r_b}{\dfrac{1}{Y} \sqrt{\dfrac{pq}{n}}} \tag{11.18}$$

将有关数据代入上式,则

$$Z = \frac{0.836}{\dfrac{1}{0.363\,71} \times \sqrt{\dfrac{0.333\,33 \times 0.666\,67}{15}}} = 2.50$$

(3) 统计决断

根据表 6.2 双侧 Z 检验统计决断规则,由于实际计算出的 $|Z| = 2.50$,$Z_{0.05} = 1.96 < 2.50^* < 2.58 = Z_{0.01}$,故 $0.01 < P < 0.05$,则在 0.05 显著性水平上拒绝 H_0 而接受 H_1。表明样本所属的总体相关系数与总体零相关有显著性差异。其结论为:从总体上来说,中学的类别(重点及非重点)与高中入学考试英语成绩存在相关。

二、点二列相关

(一) 概念及其适用范围

当两个变量其中一个是正态连续性变量,另一个是真正的二分名义变量(例如,男与女,已婚和未婚,色盲与非色盲,生与死,等等),这时,表示这两个变量之间的相关,称为点二列相关。有时一个变量虽然并非真正的二分变量,而是双峰分布的变量,也可以用点二列相关来表示。

如某一测验,每题答对记 1 分,答错记 0 分,其测验总分可视为正态连续变量,而每一试题分数虽不是一个真正的二分变量(因为答对同一个试题的那些学生,在有关的知识、能力方面并不完全相等),但可看作双峰变量。在确定某一题的得分与测验总分的一致性程度时,即估计某题的区分度时,可用点二列相关来计算。

(二) 相关系数的计算

点二列相关系数的计算公式有两种表示形式,其中一种形式为:

$$r_{pb} = \frac{\overline{X_p} - \overline{X_q}}{\sigma_t} \sqrt{pq} \tag{11.19}$$

在这里 r_{pb} 表示点二列相关系数

p 表示二分变量中某一类别频数的比率

q 表示二分变量中另一类别频数的比率

$\overline{X_p}$ 表示与二分变量中 p 类别相对应的连续变量的平均数

$\overline{X_q}$ 表示与二分变量中 q 类别相对应的连续变量的平均数

σ_t 表示连续变量中所有分数的标准差

另一种表示形式为：

$$r_{pb} = \frac{\overline{X_p} - \overline{X_t}}{\sigma_t} \sqrt{\frac{p}{q}} \tag{11.20}$$

在这里 $\overline{X_t}$ 表示连续变量中所有分数的平均数

例如,18 个五岁男女幼儿掷砂袋(150 克)成绩如下表,问性别与投掷成绩的相关情况如何?

幼儿投掷砂袋的成绩可视为正态连续变量,而男、女幼儿是真正的二分变量,故幼儿性别与投掷成绩的相关,可用点二列相关系数来表示。

将表 11.11 右下方的有关数据分别代入以上两个公式,则

$$r_{pb} = \frac{\overline{X_p} - \overline{X_q}}{\sigma_t} \sqrt{pq} = \frac{4.688 - 3.390}{0.709} \times \sqrt{0.444 \times 0.556} = 0.910$$

$$r_{pb} = \frac{\overline{X_p} - \overline{X_t}}{\sigma_t} \sqrt{\frac{p}{q}} = \frac{4.688 - 3.967}{0.709} \times \sqrt{\frac{0.444}{0.556}} = 0.909$$

五岁幼儿投砂袋的成绩与性别的相关系数为 0.910,两个公式计算结果非常相近,第二个公式较为简便。

本节例 1 中学的类别(重点及非重点)与高中入学考试英语分数的相关程度也可以用点二列相关系数来表示。因为虽然重点及非重点学校不是真正的二分变量,但可视为双峰变量。

表 11.11　五岁幼儿性别与投掷砂袋点二列相关系数计算表

学生序号 (1)	投掷成绩 X (2)	男 1 (3)	女 0 (4)	学生序号 (1)	投掷成绩 X (2)	男 1 (3)	女 0 (4)
1	4.0	1		13	3.3		0
2	3.6		0	14	4.7	1	
3	3.5		0	15	4.8	1	
4	3.2		0	16	3.1		0
5	4.4	1		17	2.9		0
6	4.8	1		18	3.4		0
7	3.8		0	分数总和	71.400	37.500	33.900
8	5.2	1		人数总和	18	8	10
9	4.7	1		人数比率		0.444	0.556
10	3.4		0	平均数 $\overline{X}$	3.967	4.688	3.390
11	4.9	1		标准差 σ	0.709	0.333	0.262
12	3.7		0				

(三) 相关系数的显著性检验

五岁幼儿性别与投掷砂袋的点二列相关系数为 0.910,问从总体上说,五岁幼儿性别与投掷成绩是否存在相关?

样本的点二列相关系数 r_{pb} 与总体零相关的检验有两种方法,现分述如下:

1. 用积差相关系数检验的方法

检验步骤:

(1) 提出假设

$$H_0 : \rho = 0 \qquad H_1 : \rho \neq 0$$

(2) 计算检验统计量的值

将本例有关数据代入公式(11.8),则

$$t = \frac{r_{pb} \sqrt{n-2}}{\sqrt{1-r_{pb}^2}} = \frac{0.910 \times \sqrt{18-2}}{\sqrt{1-0.910^2}} = 8.779$$

(3) 确定检验的形式

进行双侧检验。

(4) 统计决断

根据 $df = n - 2 = 18 - 2 = 16$,查 t 值表(附表2)P(2),寻得双侧临界值 $t_{(16)0.01} = 2.921$,由于 $t = 8.779^{**} > 2.921 = t_{(16)0.01}$,则 $P < 0.01$,于是在 0.01 显著性水平上拒绝 H_0 而接受 H_1。其结论为:样本的 $r_{pb} = 0.910$ 确与总体零相关有极其显著的差异。也可以说,投砂袋的成绩与性别之间存在着高度相关。

另外,也可以不计算检验统计量的值,而根据自由度 $df = n - 2$,查相关系数界值表(附表9),然后将 r_{pb} 的值直接与临界值相比较,根据表 11.6 相关系数统计决断规则,作出结论。根据本例 $df = 18 - 2 = 16$,查附表9 P(2)双侧相关系数的临界值为 $r_{(16)0.01} = 0.590$,而实际计算的 $r_{pb} = 0.910^{**} > 0.590 = r_{(16)0.01}$,则 $P < 0.01$,于是在 0.01 的显著性水平上拒绝 H_0 而接受 H_1。所得结论与前面相同。

2. 用两个平均数差异显著性检验方法

二分变量中两种类别所对应的连续变量的平均数如果差异显著,那么点二列相关系数也显著,平均数差异不显著,点二列相关系数也不显著。

检验的步骤:

(1) 提出假设

$$H_0 : \mu_1 - \mu_2 = 0 \qquad H_1 : \mu_1 - \mu_2 \neq 0$$

(2) 计算检验统计量的值

将男童 8 人投砂袋的平均数 4.688,标准差 0.333;女童 10 人平均数 3.390,标准差 0.262,代入公式(7.25),则

$$t = \frac{\overline{X}_1 - \overline{X}_2}{\sqrt{\dfrac{n_1 \sigma_{x_1}^2 + n_2 \sigma_{x_2}^2}{n_1 + n_2 - 2} \dfrac{n_1 + n_2}{n_1 n_2}}}$$

$$= \frac{4.688 - 3.390}{\sqrt{\dfrac{8 \times 0.333^2 + 10 \times 0.262^2}{8 + 10 - 2} \times \dfrac{8+10}{8 \times 10}}} = 8.726$$

（3）统计决断

根据 $df = n_1 + n_2 - 2 = 8 + 10 - 2 = 16$，查 t 值表（附表2）$P(2)$，寻得双侧临界值 $t_{(16)0.01} = 2.921$，由于 $t = 8.726^{**} > 2.921 = t_{(16)0.01}$，则 $P < 0.01$，于是在 0.01 显著性水平上拒绝 H_0 而接受 H_1。其结论为：五岁男女儿童投掷砂袋（150克）成绩的平均数有极其显著性差异。因此，点二列相关系数（$r_{pb} = 0.910$）与总体零相关也有极其显著性差异。表明五岁幼儿性别与投掷砂袋从总体上来说存在相关。

两种检验方法结果相同。

三、多系列相关

（一）概念及其适用范围

当两个变量都是正态连续变量，其中一个变量按不同质被人为地分成多种类别（两类以上）的正态名义变量。表示正态连续变量与多类正态名义变量之间的相关，称为多系列相关。例如，学生的智商与学习努力程度之间的关系，智商和学习努力程度都是正态连续变量，但学习努力程度被人为地分成"努力"、"中等"、"不努力"三种类别，二者的相关称为三系列相关。又如，不同学习成绩的学生对某种教学改革的态度分为"极其不赞成"、"不赞成"、"不置可否"、"赞成"、"极其赞成"。学习成绩与态度之间的相关称五系列相关。

（二）相关系数的计算

多系列相关系数的计算公式为

$$r_S = \frac{\sum \left[(Y_L - Y_H) \overline{X} \right]}{\sigma_t \sum \left[\frac{(Y_L - Y_H)^2}{p} \right]} \tag{11.21}$$

在这里　p 表示每类系列的频数比率

　　　　　Y_L 表示每类名义变量下限的正态曲线高度

　　　　　Y_H 表示每类名义变量上限的正态曲线高度

　　　　　$\overline{X}$ 表示与每类名义变量相对应的连续变量的平均数

　　　　　σ_t 表示连续变量中所有分数的标准差

例如，32名学生学习成绩与品德优劣（优、良、中、差）情况如表11.12，问两者相关情况如何？

学习成绩和品德优劣均可视为正态连续变量，但品德优劣被人为地分成优、良、中、差四类，故可用多系列相关表示两者的相关程度。

多系列相关系数的计算步骤：

第一步，计算每一类别的频数比率（p），及累积比率（cp），如中等的 $p = 11/32 = 0.344$，$cp = 0.156 + 0.344 = 0.500$，其他各类 p 及 cp 见表11.12右下方第（1）（2）行。注意累积比率应从最低类别向最高类别累积。

第二步，将各类别频数比率作为正态曲线下的面积，求每块面积上、下限的纵线高度。在求纵线高度时，要用各类别累积比率与 0.5 之差（若 $cp < 0.5$，则 $0.5 - cp$；若 $cp > 0.5$，则 $cp - 0.5$），在附表1 p 列中寻找与之最接近的值，然后找出相对应的 Y 值。如差等上限的 $cp = 0.156 < 0.5$，则 $0.5 - 0.156 = 0.344$，于是在附表1 p 列中寻找与 0.344 最接近的值，

第十一章 相关分析

表 11.12 学习成绩与品德的多系列相关系数计算表

学生序号	分数 X	教师评定 差	中	良	优	总和
1	94				1	
2	92				1	
3	91				1	
4	88				1	
5	85			1		
6	85				1	
7	83			1		
8	81			1		
9	80		1			
10	79				1	
11	79			1		
12	77				1	
13	75			1		
14	75		1			
15	74		1			
16	73		1			
17	73			1		
18	73		1			
19	72		1			
20	71		1	1		
21	71		1	1		
22	70		1			
23	70		1			
24	68	1				
25	67		1			
26	67			1		
27	67		1			
28	65			1		
29	63	1	1			
30	61	1				
31	56	1				
32	53	1				
总和 和		5	11	9	7	
$p = f/n$ (1)		0.156	0.344	0.281	0.219	
cp (2)		0.156	0.500	0.781	1.00	
Y (3)		0.239 55	0.398 94	0.294 31		
$Y_L - Y_H$ (4)		−0.239 55	−0.159 39	0.104 63	0.294 31	
$\bar{X}$ (5)		60.600	70.636	76.333	87.286	
$(Y_L - Y_H)\bar{X}$ (6)		−14.516 73	−11.258 67	7.986 72	25.689 14	7.900 46
$(Y_L - Y_H)^2/p$ (7)		0.367 85	0.073 85	0.038 96	0.395 52	0.876 18
$\sigma_t = 9.764$ (8)						

其相对应的 $Y = 0.239\,55$。又如，良等上限的 $cp = 0.781 > 0.5$，则 $0.781 - 0.5 = 0.281$，然后在附表 1 p 列中寻到与 0.281 最接近的值，其相对应的 $Y = 0.294\,31$。其他见第(3)行。

第三步，求各等级下限与上限纵线高度之差。从差等到优等每相邻两等级，较低等级的上限即为较高等级的下限。如差等下限纵线高度 $Y_L = 0$，上限纵线高度 $Y_H = 0.239\,55$，$Y_L - Y_H = 0 - 0.239\,55 = -0.239\,55$；又如优等，$Y_L = 0.294\,31$，$Y_H = 0$，$Y_L - Y_H = 0.294\,31 - 0 = 0.294\,31$。其他见第(4)行。

第四步，求各等级 $Y_L - Y_H$ 与其平均数 $\overline{X}$ 的乘积。如差等 $(Y_L - Y_H)\,\overline{X} = (-0.239\,55) \times 60.600 = -14.516\,73$，其他见第(6)行。

第五步，求各个等级 $(Y_L - Y_H)^2$ 与其 p 值之商。如差等 $(Y_L - Y_H)^2/p = (-0.239\,55)^2/0.156 = 0.367\,85$，其他见第(7)行。

将表中有关数据代入公式(11.21)，则

$$r_s = \frac{\sum\left[(Y_L - Y_H)\,\overline{X}\right]}{\sigma_t \sum\left[\dfrac{(Y_L - Y_H)^2}{p}\right]} = \frac{7.900\,46}{9.764 \times 0.876\,18} = 0.923$$

(三) 相关系数的显著性检验

学习成绩与品德优劣的相关系数为 0.923，问从总体上来说，两者是否存在相关？

检验的步骤：

(1) 提出假设

$$H_0: \rho = 0 \qquad H_1: \rho \neq 0$$

(2) 首先将多系列相关系数进行校正。其校正公式为：

$$r'_s = r_s \sqrt{\sum\left[\frac{(Y_L - Y_H)^2}{p}\right]} \qquad\qquad (11.22)$$

本例 $r'_s = 0.923 \times \sqrt{0.876\,18} = 0.864$

(3) 选择检验统计量并计算其值

对校正后的 r'_s 可采用积差相关系数检验方法，以考查与总体零相关差异的显著性。本例 $n = 32 < 50$，其检验统计量为

$$t = \frac{r'_s \sqrt{n-2}}{\sqrt{1 - r'^2_s}} = \frac{0.864 \times \sqrt{32-2}}{\sqrt{1 - 0.864^2}} = 9.398$$

(4) 统计决断

根据 $df = n - 2 = 32 - 2 = 30$，查 t 值表(附表 2)寻得 $t_{(30)0.001} = 3.646$，实际计算出 $|t| = 9.398 > 3.646 = t_{(30)0.001}$，则 $P < 0.001$，根据表 6.4t 检验统计决断规则，于是在 0.001 显著性水平上拒绝 H_0 接受 H_1，表明该样本相关系数与总体零相关有极其显著性差异，其结论为：从总体上来说，学生学习成绩与品德优劣存在相关。

第五节　品　质　相　关

两个变量都是按质划分成几种类别，表示这两个变量之间的相关称为品质相关。如，一

个变量按性别分成男与女,另一个变量按学科成绩分成及格与不及格;又如,一个变量按学校类别分成重点及非重点,另一个变量按学科成绩分成优、良、中、差,等等。品质相关的数据一般是点计数据。根据两个变量的性质及所分类别的多少,分为四分相关、Φ 相关及列联相关。

一、四分相关

(一) 概念及其适用范围

当两个变量都是正态连续变量,且两者呈直线关系,但两者都被人为地划分成二分变量,表示这两个变量的相关,称为四分相关。例如,将学科成绩划分成及格与不及格,达标与未达标,通过与未通过;将对事物的态度划分成赞同与反对;将对问题的回答划分成对与错,等等。

(二) 相关系数的计算

四分相关有多种计算方法,最常用的是皮尔逊的余弦 π 法,其计算公式为

$$r_t = \cos\left(\frac{180°}{1 + \sqrt{ad/bc}}\right) \tag{11.23}$$

在这里 r 表示四分相关系数

           cos 表示余弦的符号

           a、b、c、d 表示由两个二分变量所分成的四种类别的实际频数

例如,45 名学生跳高与跳远成绩(达标及未达标)如表 11.13,问跳高与跳远成绩的相关情况如何?

表 11.13   45 名学生跳高与跳远的成绩

跳 高	跳 远		总 和
	达 标	未达标	
达 标	$a = 8$	$b = 6$	$14 = a + b$
未达标	$c = 11$	$d = 20$	$31 = c + d$
总 和	$a + c = 19$	$b + d = 26$	$45 = a + b + c + d = N$

跳高与跳远的成绩原为测量获得的正态连续变量,并且根据表中资料可以看出,两者是直线关系,因为两项都达标及都未达标的人数多于一项达标另一项未达标的人数,即 $(a+d) = 28 > 17 = (b+c)$。如果将 45 名学生跳高与跳远每对成绩绘制成相关散布图,将会是第一、三象限的散点多于二、四象限。于是跳高与跳远的关系,可以用四分相关来表示。其四分相关系数为

$$r_t = \cos\left(\frac{180°}{1 + \sqrt{ad/bc}}\right)$$

$$= \cos\left(\frac{180°}{1 + \sqrt{(8 \times 20)/(6 \times 11)}}\right) = \cos 70.40°$$

$$= \cos 70°24' \quad (\text{因为 } 1° = 60', \text{所以 } 60' \times 0.40 = 24')$$

$$= 0.34$$

(三) 相关系数的显著性检验

跳高与跳远的四分相关系数为 0.34,问从总体上说,两者是否存在相关?

检验的步骤:

(1) 提出假设

$$H_0: \rho = 0 \qquad H_1: \rho \neq 0$$

(2) 计算检验统计量的值

检验统计量为:

$$Z = \frac{r_t}{\frac{1}{Y_1 Y_2} \sqrt{\frac{p_1 q_1 p_2 q_2}{N}}} \tag{11.24}$$

在这里 p_1 和 p_2 分别表示两个变量中某一类别的人数比率

q_1 和 q_2 分别表示两个变量中另一类别的人数比率

Y_1 和 Y_2 分别表示与 p_1 和 p_2 相对应的正态曲线的高度

N 表示样本的总容量

根据表 11.13 跳高达标的人数比率 $p_1 = \dfrac{a+b}{N} = \dfrac{14}{45} = 0.311$, $q_1 = 1 - p_1 = 1 - 0.311 = 0.689$;跳远达标的人数比率 $p_2 = \dfrac{a+c}{N} = \dfrac{19}{45} = 0.422$, $q_2 = 1 - p_2 = 1 - 0.422 = 0.578$。

然后根据 p_1 和 p_2 分别与 0.5 之差,即 $0.5 - 0.311 = 0.189$, $0.5 - 0.422 = 0.078$,在正态曲线面积和纵线表(附表1)P 列中寻找与之最接近的值,其相对应的 $Y_1 = 0.35381$, $Y_2 = 0.39104$,将有关数据代入上式,则

$$Z = \frac{0.34}{\frac{1}{0.35381 \times 0.39104} \sqrt{\frac{0.311 \times 0.689 \times 0.422 \times 0.578}{45}}} = 1.38$$

(3) 统计决断

由于实际计算出的 $|Z| = 1.38 < 1.96 = Z_{0.05}$,则 $P > 0.05$,根据表 6.2 双侧 Z 检验统计决断规则,保留 H_0 而拒绝 H_1。其结论为:跳高与跳远成绩从总体上说不存在相关。

二、Φ 相关

(一) 概念及其适用范围

当两个变量都是二分变量,无论是真正的二分变量还是人为的二分变量,这两个变量之间的关系,可以用 Φ 相关来表示。可见 Φ 相关的应用范围比四分相关要广泛。

Φ 相关与 2×2 表独立性 χ^2 检验方法有密切关系。

(二) 相关系数的计算

Φ 相关系数的计算公式为

$$r_\Phi = \frac{ad - bc}{\sqrt{(a+b)(a+c)(b+d)(c+d)}} \tag{11.25}$$

在这里 a、b、c、d 表示四格表中的实际频数

例如,从研究生入学考试的学生中,随机抽取 60 人,其大学应届与历届毕业生录取情况如表 11.14,问应届和历届大学毕业生同研究生录取与否的相关情况如何?

将表 11.14 中有关数据代入上式,则

$$r_\Phi = \frac{20 \times 17 - 12 \times 11}{\sqrt{32 \times 31 \times 29 \times 28}} = 0.232$$

表 11.14　应届和历届大学毕业生是否录取为研究生的情况

大学毕业生	录取	未录取	总　和
应届	$a = 20$	$b = 12$	$32 = a + b$
历届	$c = 11$	$d = 17$	$28 = c + d$
总和	$a + c = 31$	$b + d = 29$	$60 = a + b + c + d = N$

由于应届大学毕业生录取为研究生的人数比率($20/32 = 0.625$),高于历届大学毕业生被录取的人数比率($11/28 = 0.393$),故可以说,是否为应届大学毕业生与研究生是否被录取呈正相关。若将录取及未录取该目标的位置更换,Φ 相关系数为负值,但并未改变两个变量之间的关系。

(三) 相关系数的显著性检验

从 Φ 相关系数计算公式与独立样本四格表 χ^2 值的计算公式可以看出,它们之间存在着以下关系:

$$\chi^2 = N r_\Phi^2 \tag{11.26}$$

所以 r_Φ 相关系数的显著性可以通过一个自由度($df = 1$)χ^2 的显著性来确定。如果 χ^2 值检验结果显著,那么 r_Φ 也显著,如果 χ^2 值检验结果不显著,r_Φ 也就不显著。

检验的步骤:

(1) 提出假设

$$H_0 : \rho = 0 \qquad H_1 : \rho \neq 0$$

(2) 将 r_Φ 值转换成 χ^2 值

将 $N = 60$,$r_\Phi = 0.232$ 代入上式,则

$$\chi^2 = 60 \times 0.232^2 = 3.23$$

(3) 统计决断

根据 $df = (r-1)(c-1) = (2-1)(2-1) = 1$,查 χ^2 值表(附表 7)$\chi^2_{(1)0.05} = 3.84$,由于 $\chi^2 = 3.23 < 3.84 = \chi^2_{(1)0.05}$,则 $P > 0.05$,根据表 10.3 χ^2 检验统计决断规则,于是保留 H_0 而拒绝 H_1。其结论为:从总体上说,大学应届还是历届毕业生同研究生是否被录取无相关存在。

三、列联相关

(一) 概念及其适用范围

当两个变量均被分成两个以上类别,或其中一个变量被分成两个以上类别,表示这两个变量之间的相关,称为列联相关。因为列联相关系数是由 rc 列联表的 χ^2 值而求得,故得名为列联相关。例如,智力被分成上、中、下,学习成绩被分成优、良、中、差;学习成绩被分成上、中、下,对某种事物的态度被分成肯定、不置可否、否定,等等。

(二) 相关系数的计算

列联相关系数的计算公式为

$$c = \sqrt{\frac{\chi^2}{N + \chi^2}} \tag{11.27}$$

在这里　c 表示列联相关系数

χ^2 表示由 rc 列联表计算出的 χ^2 值

N 表示样本容量

例如,某年级生物与化学成绩如下表,问两者的相关情况如何?

表 11.15　某年级生物与化学成绩

生物成绩	化 学 成 绩			总　　和
	65 分以下	65—80	80 分以上	
上	7	28	15	$50 = n_{r_1}$
中	10	73	27	$110 = n_{r_2}$
下	13	22	5	$40 = n_{r_3}$
总　和	$30 = n_{c_1}$	$123 = n_{c_2}$	$47 = n_{c_3}$	$200 = N$

$$\chi^2 = N\left(\sum \frac{f_0^2}{n_r n_c} - 1\right)$$

$$= 200 \times \left(\frac{7^2}{50 \times 30} + \frac{10^2}{110 \times 30} + \cdots + \frac{5^2}{40 \times 47} - 1\right) = 14.80$$

则列联相关系数为

$$c = \sqrt{\frac{14.80}{200 + 14.80}} = 0.262$$

列联相关系数的最大值达不到 1.00,它的最大值随两个变量所分类别的多少而变化。如果 $r = c$,它的最大值只能达到

$$c = \sqrt{(r-1)/r}$$

如 2×2 表的列联相关系数的最大值只能达到 $c = \sqrt{(2-1)/2} = 0.707$,$3 \times 3$ 表的最大值为: $c = \sqrt{(3-1)/3} = 0.816$。从公式上看,无论两个变量分类如何增多,$c$ 的最大值也不

教育统计学

能达到 1.00。因此两个变量的分类不宜过少,最好是从 5×5 起为宜。但是当两个变量均为测量数据,且样本容量较大,所整理成的双向频数分布表,其行与列数都大于或等于 5,这时,所计算的列联相关系数与积差相关系数较为接近。

(三) 相关系数的显著性检验

列联相关系数与总体零相关差异的显著性,可由独立性 χ^2 检验来确定。本例生物与化学的列联相关系数为 0.262,问从总体上来说,两者是否存在相关?

检验步骤:

(1) 提出假设

$$H_0:生物与化学成绩总体无相关存在$$
$$H_1:生物与化学成绩总体存在相关$$

(2) 统计决断

根据 $df = (r-1)(c-1) = (3-1)(3-1) = 4$,查 χ^2 值表(附表 7),寻得 $\chi^2_{(4)0.01} = 13.28$,$\chi^2_{(4)0.005} = 14.86$,而实际计算的 $\chi^2 = 14.80$,由于 $\chi^2_{(4)0.01} = 13.28 < 14.80^{**} < 14.86 = \chi^2_{(4)0.005}$,则 $0.005 < P < 0.01$,于是根据表 10.3 χ^2 检验统计决断规则,应在 0.01 显著性水平上拒绝 H_0 而接受 H_1,其结论为:生物与化学成绩从总体上来说存在相关。

练 习 题

1. 求以下几何(X)与代数(Y)两种分数的积差相关系数,并检验它与总体零相关差异的显著性。

X	89	75	77	73	68	78	81	90	70	74	79
Y	92	82	76	78	70	84	83	85	75	80	77

2. 168 个中学生的智商(X)和数学分数(Y)之间的相关系数 $r = 0.58$,试问这个样本是否来自于 $\rho = 0$ 的总体?

3. 已知 $n = 32$ 的一个样本,$r = 0.348$,问其总体的相关系数是否为 $\rho = 0.54$?

4. 一班 20 人英语语音与听力的相关系数为 0.36,二班 24 人的相关系数为 0.41,问两个总体相关系数是否相等?

5. 某校高三毕业会考与高考成绩之间的相关,一班 40 人的相关系数为 0.60,二班 37 人的相关系数为 0.32,三班 42 人的相关系数为 0.40,求三个班毕业会考与高考成绩平均的相关系数。

6. 校方对某一个年级 8 位物理教师课堂教学效果所赋予的等级(效果越好等级越高)和这 8 个班级学生物理统一测验的平均分数如下表,问教师课堂教学效果与学生测验成绩是否存在相关?

课堂教学效果得分	4	2	8	7	6	3	1	5
各班平均分数	72	54	80	72	63	69	51	69

7. 3 位教师对 4 个学生某一论文题目的成绩所排名次如下表,问评定结果从总体上来说是否一致?

学生序号 n = 4	评定者 K = 3		
	1	2	3
1	2	1	3
2	1	2	4
3	3	4	2
4	4	3	1

8. 同一位教师对 5 个学生绘图作业用等级先后评定 4 次,其结果如下表,问从总体上来说,4 次评定是否一致?

学　生 n = 5	先后评定 K = 4			
	1	2	3	4
1	2	1	2	3
2	1	2	3	4
3	5	4	4	5
4	3	2	4	3
5	4	3	4	5

9. 参加测验的 150 人中,对某题的回答合格与不合格的人数分布见下表,问从总体上来说,该题与测验总分是否存在相关?

测验分数	对某题的回答情况	
	合　格	不合格
10—		1
20—		4
30—	4	7
40—	11	12
50—	28	19
60—	20	8
70—	18	5
80—	9	1
90—	3	
总和	93	57

10. 高等教育自学考试已婚与未婚学员的高等数学成绩如下表,问婚否与成绩是否存在相关?

成　绩	72	81	64	93	67	70	78	83	79	71	77	82	80	76	58	66	72	67	74	78
已婚 1 未婚 0	1	1	0	0	0	0	0	1	0	1	1	1	0	0	1	1	1	1	1	0

11. 55 名学生计算机测验得分及教师评定结果如下表,问测验成绩与教师评定之间是否一致?

测验分数 X	频数分布	评 定 等 级		
		下	中	上
90—	3			3
80—	11		4	7
70—	21	2	17	2
60—	12	3	8	1
50—	7	4	3	
40—	1	1		
总和	55	10	32	13

12. 历史与政治测验成绩如下表,可以用什么方法计算它们的相关? 二者是否存在相关?

历 史	政 治		总 和
	不及格	及 格	
及 格	68	124	192
不及格	100	85	185
总 和	168	209	377

13. 高中入学考试男女学生英语成绩见下表,问从总体上说,英语测验成绩与性别是否存在相关?

性 别	中等以上	中等以下	总 和
男	15	31	46
女	36	18	54
总 和	51	49	100

14. 108 名男女学生生物学科成绩如下表,问性别与生物成绩是否存在相关?

性 别	生物成绩			总 和
	上	中	下	
男	10	32	16	58
女	16	29	5	50
总 和	26	61	21	108

第十二章
回 归 分 析

相关表示两个变量之间的双向相互关系。如果我们将存在相关的两个变量,一个作为自变量,另一个作为因变量,并把两者之间不十分准确、稳定的关系,用数学方程式来表达,则可利用该方程由自变量的值来估计、预测因变量的估计值,这一过程称为回归分析。可见,回归表示一个变量随另一个变量作不同程度变化的单向关系。

由一个变量值估计、预测另一个变量值的准确性,随这两个变量之间的相关程度而变化。若两个变量之间相关为 0,即两者之间无相关,由一个变量值无法预测另一个变量值。此时回归就失去了意义。在存在相关的情况下,相关越高,由一个变量值预测另一个变量值越准确,误差越小;当相关系数为 1.00 或 -1.00,预测会完全准确,没有误差。但这在教育研究中是很难找到的。

第一节　一元线性回归

一元线性回归是指只有一个自变量的线性回归。

一、回归线

在自然科学中,两个变量之间有的是直线函数关系。当自变量取一个值,因变量有唯一确定的值与之对应,将 X 和 Y 一一对应的值绘成图,是一条直线。例如,在初速度恒定的匀加速运动中,物体从起点到终点所用的时间,与其平均速度,就是一种很明确的线性函数关系,其表达式为:$\overline{V} = V_0 + 1/2at$,当物体运动所用时间 t(自变量)取一个值,平均速度 $\overline{V}$(因变量)有一个完全确定的值与之对应。在教育研究中,不少变量之间存在一定的关系,但是由于关系比较复杂,而且受偶然因素影响较大,两者只是一种不十分确定的回归关系。从相关散点图上的各点不都在一条直线上也就说明了这点。如 X 取一个值时,并不一定只有唯一确定的一个 Y 值与之相对应,而可能有许多 Y 值与之对应。但是如果散点的分布有明确的直线趋势,我们就可以配制一条最能代表散点图上分布趋势的直线,这条最优拟合线即称为回归线。也就是说,回归线上的某一点就是与某一 X 值相对应的诸 Y 值的代表 $\hat{Y}$。这时,X 与 $\hat{Y}$ 的对应关系就可以用一条直线来表示。

常用的拟合这条回归线的原则,就是使各点与该线纵向距离的平方和为最小,如图 12.1 所示。

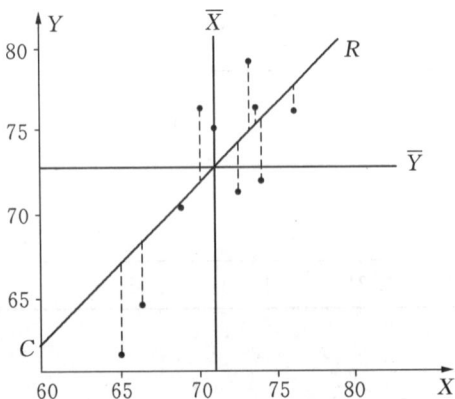

图 12.1　10 个学生初一(X)与初二(Y)数学分数散布图
(根据表 11.1 资料绘制)

一元线性回归线可以有两条。以 X 为自变量、Y 为因变量的回归线是一条,以 Y 为自变量、X 为因变量的回归线是另一条。

二、回归方程

　　确定回归线的方程称回归方程。

　　一元线性回归方程的通式为 $\hat{Y} = a + bX$,式中 a 是回归线在 Y 轴上的截距;b 是回归线的斜率,称回归系数。可见一旦 b 和 a 这两个关键的统计量的值,根据实测数值计算出来之后,这个方程就确定了。

　　与两条回归线相对应的方程分别可表示为:

$$\hat{Y} = a_{YX} + b_{YX}X \qquad （由 X 估计 Y） \tag{12.1a}$$

$$\hat{X} = a_{XY} + b_{XY}Y \qquad （由 Y 估计 X） \tag{12.1b}$$

　　下面以 X 为自变量,Y 为因变量说明求 b 和 a 的原则和方法。此时 a 即 a_{YX},b 即 b_{YX}。

1. 用最小二乘方法求回归系数

　　在配制回归线时,回归系数(b)的确定原则是使散布图上各点距回归线上相应点的纵向距离平方和为最小,这种求 b 的方法称为最小二乘方法。

　　图 12.2 中,CR 是已经配制好的回归线,$\hat{Y}$ 是与 X 某一定点相对应的回归线上的一点(即回归值)。但实际上与 X 这一点相对应的 Y 值,往往不落在回归线上,有的高于回归值,有的低于回归值,Y 与回归值 $\hat{Y}$ 的离差(残值)有正有负,其和为零,即 $\sum(Y - \hat{Y}) = 0$,因此,在考虑最小总距离时需将残值平方,取其平方和 $\sum(Y - \hat{Y})^2$ 为最小值时的方程为回归式。

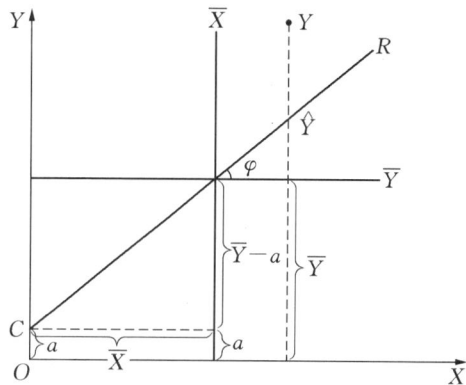

图 12.2　回归线的斜率和截距

　　从图 12.2 可以看出:

　　某一点的残值:

$$Y - \hat{Y} = (Y - \overline{Y}) - (\hat{Y} - \overline{Y})$$

　　回归线的斜率 $b = (\hat{Y} - \overline{Y})/(X - \overline{X})$ 是 ϕ 角的正切,则 $\hat{Y} - \overline{Y} = b(X - \overline{X})$,并将之代入上式,于是

$$Y - \hat{Y} = (Y - \overline{Y}) - b(X - \overline{X})$$

　　某一点的残值平方:

$$(Y - \hat{Y})^2 = [(Y - \overline{Y}) - b(X - \overline{X})]^2$$

　　各点的残值平方和:

$$\sum(Y - \hat{Y})^2 = \sum[(Y - \overline{Y}) - b(X - \overline{X})]^2$$

$$= \sum(Y - \overline{Y})^2 - 2b\sum(Y - \overline{Y})(X - \overline{X}) + b^2\sum(X - \overline{X})^2$$

为了使残值平方和 $\sum (Y - \hat{Y})^2$ 为最小，根据微积分学中的极值原理，就 b 对上式(等号右边)进行微分，再令其导数式等于 0，便可求出使 $\sum (Y - \hat{Y})^2$ 为最小的 b 值。

$$b_{YX} = \frac{\sum (X - \overline{X})(Y - \overline{Y})}{\sum (X - \overline{X})^2} \qquad (\text{由 } X \text{ 估计 } Y) \qquad (12.2a)$$

同理

$$b_{XY} = \frac{\sum (X - \overline{X})(Y - \overline{Y})}{\sum (Y - \overline{Y})^2} \qquad (\text{由 } Y \text{ 估计 } X) \qquad (12.2b)$$

根据表 11.1 的资料，以 10 个学生初一数学分数 X 为自变量，以初二数学分数 Y 为因变量，由 X 估计 Y，其回归线的斜率为

$$b_{YX} = \frac{\sum (X - \overline{X})(Y - \overline{Y})}{\sum (X - \overline{X})^2} = \frac{134}{110} = 1.22$$

以 10 个学生初二数学分数 Y 为自变量，以初一数学分数 X 为因变量，由 Y 估计 X，其回归线的斜率为

$$b_{XY} = \frac{\sum (X - \overline{X})(Y - \overline{Y})}{\sum (Y - \overline{Y})^2} = \frac{134}{268.1} = 0.50$$

2. 求截距

从图 12.2 可以看到，$b = \dfrac{\overline{Y} - a}{\overline{X}}$，从而 $a = \overline{Y} - b\overline{X}$

此即

$$a_{YX} = \overline{Y} - b_{YX}\overline{X} \qquad (\text{由 } X \text{ 估计 } Y) \qquad (12.3a)$$

同理

$$a_{XY} = \overline{X} - b_{XY}\overline{Y} \qquad (\text{由 } Y \text{ 估计 } X) \qquad (12.3b)$$

表 11.1 的资料，以 10 个学生初一数学分数 X 为自变量，以初二数学分数 Y 为因变量，由 X 估计 Y 的回归线的截距为

$$a_{YX} = \overline{Y} - b_{YX}\overline{X} = 72.3 - 1.22 \times 71 = -14.32$$

以初二数学分数 Y 为自变量，以初一数学分数 X 为因变量，由 Y 估计 X 回归线的截距为

$$a_{XY} = \overline{X} - b_{XY}\overline{Y} = 71 - 0.5 \times 72.3 = 34.85$$

3. 列回归方程式

表 11.1 资料，以 X 估计 Y 的回归方程式

$$\hat{Y} = a_{YX} + b_{YX}X = -14.32 + 1.22X$$

以 Y 估计 X 的回归方程式为

$$\hat{X} = a_{XY} + b_{XY}Y = 34.85 + 0.5Y$$

三、回归系数的几种计算方法

用上述定义公式可以计算回归系数,但手续繁复,结果不够精确。下面介绍几种适合用计算机或计算器的计算方法。

1. 用原始数据计算

$$b_{YX} = \frac{\sum XY - (\sum X)(\sum Y)/n}{\sum X^2 - (\sum X)^2/n} \quad （由 X 估计 Y） \qquad (12.4a)$$

同理

$$b_{XY} = \frac{\sum XY - (\sum X)(\sum Y)/n}{\sum Y^2 - (\sum Y)^2/n} \quad （由 Y 估计 X） \qquad (12.4b)$$

将表 11.4 的有关数据代入以上二式,于是

$$b_{YX} = \frac{51\,467 - 710 \times 723/10}{50\,520 - 710^2/10} = \frac{134}{110} = 1.22$$

$$b_{XY} = \frac{51\,467 - 710 \times 723/10}{52\,541 - 723^2/10} = \frac{134}{268.1} = 0.50$$

2. 用 $\overline{X}$、$\overline{Y}$、σ_X、σ_Y、$\sum XY$ 计算

$$b_{YX} = \frac{\sum XY - n\overline{X}\,\overline{Y}}{n\sigma_X^2} \quad （由 X 估计 Y） \qquad (12.5a)$$

同理

$$b_{XY} = \frac{\sum XY - n\overline{X}\,\overline{Y}}{n\sigma_Y^2} \quad （由 Y 估计 X） \qquad (12.5b)$$

将表 11.1 资料的 $\overline{X} = 71$,$\overline{Y} = 72.3$,$\sigma_X = 3.317$,$\sigma_Y = 5.178$,$\sum XY = 51\,467$,代入以上二式,于是

$$b_{YX} = \frac{51\,467 - 10 \times 71 \times 72.3}{10 \times 3.317^2} = 1.22$$

$$b_{XY} = \frac{51\,467 - 10 \times 71 \times 72.3}{10 \times 5.178^2} = 0.50$$

3. 用 $\overline{X}$、$\overline{Y}$、S_X、S_Y、$\sum XY$ 计算

$$b_{YX} = \frac{\sum XY - n\overline{X}\,\overline{Y}}{(n-1)S_X^2} \quad （由 X 估计 Y） \qquad (12.6a)$$

$$b_{XY} = \frac{\sum XY - n\overline{X}\,\overline{Y}}{(n-1)S_Y^2} \quad （由 Y 估计 X） \qquad (12.6b)$$

将表 11.1 资料的 $S_X = 3.496$，$S_Y = 5.458$ 等有关数据代入以上二式，于是

$$b_{YX} = \frac{51\,467 - 10 \times 71 \times 72.3}{(10-1) \times 3.496^2} = 1.22$$

$$b_{XY} = \frac{51\,467 - 10 \times 71 \times 72.3}{(10-1) \times 5.458^2} = 0.50$$

4. 用两个标准差及相关系数计算

（1）用两个样本的标准差及相关系数计算

$$b_{YX} = r\frac{\sigma_Y}{\sigma_X} \qquad\qquad (12.7a)$$

$$b_{XY} = r\frac{\sigma_X}{\sigma_Y} \qquad\qquad (12.7b)$$

将表 11.1 资料的 $r = 0.780$，$\sigma_X = 3.317$，$\sigma_Y = 5.178$ 代入以上二式，于是

$$b_{YX} = r\frac{\sigma_Y}{\sigma_X} = 0.780 \times \frac{5.178}{3.317} = 1.22$$

$$b_{XY} = r\frac{\sigma_X}{\sigma_Y} = 0.780 \times \frac{3.317}{5.178} = 0.50$$

（2）用两个总体标准差估计值及相关系数计算

$$b_{YX} = r\frac{S_Y}{S_X} \qquad\qquad (12.8a)$$

$$b_{XY} = r\frac{S_X}{S_Y} \qquad\qquad (12.8b)$$

将表 11.1 资料的 $S_X = 3.496$，$S_Y = 5.458$ 代入以上二式，于是

$$b_{YX} = r\frac{S_Y}{S_X} = 0.780 \times \frac{5.458}{3.496} = 1.22$$

$$b_{XY} = r\frac{S_X}{S_Y} = 0.780 \times \frac{3.496}{5.458} = 0.50$$

对表 11.1 同一组资料采用几种方法计算出的回归系数结果相同。

第二节　一元线性回归方程的检验

一、估计误差的标准差

利用回归方程可以计算出与某一 X 值相对应的 Y 值的估计值 $\hat{Y}$。但实际上，与某一 X 值相对应的诸 Y 值，并不都落在回归线上，它们是以 Y 的平均数 $\overline{Y}_x$ 为中心呈正态分布。而与某一 X 值相对应的回归值 $\hat{Y}$，就是与该 X 值相对应的这些诸 Y 值的平均数 $\overline{Y}_x$ 的估计值。如果 $\hat{Y}$ 能够正确地估计 $\overline{Y}_x$，那么与该 X 值相对应的诸 Y 值也会围绕着 $\hat{Y}$ 在回归线上下形成

正态分布,如图 12.3 上的 A 点,就是与 X_1 相对应的回归值 $\hat{Y}$。与 X_1 所对应的诸 Y 值就围绕着 $\hat{Y}$ 呈正态分布。因此,由 $\hat{Y}$ 估计 $\overline{Y}_X$ 会有一定的误差。其误差的大小与 X 值相对应的诸 Y 值之分布范围有关。分布范围大,估计的准确、可靠性小,误差大;分布范围小,估计的准确、可靠性大,误差小。所以只凭一条回归线上分别与各 X 点相对应的 Y 的平均数 $\overline{Y}_X$ 的各估计值 $\hat{Y}$ 是不够的,因为,有时相关密切程度(即散点分布范围)十分不同的两个变量,它们的回归线却极其相似。因此还需要一个用来描述由 $\hat{Y}$ 估计 $\overline{Y}_X$ 时误差大小(它反映着与 X 各点相对应诸 Y_X 值分布范围大小)的指标。正像一组数据,既需要用集中量又需要用差异量来描述一

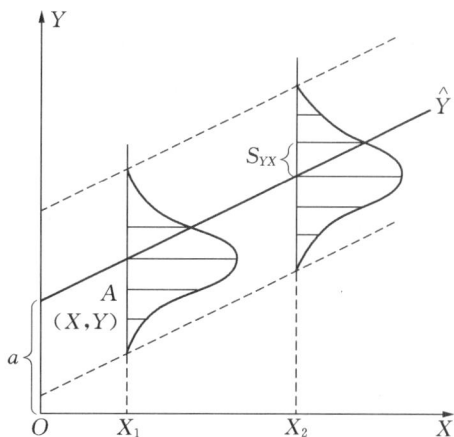

图 12.3　回归值估计误差示意图

样。于是我们用估计误差的标准差作为描述由 $\hat{Y}$ 估计 $\overline{Y}_X$ 误差大小的指标。

由于与 X 各点相对应的诸 Y_X 值之平均数及标准差均为未知,故估计误差的标准差也只能从样本加以估计。其无偏估计量为

$$S_{YX} = \sqrt{\frac{\sum (Y - \hat{Y})^2}{n-2}} \tag{12.9}$$

因为在用回归方程计算 $\hat{Y}$ 时,使用了 a 和 b 两个统计量,故失去了两个自由度。

当样本容量较大(即 $\sqrt{n/(n-2)}$ 接近于 1),又已知两个变量的标准差及其相关系数时,可用下式计算估计误差的标准差之近似值。

$$S_{YX} = \sigma_Y \sqrt{1-r^2} \qquad (\text{由 } X \text{ 估计 } Y) \tag{12.10a}$$

$$S_{XY} = \sigma_X \sqrt{1-r^2} \qquad (\text{由 } Y \text{ 估计 } X) \tag{12.10b}$$

在这里　S_{YX}、S_{XY} 表示估计误差的标准差

σ_Y 表示 Y 变量的样本标准差

σ_X 表示 X 变量的样本标准差

r 表示 X 与 Y 两个变量的相关系数

从公式(12.10a)和(12.10b)可以更明显地看出,估计误差的标准差与两个变量的相关程度有关。相关越高,估计误差的标准差越小,估计的可靠性越大。当 $r=1$,估计误差的标准差为 0,即估计得准确无误;反之,相关越低,估计误差的标准差越大,估计的可靠性越小。当 $r=0$,回归方程完全失去了估计的价值。这与上述所说,由 $\hat{Y}$ 估计 $\overline{Y}_X$ 值误差的大小与 X 各点相对应的诸 Y 值分布范围有关,是同一个道理。

现以表 12.1 的资料说明以 X 估计 Y(即 $\overline{Y}_X$)的估计误差的标准差之计算方法。

先用回归方程式 $\hat{Y} = 1.22X - 14.32$ 计算与各 X 值相对应的回归值,例如,$X = 74$,$\hat{Y} = 1.22 \times 74 - 14.32 = 75.96$,其他各 $\hat{Y}$ 值(这些回归值也可由计算器直接求得)见下表第(4)列。然后求 Y 与 $\hat{Y}$ 之差,如第(5)列。再平方之,见第(6)列,求其和,则残值平方和 $\sum (Y - \hat{Y})^2 = 104.87$。将之代入公式(12.9),则估计误差的标准差为:

表 12.1　10 个学生初一(X)与初二(Y)数学分数
估计方差、估计标准误差计算表

学　生 (1)	测验分数		回归值 $\hat{Y}$ (4)	残　值 $Y - \hat{Y}$ (5)	残值平方和 $(Y - \hat{Y})^2$ (6)
	X (2)	Y (3)			
1	74	76	75.96	0.04	0.00
2	71	75	72.30	2.70	7.29
3	72	71	73.52	−2.52	6.35
4	68	70	68.64	1.36	1.85
5	76	76	78.40	−2.40	5.76
6	73	79	74.74	4.26	18.15
7	67	65	67.42	−2.42	5.86
8	70	77	71.08	5.92	35.05
9	65	62	64.98	−2.98	8.88
10	74	72	75.96	−3.96	15.63
总　　和	710	723	723.00		104.87

$$S_{YX} = \sqrt{\frac{104.87}{10-2}} = 3.62$$

若将表 12.1 中 $\sigma_Y = 5.178$，$r = 0.78$ 代入(12.10a)式,则由 X 估计 Y 的估计误差的标准差之近似值为

$$S_{YX} = \sigma_Y \sqrt{1 - r^2} = 5.178 \times \sqrt{1 - 0.78^2} = 3.24$$

若样本容量较大,(12.10a)与(12.9)式计算出的结果会更加接近。

二、一元线性回归方程检验的意义

根据样本数据计算出的回归方程可能有一定的抽样误差。为了考查这两个变量在总体内是否存在线性关系,以及回归方程对估计预测因变量的有效性如何,在回归方程应用之前,首先应进行显著性检验。

一元线性回归方程的显著性,有以下三种等效的检验方法:

一种是对回归方程进行方差分析。

另一种是对两个变量的相关系数进行与总体零相关的显著性检验。若相关系数显著,则回归方程也显著,即表明两个变量存在线性关系,否则则反之。

最后一种是对回归系数进行显著性检验。检验时只需对 X 估计 Y 或 Y 估计 X,其中一个回归方程中的回归系数进行检验即可。因为 X 估计 Y 和 Y 估计 X 两个回归系数的检验结果完全相同(详见下一个问题)。

现以回归系数的显著性为例来说明回归方程检验的意义。回归系数是根据样本数据计算出来的。即使从总体回归系数 $\beta = 0$ 的总体中随机抽出的样本,由于抽样误差的影响,计算的回归系数 b 也可能不等于零。因此不能根据样本回归系数 b 的大小判断 X 与 Y 之间是否存在线性关系,而应当看样本的 b 在以 $\beta = 0$ 为中心的抽样分布上出现的概率如何。如果样本的 b 在其抽样分布上出现的概率较大,则 b 与 $\beta = 0$ 的总体无显著性差异。即样本的 b

是来自于 $\beta = 0$ 的总体。这时,即使 b 数值再大,也不能认为 X 与 Y 存在线性关系;反之,如果样本 b 在其抽样分布上出现的概率小到一定程度,则 b 与 $\beta = 0$ 有显著性差异,即样本的 b 不是来自于 $\beta = 0$ 的总体。这时,即使 b 再小,也只能承认 X 与 Y 存在线性关系。

三、一元线性回归系数显著性检验方法

在回归线上,当与所有自变量 X 相对应的各组因变量 Y 的残值都呈正态分布,并且残值方差为齐性时,由 X 估计 Y 回归系数的标准误为

$$S_{b_{YX}} = \frac{S_{YX}}{\sqrt{\sum (X - \overline{X})^2}} \tag{12.11}$$

在这里　S_{YX} 表示估计误差的标准差

$\sum (X - \overline{X})^2$ 表示 X 变量的离差平方和

当已知两个变量的标准差时,回归系数标准误的估计量可表示为

$$S_{b_{YX}} = \frac{\sigma_Y}{\sigma_X} \sqrt{\frac{1 - r^2}{n - 2}} \tag{12.12}$$

在这里　σ_X 和 σ_Y 分别表示 X 和 Y 变量的样本标准差

r 表示 X 与 Y 两个变量的相关系数

n 表示样本的容量

现检验在本章第一节第 2 个问题中由表 11.1 资料计算出的回归系数 $b_{YX} = 1.22$ 的显著性。

检验的步骤:

(1) 提出假设

$$H_0 : \beta = 0 \qquad H_1 : \beta \neq 0$$

(2) 计算检验统计量的值

回归系数的抽样分布呈 t 分布,其检验统计量为

$$t = \frac{b_{YX} - \beta}{S_{b_{YX}}}$$

若以公式(12.11)表示 b_{YX} 的标准误,则用以检验 $\beta = 0$ 假设的 t 统计量为

$$t = \frac{b_{YX} - 0}{\dfrac{S_{YX}}{\sqrt{\sum (X - \overline{X})^2}}} = \frac{b_{YX} \sqrt{\sum (X - \overline{X})^2}}{S_{YX}} \tag{12.13}$$

本例已计算出 $b_{YX} = 1.22$,$\sum (X - \overline{X})^2 = 110$(见表 11.1 第 7 列),$S_{YX} = 3.62$(见本节第一个问题)。于是

$$t = \frac{1.22 \times \sqrt{110}}{3.62} = 3.535$$

若以公式(12.12)表示b_{YX}的标准误,则t统计量为

$$t = \frac{b_{YX} - 0}{\frac{\sigma_Y}{\sigma_X}\sqrt{\frac{1-r^2}{n-2}}} = \frac{b_{YX}\sigma_X}{\sigma_Y}\frac{\sqrt{n-2}}{\sqrt{1-r^2}} \tag{12.14}$$

将本例$\sigma_X = 3.317$,$\sigma_Y = 5.178$,$n = 10$,$r = 0.78$,代入上式,则

$$t = \frac{1.22 \times 3.317 \times \sqrt{10-2}}{5.178 \times \sqrt{1-0.78^2}} = 3.532$$

与公式(12.13)计算结果基本相同。

(3) 确定检验的形式

采取双侧检验。

(4) 统计决断

根据自由度$df = n - 2 = 10 - 2 = 8$,查t值表(附表2)$P(2)$,找到$t_{(8)0.01} = 3.355$,由于$|t| = 3.532^{**} > 3.355$,则$P < 0.01$,按照表$6.4t$检验统计决断的规则,应在0.01显著性水平上拒绝H_0而接受H_1,其结论为:学生在初一与初二的数学分数存在线性关系。

若对本例由Y估计X的回归系数进行显著性检验,其检验统计量的值为

$$t = \frac{b_{XY}\sigma_Y}{\sigma_X}\frac{\sqrt{n-2}}{\sqrt{1-r^2}} = \frac{0.5 \times 5.178}{3.317}\frac{\sqrt{10-2}}{\sqrt{1-0.78^2}} = 3.528$$

这与上述由X估计Y回归系数显著性检验时,检验统计量t值基本相同。所以只需检验一个回归系数即可。

这一结论与第十一章这两个变量之间相关系数的显著性检验结果相同。

四、测定系数

回归方程经检验有显著性,这只表明从总体上说X和Y两个变量之间存在线性关系。但是回归方程估计、预测的效果如何,即X与Y线性关系的程度如何,还需进一步加以考查。

从上述最小二乘法的推演过程中可以得知,因变量的总平方和等于回归平方和与误差平方和(残值平方和)之和,即

$$\underset{\text{总平方和}}{\sum(Y-\overline{Y})^2} = \underset{\text{回归平方和}}{\sum(\hat{Y}-\overline{Y})^2} + \underset{\text{误差平均和}}{\sum(Y-\hat{Y})^2} \tag{12.15}$$

等号两边同除以总平方和$\sum(Y-\overline{Y})^2$,于是

$$\frac{\sum(Y-\overline{Y})^2}{\sum(Y-\overline{Y})^2} = \frac{\sum(\hat{Y}-\overline{Y})^2}{\sum(Y-\overline{Y})^2} + \frac{\sum(Y-\hat{Y})^2}{\sum(Y-\overline{Y})^2}$$

$$1 = \frac{\sum(\hat{Y}-\overline{Y})^2}{\sum(Y-\overline{Y})^2} + \frac{\sum(Y-\hat{Y})^2}{\sum(Y-\overline{Y})^2}$$

从上式可见,若回归平方和在总平方和中所占比率越大,而误差平方和所占比率越小,则预测效果越好;若回归平方和在总平方和中所占比率越小,而误差平方和所占比率越大,

则预测效果越差。当总平方和全由回归平方和所造成,表明预测极好,没有误差。当回归平方和为零,表明预测无效果。看来上式等号右边第一项是衡量回归预测效果的一个指标。而它又等于 X 和 Y 两个变量之间相关系数的平方,用公式可以表示为

$$r^2 = \frac{\sum (\hat{Y} - \overline{Y})^2}{\sum (Y - \overline{Y})^2} \tag{12.16}$$

上式称为测定系数,即 X 和 Y 两个变量相关系数的平方等于回归平方和在总平方和中所占的比率。

例如,表 11.1 中 10 个学生初一与初二数学分数的相关系数 $r = 0.780$,其 $r^2 = 0.608$,这就是说,在因变量的总平方和中回归平方和占 60.8%。也就是说 Y 变量的变异中有 60.8% 是由 X 变量的变异所引起。或者说,Y 变量的变异中有 60.8% 可以由 X 变量推测出来。因为相关系数是表示两个变量之间的相互关系,所以 r^2 是两个变量共同变异部分的比率,如上例 $r^2 = 0.608$,也可以说 X 变量的变异中有 60.8% 是由 Y 变量的变异造成的。

第三节 一元线性回归方程的应用

回归方程主要是用来由自变量的值估计预测因变量的值。这里的估计预测包含两个方面:一方面是用样本的回归方程推算因变量的回归值 $\hat{Y}$;另一方面是根据样本的回归值 $\hat{Y}$ 估计预测因变量的真值 Y。

一、用样本回归方程推算因变量的回归值

根据样本数据列出的回归方程经过显著性检验,表明两个变量之间存在线性关系,这时可将已知变量(自变量)的值代入相应的回归方程式,推算出另一个变量(因变量)的估计值。

例如,由表 11.1 初一(X)与初二(Y)数学成绩所列出的回归方程经上一节的检验有显著性,表明可以用它们由自变量的值推出因变量的估计值。假如想推算初二数学 73 分的学生初一数学是多少分,这时可将 73 分代入由 Y 估计 X 的回归方程

$$\hat{X} = 34.85 + 0.5Y = 34.85 + 0.5 \times 73 = 71.35$$

从而估算出初二数学获 73 分的学生,初一数学是 71.35 分。

又如,150 名 6 岁男童体重(X)与屈臂悬体(Y)的相关系数 $r = -0.35$,$\overline{X} = 20$ 千克,$\sigma_X = 2.55$,$\overline{Y} = 42.7$ 秒,$\sigma_Y = 8.2$,试估计体重为 22.6 千克的男童,屈臂悬体为多少秒? 屈臂悬体为 40 秒的男童体重为多少千克?

由体重 X 估计屈臂悬体 Y 的回归方程式为

$$\hat{Y} = b_{YX}X + a_{YX}$$

因为 $b_{YX} = r \dfrac{\sigma_Y}{\sigma_X} = -0.35 \times \dfrac{8.2}{2.55} = -1.13$

因为 $a_{YX} = \overline{Y} - b_{YX}\overline{X} = 42.7 - (-1.13) \times 20 = 65.30$

所以 $\hat{Y} = -1.13X + 65.30$

经检验该回归方程有显著性，可以用来估计和预测。

故体重为 22.6 千克的男童屈臂悬体为

$$\hat{Y} = (-1.13) \times 22.6 + 65.30 = 39.76(秒)$$

由屈臂悬体 Y 估计体重 X 的回归方程式为

$$\hat{X} = b_{XY}Y + a_{XY}$$

因为 $b_{XY} = r\dfrac{\sigma_X}{\sigma_Y} = (-0.35) \times \dfrac{2.55}{8.2} = -0.11$

因为 $a_{XY} = \overline{X} - b_{XY}\overline{Y} = 20 - (-0.11) \times 42.7 = 24.70$

所以 $\hat{X} = -0.11Y + 24.70$

上面由 X 估计 Y 的回归方程有显著性，那么由 Y 估计 X 的回归方程也有显著性，同样可以用来估计和预测。

故屈臂悬体为 40 秒的男童体重为

$$\hat{X} = (-0.11) \times 40 + 24.70 = 20.30(千克)$$

无论由 X 估计 Y，还是由 Y 估计 X 都有误差产生。这一误差用误差的标准差来表示。由于样本容量较大，根据公式(12.10a)由体重(X)估计屈臂悬体(Y)的误差的标准差为

$$S_{YX} = \sigma_Y \sqrt{1-r^2} = 8.2 \times \sqrt{1-(-0.35)^2} = 7.68$$

根据公式(12.10b)由屈臂悬体(Y)估计体重(X)的误差的标准差为

$$S_{XY} = \sigma_X \sqrt{1-r^2} = 2.55 \times \sqrt{1-(-0.35)^2} = 2.39$$

由回归方程估计出体重为 22.6 千克的男童，屈臂悬体的时间为 39.76 秒。实际上体重为 22.6 千克的男童，屈臂悬体的时间不一定都是 39.76 秒，而是在以 39.76 秒为中心回归线上下呈正态分布。根据正态分布曲线下的面积，可以知道，体重为 22.6 千克的男童屈臂悬体的值有 95% 的可能落在 $\hat{Y} \pm 1.96S_{YX}$ 之间，即 $39.76 \pm 1.96 \times 7.68$（下限 24.71 至上限 54.81）之间；有 99% 的可能落在 $\hat{Y} \pm 2.58S_{YX}$ 之间，即 $39.76 \pm 2.58 \times 7.68$（下限 19.95 至上限 59.57）之间。

同理，屈臂悬体为 40 秒的男童，体重有 95% 的可能落在 $\hat{X} \pm 1.96S_{XY}$ 之间，即 $20.30 \pm 1.96 \times 2.39$（下限 15.62 至上限 24.98）之间；有 99% 的可能落在 $\hat{X} \pm 2.58S_{XY}$ 之间，即 $20.30 \pm 2.58 \times 2.39$（下限 14.13 至上限 26.47）之间。

二、对因变量真值的预测

利用回归方程由自变量的值在一定概率意义下估计出因变量的所在区间，这里只反映了与某自变量的值相对应的那些因变量的值在回归值上下的变异。回归方程本身是由样本数据列出的，如上例再随机抽取 150 名 6 岁男童作为样本，所列出的体重与屈臂悬体的两条回归方程，由于抽样误差的影响，就不一定与上述两条方程相同。所以用回归方程计算出的回归值，并不是因变量的真值。要预测其真值还需考虑到各样本回归方程之间的变异。

1. 由自变量估计预测因变量真值的误差标准误

衡量由某一 X_P 值估计预测相应 Y_P 之真值 Y_0 时所产生的误差指标，称为误差标准误。

它由两个方面组成。一方面是对应于 X_P 点的那些 Y_P 值与回归值 $\hat{Y}_P$ 的差异即 S_{YX}^2；另一方面是各样本回归方程之间的差异，即 $S_{\hat{Y}_P}^2$。于是误差标准误可表示为

$$S_{(\hat{Y}_P - Y_0)} = \sqrt{S_{YX}^2 + S_{\hat{Y}_P}^2} \tag{12.17}$$

在这里 S_{YX} 表示某一回归方程的误差标准差

$S_{\hat{Y}_P}$ 表示与 X_P 值相对应的各样本回归值 $\hat{Y}_P$ 之间的标准差

而各回归值 $\hat{Y}_P$ 之间的标准差又为

$$S_{\hat{Y}_P} = S_{YX} \sqrt{\frac{1}{n} + \frac{(X_P - \overline{X})^2}{\sum (X - \overline{X})^2}} \tag{12.18}$$

将(12.18)式代入(12.17)式,则误差标准误为:

$$S_{(\hat{Y}_P - Y_0)} = S_{YX} \sqrt{1 + \frac{1}{n} + \frac{(X_P - \overline{X})^2}{\sum (X - \overline{X})^2}} \tag{12.19}$$

上例由体重 X 估计屈臂悬体 Y 的误差标准差为 $S_{YX} = 7.68$，X 的离差平方和为 $\sum (X - \overline{X})^2 = n\sigma_X^2 = 150 \times 2.55^2 = 975.38$，$\overline{X} = 20$，故由 $X_P = 22.6$ 估计 Y_P 的真值 Y_0 之误差标准误为

$$S_{(\hat{Y}_P - Y_0)} = 7.68 \times \sqrt{1 + \frac{1}{150} + \frac{(22.6 - 20)^2}{975.38}} = 7.73$$

2. 由自变量估计预测因变量真值的置信区间

用 t 分布对 X_P 值相对应的 Y_P 之真值 Y_0 进行区间估计时，其 Y_0 有 95% 的可能落在 $\hat{Y}_P \pm t_{(n-2)0.05} S_{(\hat{Y}_P - Y_0)}$ 的区间内；有 99% 的可能落在 $\hat{Y}_P \pm t_{(n-2)0.01} S_{(\hat{Y}_P - Y_0)}$ 的区间内。

上例，用 X 估计 Y 的样本回归方程计算出，当 $X = 22.6$，$\hat{Y} = 39.76$，根据自由度 $df = n - 2 = 150 - 2 = 148$，查 t 值表(附表2)，寻得 $t_{(148)0.05} = 1.978$，$t_{(148)0.01} = 2.614$，于是 $X = 22.6$ 相对应的 Y_0 之 95% 置信区间为

$$39.76 - 1.978 \times 7.73 < Y_0 < 39.76 + 1.978 \times 7.73$$

$$24.47 < Y_0 < 55.05$$

Y_0 的 99% 的置信区间为

$$39.76 - 2.614 \times 7.73 < Y_0 < 39.76 + 2.614 \times 7.73$$

$$19.55 < Y_0 < 59.97$$

这表明体重为 22.6 千克的 6 岁男童屈臂悬体时间的真值有 95% 的可能在 24.47 至 55.05 秒之间；有 99% 的可能在 19.55 至 59.97 秒之间。

从公式(12.19)可以看出，当 X_P 值不同，$S_{(\hat{Y}_P - Y_0)}$ 值也不同。与每一个 X_P 相对应的 Y_0 置信区间也不同。将这些置信区间上下端点分别连接起来，所形成的带形区间，称为真值 Y_0 的预测区间。如图 12.4 所示。

当样本容量较大时，公式(12.19)的根号内数值接近于 1，则

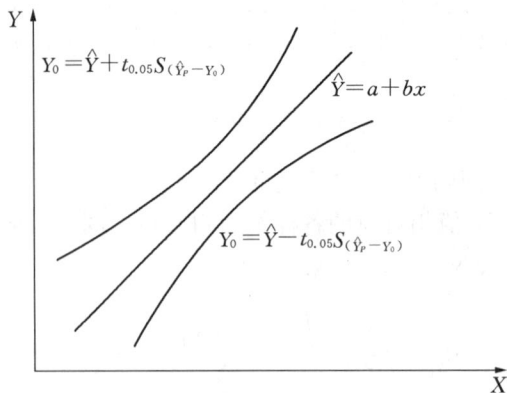

图 12.4 真值 Y_0 的预测区间

$$S_{(\hat{Y}_P - Y_0)} \approx S_{YX}$$

这时,表示真值 Y_0 预测区间的两条线接近于直线,其形态与图 12.3 相接近。

第四节 多元线性回归简介

多元线性回归是指有两个或两个以上自变量的线性回归。在教育研究中,某一种现象的变化往往是由多种因素共同作用的结果。因此若能用多个优化组合的自变量来共同估计预测因变量,那么定会比用一个自变量估计、预测更加准确、有效,切合实际。这就是多元线性回归的意义。可见,它比一元线性回归的用途广泛。

虽然多元线性回归与一元线性回归基本原理相同,但计算手续繁复,应用时要借助于计算机才能实现,故本节仅以多元线性回归中的最简单形式——二元线性回归为例,说明多元线性回归的基本原理及计算方法,为读者进一步学习打下基础。

一、二元线性回归方程

1. 二元线性回归方程的意义

二元线性回归方程是指 Y 对 X_1 与 X_2 的线性回归方程。用公式可表示为

$$\hat{Y} = a + b_1 X_1 + b_2 X_2 \tag{12.20}$$

式中 $\hat{Y}$ 为 X_1 与 X_2 的共同估计值,a 为常数项,b_1 和 b_2 是 Y 对 X_1 与 X_2 的偏回归系数。所谓 Y 对某一自变量的偏回归系数,就是说,在其他自变量都固定不变的条件下,该自变量变化一个单位所引起 Y 的变化比率。在二元线性回归中,b_1 表示当 X_2 固定不变时,X_1 每变化一个单位,所引起 Y 改变 b_1 个单位;b_2 表示当 X_1 固定不变时,X_2 每变化一个单位,所引起 Y 改变 b_2 个单位。

2. 二元线性回归方程的建立原理

二元线性回归方程的建立,就是求 a、b_1、b_2 的过程。这里与一元线性回归相同,仍用最小二乘法来确定 b_1 和 b_2。为了使 $\sum (Y - \hat{Y})^2 = \sum (Y - a - b_1 X_1 - b_2 X_2)^2$ 为最小,就需对 b_1 和 b_2 分别求偏导数,再令其为 0,即

$$\begin{cases} \dfrac{\partial\left[\sum(Y-a-b_1X_1-b_2X_2)^2\right]}{\partial b_1}=0 \\[4mm] \dfrac{\partial\left[\sum(Y-a-b_1X_1-b_2X_2)^2\right]}{\partial b_2}=0 \end{cases}$$

于是

$$\begin{cases} -2\sum(Y-a-b_1X_1-b_2X_2)X_1=0 \\ -2\sum(Y-a-b_1X_1-b_2X_2)X_2=0 \end{cases}$$

$$\begin{cases} a\sum X_1+b_1\sum X_1^2+b_2\sum X_1X_2=\sum X_1Y \\ a\sum X_2+b_1\sum X_1X_2+b_2\sum X_2^2=\sum X_2Y \end{cases} \tag{12.21}$$

常数 a 由下式确定为

$$a=\overline{Y}-b_1\,\overline{X}_1-b_2\,\overline{X}_2 \tag{12.22}$$

将 a 代入(12.21)方程组,整理后得

$$\begin{cases} b_1\sum(X_1-\overline{X}_1)^2+b_2\sum(X_1-\overline{X}_1)(X_2-\overline{X}_2)=\sum(X_1-\overline{X}_1)(Y-\overline{Y}) \\ b_1\sum(X_1-\overline{X}_1)(X_2-\overline{X}_2)+b_2\sum(X_2-\overline{X}_2)^2=\sum(X_2-\overline{X}_2)(Y-\overline{Y}) \end{cases} \tag{12.23}$$

(12.23)式这种确定回归系数的方程组称为正规方程组。为了简化正规方程的形式并用原始数据表示,则令

$$L_{11}=\sum(X_1-\overline{X}_1)^2=\sum X_1^2-(\sum X_1)^2/n$$

$$L_{22}=\sum(X_2-\overline{X}_2)^2=\sum X_2^2-(\sum X_2)^2/n$$

$$L_{12}=L_{21}=\sum(X_1-\overline{X}_1)(X_2-\overline{X}_2)$$
$$=\sum X_1X_2-(\sum X_1)(\sum X_2)/n$$

$$L_{1Y}=\sum(X_1-\overline{X}_1)(Y-\overline{Y})$$
$$=\sum X_1Y-(\sum X_1)(\sum Y)/n$$

$$L_{2Y}=\sum(X_2-\overline{X}_2)(Y-\overline{Y})$$
$$=\sum X_2Y-(\sum X_2)(\sum Y)/n$$

于是正规方程组可简化为

$$\begin{cases} b_1L_{11}+b_2L_{12}=L_{1Y} \\ b_1L_{21}+b_2L_{22}=L_{2Y} \end{cases} \tag{12.24}$$

解上述方程组则两个偏回归系数分别为

$$b_1=\dfrac{L_{1Y}L_{22}-L_{2Y}L_{12}}{L_{11}L_{22}-L_{12}^2} \tag{12.25a}$$

$$b_2 = \frac{L_{2Y}L_{11} - L_{1Y}L_{21}}{L_{11}L_{22} - L_{12}^2} \tag{12.25b}$$

3. 二元线性回归方程的计算

例如，10 名学生数学成绩与学习潜在能力(简称学能)测验成绩及逻辑学成绩如表 12.2 的第(2)至(4)列，试列出数学对学能及逻辑学的二元线性回归方程。

为了求 b_1、b_2、a 值，需根据表 12.2 的有关数值计算以下一些统计量。

表 12.2　数学对学能及逻辑学的二元线性回归方程计算表

学生序号 (1)	Y 数学 (2)	X_1 学能 (3)	X_2 逻辑学 (4)	Y^2 (5)	X_1^2 (6)	X_2^2 (7)	$X_1 X_2$ (8)	$X_1 Y$ (9)	$X_2 Y$ (10)
1	83	88	75	6 889	7 744	5 625	6 600	7 304	6 225
2	67	68	47	4 489	4 624	2 209	3 196	4 556	3 149
3	74	76	60	5 476	5 776	3 600	4 560	5 624	4 440
4	48	60	57	2 304	3 600	3 249	3 420	2 880	2 736
5	72	74	79	5 184	5 476	6 241	5 846	5 328	5 688
6	66	57	63	4 356	3 249	3 969	3 591	3 762	4 158
7	90	86	67	8 100	7 396	4 489	5 762	7 740	6 030
8	54	62	58	2 916	3 844	3 364	3 596	3 348	3 132
9	71	63	70	5 041	3 969	4 900	4 410	4 473	4 970
10	65	45	69	4 225	2 025	4 761	3 105	2 925	4 485
总　和	690	679	645	48 980	47 703	42 407	44 086	47 940	45 013

$$L_{YY} = \sum Y^2 - \left(\sum Y\right)^2/n = 48\,980 - 690^2/10 = 1\,370.0$$

$$L_{11} = \sum X_1^2 - \left(\sum X_1\right)^2/n = 47\,703 - 679^2/10 = 1\,598.9$$

$$L_{22} = \sum X_2^2 - \left(\sum X_2\right)^2/n = 42\,407 - 645^2/10 = 804.5$$

$$L_{12} = \sum X_1 X_2 - \left(\sum X_1\right)\left(\sum X_2\right)/n = 44\,086 - 679 \times 645/10$$
$$= 290.5$$

$$L_{1Y} = \sum X_1 Y - \left(\sum X_1\right)\left(\sum Y\right)/n = 47\,940 - 679 \times 690/10$$
$$= 1\,089.0$$

$$L_{2Y} = \sum X_2 Y - \left(\sum X_2\right)\left(\sum Y\right)/n = 45\,013 - 645 \times 690/10$$
$$= 508.0$$

$$\overline{Y} = \frac{\sum Y}{n} = \frac{690}{10} = 69$$

$$\overline{X}_1 = \frac{\sum X_1}{n} = \frac{679}{10} = 67.9 \qquad \overline{X}_2 = \frac{\sum X_2}{n} = \frac{645}{10} = 64.5$$

$$S_Y = \sqrt{\frac{\sum Y^2 - \left(\sum Y\right)^2/n}{n-1}} = \sqrt{\frac{1\,370}{10-1}} = 12.338$$

$$S_{X_1} = \sqrt{\frac{\sum X_1^2 - (\sum X_1)^2/n}{n-1}} = \sqrt{\frac{1\,598.9}{10-1}} = 13.329$$

$$S_{X_2} = \sqrt{\frac{\sum X_2^2 - (\sum X_2)^2/n}{n-1}} = \sqrt{\frac{804.5}{10-1}} = 9.455$$

将上述有关数据代入(12.25a)、(12.25b)、(12.22)式,则

$$b_1 = \frac{1\,089.0 \times 804.5 - 508.0 \times 290.5}{1\,598.9 \times 804.5 - 290.5^2} = 0.606$$

$$b_2 = \frac{508.0 \times 1\,598.9 - 1\,089.0 \times 290.5}{1\,598.9 \times 804.5 - 290.5^2} = 0.413$$

$$a = 69 - 0.606 \times 67.9 - 0.413 \times 64.5 = 1.214$$

于是数学对学能及逻辑学的二元线性回归方程为:

$$\hat{Y} = 1.214 + 0.606X_1 + 0.413X_2$$

这表明当逻辑学成绩保持不变而学能分数每增加 1 分时,则数学成绩平均增加 0.606 分;当学能分数保持不变而逻辑学每增加 1 分,则数学成绩平均增加0.413分。

4. 二元线性标准回归方程

为了比较两个自变量 X_1 和 X_2 在估计预测因变量 Y 时所起作用的大小,不能直接用由原始数据求得的两个回归系数 b_1 和 b_2 的大小来判断 X_1 和 X_2 对 Y 的贡献大小。因为原始分数的单位不等。也就是说,不能因为上述方程中 $b_1 = 0.606 > 0.413 = b_2$,就认为 X_1 的作用大于 X_2。这时需要将 Y,X_1,X_2 分别转换成标准分数 $Z_Y = (Y - \overline{Y})/\sigma_Y$,$Z_{X_1} = (X_1 - \overline{X}_1)/\sigma_{X_1}$,$Z_{X_2} = (X_2 - \overline{X}_2)/\sigma_{X_2}$,然后可以比较由标准分数所建立的标准回归方程中,两个标准回归系数 b_1^* 和 b_2^* 来判断 X_1 和 X_2 作用的大小。

二元线性标准回归方程的形式为

$$\hat{Z}_Y = b_1^* Z_{X_1} + b_2^* Z_{X_2} \tag{12.26}$$

标准回归方程既可用上述将原始分数转换成标准分数的方法建立,也可以利用标准回归系数与原始分数回归系数之间的关系

$$b_1^* = b_1 \frac{S_{X_1}}{S_Y} \tag{12.27a}$$

$$b_2^* = b_2 \frac{S_{X_2}}{S_Y} \tag{12.27b}$$

来建立。将上例有关数据代入以上二式,则标准回归系数为

$$b_1^* = 0.606 \times \frac{13.329}{12.338} = 0.655 \qquad b_2^* = 0.413 \times \frac{9.455}{12.338} = 0.316$$

标准回归方程为

$$\hat{Z}_Y = 0.655 Z_{X_1} + 0.316 Z_{X_2}$$

由于 $b_1^* = 0.655 > 0.316 = b_2^*$,故可认为在估计预测数学成绩时,学能测验分数($X_1$)比逻

辑学成绩(X_2)相对重要性要大。

二、二元线性回归的检验

二元线性回归的检验包括两个方面：一是检验回归方程的显著性；另一是检验两个偏回归系数的显著性。

(一) 二元线性回归方程的检验

二元线性回归方程的显著性有两种等效的检验方法：一为方差分析，一为复相关系数显著性检验。现用复相关系数的显著性对二元线性回归方程进行显著性检验。检验结果，若复相关系数显著，则回归方程也显著；复相关系数不显著则回归方程也不显著。

在一元线性回归中，回归平方和与因变量总平方和的比值，等于自变量与因变量间相关系数的平方。这是一元测定系数。在二元线性回归中，回归平方和与因变量总平方和的比值，等于组合起来的两个自变量与因变量之间复相关系数的平方，这是二元测定系数，用公式可表示为

$$R_{Y\cdot 12}^2 = \frac{\sum (\hat{Y} - \overline{Y})^2}{\sum (Y - \overline{Y})^2} = b_1^* r_{1Y} + b_2^* r_{2Y} \tag{12.28}$$

在这里 b_1^* 及 b_2^* 分别表示标准偏回归系数

r_{1Y} 和 r_{2Y} 分别表示 X_1 和 X_2 与 Y 的相关系数

将上例

$$r_{1Y} = \frac{L_{1Y}}{\sqrt{L_{11}L_{YY}}} = \frac{1\,089}{\sqrt{1\,598.9 \times 1\,370}} = 0.736$$

$$r_{2Y} = \frac{L_{2Y}}{\sqrt{L_{22}L_{YY}}} = \frac{508}{\sqrt{804.5 \times 1\,370}} = 0.484$$

$$b_1^* = 0.655, \quad b_2^* = 0.316$$

一并代入(12.28)式，则

$$R_{Y\cdot 12}^2 = 0.655 \times 0.736 + 0.316 \times 0.484 = 0.635$$

这表明在因变量 Y（数学分数）总平方和中，回归平方和占 63.5%。也就是说，在因变量 Y 的变异中有 63.5% 是由自变量 X_1（学能分数）和 X_2（逻辑学分数）的变异所造成。

二元测定系数 $R_{Y\cdot 12}^2$ 开平方后为 $R_{Y\cdot 12}$，它表示 X_1 和 X_2 两个自变量组合起来与因变量 Y 之间的相关程度，称为复相关系数。由两个自变量的作用组合而得的估计值用回归值 $\hat{Y}$ 来表示。所以复相关系数就是因变量 Y 与回归值 $\hat{Y}$ 所代表的两个变量之间的相关系数。上例的复相关系数为

$$R_{Y\cdot 12} = \sqrt{R_{Y\cdot 12}^2} = \sqrt{0.635} = 0.797$$

复相关系数的数值范围在 $0 \leqslant R \leqslant 1$ 之间，它没有负值。根据自由度 $df = n - k - 1$，通过查复相关系数界值表（附表11）对实际计算出的复相关系数可进行显著性检验。本例样本

容量 $n = 10$，自变量个数 $k = 2$，则自由度 $df = 10 - 2 - 1 = 7$，$\alpha = 0.05$，其复相关系数 $R_{Y \cdot 12}$ 的临界值为 0.758；$\alpha = 0.01$，$R_{Y \cdot 12}$ 的临界值为 0.855。由于实际计算出的 $R_{Y \cdot 12} = 0.797$，大于 $\alpha = 0.05 R_{Y \cdot 12}$ 的临界值 0.758，则 $P < 0.05$，表示此复相关系数与总体零相关有显著性差异。同时也表明此回归方程具有显著性，这意味着因变量（数学分数）与两个自变量（学能及逻辑学分数）之间存在着线性关系。

（二）偏回归系数的显著性检验

二元回归方程显著，只表明整个方程显著，说明方程中有一个或多于一个回归系数不等于零，但并不等于两个单独的偏回归系数都显著。甚至可能整个方程显著，而两个偏回归系数都不显著。因为回归方程的检验相当于对两个回归系数同时进行检验。因此在回归方程显著的情况下，还需对两个偏回归系数进行显著性检验。

检验的步骤：

(1) 提出假设

$$H_0 : \beta_1 = 0 \qquad H_1 : \beta_1 \neq 0 \qquad (b_2 \text{ 保持不变})$$

$$H_0 : \beta_2 = 0 \qquad H_1 : \beta_2 \neq 0 \qquad (b_1 \text{ 保持不变})$$

(2) 计算检验统计量的值

两个偏回归系数与总体零相关显著性检验的统计量分别为

$$t_{b_1} = \frac{b_1 - \beta_1}{\sqrt{\dfrac{S_{Y \cdot 12}^2}{L_{11}(1 - r_{12}^2)}}} \tag{12.29a}$$

$$t_{b_2} = \frac{b_2 - \beta_2}{\sqrt{\dfrac{S_{Y \cdot 12}^2}{L_{22}(1 - r_{12}^2)}}} \tag{12.29b}$$

以上两个偏回归系数标准误中的 $S_{Y \cdot 12}^2$ 表示误差方差或残值方差，用公式可表示为

$$
\begin{aligned}
S_{Y \cdot 12}^2 &= \frac{\sum (Y - \hat{Y})^2}{n - 2 - 1} \\
&= \frac{\sum (Y - \overline{Y})^2 - \sum (\hat{Y} - \overline{Y})^2}{n - 2 - 1} \qquad \text{因为} \sum (\hat{Y} - \overline{Y})^2 = b_1 L_{1Y} + b_2 L_{2Y} \\
&= \frac{L_{YY} - b_1 L_{1Y} - b_2 L_{2Y}}{n - 2 - 1}
\end{aligned}
\tag{12.30}
$$

上例的

$$S_{Y \cdot 12}^2 = \frac{1\,370 - 0.606 \times 1\,089 - 0.413 \times 508}{10 - 2 - 1} = 71.466$$

$$r_{12} = \frac{L_{12}}{\sqrt{L_{11} L_{22}}} = \frac{290.5}{\sqrt{1\,598.9 \times 804.5}} = 0.256$$

将上例有关数据代入公式 (12.29a) 及 (12.29b)，则

$$t_{b_1} = \frac{0.606}{\sqrt{\dfrac{71.466}{1\,598.9 \times (1 - 0.256^2)}}} = 2.766$$

$$t_{b_2} = \frac{0.413}{\sqrt{\dfrac{71.466}{804.5 \times (1 - 0.256^2)}}} = 1.340$$

（3）统计决断

根据自由度 $df = n - 2 - 1 = 10 - 2 - 1 = 7$，查 t 值表（附表2），$t_{(7)0.05} = 2.365$，$t_{(7)0.01} = 3.499$。由于实际计算出的 $t_{b_1} = 2.766$，$t_{(7)0.05} = 2.365 < 2.766^* < 3.499 = t_{(7)0.01}$，则 $0.05 > P > 0.01$；又 $t_{b_2} = 1.340 < 2.365 = t_{(7)0.05}$，则 $P > 0.05$，于是根据表 6.4 t 检验统计决断规则，在 0.05 显著性水平上拒绝 $\beta_1 = 0$，而接受 $\beta_1 \neq 0$；保留 $\beta_2 = 0$，而拒绝 $\beta_2 \neq 0$。

（4）结论：学能成绩对数学成绩效应显著。而逻辑学成绩对数学成绩效应不显著。

三、多元线性回归方程中自变量的选择

在多元线性回归方程中偏回归系数不显著（即 $\beta = 0$）的自变量在回归方程中不起作用，应当从方程中剔除出去。因为最好的多元线性回归方程，既整个方程显著，又每个偏回归系数也都显著。为了建立最好的多元线性回归方程，必须对自变量进行选择。

自变量之间的相关程度是选择自变量的重要因素之一。从公式（12.29）可以看出，当自变量之间相关越高，偏回归系数 b 达到显著性的可能性越小。相反，若自变量之间的相关为零，则回归系数的显著性就由其单个自变量来决定。因此，实验者在实验前可根据这一原则事先选择自变量。

选择自变量的方法一般有两种：

1. 从组成回归方程的所有自变量中选择最优的自变量

例如，有 X_1，X_2，X_3 三个自变量，首先分别将每一个自变量与因变量 Y 建立一元线性回归方程，共可建立 3 个方程。然后每次再从 3 个自变量中任选两个分别与因变量 Y 建立二元线性回归方程，共可建立 $C_3^2 = 3$ 个方程。再将 3 个自变量与因变量 Y 建立一个三元线性回归方程。最后对这 7 个回归方程的显著性，以及一元的回归系数，二元、三元的偏回归系数的显著性进行检验。从中选择一个最好的回归方程。

2. 逐步回归

逐步回归的原理是按每个自变量对因变量的作用，从大到小逐个地引入回归方程，每引入一个自变量要对回归方程中每一个自变量（含新引入的）都进行显著性检验（即对其偏回归系数进行显著性检验）。因为回归方程中原来具有显著作用的自变量，可能因引入新的自变量而变得不显著。对于不显著的自变量应当剔除，而每剔除一个自变量，要对留在方程中的自变量再进行显著性检验。若发现又有自变量变得不显著，则再加以剔除。这样逐步地引入自变量，并剔除不显著的自变量，直至将所有的自变量都引入，并将不显著的自变量都剔除为止，最后形成的回归方程就是最优的方程。

用二元线性回归方程对因变量真值的预测，以及对多元线性回归方程中自变量的选择，在计算上都相当繁复，必须借助计算机才能实现，故在此不拟展开。

1. 几何(X)和代数(Y)考试分数如下表。①分别列出由 X 估计 Y 及由 Y 估计 X 的回归方程;②检验回归方程的显著性;③该方程预测效果如何? ④代数(Y)获 71 分的学生,估计其几何(X)得多少分;⑤计算这一估计值 95% 及 99% 的置信区间;⑥试估计代数(Y)为 71 分的学生其几何分数真值 95% 及 99% 的置信区间。

几何 X	89	75	77	73	68	78	81	90	70	74	79
代数 Y	92	82	76	78	70	84	83	85	75	80	77

2. 化学(Y)、物理(X_1)、生物(X_2)测验分数如下表,

① 列二元线性回归方程;

② 列二元线性标准回归方程;

③ 检验回归方程的显著性;

④ 检验两个偏回归系数的显著性。

化学 Y	47	23	84	36	81	56	72	22	72	52	83	42	56	35	45
物理 X_1	76	50	71	50	65	56	74	56	65	72	62	43	73	51	60
生物 X_2	46	38	55	34	75	30	61	41	47	45	73	43	37	38	48

JIAOYUTONGJIXUE

第十三章
非 参 数 检 验

假设检验的方法有两种:参数检验和非参数检验。

以上所讲的 Z、t、F 检验都是参数检验。它们是根据样本的信息对相应的总体参数(μ、σ^2、ρ 等)的假设检验。这种检验是以样本所属的总体呈正态分布,两个总体(或几个总体)方差齐性为假定条件。它适用于等距变量和比率变量的资料。

在实际研究工作中,样本所属的总体分布形态一般是未知的,所获得的资料也不一定是等距变量或比率变量,因此需要采用新的统计方法进行检验。这种检验方法不要求样本所属的总体呈正态分布,一般也不是对总体参数进行检验,故称之为自由分布的非参数检验方法。

非参数检验不仅适用于非正态总体名义变量和次序变量的资料,而且也适用于正态总体等距变量和比率变量的资料。它不需要对两个总体方差作齐性的假定,计算简单,适合处理小样本资料。因此应用范围较参数检验广泛。但其灵敏性和精确度不如参数检验。

第一节 符 号 检 验

符号检验是通过对两个相关样本的每对数据之差的符号(正号或负号)进行检验,以比较这两个样本差异的显著性。

检验的基本方法,是将两个样本中每对数据之差用正负号表示。例如第一个样本的数据大于第二个样本的数据,记正号;第一个样本的数据小于第二个样本的数据,记负号;两个样本的数据相等,记零。如果两个样本无显著性差异,正号与负号的数量应相等,或接近相等。如果绝大部分是正号(或负号),两个样本有显著性差异的可能性较大。

一、小样本的情况

当样本容量较小,$n < 25$ 时,可用查表法进行符号检验。例如,将三岁幼儿经过配对而成的实验组施以五种颜色命名的教学,而对照组不施以教学,后期测验得分如表 13.1 第(2)(3)行所示。问进行教学与不进行教学,成绩是否有显著性差异?

表 13.1　实验组和对照组关于五种颜色命名得分的符号检验用表

配　对　(1)	1	2	3	4	5	6	7	8	9	10	11	12
得分　实验组 X_1(2)	18	20	26	14	25	25	21	12	14	17	20	19
对照组 X_2(3)	13	20	24	10	27	17	21	8	15	11	6	22
差数符号(4)	+	0	+	+	−	+	0	+	−	+	+	−

检验的步骤：

（1）提出假设

$$H_0 : P(X_1 > X_2) = P(X_1 < X_2)$$

$$H_1 : P(X_1 > X_2) \neq P(X_1 < X_2)$$

这里，零假设是差数的正号（$X_1 > X_2$）出现的概率等于负号（$X_1 < X_2$）出现的概率；备择假设是差数的正号出现的概率不等于负号出现的概率。

（2）求差数并记符号

当每对数据 $X_1 > X_2$ 记为"＋"号，$X_1 < X_2$ 记为"－"号，$X_1 = X_2$ 记为"0"。表 13.1 "＋"的个数 $n_+ = 7$，"－"的个数 $n_- = 3$，差数为 0 不予考虑。于是 $n = n_+ + n_- = 7 + 3 = 10$。将 n_+ 和 n_- 中较小的一个记为 r，$r = 3$。

（3）确定检验形式

过去没有资料可以说明对于三岁幼儿进行颜色命名教学是否有显著差异，故采用双侧检验。

（4）统计决断

当 $n_+ = n_-$，即正负号各一半，则差异不显著。当 n_+ 与 n_- 相差越大，表明 X_1 与 X_2 差异显著的可能性越大。于是实际的 r 值越大于 r 的临界值，差异越不显著。这点与上述的参数检验不同。本例根据 $n = n_+ + n_- = 7 + 3 = 10$ 及显著性水平，查符号检验表（附表 12）寻找 r 的临界值，$r_{0.05} = 1$，而实际的 $r = 3 > 1 = r_{0.05}$，按照表 13.2 单侧符号检验统计决断规则，$P > 0.05$。由于符号检验表是单侧检验表，进行双侧检验时，其显著性水平应乘以 2。所以本例若在 0.10 显著性水平上作决断，则更应保留 H_0 而拒绝 H_1。其结论为：三岁幼儿五种颜色命名教学与不教学成绩无显著差异。

表 13.2　单侧符号检验统计决断规则

r 与临界值的比较	P 值	检　验　结　果	显著性
$r > r_{0.05}$	$P > 0.05$	保留 H_0 拒绝 H_1	不显著
$r_{0.01} < r \leqslant r_{0.05}$	$0.01 < P \leqslant 0.05$	在 0.05 显著性水平上拒绝 H_0 接受 H_1	显著（*）
$r \leqslant r_{0.01}$	$P \leqslant 0.01$	在 0.01 显著性水平上拒绝 H_0 接受 H_1	极其显著（**）

符号检验是以二项分布为基础的，本例若用二项分布进行检验，则 $n = 10$，$(p+q)^{10}$ 展开式为

$$q^{10} + 10pq^9 + 45p^2q^8 + 120p^3q^7 + 210p^4q^6 + 252p^5q^5$$
$$+ 210p^6q^4 + 120p^7q^3 + 45p^8q^2 + 10p^9q + p^{10}$$

若以 p 表示正号出现的概率，q 表示负号出现的概率，上面二项展开式中的各项表示正号恰好出现 X 次的概率。根据零假设 $p = q = 0.5$，每一项当中的 p 与 q 的乘积都相等。于是正号恰好出现 X 次的概率可以用出现的次数（某项系数）与总次数（即各项系数之和 $1 + 10 + 45 + 120 + 210 + 252 + 210 + 120 + 45 + 10 + 1 = 1\,024$）之比来表示。例如出现 10 个正号的概率为 $1/1\,024$，出现 9 个正号的概率为 $10/1\,024$。出现 9 个以上正号的概率为 $\dfrac{10+1}{1\,024} = 0.011$，这是右侧的概率，同样在左侧出现 0 个及 1 个正号的概率也为 $\dfrac{1+10}{1\,024} = 0.011$。如果

进行双侧检验，左右侧概率之和为 $0.011 \times 2 = 0.022$。出现 8 个以上正号的概率为 $\dfrac{45 + 10 + 1}{1\,024} = 0.055$，双侧的概率为 $0.055 \times 2 = 0.11$。

本例正号出现的个数为 $n_+ = 7$，那么出现 7 个以上正号双侧的概率肯定大于出现 8 个以上正号双侧的概率 0.11，因此若在 0.11 显著性水平上作决断应保留 H_0，而拒绝 H_1。可见采用二项分布与查符号检验表所作的结论相同。因为符号检验表就是根据二项分布编制的。

二、大样本的情况

对差数的正号与负号差异的检验本属于二项分布的问题，当样本容量较大，即 $n > 25$ 时，二项分布接近于正态分布，因此可以用正态分布近似处理。

试检验第七章第二节表 7.2 资料中 32 个学生三天集中射击训练是否有显著效果。[表 13.3 的第 (1)(2)(3) 列是由表 7.2 转入]

检验的步骤：

(1) 提出假设

$$H_0 : P(X_1 > X_2) \leqslant P(X_1 < X_2)$$

$$H_1 : P(X_1 > X_2) > P(X_1 < X_2)$$

这里，H_0 是说，差数的正号 $(X_1 > X_2)$ 出现的概率小于或等于负号 $(X_1 < X_2)$ 出现的概率，H_1 是说，差数的正号出现的概率大于负号出现的概率。

(2) 选择检验统计量并计算其值

由于 $n = 31$（有 1 个差数是 0，故不计算在内），样本容量较大，二项分布近似于正态分布，可用 Z 比率作为检验统计量。

二项分布的平均数，$\mu = np = \dfrac{n}{2}$（设 $p = \dfrac{1}{2}$），标准差 $\sigma = \sqrt{npq} = \sqrt{n\dfrac{1}{2} \times \dfrac{1}{2}} = \dfrac{\sqrt{n}}{2}$。

$$Z = \frac{r - \mu}{\sigma} = \frac{r - np}{\sqrt{npq}} = \frac{r - \dfrac{n}{2}}{\dfrac{1}{2}\sqrt{n}} \tag{13.1}$$

表 13.3　32 个学生射击训练前后测验分数符号检验用表

序号 (1)	训练后 X_1 (2)	训练前 X_2 (3)	差数的符号 (4)
1	42	40	+
2	38	35	+
3	53	56	−
4	49	41	+
5	24	21	+
6	54	60	−

序号 (1)	训练后 X_1 (2)	训练前 X_2 (3)	差数的符号 (4)
7	43	34	＋
8	51	40	＋
9	60	64	－
10	47	39	＋
11	12	15	－
12	32	30	＋
13	65	61	＋
14	48	58	－
15	54	52	＋
16	62	58	＋
17	50	44	＋
18	25	26	－
19	63	59	＋
20	45	37	＋
21	39	32	＋
22	48	53	－
23	66	56	＋
24	57	54	＋
25	20	36	－
26	60	42	＋
27	51	44	＋
28	28	23	＋
29	34	30	＋
30	62	68	－
31	60	60	0
32	49	45	＋

在这里　r 表示 n_+ 与 n_- 中数值较小的一个

$$n = n_+ + n_-$$

二项分布是间断变量的概率分布,而正态分布是连续变量的概率分布。二项分布若以正态分布来处理,最好使用连续性校正,使二项分布的曲线更接近于正态分布。其校正公式为

$$Z = \frac{(r \pm 0.5) - \frac{n}{2}}{\frac{1}{2}\sqrt{n}} \tag{13.2}$$

当 $r > \frac{n}{2}$ 时,则 $r - 0.5$,当 $r < \frac{n}{2}$ 时,则 $r + 0.5$。

上表 $n_+ = 22$, $n_- = 9$, $n = n_+ + n_- = 22 + 9 = 31$, $r = 9$。由于 $9 < \frac{31}{2}$,校正公式检验

统计量的值为

$$Z = \frac{(9+0.5) - \frac{31}{2}}{\frac{1}{2}\sqrt{31}} = -2.16$$

（3）确定检验形式

过去的资料说明三天集中射击训练效果显著，所以采用右侧检验。

（4）统计决断

实际计算出的 $|Z| = 2.16$，$Z_{0.05} = 1.65 < 2.16^* < 2.33 = Z_{0.01}$，则 $0.01 < P < 0.05$，按表 6.3 单侧 Z 检验统计决断规则，在 0.05 显著性水平上拒绝 H_0 而接受 H_1。其结论为：三天集中射击训练有显著效果。与平均数差异显著性检验结论相同。

符号检验的优点是无须对所要检验的两个总体分布形态以及方差的齐性作任何假定，并且计算简单迅速，但是它只考虑符号的正负，不考虑差数数值的大小，因而失去了一部分样本所提供的信息。对于同一组数据，采用符号检验的精确度，只是 t 检验的 60%。因此除小样本外，一般不采用符号检验。

第二节　符号秩次检验

为了克服符号检验的缺点，威尔科克逊(F. Wilcoxon)提出了既考虑差数符号，又考虑差数大小的符号秩次检验法。

当比较两个相关样本的差异时，威尔科克逊符号秩次检验法，是将两个样本每对数据差的绝对值从小到大排列，并赋予每一个差数以秩次（等级），然后再给差数记上正、负号。如果两个样本无显著性差异，正秩和与负秩和应当相等或接近相等，如果正秩和与负秩和相差较大，那么，两个样本有显著性差异的可能性较大。

一、小样本的情况

当样本容量 $n < 25$ 时，可用查表法进行符号秩次检验。

现对上面三岁幼儿的两个相关样本关于颜色命名测验得分进行符号秩次检验。

表 13.4　实验组和对照组关于五种颜色命名的符号秩次检验用表

	配对(1)	1	2	3	4	5	6	7	8	9	10	11	12
得分	实验组 X_1(2)	18	20	26	14	25	25	21	12	14	17	20	19
	控制组 X_2(3)	13	20	24	10	27	17	21	8	15	11	6	22
	差　数　(4)	5	0	2	4	2	8	0	4	1	6	14	3
	秩　次　(5)	7		2.5	5.5	2.5	9		5.5	1	8	10	4
	添　号　(6)	+7		+2.5	+5.5	−2.5	+9		+5.5	−1	+8	+10	−4

检验的步骤：

（1）提出假设

$$H_0 : P(X_1 > X_2) = P(X_1 < X_2)$$

$$H_1 : P(X_1 > X_2) \neq P(X_1 < X_2)$$

这里,H_0 是说,正秩和与负秩和基本相等。H_1 是说,正秩和与负秩和不相等。

(2)求差数的绝对值

计算每对 X_1 与 X_2 的差数,但先不记符号。

(3)编秩次

根据差数的绝对值从小到大编秩次。差数为 0,表示无差别,不予以编秩次。差数绝对值最小的秩次编为 1,最大的秩次编作 n。差数绝对值相等的秩次,可用它们的秩次所占位置的平均数来代替。例如,表 13.4 中,差数绝对值为 2 的有 2 个,它们所占的秩次的位置为 2 和 3,则它们的秩次都用 $(2+3)/2 = 2.5$ 来表示。

(4)记号

按差数的正负,给秩次记上"$+$"、"$-$"号。

(5)求秩和

分别计算正秩和(T_+)与负秩和(T_-)。

$$\begin{aligned} \text{正秩和 } T_+ &= 7 + 2.5 + 5.5 + 9 + 5.5 + 8 + 10 \\ &= 47.5 \end{aligned}$$

$$\begin{aligned} \text{负秩和 } T_- &= 2.5 + 1 + 4 \\ &= 7.5 \end{aligned}$$

将正秩和与负秩和中较小的一个用 T 来表示,即 $T = 7.5$。

(6)统计决断

与符号检验相同,实际计算出的 T 值越大于 T 的临界值,X_1 与 X_2 差异越不显著;T 值越小于临界值,差异越显著。本例根据 $n = 10$(因为有两个差数为 0,故未计算在内)及显著性水平,查符号秩次检验表(附表 13),双侧 T 的临界值 $T_{0.05} = 8$。而实际计算的 $T = 7.5^* < 8 = T_{0.05}$,按照表 13.5 符号秩次检验统计决断规则,则 $P < 0.05$,于是在 0.05 显著性水平上拒绝 H_0 而接受 H_1。其结论为:对于三岁幼儿进行与不进行五种颜色命名的教学,成绩有显著性差异。

表 13.5　符号秩次检验统计决断规则

T 与临界值的比较	P 值	检　验　结　果	显著性
$T > T_{0.05}$	$P > 0.05$	保留 H_0 接受 H_1	不显著
$T_{0.01} < T \leq T_{0.05}$	$0.01 < P \leq 0.05$	在 0.05 显著性水平上拒绝 H_0 接受 H_1	显著(*)
$T \leq T_{0.01}$	$P \leq 0.01$	在 0.01 显著性水平上拒绝 H_0 接受 H_1	极其显著(**)

该例符号检验的结果是在 0.10 显著性水平上保留 H_0,而符号秩次检验的结果是在 0.05 显著性水平上拒绝 H_0。两种检验结果不同,应当以符号秩次检验的结果为准。因为它不仅考虑了差数的符号,而且也考虑了差数的数值大小,更多地利用了样本所提供的信息,所以检验结果的精确度比符号检验要高。对于同一组数据,采用符号秩次检验的精确度是 t 检验的 95%。

二、大样本的情况

当样本容量 $n > 25$ 时,二项分布接近于正态。于是可用正态分布近似处理。

现对上述 32 个学生三天射击训练前后的测验得分,进行符号秩次检验。

检验的步骤:

(1) 提出假设

$$H_0 : P(X_1 > X_2) \leqslant P(X_1 < X_2)$$

$$H_1 : P(X_1 > X_2) > P(X_1 < X_2)$$

(2) 求差数的绝对值[见表 13.6 第(4)列]

(3) 编秩次,并求正秩和及负秩和[见表 13.6 第(5)列]。正秩和 $T_+ = 356.5$;负秩和 $T_- = 139.5$,则 $T = 139.5$。

表 13.6　32 个学生射击训练前后测验分数符号秩次检验用表

序号 (1)	训练后 X_1 (2)	训练前 X_2 (3)	差数的绝对值 $|D| = |X_1 - X_2|$ (4)	秩次 (5)
1	42	40	2	3
2	38	35	3	7
3	53	56	3	-7
4	49	41	8	24
5	24	21	3	7
6	54	60	6	-19
7	43	34	9	26
8	51	40	11	29
9	60	64	4	-12.5
10	47	39	8	24
11	12	15	3	-7
12	32	30	2	3
13	65	61	4	12.5
14	48	58	10	-27.5
15	54	52	2	3
16	62	58	4	12.5
17	50	44	6	19
18	25	26	1	-1
19	63	59	4	12.5
20	45	37	8	24
21	39	32	7	21.5
22	48	53	5	-16.5
23	66	56	10	27.5
24	57	54	3	7
25	20	36	16	-30
26	60	42	18	31
27	51	44	7	21.5
28	28	23	5	16.5
29	34	30	4	12.5
30	62	68	6	-19
31	60	60	0	
32	49	45	4	12.5

（4）选择检验统计量并计算其值

本例的差数有 1 个为 0，则样本容量为 $n = 32 - 1 = 31$。由于 $31 > 25$，T 的抽样分布接近于正态，可用正态分布近似处理。

T 的总体平均数为

$$\mu_T = \frac{n(n+1)}{4} \tag{13.3}$$

T 的总体标准差为

$$\sigma_T = \sqrt{\frac{n(n+1)(2n+1)}{24}} \tag{13.4}$$

以上二式中 n 表示 n_+ 与 n_- 之和。

其检验统计量为

$$Z = \frac{T - \mu_T}{\sigma_T} = \frac{T - n(n+1)/4}{\sqrt{\dfrac{n(n+1)(2n+1)}{24}}} \tag{13.5}$$

在这里 T 表示正秩和与负秩和中数值较小的一个。

将有关数据代入(13.5)式，则

$$Z = \frac{139.5 - 31(31+1)/4}{\sqrt{\dfrac{31(31+1) \times (2 \times 31 + 1)}{24}}} = -2.13$$

（5）确定检验的形式

过去的资料说明三天集中射击训练有显著效果，故采用右侧检验。

（6）统计决断

实际计算出的 $|Z| = 2.13$，$Z_{0.05} = 1.65 < 2.13^* < 2.33 = Z_{0.01}$，则 $0.01 < P < 0.05$，按表 6.3 单侧 Z 检验统计决断规则，在 0.05 显著性水平上拒绝 H_0，而接受 H_1，其结论为：三天集中射击训练有显著效果。

该组资料用平均数差异的显著性检验、符号检验和符号秩次检验结果相同。

第三节　秩　和　检　验

当比较两个独立样本的差异时，可以采用曼—惠特尼（Mann-Whitney）两人提出的秩和检验方法。又称曼—惠特尼 U 检验法。

一、小样本的情况

当两个独立样本的容量 n_1 和 n_2 都小于 10，并且 $n_1 \leqslant n_2$ 时，可将两个样本的数据合在一起，按数据从小到大的顺序，给每一个数据编秩次，最小的数据秩次编为 1，最大数据的秩次编为 $n_1 + n_2$。如果两个样本无显著性差异，那么两个样本的秩次和应当相等。如果两个样本的秩次和相差较大，那么，两个样本有显著性差异的可能性较大。

例如:从某班随机抽取 5 名走读生和 6 名住宿生,测得英语口语分数如表 13.7 的第(1)(2)列所示,问走读生和住宿生英语口语成绩是否有显著性差异?

检验的步骤:

(1) 提出假设

$$H_0:两组英语口语测验成绩相同$$
$$H_1:两组英语口语测验成绩不相同$$

(2) 编秩次

将两组数据放在一起由小到大编秩次[见表 13.7 第(3)(4)列],编秩次的方法与符号秩次检验编秩次的方法相同。

表 13.7　走读生与住宿生英语口语测验分数秩和检验用表

原 始 分 数		秩 次	
走读生 (1)	住宿生 (2)	走读生 (3)	住宿生 (4)
42	56	6	10
38	49	3.5	8
35	60	2	11
41	43	5	7
32	38	1	3.5
	55		9
		17.5	

(3) 求秩和

计算样本容量较小一组的秩次和,并用 T 表示

$$T = 17.5$$

(4) 统计决断

根据 $n_1 = 5$,$n_2 = 6$ 及 0.05(双侧的概率为 0.05,而单侧的概率为 0.025)显著性水平,查秩和检验表(附表 14),找到左侧临界值 $T_1 = 19$,右侧临界值 $T_2 = 41$。由于实际计算出的 $T = 17.5^* < 19 = T_1$,按表 13.8 秩和检验统计决断规则,在 0.05 显著性水平上拒绝 H_0 而接受 H_1。其结论为:走读生和住宿生英语口语测验分数有显著性差异。从两组原始分数来看,住宿生优于走读生。

表 13.8　秩和检验统计决断规则

T 与两侧临界值相比较	显著性
$T_1 < T < T_2$	不显著
$T \leqslant T_1$ 或 $T \geqslant T_2$	显 著

二、大样本的情况

当两个独立样本的 n_1 和 n_2 都大于 10,T 分布接近于正态,对于两个样本的差异可以用

正态分布的 Z 比率进行检验。

例如:某师范学校书法比赛男女学生得分如表 13.9 第(2)(3)列所示,问男女学生书法比赛成绩是否有显著性差异?

(1) 提出假设

$$H_0:男女学生书法成绩相同$$

$$H_1:男女学生书法成绩不相同$$

(2) 编秩次

将男女生原始分数合在一起,按从小到大的顺序编秩次[见表 13.9 第(4)(5)列所示]。

表 13.9　男女学生书法比赛成绩的秩和检验用表

序　号 (1)	原　始　分　数		秩　次	
	男 (2)	女 (3)	男 (4)	女 (5)
1	24	30	8	17.5
2	18	27	4	12.5
3	36	19	21.5	5
4	40	36	23	21.5
5	25	26	9	10.5
6	28	41	14.5	24
7	30	16	17.5	3
8	21	22	6	7
9	14	15	1	2
10	26	28	10.5	14.5
11	29	31	16	19
12	27	32	12.5	20
13		42		25
14		43		26
总　　　和			$T = 143.5$	

(3) 求秩和

计算样本容量较小一组的秩次和,并用 T 表示。$T = 143.5$。

(4) 计算检验统计量的值

由于 $n_1 = 12$,$n_2 = 14$,两组容量都大于 10,故可用正态近似处理。其平均数为

$$\mu_T = \frac{n_1(n_1 + n_2 + 1)}{2} \tag{13.6}$$

标准差为

$$\sigma_T = \sqrt{\frac{n_1 n_2 (n_1 + n_2 + 1)}{12}} \tag{13.7}$$

上述二式中　n_1 表示较小的样本容量

n_2 表示较大的样本容量

其检验统计量为

$$Z = \frac{T - \mu_T}{\sigma_T} = \frac{T - n_1(n_1 + n_2 + 1)/2}{\sqrt{\dfrac{n_1 n_2(n_1 + n_2 + 1)}{12}}} \tag{13.8}$$

在这里　T 表示样本容量较小一组的秩次和

将 $n_1 = 12$，$n_2 = 14$，$T = 143.5$ 代入(13.8)式，则

$$Z = \frac{143.5 - 12(12 + 14 + 1)/2}{\sqrt{\dfrac{12 \times 14(12 + 14 + 1)}{12}}} = -0.95$$

（5）统计决断

由于 $|Z| = 0.95 < 1.96 = Z_{0.05}$，则 $P > 0.05$，根据表 6.2 双侧 Z 检验统计决断的规则，应保留 H_0 而拒绝 H_1。其结论为：男女学生书法比赛成绩无显著性差异。

第 四 节　中 位 数 检 验

次序变量的数据常以中位数作为集中量，以四分位距或百分位距作为差异量。对两个或几个独立样本中位数的比较，可以采用非参数检验法。

中位数的检验方法是将各组样本数据合在一起找出共同的中位数，然后分别计算每个样本在共同中位数上、下的频数，再进行 rc 表 χ^2 检验。

一、两个样本中位数的检验

例如：两所学校的计算机算法语言学习小组统一测验成绩，甲校为 16、12、20、15、23、8、16、19；乙校为 22、17、26、24、8、7、25、28。问甲乙两校计算机算法语言成绩是否有显著性差异？

检验的步骤：

（1）提出假设

H_0：两校计算机算法语言学习成绩相等

H_1：两校计算机算法语言学习成绩不相等

（2）求共同的中位数

将两组数据合在一起，从小到大排列，寻找共同的中位数，由于 $n_1 = 8$，$n_2 = 8$，$n_1 + n_2 = 16$，则第 8 与第 9 个位置上的数据之平均数即为共同的中位数。$Md = \dfrac{17 + 19}{2} = 18$。

（3）统计中位数上、下的频数

分别统计两组数据在中位数上、下的频数，并列成 2×2 表。

表 13.10　两组计算机算法语言成绩中位数的 χ^2 检验用表

校　　别	中位数以上	中位数以下	总　　和
甲	$a = 3$	$b = 5$	$a + b = 8$
乙	$c = 5$	$d = 3$	$c + d = 8$
总　　和	$a + c = 8$	$b + d = 8$	$N = 16$

（4）计算 χ^2 值

由于 $df = 1$，$N = 16 < 30$，可采用四格表缩减的校正公式（10.7）计算 χ^2 值

$$\chi^2 = \frac{\left(\mid ad - bc \mid - \dfrac{N}{2}\right)^2 N}{(a+b)(a+c)(b+d)(c+d)}$$

$$= \frac{\left(\mid 3 \times 3 - 5 \times 5 \mid - \dfrac{16}{2}\right)^2 \times 16}{8 \times 8 \times 8 \times 8} = 0.25$$

（5）统计决断

根据 $df = 1$，查 χ^2 值表（附表 7），找到 $\chi^2_{(1)0.05} = 3.84$，由于实际计算出的 $\chi^2 = 0.25 < 3.84 = \chi^2_{(1)0.05}$，则 $P > 0.05$，按照表 10.3 χ^2 检验统计决断规则，应保留 H_0 而拒绝 H_1。其结论为：甲乙两校计算机算法语言测验成绩无显著性差异。

二、多组中位数的检验

例如：从三个幼儿园的四岁幼儿中随机各抽取一个小组，测得看图说话成绩，甲园为 13、16、11、15、7；乙园为 8、10、6、4、14；丙园为 9、4、3、2、6、5。问甲、乙、丙三个幼儿园四岁幼儿看图说话成绩是否有显著性差异？

检验的步骤：

（1）提出假设

$$H_0：三个幼儿园的四岁幼儿看图说话成绩相同$$
$$H_1：三个幼儿园的四岁幼儿看图说话成绩不同$$

（2）求共同的中位数

将三组数据合在一起，从小到大排列，$n_1 = 5$，$n_2 = 5$，$n_3 = 6$，$N = n_1 + n_2 + n_3 = 5 + 5 + 6 = 16$，则第 8 与第 9 位置上的数据之平均数即为中位数。

$$Md = \frac{7 + 8}{2} = 7.5$$

（3）统计中位数上、下的频数

分别统计三个组数据在共同中位数上、下的频数，并列成 3×2 表

（4）计算 χ^2 值

用 3×2 表 χ^2 的缩减公式（10.4）计算 χ^2 值

$$\chi^2 = N\left(\sum \frac{f_0^2}{n_r n_c} - 1\right)$$

$$= 16 \times \left(\frac{4^2}{5 \times 8} + \frac{3^2}{5 \times 8} + \frac{1^2}{6 \times 8} + \frac{1^2}{5 \times 8} + \frac{2^2}{5 \times 8} + \frac{5^2}{6 \times 8} - 1\right) = 4.67$$

表 13.11　三组幼儿看图说话成绩中位数的 χ^2 检验用表

园　　别	中位数以上	中位数以下	总　　和
甲	4	1	$5 = n_{r_1}$
乙	3	2	$5 = n_{r_2}$
丙	1	5	$6 = n_{r_3}$
总　　和	$8 = n_{c_1}$	$8 = n_{c_2}$	$16 = N$

(5) 统计决断

根据 $df = (r-1)(c-1) = (3-1)(2-1) = 2$，查 χ^2 值表(附表 7)，找到 $\chi^2_{(2)0.05} = 5.99$，而实际计算出的 $\chi^2 = 4.67 < 5.99 = \chi^2_{(2)0.05}$，则 $P > 0.05$，按表 10.3 χ^2 检验统计决断规则，保留 H_0 而拒绝 H_1。其结论为：甲、乙、丙三个幼儿园四岁幼儿看图说话成绩无显著性差异。

第五节　单向秩次方差分析

对于几个独立样本差异的显著性，可以用克鲁斯尔(W. H. Kruskal)和沃利斯(W. A. Wallis)所提出的单向秩次方差分析进行检验。这种方法又称 H 检验法。它相当于对多组平均数所进行的参数的方差分析。但是它不需要对样本所属的几个总体作正态分布及方差齐性的假定。它是用秩次进行的非参数的方差分析。

这种检验方法是将所有样本的数据合在一起，按从小到大编秩次，然后计算各样本的秩次和。如果各组有显著性差异，在各组容量相等的情况下，各组秩次和应当相等或趋于相等；如果各组秩次和相差较大，那么各组有显著性差异的可能性较大。

一、样本容量较小或组数较小的情况

当各组容量 $n \leqslant 5$，或者样本组数 $K \leqslant 3$，可用下式作为检验统计量。

$$H = \frac{12}{N(N+1)} \sum \frac{R^2}{n} - 3(N+1) \tag{13.9}$$

在这里　N 表示各组频数总和

　　　　n 表示每个组的频数总和

　　　　R 表示每个组的秩次和

例如：三个小组图画成绩如表 13.12 第(2)(3)(4)列所示，问三组成绩是否有显著性差异？

表 13.12 三组图画成绩的单向秩次方差分析表

序号	原 始 分 数			秩 次		
(1)	甲 (2)	乙 (3)	丙 (4)	甲 (5)	乙 (6)	丙 (7)
1	62	45	85	5.5	1	14
2	77	60	79	10	4	12
3	68	78	82	7	11	13
4	54	56	76	2	3	9
5	70	62		8	5.5	
总 和	$N = 5 + 5 + 4 = 14$			$R_1 = 32.5$	$R_2 = 24.5$	$R_3 = 48$

检验的步骤：

(1) 提出假设

H_0：三组图画作业成绩相同

H_1：至少有两组图画作业成绩不相同

(2) 编秩次并求其和

将甲、乙、丙三组数据放在一起,从小到大编秩次[见表 13.12 第(5)(6)(7)列],然后分别计算各组的秩次和。$R_1 = 32.5$,$R_2 = 24.5$,$R_3 = 48$。

(3) 计算检验统计量的值

甲、乙、丙三组为独立样本,各组样本容量($n_1 = 5$,$n_2 = 5$,$n_3 = 4$)都等于 5 或小于 5,样本的组数 $K = 3$,于是可用 H 检验来比较三组成绩差异的显著性。

将表 13.12 中的有关数据代入(13.9)式,则

$$H = \frac{12}{14(14+1)} \times \left(\frac{32.5^2}{5} + \frac{24.5^2}{5} + \frac{48^2}{4} \right) - 3(14+1) = 6.846$$

(4) 统计决断

根据组数 $K = 3$,各组容量 $n_1 = 5$,$n_2 = 5$,$n_3 = 4$,查 H 检验表[附表 15(2)]找到样本容量为 5、5、4,$H = 7.7914$ 的概率为 0.010;$H = 5.6657$ 的概率为 0.049。而实际计算出的 H 值 $5.6657 < 6.846^* < 7.7914$,则 $0.010 < P < 0.049$,则可在 0.049 显著性水平上拒绝 H_0,而接受 H_1。其结论为:至少有两个小组的图画作业成绩有显著性差异。

二、样本容量较大或组数较多的情况

当各组容量 $n > 5$,或样本组数 $K > 3$ 时,由公式(13.9)计算的 H 值,其抽样分布接近于自由度 $df = K - 1$ 的 χ^2 分布,因此,可进行 χ^2 检验。

例如:四个半导体收音机装配小组的测验成绩如表 13.13 第(2)至(5)列所示,问四个组成绩是否有显著性差异?

表 13.13　四个半导体收音机装配组测验成绩的单向秩次方差分析用表

序　号	原　始　分　数				秩　　次			
(1)	甲 (2)	乙 (3)	丙 (4)	丁 (5)	甲 (6)	乙 (7)	丙 (8)	丁 (9)
1	11	17	5	34	10	13	1	24
2	14	20	10	28	11	16	9	21
3	18	8	7	30	14	6.5	4.5	22
4	19	24	9	24	15	18.5	8	18.5
5	6	27	8	36	2.5	20	6.5	25
6	7	21	6	33	4.5	17	2.5	23
7	15				12			
总　　和					$69 = R_1$	$91 = R_2$	$31.5 = R_3$	$133.5 = R_4$

检验的步骤:

(1) 提出假设

H_0:四个组半导体收音机装配成绩相等

H_1:至少有两个组半导体收音机装配成绩不相等

(2) 编秩次并求其和

将甲、乙、丙、丁四组的数据放在一起,按从小到大编秩次[见表 13.13 第(6)(7)(8)(9)列],然后分别求各组的秩次和。$R_1 = 69$,$R_2 = 91$,$R_3 = 31.5$,$R_4 = 133.5$。

(3) 计算检验统计量的值

$N = n_1 + n_2 + n_3 + n_4 = 7 + 6 + 6 + 6 = 25$,将有关数据代入(13.9)式,则

$$H = \frac{12}{25(25+1)} \times \left(\frac{69^2}{7} + \frac{91^2}{6} + \frac{31.5^2}{6} + \frac{133.5^2}{6} \right) - 3(25+1) = 17.927$$

(4) 统计决断

四个独立样本的容量均大于 5,组数 $K = 4 > 3$,H 的抽样分布接近于自由度 $df = K - 1$ 的 χ^2 分布,于是根据 $df = 4 - 1 = 3$,查 χ^2 值表(附表 7),找得 $\chi^2_{(3)0.005} = 12.84$。由于 $H = 17.927^{**} > 12.84 = \chi^2_{(3)0.005}$,则 $P < 0.005$,于是在 0.005 显著性水平上拒绝 H_0 而接受 H_1。其结论为:至少有两个半导体收音机装配小组的成绩有极其显著性差异。

第六节　双向秩次方差分析

上一节的单向秩次方差分析,是处理几个独立样本的资料。本节的双向秩次方差分析,是处理几个相关样本的资料。例如,同一批对象先后接受 k 次实验处理所获得的资料,或者根据某些条件相同的原则,匹配而成的 k 组对象各接受一种实验处理所获得的资料。在检验方法方面,单向秩次方差分析是将各组的数据放在一起进行编秩次,而双向秩次方差分析是在同一个对象(或匹配的对象)接受 k 次实验处理所获得的原始数据之间编秩次。如果各次实验导致差异不显著,各次实验产生的秩次和应当相等或趋于相等;如果各次实验秩次和相

差较大,那么,实验产生显著性差异的可能性较大。

一、样本容量较小及实验次数较少的情况

当样本容量 $n \leqslant 9$, $K = 3$; 或 $n \leqslant 4$, $K = 4$ 时,可利用下式作为检验统计量

$$\chi_r^2 = \frac{12}{nK(K+1)} \sum R^2 - 3n(K+1) \tag{13.10}$$

在这里　n 表示各次实验样本的容量(因为是相关样本,故各次实验的 n 相等)

　　　　K 表示实验的次数

　　　　R 表示各次实验的秩次和

例如,五位教师对甲、乙、丙三篇作文所作的评价如表 13.14 第(2)(3)(4)列所示,问三篇作文被评价的成绩是否相同?

表 13.14　五位教师对三篇作文成绩评价的双向秩次检验用表

教师序号	原　始　分　数			秩　　次		
	甲	乙	丙	甲	乙	丙
(1)	(2)	(3)	(4)	(5)	(6)	(7)
1	38	24	30	3	1	2
2	34	28	32	3	1	2
3	46	37	30	3	2	1
4	21	29	26	1	3	2
5	40	45	42	1	3	2
总　和				$11 = R_1$	$10 = R_2$	$9 = R_3$

检验的步骤:

(1) 提出假设

　　　　H_0:三篇作文被评价的成绩相同

　　　　H_1:至少有两篇作文被评价的成绩不相同

(2) 编秩次

将同一位教师给三篇作文评定的分数,从小到大编秩次。见表 13.14 第(5)(6)(7)列所示。

(3) 求秩和

分别计算甲、乙、丙三篇作文分数的秩次和。$R_1 = 11$, $R_2 = 10$, $R_3 = 9$。

(4) 计算检验统计量的值

五位教师对三篇作文的评定,相当于对五个被试先后进行三种不同的实验处理。组成 $n = 5$ 的三个相关样本。由于 $n = 5 < 9$, $K = 3$,可用(13.10)式作为检验统计量。

$$\chi_r^2 = \frac{12}{5 \times 3 \times (3+1)} \times (11^2 + 10^2 + 9^2) - 3 \times 5 \times (3+1) = 0.40$$

(5) 统计决断

根据 $n = 5$, $K = 3$,查 χ_r^2 值表[附表 16(1)],0.093 显著性水平上 χ_r^2 的临界值为 5.2,而

实际计算出的 $\chi_r^2 = 0.40$，$0.40 < 5.2$，则 $P > 0.093$，于是保留 H_0 而拒绝 H_1。其结论为：三个学生的作文被评价的成绩无显著性差异。

二、样本容量较大或实验次数较多的情况

当 $K = 3$，$n > 9$；$K = 4$，$n > 4$，或 $K > 4$ 时，χ_r^2 的抽样分布接近于 $df = K - 1$ 的 χ^2 分布，于是可以用 χ^2 近似处理。

例如：根据身高、体重、健康状况等基本相同的原则，将四岁男童编配在四个组内，然后对四个组施以不同的实验处理：第一组每日冬泳，第二组每日长跑（150 米），第三组每日跳绳，第四组每日不锻炼。一个月后，测得他们连续单腿向前跳（假定这些幼儿都会做这一项动作）的距离如表 13.15 第(2)至(5)列所示，如果以连续单腿向前跳的距离长短作为体力好坏的指标，问四种运动形式对于幼儿体力的影响是否一致？

检验的步骤：

(1) 提出假设

H_0：四种运动形式对幼儿体力影响相同

H_1：至少有两种运动形式对幼儿体力影响不相同

表 13.15　不同运动形式对四组幼儿体力影响的双向秩次检验用表

幼儿配对 (1)	原　始　分　数				秩　　次			
	冬泳 (2)	长跑 (3)	跳绳 (4)	不锻炼 (5)	冬泳 (6)	长跑 (7)	跳绳 (8)	不锻炼 (9)
1	10	7.5	14	3	3	2	4	1
2	15	12	16	4	3	2	4	1
3	16	9	11	14	4	1	2	3
4	18	14	12	6	4	3	2	1
5	15.5	13	13	5	4	2.5	2.5	1
6	19	11	10	3	4	3	2	1
7	20	21	11	12	3	4	1	2
8	17	16	10	12	4	3	1	2
总和					$29 = R_1$	$20.5 = R_2$	$18.5 = R_3$	$12 = R_4$

(2) 编秩次

将各配对组的 4 个幼儿连续单腿向前跳的距离（米），按从小到大编秩次，如表 13.15 第(6)(7)(8)(9)列所示。

(3) 求秩和

分别计算各组秩次和 $R_1 = 29$，$R_2 = 20.5$，$R_3 = 18.5$，$R_4 = 12$。

(4) 计算检验统计量

将有关数据代入(13.10)式，则

$$\chi_r^2 = \frac{12}{8 \times 4 \times (4+1)} \times (29^2 + 20.5^2 + 18.5^2 + 12^2) - 3 \times 8 \times (4+1)$$

$$= 11.06$$

（5）统计推断

由于 $n = 8$，$K = 4$，χ_r^2 的抽样分布接近于 $df = K - 1$ 的 χ^2 分布。于是根据 $df = 4 - 1 = 3$，查 χ^2 值表（附表7），找到 $\chi_{(3)0.05}^2 = 7.81$，$\chi_{(3)0.01}^2 = 11.34$，$\chi_{(3)0.05}^2 = 7.81 < 11.06^* < 11.34 = \chi_{(3)0.01}^2$，则 $0.01 < P < 0.05$，于是在 0.05 显著性水平上拒绝 H_0 而接受 H_1。其结论为：至少有两种运动方式对于四岁男童体力影响有显著性差异。

练 习 题

1. 经过配对而成的甲、乙两组学生，要求甲组学生对做错的英语作业进行订正，乙组不要求订正，后期统一测验分数如下表，问订正作业，对提高学习成绩是否有显著效果？（分别用符号和符号秩次两种方法进行检验，并比较其检验结果）

甲	78	79	65	55	90	84	74	82	69	74	86	70	72	71	75	83
乙	72	60	54	68	56	52	50	80	64	70	87	67	70	71	68	79

2. 分别用符号和符号秩次检验法来检验下列 26 个学生数学辅导前后测验成绩是否有显著性差异？并比较两种检验结果是否一样？

序号	辅导前	辅导后	序号	辅导前	辅导后	序号	辅导前	辅导后
1	82	83	11	60	62	21	55	57
2	64	68	12	81	84	22	63	68
3	73	70	13	94	86	23	61	64
4	79	78	14	66	72	24	90	83
5	56	59	15	58	62	25	48	58
6	59	64	16	85	86	26	92	94
7	64	64	17	72	78			
8	68	72	18	68	65			
9	61	80	19	68	74			
10	45	56	20	70	76			

3. 对第七章练习题的第 4 题，用秩和检验法检验甲、乙两个幼儿园六岁儿童某项测验成绩是否有显著差异？（不必进行方差齐性检验）

4. 从甲乙两校随机抽取几份物理高考试卷，其卷面分数如下，问甲乙两校此次物理考试成绩是否一样？（采用秩和检验法）

序号	1	2	3	4	5	6	7	8	9	10	11	12
甲校	63	68	57	61	82	77	81	54	49	60	65	47
乙校	60	72	59	55	66	78	90	42	48	63	67	

5. 甲乙两校在全区运动会上各个运动项目的得分如下表，问甲乙两校在全区运动会上的得分是否一样？（采用中位数检验法）

项目	1	2	3	4	5	6	7	8	9
甲校	14	6	8	10	7	11	5	4	3
乙校	16	2	3	12	5	14	1	5	2

6. 从某小学六年级三个平行班中随机抽取的几个学生的手工劳作成绩如下,问三个班的成绩是否一样?(采用中位数检验法)

  甲班 8 6 9 2 5 4

  乙班 10 4 9 8 6 1 5

  丙班 2 8 5 6 4 5 3 10 11

7. 甲、乙、丙三所学校参加全区自由体操比赛的得分如下,问三所学校自由体操成绩是否相同?

  甲校 36 28 32 35

  乙校 24 38 29 25

  丙校 40 29 23 38

8. 四组学生语言表达能力得分如下,问四个组的成绩是否有显著性差异?

  甲组 26 24 29 18 12 22

  乙组 8 10 9 29 8 13 17

  丙组 28 30 27 7 20 30 32

  丁组 10 9 12 14 15 15

9. 6个学生对甲、乙、丙三部电影的评价结果如下,问三部电影被评结果是否有显著性差异?

  甲 30 42 18 29 16 25

  乙 19 22 17 26 23 18

  丙 25 21 24 28 27 26

10. 五个学生对张、王、李、赵四位教师的授课水平评价如下,问四位教师的授课水平被评结果是否一样?

  张 44 38 40 42 55

  王 46 41 43 45 58

  李 40 39 37 48 52

  赵 50 45 46 51 57

第十四章
抽 样 设 计

在教育研究中,无论是调查还是实验,都面临着一个如何抽取调查和实验对象的问题。在实际工作中不可能也不必要将总体中所有个体一一加以观察或测试,一般是从中抽取一部分个体作为样本,根据对样本观察或测试结果所提供的信息,在一定概率上,对总体的相应特征进行统计推断。推断的可靠性与以下几种因素有关:①数据的质量。即所获得的数据能否准确地反映所观察或测试的某种属性的实际情况。这又同观察的方法、试卷的质量、测验实施时对无关因素的控制有关;②运用统计方法及数据处理的准确性;③样本对总体的代表性。可见,抽样设计既是教育科研定量分析中的首要环节,又是关系到统计推断可靠性的重要因素。而样本对总体的代表性,既涉及到抽样的方式,又涉及到样本的容量。

第一节　抽　样　方　法

常用的抽样方法有以下几种。

一、单纯随机抽样

如果总体中每个个体被抽到的机会是均等的(即抽样的随机性),并且在抽取一个个体之后总体内成分不变(抽样的独立性)。这种抽样方法称为单纯随机抽样。

抽样随机性原则,可通过计算机、摇号机、抽签、随机数目表、随机数骰子、计算器来实现。下面仅简单介绍两种方法。

1. 抽签法

先将总体中每一个个体都编上号码,再将每个号码写在签上,将签充分混合后,从中抽取 n 个(样本的容量)签,与被抽到的签号相应的个体就进入样本。

2. 随机数目表法

随机数字表(附表17)中所包含的0—9这10个数字出现的概率是均等的。如果我们要从2 000个学生中抽取100个学生作为样本,可先给2 000个学生编号,然后从随机数字表中任意一个数字开始向任何一个方向摘录数字,以四个数字为一组,共取100组。假如我们从附表17的第11行第1列开始向右摘录数字:1 818、0792、4 644、1 716、5 809、7 983、8 619、6 206、7 650,…所取的这些四位数中,凡大于2 000未满4 000者,均减2 000,大于4 000未满6 000者,均减4 000,…使每一组数字都不大于2 000,即1 818、792、644、1 716、1 809、1 983、619、206、1 650,…被编为这些号码的学生,就组成我们所需要的单纯随机样本。

为了贯彻抽样独立性原则,对于有限总体要用放回抽样方法,即将每一个从总体中抽出的个体,记录其结果之后,再放回总体之中,这样重复抽取 n 次就得到一组容量为 n 的样本。

对于无限总体来说,由于抽出的个体放回与不放回并不改变总体的成分,因此抽样时并不要求放回。在教育研究中,放回抽样往往成为不可能,因此在应用时即使是有限总体,如果总体的个数大于 500,而且总体内的个体数是样本中个体数的 10—20 倍,也可视为接近无限总体,实行不放回抽样。

二、机械抽样

把总体中的所有个体按一定顺序编号,然后依固定的间隔取样(间隔的大小视所需样本容量与总体中个体数目的比率而定),这种抽样方法称为机械抽样。例如:为了了解某校大学一年级学生英语学习情况,拟从 1 500 个大一学生中抽取 1/10 作为样本。先将这 1 500 个学生的英语测验分数由低到高排列,并从 1 至 1 500 编号,然后按 1、11、21,…号码的顺序和间隔抽取分数,并组成一个样本。

机械抽样比单纯随机抽样能够保证抽到的个体在总体中的分布比较均匀,而单纯随机抽样比机械抽样的随机性强,因为单纯随机抽样可以由总体内所有的个体组成任何可能的样本,而机械抽样对上例来说,只有 10 个可能样本:即由第 1、11、…号分数所组成的样本,由第 2、12、…号分数组成的样本,……直至最后由第 10、20、…号分数组成的样本。至于从中取哪一个作为样本可以随机确定。

机械抽样和单纯随机抽样两者也可以结合使用。如上例先按机械抽样原则在第 1、2、…、10 号分数中抽取一个,至于抽哪一个可以用单纯随机抽样的办法确定,同样在第 11、12、…、20 号分数中也随机抽取一个,如此抽下去,所组成的样本既可保持分布的均匀,又扩大了各个个体随机组合的可能性。

三、分层抽样

按与研究内容有关的因素或指标先将总体划分成几部分(即几个层),然后从各部分(即各层)中进行单纯随机抽样或机械随机抽样,这种抽样方法称为分层抽样。

将总体分层的基本原则是,各层内部的差异要小,层与层之间的差异要大。否则就会失去分层的意义。

当总体分好层,且样本容量也已确定之后,这时将 n 分配到各层中去的方法有以下两种。

1. 按各层的人数比率分配

当总体 σ 未知时,从各层所抽的人数比率都应当等于样本容量 n 与总体 N 之比。如总体中各层人数分别为 N_1,N_2,…,N_k,而从每层中所抽的人数为 n_1,n_2,…,n_k,则

$$\frac{n}{N} = \frac{n_1}{N_1} = \frac{n_2}{N_2} = \cdots = \frac{n_k}{N_k}$$

例如,对某校 800 个学生的品德情况进行了解,拟取 40 个学生作为样本。那么,可先根据一定标准将 800 个学生分成优(160 人)、良(320 人)、中(240 人)、差(80 人)四部分,然后从各部分中用单纯随机抽样或机械随机抽样的方法,各抽 $\frac{40}{800} = \frac{1}{20}$,即从优等中抽取 $160 \times \frac{1}{20} = 8(人)$,从良等中抽取 $320 \times \frac{1}{20} = 16(人)$,从中等中抽取 $240 \times \frac{1}{20} = 12(人)$,从差等中抽取 $80 \times \frac{1}{20} = 4(人)$,组成一个样本。

2. 最优配置法

在从各层抽取对象时,既考虑各层的人数比率,又考虑各层标准差的大小,这种从各层抽取对象的方法称为最优配置法。

从各层所抽人数的计算公式为

$$n_h = n \frac{N_h \sigma_h}{\sum N_h \sigma_h} \tag{14.1}$$

在这里 n_h 表示从某一层所抽的人数

n 表示样本的容量(即各层所抽人数之和)

N_h 表示某层的人数

σ_h 表示某层的标准差

例如,要了解某市高等教育自学考试的数学成绩,拟采用最优配置分层抽样方法。首先将考试成绩分成上、中、下三层,各层人数分别为 120、420、60,其总人数为 600,各层的标准差估计为 11、9、13,假如样本容量 n 已确定为 65(按理 n 的大小也应是根据各种条件计算出来的),将有关数据代入上式,于是上、中、下各层应抽取人数分别为

$$n_1 = 65 \times \frac{120 \times 11}{(120 \times 11 + 420 \times 9 + 60 \times 13)} = 65 \times \frac{1\,320}{5\,880} \approx 15$$

$$n_2 = 65 \times \frac{420 \times 9}{5\,880} \approx 42 \qquad n_3 = 65 \times \frac{60 \times 13}{5\,880} \approx 9$$

从各层所抽的人数比率为

$$\frac{n_1}{N_1} = \frac{15}{120} = 0.125 \qquad \frac{n_2}{N_2} = \frac{42}{420} = 0.10 \qquad \frac{n_3}{N_3} = \frac{9}{60} = 0.15$$

从这里可以看出,在标准差大的层里所抽的人数比率大,标准差小的层里抽的人数比率小。

四、整群抽样

从总体中抽出来的研究对象,不是以个体作为单位,而是以整群为单位的抽样方法,称为整群抽样。例如要了解某市某年物理学科高考的成绩,可以以学校为单位进行抽样。为了增强样本对总体的代表性,弥补整群抽样的不均匀性,可以与分层抽样相结合。先按一定的标准把全市所有中学分成几部分,例如,可以把所有的中学按市级重点中学、区级重点中学、普通中学分成三类,然后根据样本容量与总体中个体的比率,从三类学校中抽取若干学校,组成整群样本。

第二节　总体平均数统计推断时样本容量的确定

确定样本容量的基本原则是,在尽量节省人力、经费和时间的条件下,确保用样本推断总体达到预定的可靠度及准确性。因为统计推断的可靠度及准确性的提高与样本容量的增大不呈直线关系。也就是说,推断的可靠度及准确性不是随样本容量的增大按比率增高。

样本容量增到一定程度,可靠度及准确性增高的速度开始放慢。

关于确定样本容量的方法从理论上说,有限总体和无限总体确定样本容量的方法不同,抽取样本的方式不同,确定样本容量的方法也不同。但是在实际教育研究工作中,一般所抽取的样本容量不会太小,故为了方便,可将有限总体视为无限总体。将确定样本容量的各种抽样方式均由单纯随机抽样方式来代替。以下确定样本容量时即作如此处理。

一、由样本平均数估计总体平均数时样本容量的确定

1. 总体 σ 已知的情况

当总体标准差 σ 已知,样本平均数与总体平均数离差的统计量呈正态分布。其统计量为

$$Z_{\alpha/2} = \frac{|\overline{X} - \mu|}{\frac{\sigma}{\sqrt{n}}}$$

若由样本平均数估计总体平均数时,要求最大允许误差为 $|\overline{X} - \mu| = \delta$,可信度为 $1 - \alpha$,当 $\alpha = 0.05$,双侧临界值为 $Z_{0.05} = 1.96$;当 $\alpha = 0.01$,双侧临界值为 $Z_{0.01} = 2.58$。于是根据上式计算样本容量的公式为

$$n = \left(\frac{Z_{\alpha/2}\sigma}{\delta}\right)^2 \tag{14.2}$$

例如,拟估计上海市高校四级英语考试的总体平均分数,根据历次考试成绩的标准差为13,这次的估计最大允许误差 $\delta = 2$ 分,可信度为 95%,问应当抽多少人?

根据题意,是要由样本的平均数估计总体的平均数,总体 $\sigma = 13$,$\alpha = 0.05$,相应的 $Z_{0.05} = 1.96$,$\delta = 2$,将之代入上式,则

$$n = \left(\frac{1.96 \times 13}{2}\right)^2 = 162.3 \approx 162$$

应当抽取 162 人。

2. 总体 σ 未知的情况

当总体标准差 σ 未知,样本平均数与总体平均数离差统计量呈 t 分布,其统计量为

$$t_{\alpha/2} = \frac{|\overline{X} - \mu|}{\frac{S}{\sqrt{n}}}$$

于是根据上式计算样本容量的公式为

$$n = \left(\frac{t_{\alpha/2}S}{\delta}\right)^2 \tag{14.3}$$

但是上式中 $t_{\alpha/2}$ 值不是一个常数,它随自由度 $df = n-1$ 的大小而变化,当样本容量未确定之前,自由度无法确定,于是 $t_{\alpha/2}$ 值也无法查出。在这种情况下,一般采用尝试法。首先将自由度 $df = \infty$ 的 $t_{\alpha/2}$ 值代入上式,求出 n_1,然后将 $df = n_1 - 1$ 的 $t_{\alpha/2}$ 值再代入上式求出 n_2,再将 $df = n_2 - 1$ 的 $t_{\alpha/2}$ 值,代入上式求出 n_3,以此方法重复下去,直至先后连续两次所求得的 n 相等为止,这时 n 就是所要确定的样本容量。

例如,拟对某市初中升高中入学考试语文成绩的总体平均数进行估计。根据以同等难度的试题,对同等教育水平的另一城市部分初中升高中入学考试语文成绩算出的 $S = 11.4$。若要求估计的最大允许误差 $\delta = 3$,可信度为 99%,问样本容量应为多少?

因为本题总体 σ 为未知,应当用公式(14.3)来计算样本容量。首先根据 $df = \infty$ 及 $\alpha = 0.01$(双侧)查 t 值表(附表2)P(2),寻得 $t_{(\infty)0.01} = 2.5758$,并将 $S = 11.4$,$\delta = 3$ 一并代入公式(14.3),于是

$$n_1 = \left(\frac{2.5758 \times 11.4}{3}\right)^2 = 95.8 \approx 96$$

然后根据 $df = 96 - 1 = 95$,查 t 值表,寻得双侧 $t_{(95)0.01} = 2.629$,将之代入公式(14.3),则

$$n_2 = \left(\frac{2.629 \times 11.4}{3}\right)^2 = 99.8 \approx 100$$

再根据 $df = 100 - 1 = 99$,查 t 值表,寻得双侧 $t_{(99)0.01} = 2.627$,并将之代入公式(14.3),则

$$n_3 = \left(\frac{2.627 \times 11.4}{3}\right)^2 = 99.7 \approx 100$$

因为最后连续两次计算出的 n 相等,即 $n_2 = n_3 = 100$,故样本容量以 $n = 100$ 为宜。

当估计计算出的样本容量可能会大于或等于 30 时,虽然总体 σ 未知,一般也可用公式(14.2)计算,因为用公式(14.3)尝试法与用公式(14.2)计算结果相差甚微。当估计样本容量可能会小于 30 时,以用公式(14.3)尝试法为宜。

统计学家运用尝试法研制了由样本平均数估计总体平均数时所需样本容量表(附表18),表的左侧纵列表示总体标准差估计值 S 与最大允许误差 δ 之比 S/δ 的整数部分,上端横行表示 S/δ 值的一位小数值。根据例 2 的 $S/\delta = 11.4/3 = 3.8$,及 $\alpha = 0.01$,查附表18(2),寻得 $n = 100$,与用公式(14.3)尝试法计算结果完全相同。

二、样本平均数与总体平均数差异显著性检验时样本容量的确定

1. 总体 σ 已知的情况

根据样本平均数对总体平均数进行差异显著性检验时,其假设为:$H_0: \mu = \mu_0$,$H_1: \mu \neq \mu_0$。H_0 是说,样本所来自的总体平均数 μ 就是 μ_0,H_1 是说,样本所来自的总体平均数 μ 不是 μ_0。若 H_0 为真,而遭拒绝,就会犯 α 错误,则有

$$\frac{\overline{X} - \mu_0}{\frac{\sigma}{\sqrt{n}}} = Z_{\alpha/2}$$

若 H_1 为真,而遭拒绝,就会犯 β 错误,则有

$$\frac{\mu - \overline{X}}{\frac{\sigma}{\sqrt{n}}} = Z_{\beta}$$

在假设中既要考虑 α 又要考虑 β,将以上二式相加为

$$\frac{\mu - \mu_0}{\frac{\sigma}{\sqrt{n}}} = (Z_{\alpha/2} + Z_\beta)$$

若令 $\delta = \mu - \mu_0$，则

$$n = \left[\frac{(Z_\alpha + Z_\beta)\sigma}{\delta}\right]^2 \quad （单侧） \tag{14.4}$$

$$n = \left[\frac{(Z_{\alpha/2} + Z_\beta)\sigma}{\delta}\right]^2 \quad （双侧） \tag{14.5}$$

在这里　n 表示所需样本容量

　　　　Z_α 表示 α 值置于正态分布一端时相应的 Z 值

　　　　$Z_{\alpha/2}$ 表示 α 值置于正态分布两端时相应的 Z 值

　　　　Z_β 表示与 β 值相对应的正态分布的 Z 值

　　　　σ 表示总体的标准差

　　　　δ 表示最大允许误差

上式中的 α 及 β 值是由研究者预先确定的，α 值要确定得比 β 值小。α 值一般确定为 0.05 或 0.01。β 值一般确定为 0.10、0.20、0.30。在 α 及 β 值确定之后，若进行双侧检验，α 值要分置于分布的两端；若进行单侧检验，α 值要置于分布的一端。于是同一个 α 值，其单、双侧 Z 的临界值是不相同的。而对于 β 值来说，无论进行单侧检验还是双侧检验，其 β 值总是置于分布的一端。

例如，某区高三学能测验 $CEEB$ 标准分数的平均数 $\mu_0 = 500$，标准差 $\sigma = 100$，据高中教师的经验认为，高中连续三年参加体育运动队的学生，学能测验比平均数低 23 分。为了检验这一经验的可靠性，确定 $\alpha = 0.05$，$\beta = 0.20$，问应从该区高中连续三年参加运动队的高三学生中随机抽取多少人？

根据题意，是要对样本平均数与总体平均数进行单侧的差异显著性检验。单侧 $\alpha = 0.05$ 的 $Z_{0.05} = 1.65$。在寻找 $\beta = 0.20$ 相应的 Z 值时，要根据 $0.5 - 0.20 = 0.30$，从正态分布表（附表1）的 P 列中找到与 0.30 最相近的 $Z_{0.20} = 0.84$，再将总体的标准差 $\sigma = 100$，$\delta = 23$，一并代入公式(14.4)，于是

$$n = \left[\frac{(1.65 + 0.84) \times 100}{23}\right]^2 = 117.2 \approx 117$$

应随机抽取 117 名学生。

2. 总体 σ 未知的情况

当总体 σ 未知，样本平均数与总体平均数的离差统计量呈 t 分布。当对样本平均数与总体平均数的差异进行显著性检验时，需用下式通过尝试来确定样本容量

$$n = \left[\frac{(t_\alpha + t_\beta)S}{\delta}\right]^2 \quad （单侧） \tag{14.6}$$

$$n = \left[\frac{(t_{\alpha/2} + t_\beta)S}{\delta}\right]^2 \quad （双侧） \tag{14.7}$$

在这里　n 表示所需样本容量

t_α 表示 α 值置于 t 分布一端时相应的 t 值

$t_{\alpha/2}$ 表示 α 值置于 t 分布两端时相应的 t 值

t_β 表示与 β 值相对应的 t 值

S 表示总体标准差的估计值

δ 表示最大允许误差

例如,某区各校初二劳技课内容之一,就是要到区劳技中心学习纺织一周,历届初二学生编织一只小篮子约需 30 分钟,总体标准差估计值 $S = 4$,为了检验应届学生编织一只小篮子所用平均时间与历届学生是否相同,确定 $\alpha = 0.05$,$\beta = 0.10$,$\delta = \mu - \mu_0 = 1.6$,问需从应届学生中抽取多少人?

根据题意,是要对样本平均数与总体平均数进行差异显著性检验。由于总体标准差 σ 未知,并且没有资料说明应届比历届平均用时是高还是低,故要用双侧检验的公式(14.7)进行尝试以确定样本容量。首先根据 $df = \infty$,$\alpha = 0.05$,查 t 值表(附表 2)$P(2)$ 寻得双侧 $t_{(\infty)0.05} = 1.96$,仍用 t 值表 $P(1)$ 寻得 $df = \infty$,$\beta = 0.10$ 的 $t_{(\infty)0.10} = 1.2816$,并将 $S = 4$,$\delta = 1.6$ 一并代入公式(14.7),则

$$n_1 = \left[\frac{(1.96 + 1.2816) \times 4}{1.6} \right]^2 = 65.7 \approx 66$$

然后根据 $df = 66 - 1 = 65$,查 t 值表 $P(2)$,寻得双侧 $t_{(65)0.05} = 1.997$,查 t 值表 $P(1)$,寻得 $\beta = 0.10$ 的 $t_{(65)0.10} = 1.295$,仍代入公式(14.7),则

$$n_2 = \left[\frac{(1.997 + 1.295) \times 4}{1.6} \right]^2 = 67.7 \approx 68$$

再根据 $df = 68 - 1 = 67$,查 t 值表 $P(2)$,寻得双侧 $t_{(67)0.05} = 1.996$,$\beta = 0.10$ 的 $t_{(67)0.10} = 1.295$,再代入公式(14.7),则

$$n_3 = \left[\frac{(1.996 + 1.295) \times 4}{1.6} \right]^2 = 67.7 \approx 68$$

因为最后连续两次算出的 n 相等,即 $n_2 = n_3 = 68$,故样本容量以 $n = 68$ 为宜。

该例可根据双侧 $\alpha = 0.05$,$\beta = 0.10$,$\frac{\delta}{S} = \frac{1.6}{4} = 0.4$,查样本平均数与总体平均数差异显著性检验所需样本容量表(附表 19),寻得 $n = 68$,(查表时注意:因为总体标准差 σ 未知,故用总体标准差估计值 S 代替)与用公式尝试法计算结果完全相同。

三、两个样本平均数差异显著性检验时样本容量的确定

1. 两个独立样本平均数差异显著性检验时样本容量的确定

对两个独立样本平均数差异进行显著性检验时,两个相应的总体标准差一般为未知,故确定样本容量的公式为

$$n_1 = n_2 = 2 \left[\frac{(t_\alpha + t_\beta)S}{\delta} \right]^2 \quad (\text{单侧}) \tag{14.8}$$

$$n_1 = n_2 = 2 \left[\frac{(t_{\alpha/2} + t_\beta)S}{\delta} \right]^2 \quad (\text{双侧}) \tag{14.9}$$

在这里 n_1 和 n_2 表示 $n_1 = n_2$ 时两个样本的容量

t_α 表示 α 值置于 t 分布一端时相应的 t 值

$t_{\alpha/2}$ 表示 α 值分置于 t 分布两端时相应的 t 值

t_β 表示与 β 值相对应的 t 值

S 表示总体标准差估计值(假定 $S_1 = S_2 = S$)

δ 表示最大允许误差

例如,拟考查重点中学在全市统一举行的计算机基础知识合格证书考试中平均分数是否高于一般中学 8 分,确定 $\alpha = 0.01$, $\beta = 0.10$,根据经验,两类学校成绩的标准差相等,$S_1 = S_2 = 9$,问样本容量应为多少?

根据题意,需对重点中学及一般中学此次考试成绩进行单侧的独立样本平均数差异显著性检验。首先根据 $df = \infty$, $\alpha = 0.01$,查 t 值表(附表2)$P(1)$,寻得单侧 $t_{(\infty)0.01} = 2.3263$,仍用此表寻得 $\beta = 0.10$, $t_{(\infty)0.10} = 1.2816$,并将 $S = 9$, $\delta = 8$ 代入公式(14.8),则

$$n_{1(1)} = n_{2(1)} = 2\left[\frac{(t_\alpha + t_\beta)S}{\delta}\right]^2$$

$$= 2\left[\frac{(2.3263 + 1.2816) \times 9}{8}\right]^2 = 32.9 \approx 33$$

然后根据 $df = n_1 + n_2 - 2 = 33 + 33 - 2 = 64$,查 t 值表 $P(1)$,寻得单侧 $t_{(64)0.01} = 2.386$, $\beta = 0.10$ 的 $t_{(64)0.10} = 1.295$,将之代入公式(14.8),则

$$n_{1(2)} = n_{2(2)} = 2\left[\frac{(2.386 + 1.295) \times 9}{8}\right]^2 = 34.3 \approx 34$$

再根据 $df = n_1 + n_2 - 2 = 34 + 34 - 2 = 66$,查 t 值表 $P(1)$,寻得单侧 $\alpha = 0.01$ 的 $t_{(66)0.01} = 2.385$, $\beta = 0.10$ 的 $t_{(66)0.10} = 1.295$,将之代入公式(14.8),则

$$n_{1(3)} = n_{2(3)} = 2\left[\frac{(2.385 + 1.295) \times 9}{8}\right]^2 = 34.3 \approx 34$$

因为最后连续两次算出的 $n_{1(2)} = n_{2(2)} = n_{1(3)} = n_{2(3)} = 34$,所以需从重点中学及一般中学各抽 34 人。

该例也可根据单侧 $\alpha = 0.01$, $\beta = 0.10$, $\frac{\delta}{S} = \frac{8}{9} = 0.89$(因总体标准差 σ 未知,故用总体标准差估计值 S 代替),查两个样本平均数差异显著性检验时所需样本容量(附表20),寻得 $n_1 = n_2 = 34.8$,与用公式计算结果相近。

2. 两个相关样本平均数差异显著性检验时样本容量的确定

对于同一组对象实验前后在同一个测验上的两组分数,或者对于由各种条件基本相同的原则匹配成对的两组对象,施以不同实验之后统一测验的两组分数,进行平均数差异显著性检验时所需样本容量的计算公式为

$$n = \left[\frac{(t_\alpha + t_\beta)S_d}{\delta}\right]^2 \quad (单侧) \tag{14.10}$$

$$n = \left[\frac{(t_{\alpha/2} + t_\beta)S_d}{\delta}\right]^2 \quad (双侧) \tag{14.11}$$

在这里　n 表示样本容量(即自身对照的人数或所配的对子数)

　　　　S_d 表示每对数据之差的总体标准差的估计值

　　例如,为了考查在一个月之内,每天进行半小时英语听力训练的效果,拟对随机抽取的一组学生训练前后同一听力内容的测验结果,进行平均数差异的显著性检验。根据同类实验结果表明,实验前后成绩之差的标准差 $S_d = 10$,若确定单侧 $\alpha = 0.05$, $\beta = 0.10$,最大允许误差 $\delta = 4.2$,问应抽多少人?

　　根据题意,需用公式(14.10)对自身对照的两组分数进行单侧的相关样本平均数差异显著性检验。首先根据 $df = \infty$,单侧 $\alpha = 0.05$, $\beta = 0.10$,查 t 值表 $P(1)$,寻得单侧 $t_{(\infty)0.05} = 1.6449$,及 $\beta = 0.10$ 的 $t_{(\infty)0.10} = 1.2816$,并将 $S_d = 10$, $\delta = 4.2$ 一并代入公式(14.10),则

$$n_1 = \left[\frac{(1.6449 + 1.2816) \times 10}{4.2}\right]^2 = 48.6 \approx 49$$

然后根据 $df = n - 1 = 49 - 1 = 48$,查 t 值表 $P(1)$,寻得单侧 $\alpha = 0.05$ 的 $t_{(48)0.05} = 1.678$, $\beta = 0.10$ 的 $t_{(48)0.10} = 1.300$,代入公式(14.10),则

$$n_2 = \left[\frac{(1.678 + 1.300) \times 10}{4.2}\right]^2 = 50.3 \approx 50$$

再根据 $df = 50 - 1 = 49$,查 t 值表 $P(1)$,寻得单侧 $\alpha = 0.05$ 的 $t_{(49)0.05} = 1.677$, $\beta = 0.10$ 的 $t_{(49)0.01} = 1.299$,再代入公式(14.10),则

$$n_3 = \left[\frac{(1.677 + 1.299) \times 10}{4.2}\right]^2 = 50.2 \approx 50$$

因为最后连续两次计算出的 n 相等,即 $n_2 = n_3 = 50$,故应以抽取 50 人为宜。

第三节　总体比率统计推断及相关系数显著性检验时样本容量的确定

一、用样本比率估计总体比率时样本容量的确定

　　当总体比率接近 0.5,随 n 的增大,样本比率的抽样分布趋向正态,这时对总体比率可近似用下式进行估计。

$$n = \left(\frac{Z_{\alpha/2}}{\frac{\delta}{\sqrt{p(1-p)}}}\right)^2 = \left(\frac{Z_{\alpha/2}}{\delta}\right)^2 p(1-p) \tag{14.12}$$

在这里　n 表示所需样本容量

　　　　$Z_{\alpha/2}$ 表示 α 值置于正态分布两端时相应的 Z 值

　　　　δ 表示最大允许误差

　　　　p 表示可能出现的样本比率中最靠近 50% 的值

　　当总体比率越接近 0 或 1,样本比率的抽样分布就越偏离正态分布,此时从理论上说,应对 $\sqrt{p}$ 作反正弦的转换。而实际上转换与未转换的结果相差甚微,故也可以不转换,直接用公

式(14.12)计算。

例如,某县一所完中,历届高考升学率为 0.55,拟估计应届高考升学率,要求误差不超过 3%,估计的可信度为 95%,问需抽多少人?

根据题意是要对该校应届高考总体升学率作估计。其 $p=0.55$,$\delta=0.03$,$\alpha=0.05$,其 $Z_{\alpha/2}=1.96$,将之代入上式,则

$$n=\left(\frac{1.96}{0.03}\right)^2 \times 0.55 \times (1-0.55)=1\,056.4 \approx 1\,056$$

若根据 $p=0.55$,$\delta=0.03$,$\alpha=0.05$,查由样本比率估计总体比率所需样本容量表(附表 21),寻得 $n=1\,056$,与计算结果完全相同。

二、两个样本比率差异显著性检验时样本容量的确定

对两个样本比率进行差异显著性检验时,样本容量的确定首先需要用 $\sqrt{\ }$ 比率的反正弦转换表(附表 22)将两个样本比率转换成 $\Phi=2\arcsin\sqrt{p}$,然后根据下式计算样本容量。

$$n_1=n_2=2\left(\frac{Z_\alpha+Z_\beta}{\Phi_1-\Phi_2}\right)^2 \quad \text{(单侧)} \tag{14.13}$$

$$n_1=n_2=2\left(\frac{Z_{\alpha/2}+Z_\beta}{\Phi_1-\Phi_2}\right)^2 \quad \text{(双侧)} \tag{14.14}$$

在这里 n_1 和 n_2 表示 $n_1=n_2$ 时两个样本容量

Z_α 表示 α 值置于正态分布一端时相应的 Z 值

$Z_{\alpha/2}$ 表示 α 值分置于正态分布两端时相应的 Z 值

Z_β 表示与 β 值相对应的正态分布的 Z 值

$\Phi_1=2\arcsin\sqrt{p_1}$

$\Phi_2=2\arcsin\sqrt{p_2}$

例如,据多年资料表明,小学教师中,40 岁以上的人数比率甲区低于乙区,甲区约占 30%,乙区约占 40%。若考查两区小学教师中 40 岁以上人数比率是否有显著性差异,规定 $\alpha=0.05$,$\beta=0.10$,那么应从甲、乙两区各抽多少人?

根据题意是要对甲乙两区小学教师中 40 岁以上的人数比率用公式(14.13)进行单侧差异显著性检验,首先通过查 $\sqrt{\ }$ 比率的反正弦转换表(附表 22),将 $p_1=0.30$ 及 $p_2=0.40$ 转换成 $\Phi_1=1.159$,$\Phi_2=1.369$,单侧 $\alpha=0.05$ 相应的 $Z_{0.05}=1.65$,与 $\beta=0.10$ 相应的 $Z_{0.10}=1.28$,将之代入公式(14.13),则

$$n_1=n_2=2\left(\frac{1.65+1.28}{1.159-1.369}\right)^2=389.3 \approx 389$$

故需从甲、乙两区各抽 389 人。

根据单侧的 $\alpha=0.05$,$\beta=0.10$,$p_1=0.30$,$\delta=p_2-p_1=0.40-0.30=0.10$,可查两个样本比率差异显著性检验所需样本容量 $n\,(=n_1=n_2)$ 表(附表 23),寻得 $n=390$,与用公式计算结果相近。

三、样本相关系数显著性检验时样本容量的确定

样本相关系数往往存在着抽样误差,所以要对样本相关系数与总体零相关进行差异显著性检验。其单双侧检验假设的形式为:

双侧检验　　$H_0: \rho = 0$　　　$H_1: \rho \neq 0$

单侧检验　　$H_0: \rho \geqslant 0$　　$H_1: \rho < 0$

　　或　　　$H_0: \rho \leqslant 0$　　$H_1: \rho > 0$

在确定样本容量时,可直接查相关系数显著性检验所需样本容量表(附表24)。表中 $\rho = \rho - 0$,它与上述总体平均数及比率统计推断中的 δ 及 Δ 意义相同。

例如,小学生语文阅读及写作成绩的样本相关系数 $r = 0.35$,根据经验,两者在总体上存在相关,为了检验样本相关系数与总体零相关差异的显著性,规定 $\alpha = 0.05$,$\beta = 0.15$,问应抽多少人?

根据题意,是要对 $r = 0.35$ 进行假设为 $H_0: \rho \leqslant 0$　$H_1: \rho > 0$ 的单侧检验。根据 $\rho = 0.35$,单侧 $\alpha = 0.05$,$1 - \beta = 1 - 0.15 = 0.85$,查附表24(2),寻得样本容量 $n = (78 + 43) \div 2 = 60.5 \approx 61$。于是样本容量为61。

练 习 题

1. 抽样有哪几种方法?

2. 欲调查某区重点中学 720 名高一学生的视力,首先按视力情况将他们分成上(108人)、中(360 人)、下(252 人)三部分,若用分层抽样法抽取 120 人进行调查,问各层应抽多少人?

3. 某区为了了解 1 200 名初一学生关于交通规则基本常识的考试成绩,首先将之按成绩分成优(200)、良(400)、中(490)、差(110)四部分人,根据其他区同类考试各部分人成绩的标准差约为 7、4、3、6。假定样本容量已确定为 100 人,那么采用最优配置分层抽样法,各层应抽取多少人?

4. 为了对某市某年高考数学平均分数作估计,规定 $\alpha = 0.01$,最大允许误差为 3 分,全国该科成绩的标准差约为 11.5,问样本容量应为多少?

5. 为了对某区中学生英文打字(完成某份材料)平均时间作估计,规定 $\alpha = 0.05$,最大允许误差为 1.3 分钟,根据该区英文打字属于中等水平几所学校学生成绩算得总体标准差估计值 S 为 3.2 分钟,问应当抽多少人? 与查表法所确定的样本容量是否相符?

6. 韦克斯勒智力测验平均智商 $\mu_0 = 100$,标准差 $\sigma = 15$,为了检验某地区儿童智商与平均水平是否相等,最大允许误差为 7 分,规定 $\alpha = 0.01$,$\beta = 0.10$,问样本容量应为多少?

7. 为了检验某校学生某种实验操作平均成绩是否低于平均水平 2 分,规定 $\alpha = 0.05$,$\beta = 0.25$,根据经验得知这类实验成绩总体标准差估计值为 6,问应当抽多少人? 与查表法所确定的样本容量是否相符?

8. 为了考查 35 岁与 40 岁成人教育英语成绩是否相等,最大允许误差为 6 分,规定 $\alpha = 0.05$,$\beta = 0.10$,设这两种人成绩标准差相等,即 $S_1 = S_2 = 9.5$ 分,问应抽多少人? 与查表法所确定的样本容量是否相符?

9. 为了鉴定 A、B 两份试卷是否等值,拟将两卷给同一组学生施测,设每人在两份试卷的分数之差的总体标准差估计值 $S_d = 12.3$,规定 $\alpha = 0.01$,$\beta = 0.25$,最大允许误差为7,问样本容量应为多少?

10. 某区初三历届学生中,直升高中的人数比率为 0.28,拟估计应届初三学生直升高中的人数比率,规定 $\alpha = 0.01$,最大允许误差为 4%,问样本容量应为多少? 与查表法所确定的样本容量是否相符?

11. 某区根据经验高三男女生报考大学理科的人数比率分别为 65% 及 50%,为了检验二者人数比率是否相同,规定 $\alpha = 0.01$,$\beta = 0.05$,问应当抽多少人? 与查表法所确定的样本容量是否相符?

12. 中学生语文与数学成绩的相关系数约为 0.12,根据经验二者在总体内不存在相关,为检验与总体零相关差异的显著性,规定 $\alpha = 0.01$,$\beta = 0.20$,问样本容量应为多少人?

第十五章
主 成 分 分 析

在教育科研工作中往往为了全面、完整、不遗漏地搜集信息、资料,就给被试者测量许多指标项目。这些指标项目之间可能在某种程度上存在着相关和重叠,这不仅给问题的分析带来复杂性,而且也加大了数据处理的计算工作量。于是就需要在对原有资料信息尽可能地少损失,或者说,在尽可能地多反映原有资料信息的前提下,压缩、减少指标变量的个数。主成分分析(又称主分量分析)就是将研究对象的多个相关的指标变量,化为少数几个独立的综合性指标变量,但仍能保持大部分原有信息的一种多元统计分析方法。这种方法是由皮尔逊(Pearson)于 1901 年首先提出,后由霍特林(Hotelling)于 1933 年予以发展。

第一节　主成分分析的基本原理

主成分分析的基本思想是降维。为了易于理解,现用二维情况直观形象地加以说明。假设对 n 个个体的每个个体测量两个指标,并将测值 z_1 和 z_2 绘制成平面散布图,如图 15.1 所示。从图上看 z_1 与 z_2 变化范围相差不大,如果我们将坐标轴进行旋转,转至 y_1 与 y_2,就可明显看出,个体间的差异主要体现在 y_1 轴上,即个体间在 y_1 轴上的方差达到最大。若 y_1 所反映的个体间差异信息占了 85% 以上就可以只考虑 y_1 而忽略 y_2,因为 y_1 能使个体间差异信息的损失降为最小。这样两个变量就缩减了一个变量。y_1 是原始两个变量的第一个主成分或主分量,y_2 是第二个主成分或主分量。y_1 和 y_2 都是两个原始变量 z_1 和 z_2 的线性组合。

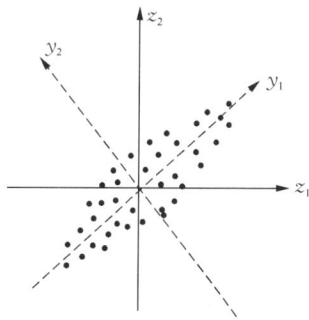

图 15.1

第一个主成分的效果如何与散布图上样本点分布的椭圆形的形状有关。为了说明问题现讲两个极端的情况。第一种情况是椭圆的长轴与短轴长度相等,即椭圆形变成了圆形,此时第一主成分只概括了个体在两原始变量上差异的一半信息,若仅采用第一主成分,而忽略第二主成分,就会损失约一半的信息,显然不可取。其原因是原始两个变量间的相关程度几乎为零;另一种情况是椭圆扁平、狭窄到了极限,变成了 y_1 轴上的一条线段,此时第一主成分概括了两原始变量 100% 的信息,仅用它就完全可以代替两原始变量,而且不会损失任何信息。其原因是两个原始变量所含信息完全相同。总之,散布图上椭圆形相对越是扁平、狭窄,样本点在第一主成分上的方差就相对越大,在第二主成分上的方差就相对越小,用第一主成分代替两原始变量所造成的信息损失越小。

上述主成分分析的基本思想可从二维推广到多维情况。假设对 n 个个体每个个

体测量了 p 个指标,与上述同理,主成分就是把 p 个原始变量 z_1,z_2,$\cdots$,z_p 构成的原坐标系在一定约束条件下,旋转后所产生的新坐标系中的几个具有最大差异的新坐标轴。而主成分就是 p 个原始变量的一种特殊的线性组合。若前 m 个主成分能概括 $p(m \leqslant p)$ 个原始变量所提供的个体差异之 $70\%—90\%$ 信息,就可用前 m 个主成分代替 p 个原始变量,这样就缩减了 $p-m$ 个变量,起到降维的作用,使问题的分析得到简化。

第二节　样本主成分

一、主成分的定义及导出

设有 n 个个体,对每个个体测量了 p 个指标,由观测值(原始分数)组成一个矩阵为

$$Z = \begin{pmatrix} z_{11} & z_{12} & \cdots & z_{1p} \\ z_{21} & z_{22} & \cdots & z_{2p} \\ \cdots & \cdots & \cdots & \cdots \\ z_{n1} & z_{n2} & \cdots & z_{np} \end{pmatrix}$$

可用本书第五章第三节公式(5.15),将上述矩阵中的每个原始分数变成标准分数,转换后的标准分数矩阵为

$$X = \begin{pmatrix} x_{11} & x_{12} & \cdots & x_{1p} \\ x_{21} & x_{22} & \cdots & x_{2p} \\ \cdots & \cdots & \cdots & \cdots \\ x_{n1} & x_{n2} & \cdots & x_{np} \end{pmatrix}$$

现要由这 p 个相关的标准化的原始变量 x_1,x_2,$\cdots$,x_p 线性组合成 p 个正交的(不相关的)导出变量 y_1,y_2,$\cdots$,y_p,即

$$\begin{cases} y_1 = t_{11}x_1 + t_{12}x_2 + \cdots + t_{1p}x_p = \boldsymbol{t}'_1\boldsymbol{x} \\ y_2 = t_{21}x_1 + t_{22}x_2 + \cdots + t_{2p}x_p = \boldsymbol{t}'_2\boldsymbol{x} \\ \cdots\cdots\cdots\cdots\cdots\cdots\cdots\cdots\cdots\cdots\cdots\cdots\cdots\cdots\cdots \\ y_p = t_{p1}x_1 + t_{p2}x_2 + \cdots + t_{pp}x_p = \boldsymbol{t}'_p\boldsymbol{x} \end{cases} \tag{15.1}$$

第 i 个导出变量(即线性组合)y_i 的均值为

$$\overline{y}_i = 0 \qquad i = 1, 2, \cdots, p \tag{15.2}$$

方差为

$$s_{y_iy_i} = \boldsymbol{t}'_i\boldsymbol{R}\boldsymbol{t}_i \qquad i = 1, 2, \cdots, p \tag{15.3}$$

协方差为

$$s_{y_iy_j} = \boldsymbol{t}'_i\boldsymbol{R}\boldsymbol{t}_j \qquad i \neq j, \ i, j = 1, 2, \cdots, p \tag{15.4}$$

则(15.1)式中 y_1，y_2，$\cdots$，y_p 分别称为 $X = (x_1，x_2，\cdots，x_p)'$ 的第一个、第二个、……、第 p 个主成分或主分量。但它们必须满足以下三个条件。

（1）正交条件：y_i 与 $y_j(i \neq j)$ 不相关，即它们的协方差 $t_i'Rt_j = 0$，等价于 $t_i't_j = 0$，$i = 1$，2，$\cdots$，$j-1$。

（2）最大方差条件：y_1 是 x 的一切线性组合中方差 $t_1'Rt_1$ 最大者；y_2 是与 y_1 不相关（即 $t_1't_2 = 0$）的 x 的一切线性组合中方差 $t_2'Rt_2$ 的最大者；y_i 是与 y_1，y_2，$\cdots$，$y_{i-1}(i = 2，\cdots，p)$ 都不相关（即 $t_1't_i = 0$，$t_2't_i = 0$，$\cdots$，$t_{i-1}'t_i = 0$）的 x 的一切线性组合中方差 $t_i'Rt_i$ 的最大者。

（3）正则条件：第 i 个线性组合 $y_i = t_i'x$ 中的系数要满足 $t_i't_i = 1(i = 1，2，\cdots，p)$，使 t_i 成为单位向量，以防止该线性组合的方差 $t_i'Rt_i$ 随 t_i 的各分量乘以任意一常数而无限增大。因为线性组合方差的各分量同乘以任意一常数都不会改变它，但却使问题变得毫无意义。

样本主成分也可表述为：第一个主成分 $y_1 = t_1'x$ 是在满足 $t_1't_1 = 1$ 条件下使其方差 $t_1'Rt_1$ 达到最大的 x 的线性组合，第二个主成分 $y_2 = t_2'x$ 是在满足与 y_1 的协方差为零 $t_1'Rt_2 = 0$（即 $t_1't_2 = 0$）及 $t_2't_2 = 1$ 条件下使 y_2 的方差 $t_2'Rt_2$ 达到最大的 x 的线性组合，$\cdots$，第 i 个主成分 $y_i = t_i'x$ 是在满足与 y_1，y_2，$\cdots$，y_{i-1} 的协方差为零（即 $t_1't_i = 0$，$t_2't_i = 0$，$\cdots$，$t_{i-1}'t_i = 0$）及 $t_i't_i = 1$ 条件下使 y_i 的方差 $t_i'Rt_i$ 达到最大的 x 的线性组合。

主成分 Y 是 X 经正交变换 T 而得来。那么应作怎样的正交变换，也就是说，所要找出的

$$T = \begin{bmatrix} t_{11} & t_{12} & \cdots & t_{1p} \\ t_{21} & t_{22} & \cdots & t_{2p} \\ \cdots & \cdots & \cdots & \cdots \\ t_{p1} & t_{p2} & \cdots & t_{pp} \end{bmatrix}$$

应满足什么条件，才能使(15.1)式的线性组合得以成立。按上述要求 y_i 与 y_j 相互独立，而且若 $i < j$，则 y_i 的方差大于或等于 y_j 的方差。于是 y_1，y_2，$\cdots$，y_p 的协方差矩阵 S_{yy} 应为下面的对角矩阵。

$$S_{yy} = \text{diag}(\lambda_1，\lambda_2，\cdots，\lambda_p) = \Lambda$$

在这里 diag 符号表示对角矩阵。上式可具体表示为

$$S_{yy} = \begin{bmatrix} s_{y_1y_1} & s_{y_1y_2} & \cdots & s_{y_1y_p} \\ s_{y_2y_1} & s_{y_2y_2} & \cdots & s_{y_2y_p} \\ \cdots & \cdots & \cdots & \cdots \\ s_{y_py_1} & s_{y_py_2} & \cdots & s_{y_py_p} \end{bmatrix} = \begin{bmatrix} \lambda_1 & 0 & \cdots & 0 \\ 0 & \lambda_2 & \cdots & 0 \\ & & \ddots & \\ 0 & \cdots & & \lambda_p \end{bmatrix} = \Lambda \tag{15.5}$$

其中 λ_1，λ_2，$\cdots$，λ_p 分别为 y_1，y_2，$\cdots$，y_p 的方差 $s_{y_1y_1}$，$s_{y_2y_2}$，$\cdots$，$s_{y_py_p}$，而且 $\lambda_1 \geq \lambda_2 \geq \cdots \geq \lambda_p$。

根据(15.4)和(15.5)式 Y 的协方差矩阵为

$$S_{yy} = T'RT = \Lambda \tag{15.6}$$

这样就求得了一个正交变换 T，将原变量相关系数矩阵 R 变成对角矩阵，即 T 要满足(15.6)

式的条件,才能使(15.1)线性组合成立。这时对角矩阵 Λ 中的对角线元素 λ_1,λ_2,$\cdots$,λ_p 是 R 的特征根,且有 $\lambda_1 \geqslant \lambda_2 \geqslant \cdots \geqslant \lambda_i$。$T'$ 的第 i 列向量或 T 的第 i 行向量就是 R 相应于 λ_i 的单位特征向量 t_i,也就是第 i 个主成分中 x 各分量的系数。

通过这种正交变换所找出的 T,既能满足各主成分间相互独立,又能证明正交变换后的 T 能使 y_1 具有最大方差,y_2 是所有与 y_1 独立的线性组合中具有最大方差者,等等。

据上所述主成分 Y 是以原变量 X 相关系数矩阵 R 的单位化正交特征向量 T 为系数的线性组合。第 i 个主成分的系数是对应于第 i 个特征根 λ_i 的单位化特征向量。所以求主成分就是求相关系数矩阵 R 的特征根及其相对应的单位化正交特征向量。

二、主成分的几个主要性质

1. 主成分的方差和协方差

(15.5)式已经告诉我们,第 i 个主成分 y_i 的方差为

$$s_{y_i y_i} = \lambda_i \qquad i = 1, 2, \cdots, p$$

即相关矩阵 R 第 i 个特征根

第 i 与第 j 个主成分的协方差为

$$s_{y_i y_j} = 0 \qquad i \neq j, i, j = 1, 2, \cdots, p$$

2. 主成分的总方差

根据 p 阶方阵其主对角线上元素之和是该矩阵迹的定理,则(15.5)式的 p 个主成分的总方差等于各主成分方差 λ 之和,即

$$\sum_{i=1}^{p} s_{y_i y_i} = \mathrm{tr}(S_{yy}) = \mathrm{tr}(\Lambda) = \sum_{i=1}^{p} \lambda_i \qquad (15.7)$$

在这里　　tr 符号表示矩阵的迹

　　　　　$\mathrm{tr}(S_{yy})$ 表示主成分协方差 S_{yy} 矩阵的迹

由于经标准化后的原变量样本协方差矩阵 S_{xx} 就是样本相关系数矩阵 R,所以根据(15.6)和(15.7)式有

$$\mathrm{tr}(S_{yy}) = \mathrm{tr}(T'RT) = \mathrm{tr}(T'S_{xx}T) = \mathrm{tr}(\Lambda) = \sum_{i=1}^{p} \lambda_i$$

则主成分的总方差就等于原始变量的总方差。或者说 p 个主成分的总差异反映着原始变量数据间的总差异。

通过主成分分析达到降维的目的是具有可能性的。因为相关系数矩阵 R 是个非负定矩阵,它的一切特征根都是正值,其和是个常数。所以当某些特征根较大时(即对应这些主成分的 n 个个体值差异较大时),必定有一些特征根较小(即对应于这些主成分的 n 个个体值差异较小,甚至是个常数)。这些特征根较小的主成分对原始变量的分析解释能力较弱,作用不大,可以忽略不计。为了说明究竟应选取几个主成分,而忽略几个主成分,先引进两个概念。

第 i 个主成分的方差与总方差之比

$$\frac{\lambda_i}{\sum\limits_{i=1}^{p}\lambda_i} \tag{15.8}$$

称为第 i 个主成分 y_i 的贡献率。这反映了第 i 个主成分 y_i 概括了原始变量信息的百分比，或者说,原始变量总方差中被第 i 个主成分 y_i 分析解释的百分比。其中第一个主成分 y_1 的贡献率最大,表明它对原始变量分析解释能力最强,而 $y_2,y_3\cdots,y_p$ 主成分贡献率依次减小,对原始变量的分析解释能力依次减弱。

前 m 个主成分贡献率之和,即

$$\frac{\sum\limits_{i=1}^{m}\lambda_i}{\sum\limits_{i=1}^{p}\lambda_i} \tag{15.9}$$

称为主成分 $y_1,y_2,\cdots,y_m$ 的累积贡献率。它反映前 m 个主成分概括原始变量信息的百分比,或总方差中被前 m 个主成分分析解释的百分比。

根据问题的性质和研究要求,选取 m 个主成分的具体个数是由主成分的累积贡献率达到 $80\%-90\%$ 来确定。由于主成分的方差 λ_i 一般下降较快,所以只要选取为数不多几个主成分就能反映原始变量的基本变化情况,从而达到主成分分析的目的。

3. 原始变量与主成分之间的相关系数

原始变量 x_j 与主成分 y_i 的相关系数 $\rho(x_j,y_i)$ 是 x_j 在主成分 y_i 上的载荷。

原始变量 x_j 与主成分 y_i 之间的相关系数为

$$\rho(x_j,y_i)=\frac{\sum\limits_{k=1}^{n}x_{kj}y_{ki}}{\sqrt{\sum\limits_{k=1}^{n}x_{kj}^2\sum\limits_{k=1}^{n}y_{ki}^2}}=\frac{x'_jy_j}{\sqrt{x'_jx_j\cdot y'_iy_i}}=\frac{n\lambda_it_{ji}}{\sqrt{n^2\lambda_i}}$$

$$=\sqrt{\lambda_i}t_{ji}\qquad i,j=1,2,\cdots,p \tag{15.10}$$

$\rho(x_j,y_i)$ 的大小反映了原始变量 x_j 与主成分 y_i 之间关系的密切程度,它度量了 x_j 对 y_i 的重要程度。它对主成分的解释提供了依据。

三、主成分分析的步骤

主成分的求法可以从样本协方差矩阵出发,也可以从样本相关系数矩阵出发来求主成分。下面仅讲从相关矩阵 R 出发求主成分的计算方法和分析步骤。

1. 将原始变量标准化

为了使主成分分析能均等地对待每个原始变量,当原始变量间的量纲(单位)不完全相同,或各变量的取值范围彼此相差较大时,需要对原始变量作标准化处理,就是说将 n 个个体在 p 个指标变量上的每个原始分数用下式[实际上就是本书(5.15)式]转换成标准分数

$$x_{kj}=\frac{z_{kj}-\overline{z}_j}{s_j}\qquad k=1,2,\cdots,n,\ j=1,2,\cdots,p$$

在这里 x_{kj} 表示第 j 个原始变量的标准分数

z_{kj} 表示第 j 个原始变量的原始分数

$\bar{z}_j$ 和 s_j 分别表示第 j 个原始变量的平均数和标准差

2. 求相关矩阵及其特征根、相对应的特征向量、建立主成分方程

首先用原始数据或标准化数据(二者计算结果相同),以本书第十一章第二节积差相关法计算每两个原始变量间的相关系数,并构成相关系数矩阵 R。然后解相关矩阵 R 的特征方程 $|\lambda_i I - R| = 0$,求得 p 个特征根的值 λ_1,λ_2,$\cdots$,λ_p,并将之从大到小排列。再将每个特征值 λ_i 逐个代入与特征方程相对应的齐次线性方程组 $(\lambda_i I - R)t_i = 0$,求得与 λ_i 值相对应的特征向量 t_{ji}。于是可列出各主成分方程 $y_i = t_i' x$。

3. 求每个主成分的贡献率及其累积贡献率,并确定所选取的主成分个数 m

用(15.8)和(15.9)式分别计算每个主成分的贡献率和累积贡献率。当前几个主成分的累积贡献率达到 80%—90% 时,就可以确定所选取的主成分个数 m,而舍去 $p-m$ 个主成分的信息。

4. 求原始变量在主成分上的载荷及个体在前 m 个主成分上的得分

用(15.10)式 $\sqrt{\lambda_i} t_{ji}$ 计算每个原始变量 x_j 与主成分 y_i 间的相关系数,以获得原始变量 x_j 在主成分 y_i 上的载荷,作为解释主成分的依据。

另外也可将个体的原始分数或标准分数代入所选取的前 m 个主成分方程中获得个体的主成分分数,作为解释主成分的依据。

5. 对主成分意义的解释

由于主成分分析的事物不同,分析的目的不同,对主成分的解释也不同。但是主成分分析过程中的每一步计算结果,都有可能成为分析解释的依据,譬如,可通过对原始变量标准差大小、各变量间相关系数大小的直观观察,从中得到启示;可通过对所选取的 m 个主成分相应的特征向量值的正负、大小,以及绝对值大小的分析对比找出规律,从而对主成分的意义作出判断,对事物进行分类;可以所求得的第 j 个原始变量 x_j 在第一个主成分上的载荷值 $\rho(x_j, y_1)$ 为点的横轴,以该原始变量 x_j 在第二个主成分上的载荷值 $\rho(x_j, y_2)$ 为点的纵轴描点绘平面图,依此对 p 原始变量进行分类;可将原始分数(或标准分数)代入所选取的前 m 个主成分方程中,以所求得的两个主成分值分别为横纵轴,如以第一个主成分值为横轴,以第二个主成分值为纵轴描点作平面图,依此对样本进行分类。总之,可充分利用每一步骤所得结果,根据具体情况作具体分析解释。

第三节 应 用 举 例

下列用一个例子来说明主成分分析的步骤和方法。

表 15.1 对 1999 年北京地区 18 个区县的中等职业教育发展水平进行了统计。其中,X_1 为每万人中职在校生数;X_2 为每万人中职招生数;X_3 为每万人中职毕业生数;X_4 为每万人中职专职教师数;X_5 为学校本科以上学历教师占专职教师的比例;X_6 为高级教师占专职教师的比例;X_7 为学校平均在校生人数;X_8 为国家财政预算中职经费占国内生产总值 GDP 的比重;X_9 为生均教育经费。

表 15.1　北京地区中等职业教育发展水平情况表(1999 年)

区县	X_1	X_2	X_3	X_4	X_5	X_6	X_7	X_8	X_9
朝阳	221	77	45	17	.499	.254	553	2.28	6 625
崇文	202	72	57	16	.566	.193	633	1.68	5 357
大兴	205	76	67	16	.597	.129	616	1.07	4 990
昌平	232	80	66	19	.531	.106	491	.72	5 089
宣武	176	57	31	17	.630	.234	584	1.55	6 432
石景山	192	61	52	19	.524	.085	535	1.58	5 695
东城	156	53	45	15	.507	.245	701	1.09	5 356
海淀	169	64	42	13	.573	.183	573	.48	5 840
丰台	166	66	48	15	.444	.142	465	1.12	5 532
西城	119	42	31	13	.502	.331	552	.63	6 449
房山	115	38	25	10	.571	.127	618	.61	7 020
门头沟	127	53	33	30	.143	.026	376	.57	3 904
怀柔	121	52	27	12	.223	.076	637	.23	4 149
通县	98	40	25	7	.533	.107	474	.31	5 559
密云	84	41	22	6	.558	.091	518	.43	4 376
延庆	78	31	23	5	.366	.070	424	.39	4 677
平谷	81	39	21	7	.192	.030	533	.07	2 548
顺义	67	35	17	5	.341	.079	403	.06	3 056

对该统计数据进行主成分分析,步骤如下:

一、将原始变量标准化

计算原始变量的标准分(Z 分数),得到如下结果:

表 15.2　原始变量标准化结果表

区县	$Z(X_1)$	$Z(X_2)$	$Z(X_3)$	$Z(X_4)$	$Z(X_5)$	$Z(X_6)$	$Z(X_7)$	$Z(X_8)$	$Z(X_9)$
朝阳	1.438	1.446	.471	.564	.258	1.366	.169	2.340	1.225
崇文	1.079	1.128	1.236	.406	.716	.639	1.080	1.375	.174
大兴	1.135	1.382	1.873	.406	.927	−.123	.887	.393	−.131
昌平	1.646	1.637	1.809	.882	.477	−.397	−.536	−.171	−.048
宣武	.587	.173	−.421	.564	1.152	1.128	.522	1.165	1.065
石景山	.889	.428	.917	.882	.429	−.647	−.035	1.214	.454
东城	.209	−.081	.471	.247	.313	1.259	1.854	.425	.173
海淀	.455	.619	.280	−.071	.763	.520	.397	−.557	.574
丰台	.398	.746	.662	.247	−.117	.032	−.832	.473	.319
西城	−.490	−.781	−.421	−.071	.279	2.284	.158	−.316	1.079
房山	−.566	−1.036	−.804	−.547	.750	−.147	.909	−.348	1.552
门头沟	−.339	−.081	−.294	2.628	−2.170	−1.350	−1.845	−.412	−1.031
怀柔	−.453	−.145	−.676	−.229	−1.624	−.755	1.126	−.960	−.828
通县	−.887	−.908	−.804	−1.023	.490	−.385	−.730	−.831	.341
密云	−1.152	−.845	−.995	−1.182	.661	−.576	−.229	−.638	−.640
延庆	−1.265	−1.481	−.931	−1.341	−.649	−.826	−1.299	−.702	−.390
平谷	−1.209	−.972	−1.059	−1.023	−1.836	−1.303	−.058	−1.217	−2.155
顺义	−1.473	−1.227	−1.313	−1.341	−.819	−.719	−1.538	−1.233	−1.734

二、求相关矩阵、特征根、特征根的贡献率并确定主成分个数

1. 求标准化变量的相关矩阵，结果如下：

表 15.3 9 个标准化变量的相关矩阵表

	$Z(X_1)$	$Z(X_2)$	$Z(X_3)$	$Z(X_4)$	$Z(X_5)$	$Z(X_6)$	$Z(X_7)$	$Z(X_8)$	$Z(X_9)$
$Z(X_1)$	1	.959	.911	.655	.492	.406	.380	.787	.505
$Z(X_2)$	.959	1	.908	.639	.362	.284	.294	.688	.320
$Z(X_3)$	.911	.908	1	.582	.434	.248	.316	.603	.313
$Z(X_4)$	.655	.639	.582	1	−.055	.118	.010	.510	.221
$Z(X_5)$	.492	.362	.434	−.055	1	.585	.444	.492	.741
$Z(X_6)$	.406	.284	.248	.118	.585	1	.511	.543	.713
$Z(X_7)$	.380	.294	.316	.010	.444	.511	1	.353	.405
$Z(X_8)$	.787	.688	.603	.510	.492	.543	.353	1	.603
$Z(X_9)$	.505	.320	.313	.221	.741	.713	.405	.603	1

2. 求特征根及贡献率

根据上表及本章前面内容，可解得特征根及贡献率为：

表 15.4 特征根、贡献率及累计贡献率统计表

序号	特征根 λ	贡献率（%）	累计贡献率（%）
1	4.987	55.415	55.415
2	1.868	20.757	76.172
3	.740	8.218	84.390
4	.606	6.729	91.119
5	.309	3.432	94.551
6	.280	3.106	97.657
7	.122	1.355	99.012
8	.075	.830	99.842
9	.014	.158	100.000

3. 确定特征根个数

从上表可知，当主成分数量达到 3 个时，累计贡献率超过 80%。于是，我们在该例中确定主成分的个数为 3。

三、求主成分载荷矩阵，并为主成分命名

1. 求主成分载荷矩阵

根据本章前面内容，求得主成分原始载荷矩阵如下：

表 15.5　主成分载荷矩阵

	主成分		
	1	2	3
$Z(X_1)$	.944	$-.282$	.072
$Z(X_2)$	.857	$-.425$	.157
$Z(X_3)$	.832	$-.383$	.249
$Z(X_4)$	.573	$-.614$	$-.323$
$Z(X_5)$	.664	.548	.055
$Z(X_6)$	.633	.573	$-.202$
$Z(X_7)$	.523	.436	.572
$Z(X_8)$	.854	$-.017$	$-.214$
$Z(X_9)$	.704	.514	$-.356$

2. 求旋转后主成分载荷矩阵

在上面主成分原始载荷矩阵,我们易知,有些变量归属的主成分不清晰,如变量 $Z(X_4)$、$Z(X_5)$、$Z(X_6)$ 在主成分 1 和主成分 2 上的载荷绝对值相近,$Z(X_7)$ 在 3 个主成分的载荷差别不大。于是需要对主成分进行旋转。

用方差极大法对上面的主成分载荷矩阵进行旋转,得到旋转后的主成分载荷矩阵如下:

表 15.6　旋转后的主成分载荷矩阵

	主成分		
	1	2	3
$Z(X_1)$	.909	.328	.205
$Z(X_2)$	.937	.142	.202
$Z(X_3)$	.896	.113	.293
$Z(X_4)$	.817	.073	$-.370$
$Z(X_5)$	.164	.727	.435
$Z(X_6)$	.111	.845	.208
$Z(X_7)$	.151	.331	.811
$Z(X_8)$	.657	.586	.030
$Z(X_9)$	.197	.918	.068

经旋转后,各变量在主成分上的载荷有了较大差异,即变量在主成分上的归属清晰了。

3. 为主成分命名

从旋转后的主成分载荷矩阵可知,归属主成分 F_1 的变量有 $Z(X_1)$、$Z(X_2)$、$Z(X_3)$、$Z(X_4)$ 和 $Z(X_8)$,其意义代表中等职业教育的相对规模,可称为发展规模;归属主成分 F_2 的变量有 $Z(X_5)$、$Z(X_6)$ 和 $Z(X_9)$,其意义代表中等职业教育的师资、经费等办学条件,可称为办学条件;归属主成分 F_3 为 $Z(X_7)$,其意义代表中等职业教育的学校规模,可称为规模效益。

四、求主成分方程和个体的主成分得分

1. 求主成分方程

根据本章前面内容,可求得主成分的系数矩阵如下:

表 15.7 前 3 个主成分的系数矩阵

	主成分		
	1	2	3
$Z(X_1)$	.247	−.036	.078
$Z(X_2)$	.287	−.151	.146
$Z(X_3)$	.275	−.196	.264
$Z(X_4)$	.277	.050	−.482
$Z(X_5)$	−.081	.239	.214
$Z(X_6)$	−.111	.405	−.090
$Z(X_7)$	−.031	−.141	.801
$Z(X_8)$	.124	.228	−.214
$Z(X_9)$	−.090	.489	−.283

于是得到相应的主成分方程如下：

$$F_1 = .247Z(X_1) + .287Z(X_2) + .275Z(X_3) + .277Z(X_4) - .081Z(X_5) - .111Z(X_6) - .031Z(X_7) + .124Z(X_8) - .90Z(X_9)$$

$$F_2 = -.036Z(X_1) - .151Z(X_2) - .196Z(X_3) + .050Z(X_4) + .239Z(X_5) + .405Z(X_6) - .141Z(X_7) + .228Z(X_8) + .489Z(X_9)$$

$$F_3 = .078Z(X_1) + .146Z(X_2) + .264Z(X_3) - .482Z(X_4) + .214Z(X_5) - .090Z(X_6) + .901Z(X_7) - .214Z(X_8) - .283Z(X_9)$$

2. 求个体的主成分得分

由上述方程,易得主成分的得分如下：

表 15.8 北京 18 个区县中等职业教育发展水平的主成分得分表

区县	F_1	F_2	F_3
朝阳	1.057	1.390	−0.605
崇文	1.034	0.245	0.996
大兴	1.276	−0.524	1.462
昌平	1.624	−0.650	0.178
宣武	0.048	1.508	−0.300
石景山	0.987	0.111	−0.318
东城	0.040	0.429	1.308
海淀	0.095	0.323	0.626
丰台	0.625	0.122	−0.691
西城	−0.898	1.640	−0.487
房山	−1.065	0.977	0.394
门头沟	0.967	−1.189	−2.825
怀柔	−0.267	−1.317	0.938
通县	−1.092	0.317	−0.284
密云	−1.132	−0.196	0.422
延庆	−1.232	−0.272	−0.759
平谷	−0.814	−1.943	0.526
顺义	−1.251	−0.970	−0.582

五、进行综合评估

1. 求旋转后的特征根

表 15.9 旋转后 3 个特征根、贡献率及累计贡献率统计表

序号	特征根 λ	贡献率(%)	累计贡献率(%)
1	3.709	41.207	41.207
2	2.685	29.828	71.035
3	1.202	13.355	84.390

2. 求综合得分

根据综合得分等于特征根与主成分得分的乘积之和,即公式

$$E = \sum \lambda F = 3.709F_1 + 2.685F_2 + 1.202F_3$$

可求得各个个体的综合得分为:

表 15.10 北京 18 个区县中等职业教育发展水平综合得分统计表

区县	主成分 1 得分 F_1	主成分 2 得分 F_2	主成分 3 得分 F_3	综合得分 E
朝阳	1.057	1.390	−0.605	6.928
崇文	1.034	0.245	0.996	5.690
大兴	1.276	−0.524	1.462	5.082
昌平	1.624	−0.650	0.178	4.492
宣武	0.048	1.508	−0.300	3.868
石景山	0.987	0.111	−0.318	3.577
东城	0.040	0.429	1.308	2.871
海淀	0.095	0.323	0.626	1.969
丰台	0.625	0.122	−0.691	1.817
西城	−0.898	1.640	−0.487	0.485
房山	−1.065	0.977	0.394	−0.855
门头沟	0.967	−1.189	−2.825	−3.003
怀柔	−0.267	−1.317	0.938	−3.399
通县	−1.092	0.317	−0.284	−3.542
密云	−1.132	−0.196	0.422	−4.220
延庆	−1.232	−0.272	−0.759	−6.214
平谷	−0.814	−1.943	0.526	−7.603
顺义	−1.251	−0.970	−0.582	−7.945

3. 进行综合评估

按综合得分 E 的大小可将北京 18 个区县分为三类:

$E \geqslant 4$ 为第一类,综合发展水平好;$0 \leqslant E < 4$ 为第二类,综合发展水平较好;$E < 0$ 为第三类,综合发展水平一般或较差。

除了综合评估外,还可用如下标准对主成分进行专项评估:

F_1(中等职业教育发展规模):

$E \geqslant 1$ 为 1 类地区,规模大;$0 \leqslant E < 1$ 为 2 类地区,规模较大;$E < 0$ 为 3 类地区,规模一般或较小。

F_2(中等职业教育办学条件):

$E \geqslant 1$ 为 1 类地区,办学条件好;$0 \leqslant E < 1$ 为 2 类地区,办学条件较好;$E < 0$ 为 3 类地区,办学条件一般或较差。

F_3(规模效益):

$E \geqslant 1$ 为 1 类地区,规模效益好;$0 \leqslant E < 1$ 为 2 类地区,规模效益较好;$E < 0$ 为 3 类地区,规模效益一般或较差。

表 15.11　北京 18 个区县中等职业教育发展水平评估表

区县	主成分 1 得分 F_1	类别	主成分 2 得分 F_2	类别	主成分 3 得分 F_3	类别	综合得分 E	综合排名	综合类别
朝阳	1.057	1	1.390	1	−0.605	3	6.928	1	1
崇文	1.034	1	0.245	2	0.996	2	5.690	2	1
大兴	1.276	1	−0.524	3	1.462	1	5.082	3	1
昌平	1.624	1	−0.650	3	0.178	2	4.492	4	1
宣武	0.048	2	1.508	1	−0.300	3	3.868	5	2
石景山	0.987	2	0.111	2	−0.318	3	3.577	6	2
东城	0.040	2	0.429	2	1.308	1	2.871	7	2
海淀	0.095	2	0.323	2	0.626	2	1.969	8	2
丰台	0.625	2	0.122	2	−0.691	3	1.817	9	2
西城	−0.898	3	1.640	1	−0.487	3	0.485	10	2
房山	−1.065	3	0.977	2	0.394	2	−0.855	11	3
门头沟	0.967	2	−1.189	3	−2.825	3	−3.003	12	3
怀柔	−0.267	3	−1.317	3	0.938	2	−3.399	13	3
通县	−1.092	3	0.317	2	−0.284	3	−3.542	14	3
密云	−1.132	3	−0.196	3	0.422	2	−4.220	15	3
延庆	−1.232	3	−0.272	3	−0.759	3	−6.214	16	3
平谷	−0.814	3	−1.943	3	0.526	2	−7.603	17	3
顺义	−1.251	3	−0.970	3	−0.582	3	−7.945	18	3

练 习 题

为评估某个地区 16 所高中的整体办学实力和影响,分析选取建校历史、学校规模、办学经费、校园环境、校长领导力、教师素质、组织文化、学校影响力共 8 个指标进行统计,结果如下表所示。请根据这些数据对 16 所学校的办学实力进行评估。

某地区 16 所高中建校历史等资料统计表

学校	建校历史（年）	学校规模（人数）	办学经费（万元）	校园环境	校长领导力	教师素质	组织文化	学校影响力
1	80	800	450	60	88	80	80	70
2	80	1 000	600	90	78	89	85	80
3	70	700	400	65	99	88	90	90

学校	建校历史（年）	学校规模（人数）	办学经费（万元）	校园环境	校长领导力	教师素质	组织文化	学校影响力
4	30	600	345	50	88	68	78	86
5	80	700	650	70	96	80	86	92
6	20	500	460	50	67	60	57	78
7	90	500	350	60	98	86	88	95
8	10	700	600	95	86	50	46	78
9	100	1 500	900	99	97	92	99	87
10	70	700	600	80	87	78	78	76
11	70	500	500	70	77	76	67	65
12	60	500	400	78	66	58	56	70
13	70	800	500	80	77	70	76	80
14	80	900	800	88	79	80	87	80
15	75	800	790	85	68	79	77	76
16	60	1 000	810	90	79	70	69	81

第十五章　主成分分析

第十六章
因 素 分 析

因素分析是一种多元统计分析方法。由英国心理学家斯皮尔曼于 1904 年率先提出。这种方法是对许多变量观测值的相关分析,在尽量保存原有观测信息基础上,找出隐藏于其中,且影响其存在发展的较少几个潜在变量(称公共因素),并予以命名,从而建立起简洁、明了的概念系统。目的在于用最少的因素来最大限度地概括、解释原观测变量间的关系及结构,以揭示事物间的内在本质联系。

根据因素分析的不同目的,可分为探索性因素分析及验证性因素分析。探索性因素分析对于所抽取的因素个数、内容、性质、结构事先没有预定的假设,而是根据因素分析的结果,建立新的理论构架。验证性因素分析是依据一定的理论,对于所抽取的因素内容、性质、结构事先提出明确的预期假设,分析的目的是对某种理论构架的验证。

本章仅对探索性因素分析作简要介绍。

第一节 因素分析的基本原理

一、因素分析的数学模型

为了易于理解,现结合一个例子来说明公共因素的数学模型。

假设对 n 个学生施以 P 门学科考试,某个考生在某门学科上的成绩,既受制约 P 门学科的 m 个公共因素 F_j 的影响,又受仅制约该门学科的特殊因素 Y_i 的影响,某考生某门学科得分的标准分为 Z_i,于是公共因素模型可表示为

$$\begin{cases} Z_1 = a_{11}F_1 + a_{12}F_2 + \cdots + a_{1m}F_m + d_1Y_1 \\ Z_2 = a_{21}F_1 + a_{22}F_2 + \cdots + a_{2m}F_m + d_2Y_2 \\ Z_p = a_{p1}F_1 + a_{p_2}F_2 + \cdots + a_{pm}F_m + d_pY_p \end{cases} \qquad (16.1)$$

在这里 Z_i 表示某考生在第 $i(i = 1, 2, \cdots, p)$ 门学科考试上的标准分数[由 $Z = (X - \overline{X})/\sigma_X$ 转换而来]

F_j 表示某考生在第 $j(j=1, 2, \cdots, m)$ 个公共因素上的标准分数

Y_i 表示某考生在仅与第 i 门$(i = 1, 2, \cdots, p)$ 学科有关的特殊因素上的标准分数

a_{ij} 表示第 i 门学科在第 j 个公共因素 F_j 上的系数,称为因素负荷

d_i 表示与第 i 门学科有关的特殊因素 Y_i 的系数,称为特殊因素负荷

可将上式写成矩阵形式

$$Z = AF + DY \qquad (16.2)$$

其中

$$Z = (Z_1, Z_2, \cdots, Z_p)'$$

$$F = (F_1, F_2, \cdots, F_m)'$$

$$Y = (Y_1, Y_2, \cdots, Y_p)'$$

$$\mathbf{A} = \begin{bmatrix} a_{11} & a_{12} & \cdots & a_{1m} \\ a_{21} & a_{22} & \cdots & a_{2m} \\ \cdots & \cdots & \cdots & \cdots \\ a_{p1} & a_{p2} & \cdots & a_{pm} \end{bmatrix} \quad \mathbf{D} = \begin{bmatrix} d_1 & & & \\ & d_2 & & \\ & & \ddots & \\ & & & d_p \end{bmatrix}$$

(16.1)式中的 a_{ij} 绝对值的大小,反映了 Z_i 对公共因素 F_j 的依赖程度。或者说公共因素 F_j 对 Z_i 的载荷程度。当 $|a_{ij}|$ 值大,表明 Z_i 对 F_j 依赖程度大,也即公共因素 F_j 对 Z_i 载荷量大,故称 a_{ij} 为因素负荷,由其构成的矩阵 A 称为因素负荷矩阵。

此模型假设观测变量 Z_i、公共因素 F_j、特殊因素 Y_i 都是平均数为 0,标准差为 1 的标准变量;各公共因素都服从正态分布;m 个公共因素 F_j 之间、P 个特殊因素 Y_i 之间、每个特殊因素 Y_i 与各公共因素之间都相互独立。

模型中 Z_i 是可观测变量,F_j 是隐含于观测变量并从中分解出来不可观测的潜在变量,Y_i 是误差变量,在实际应用中,当样本容量足够大时,其抽样误差极小,误差项可忽略不计。

二、因素负荷的统计意义

因素负荷 a_{ij} 是观测变量 Z_i 与公共因素 F_j 之间的相关系数。在统计学中两个变量的积差相关系数,按(11.2)式可表述为

$$r = \frac{1}{n} \sum \left(\frac{X - \overline{X}}{\sigma_X} \right) \left(\frac{Y - \overline{Y}}{\sigma_Y} \right)$$

实际上它就是两个变量标准分数乘积的平均数。在因素分析中,观测变量、公共因素、特殊因素都假定是标准分数,则观测变量 Z_i 与公共因素 F_j 之间的相关系数就是它们乘积的平均数,即

$$\begin{aligned} r_{Z_i F_j} &= \frac{1}{n} \sum_{R=1}^{n} Z_{iR} F_{jR} \\ &= \frac{1}{n} \sum_{R=1}^{n} (a_{i1} F_{1R} + a_{i2} F_{2R} + \cdots + a_{ij} F_{jR} + \cdots + a_{im} F_{mR} + d_i Y_{iR}) F_{jR} \\ &= a_{i1} \frac{1}{n} \sum_{R=1}^{n} F_{1R} F_{jR} + a_{i2} \frac{1}{n} \sum_{R=1}^{n} F_{2R} F_{jR} + \cdots + a_{ij} \frac{1}{n} \sum_{R=1}^{n} F_{jR} F_{jR} + \cdots \\ &\quad + a_{im} \frac{1}{n} \sum_{R=1}^{n} F_{mR} F_{jR} + d_i \frac{1}{n} \sum_{R=1}^{n} Y_{iR} F_{jR} \end{aligned}$$

因为公共因素与特殊因素相互独立,则 $\frac{1}{n} \sum_{R=1}^{n} Y_{iR} F_{jR} = 0$,所以某个观测变量 Z_i 与 m 个公共因素的相关系数分别为

$$\begin{cases} r_{Z_iF_1} = a_{i1}r_{F_1F_1} + a_{i2}r_{F_2F_1} + \cdots + a_{ij}r_{F_jF_1} + \cdots + a_{im}r_{F_mF_1} \\ r_{Z_iF_2} = a_{i1}r_{F_1F_2} + a_{i2}r_{F_2F_2} + \cdots + a_{ij}r_{F_jF_2} + \cdots + a_{im}r_{F_mF_2} \\ \cdots\cdots\cdots\cdots\cdots\cdots\cdots\cdots\cdots\cdots\cdots\cdots\cdots\cdots\cdots\cdots\cdots\cdots\cdots\cdots\cdots\cdots \\ r_{Z_iF_m} = a_{i1}r_{F_1F_m} + a_{i2}r_{F_2F_m} + \cdots + a_{ij}r_{F_jF_m} + \cdots + a_{im}r_{F_mF_m} \, \text{。} \end{cases}$$

由于各公共因素之间独立,它们之间的相关系数等于 0,而某个公共因素自身的相关系数为 1,则上式为

$$\begin{cases} r_{Z_iF_1} = a_{i1} \\ r_{Z_iF_2} = a_{i2} \\ \cdots\cdots \\ r_{Z_iF_m} = a_{im} \end{cases} \tag{16.3}$$

由上式可以看出,因素负荷 a_{ij} 反映了观测变量 Z_i 对公共因素 F_j 的依赖程度。对上例来说,就是某门学科成绩 Z_i 对某一公共因素 F_j 的依赖程度。

因素分析的根本任务就在于求由因素负荷 a_{ij} 构成的因素负荷矩阵 A。

三、变量共同度的统计意义

1. 变量 Z_i 方差的分解

根据(4.5)式,观测变量 Z_i 的方差为 $\sigma_{Z_i}^2 = \dfrac{1}{n}\sum(Z_i - \bar{Z}_i)^2$。由于观测变量 Z_i 是平均数为 0(即 $\bar{Z} = 0$)、标准差为 1(即 $\sigma_{Z_i}^2 = 1$)的标准分数,故观测变量 Z_i 的方差按(16.1)式可表示为

$$\begin{aligned} \sigma_{Z_i}^2 &= \frac{1}{n}\sum_{R=1}^{n} Z_{iR}^2 \\ &= \sum_{j=1}^{m} a_{ij}^2 \Big(\sum_{R=1}^{n} F_{jR}^2/n\Big) + d_i^2 \sum_{R=1}^{n} Y_{iR}^2/n \\ &\quad + 2\sum_{j<q}^{m} a_{ij}a_{iq} \Big(\sum_{R=1}^{n} F_{jR}F_{qR}/n\Big) + 2d_i \sum_{j=1}^{m} a_{ij} \Big(\sum_{R=1}^{n} F_{jR}Y_{iR}/n\Big) \end{aligned}$$

由于各公共因素及特殊因素都是标准分数,且方差为 1,则上式为

$$\sigma_{Z_i}^2 = 1 = \sum_{j=1}^{m} a_{ij}^2 + d_i^2 + 2\sum_{j<q=1}^{m} a_{ij}a_{iq}r_{F_jF_q} + 2d_i\sum_{j=1}^{m} a_{ij}r_{F_jY_i}$$

又因各公共因素之间、公共因素与特殊因素之间相互独立,故上式可简化为

$$\sigma_{Z_i}^2 = 1 = \sum_{j=1}^{m} a_{ij}^2 + d_i^2 \text{,将} \sum_{j=1}^{m} a_{ij}^2 \text{展开,则为}$$

$$\sigma_{Z_i}^2 = 1 = a_{i1}^2 + a_{i2}^2 + \cdots + a_{im}^2 + d_i^2 \tag{16.4}$$

可见,观测变量方差 $\sigma_{Z_i}^2$ 可分解成 m 个公共因素方差及 1 个特殊因素方差两部分。

2. 变量共同度的统计意义

构成观测变量方差的两部分,其中一部分归因于各公共因素方差,即因素负荷矩阵 A 中第 i 行的各公共因素系数平方之和,记作

$$h_i^2 = \sum_{j=1}^{m} a_{ij}^2 \qquad (i=1,\ 2,\ \cdots,\ p) \tag{16.5}$$

称之为观测变量 Z_i 的共同度或公共度。它是由公共因素影响或决定观测变量方差 $\sigma_{Z_i}^2$ 的部分,它反映了公共因素方差 h_i^2 对观测变量总方差 $\sigma_{Z_i}^2$ 贡献的大小。另一部分是特殊因素方差,即因素负荷矩阵 A 中第 i 行特殊因素系数的平方 d_i^2。它是由特殊因素 Y_i 影响观测变量方差 $\sigma_{Z_i}^2$ 的部分,也是由公共因素对观测变量方差不能作出解释的部分。

由(16.4)式得知

$$h_i^2 + d_i^2 = 1 \tag{16.6}$$

可见,当特殊因素方差 d_i^2 接近 0 时,观测变量方差 $\sigma_{Z_i}^2$ 主要由公共因素方差 h_i^2 来决定,即主要受 F_1,F_2,$\cdots$,F_m 公共因素的影响;当特殊因素方差 d_i^2 接近 1 时,观测变量方差 $\sigma_{Z_i}^2$ 主要受特殊因素 Y_i 的影响。

四、因素负荷矩阵中某列因素负荷平方和的统计意义

因素负荷矩阵 A 中某一列因素负荷(a_{ij})的平方之和可记为

$$V_j = \sum_{i=1}^{p} a_{ij}^2 \qquad (j=1,\ 2,\ \cdots,\ m) \tag{16.7}$$

它反映了同一个因素 F_j 对所有观测变量 Z_1,$Z_2 \cdots$,Z_p 所提供的方差之总和,即某一个公共因素 F_j 对全部观测变量 Z_i 总方差所作的贡献。同时它也反映了某个公共因素 F_j 在所有公共因素 F_1,F_2,$\cdots$,F_m 中的相对重要性。V_j 越大表明该公共因素 F_j 对全部观测变量 Z_i 的影响越大,它相对越重要。若将因素负荷矩阵 A 中各列因素负荷的平方和计算出来,并按大小顺序排列:$V_1 > V_2 > \cdots > V_m$,我们就可以从中找出影响最大的公共因素。所以它是衡量公共因素相对重要性的尺度。

第二节 因素负荷矩阵的求法

一、因素负荷矩阵的导出

由于构成因素负荷矩阵中的因素负荷 a_{ij} 是观测变量与公共因素间的相关系数,而公共因素是未知的,故上述的因素负荷矩阵也是未知的,是理论的。在因素分析中求因素负荷矩阵的思想是将观测变量 Z_i 之间的相关系数转化为观测变量与公共因素之间相关系数。下面简述这一转化过程。

两个观测变量 Z_i 与 Z_q 之间的相关系数就等于这两个变量所对应的因素负荷乘积之和,即

$$r_{iq} = \frac{1}{n} \sum_{R=1}^{n} Z_{iR} Z_{qR} = a_{i1} a_{q1} + a_{i2} a_{q2} + \cdots + a_{im} a_{qm} \qquad (i \neq q) \tag{16.8}$$

当 $i = q$ 时,上式就是公式(16.4),再根据公式(16.5)、(16.6),则

$$r_{ii} = a_{i1}^2 + a_{i2}^2 + \cdots + a_{im}^2 + d_i^2 = \sigma_{Z_j}^2 = h_i^2 + d_i^2 = 1 \tag{16.9}$$

因为公共因素之间、特殊因素之间、公共因素与特殊因素之间相互独立,即它们的相关系数为 0,故上式为

$$r_{iq} = a_{i1}a_{q1} + a_{i2}a_{q2} + \cdots + a_{im}a_{qm} \qquad (i \neq q)$$

将观测变量 Z_i 两两间的相关用矩阵可表示为

$$R = AA' + DD' \tag{16.10}$$

再根据公式(16.9)则

$$
\boldsymbol{R} = \begin{bmatrix} 1 & r_{12} & \cdots & r_{1p} \\ r_{21} & 1 & \cdots & r_{2p} \\ \cdots & \cdots & \cdots & \cdots \\ r_{p1} & r_{p2} & \cdots & 1 \end{bmatrix} \text{或} \boldsymbol{R} = \begin{bmatrix} h_1^2 + d_1^2 & r_{12} & \cdots & r_{1p} \\ r_{21} & h_2^2 + d_2^2 & \cdots & r_{2p} \\ \cdots & \cdots & \cdots & \cdots \\ r_{p1} & r_{p2} & \cdots & h_p^2 + d_p^2 \end{bmatrix}
$$

此矩阵称为变量的相关矩阵。若只考虑公共因素则上述矩阵变成

$$R^* = AA' \tag{16.11}$$

$$
\boldsymbol{R}^* = \begin{bmatrix} h_1^2 & r_{12} & \cdots & r_{1p} \\ r_{21} & h_2^2 & \cdots & r_{2p} \\ \cdots & \cdots & \cdots & \cdots \\ r_{p1} & r_{p2} & \cdots & h_p^2 \end{bmatrix}
$$

称为再生相关矩阵或约相关矩阵。

因素分析就是根据已知的再生相关矩阵求因素负荷矩阵 A,使其满足(16.11)式,该关系式称为因素分析的基本定理。

二、初始因素负荷矩阵的求法

目前求因素负荷矩阵的方法很多,如对角因素分析、群因素分析、形心因素分析、主因素法(或主轴法)、主成分分析、极大似然法、最小剩余法、象点因素分析等。以下简要介绍普遍使用的主因素法。

求因素负荷矩阵 A 涉及到因素负荷的求解、变量共同度的估计及公共因素个数的确定。三者在因素分析过程中不是先后次序关系。为了行文方便,下面分别加以叙述。

1. 主因素法对因素负荷矩阵的求法

主因素法对于求因素负荷矩阵的基本思想是,要求所抽取的第一个公共因素 F_1 的方差对全部变量 $Z_1, Z_2, \cdots, Z_p$ 方差的贡献为最大,第二个公共因素 F_2 的贡献次之,…依次将全部变量的方差分解为各公共因素方差,最终求得因素负荷矩阵 A。

主因素法求因素负荷矩阵 A 的具体步骤:

(1) 估计变量的共同度并求再生相关矩阵

首先根据实测数据计算变量间的两两相关,得样本资料相关矩阵 R,然后估计变量共同度 h_i^2(见下一个问题),并将其估计值置于样本资料相关矩阵的对角线上,以代替 R 对角线上的 1,即为再生相关矩阵 R^*。

（2）求再生相关矩阵的特征根 λ

解特征方程 $|\lambda I - R^*| = 0$，求其特征根 λ 的值，并将之从大到小排列。

（3）求与特征根相对应的特征向量

首先根据特征值确定欲选取的公共因素（公共因素个数的确定见后面），然后用解齐次线性方程组的方法求与这些公共因素特征根 λ 相对应的特征向量 a_j^*。

（4）对特征向量 a_j^* 进行单位化处理

将所求得的各特征向量 a_j^* 除以相应的向量长度 $\|a_j^*\|$（又称向量范数）

$$\|a_j^*\| = \sqrt{a_{1j}^{*2} + a_{2j}^{*2} + \cdots + a_{pj}^{*2}} \tag{16.12}$$

则可得各单位特征向量 t_j

$$t_j = a_j^* \Big/ \sqrt{a_{1j}^{*2} + a_{2j}^{*2} + \cdots + a_{pj}^{*2}} = (t_{1j}, t_{2j}, \cdots, t_{pj})'$$

（5）求因素负荷矩阵 A 中各列因素负荷

各单位特征向量乘以相应的特征根的平方根，即为各公共因素的因素负荷，如第一个公共因素 F_1 的因素负荷为

$$\begin{bmatrix} a_{11} \\ a_{21} \\ \vdots \\ a_{p1} \end{bmatrix} = \begin{bmatrix} t_{11} \\ t_{21} \\ \vdots \\ t_{p1} \end{bmatrix} \sqrt{\lambda_1} \tag{16.13}$$

由各列因素负荷就构成因素负荷矩阵 A。

2. 变量共同度的估计

再生相关矩阵对角线上的元素是用变量共同度 h_i^2（即公共因素方差之和）表示的，为了获得再生相关矩阵，就必须对这个未知元素进行估计。估计的方法有多种，如最大相关法、复相关平均法、"三合一"法、平均相关法、单位秩估计法、第一形心因素法、主成分分析法、参照析因迭代法、影像分析法等。现仅简要介绍两种最常用的估计方法。

（1）最大相关估计法

最大相关法是把观测相关矩阵 R 中每一行（或每一列）绝对值最大的一个元素（相关系数）作为该行（或该列）变量共同度 h_i^2 估计值。此法在某些行（或列）可能会高估或低估 h_i^2 值，但实践经验表明，高估或低估的偏差趋于抵消，最后结果误差不太大。特别是当观测变量较多的情况下，它是一种简单有效的方法。

（2）复相关系数平方估计法

它是以一个变量与其他所有变量间的复相关系数平方数作为该变量的公共因素方差的估计值，即

$$SMC_i = 1 - \frac{1}{R_{ii}} \tag{16.14}$$

在这里　SMC_i 表示变量 Z_i 的复相关系数平方数

R_{ii} 表示对角线元素为 1 的相关矩阵 R 的逆矩阵 R^{-1} 中第 i 行变量对角线上的元素

由于 SMC 是共同度的下限，则用此法估计共同度所求得的因素负荷，在一般情况下是略微偏低，这对公共因素的解释往往是有益的。

3. 公共因素个数的确定

在实际应用中确定公共因素个数的常用方法有以下几种。

（1）根据几个公共因素所对应的特征值的累积百分比来确定

首先将再生相关矩阵的特征值从大到小排列，然后根据前面几个公共因素所对应的特征值之和占变量总方差的百分比来确定公共因素的个数。一般这一百分比要达到 80% 以上，但可根据具体问题的性质及研究者的经验作适当调整。

（2）以特征值是否大于或等于 1 为标准

特征值大于或等于 1 者为公共因素，小于 1 者不选。

（3）碎石检验

以特征值（从大到小排列）的序数为横轴，以特征值为纵轴描点，根据散布图上特征值变化的曲线来决定所选取的因素数。从第一个因素开始，曲线逐渐下降，随后变得平缓，最后近似一条直线，曲线变平缓的前一点即某一个特征值较前一个特征值出现急剧下降时，则这前一点可认为是所提取的最大因素数。此点之前的点构成"悬崖"，此点以下的点犹如"悬崖"下的碎石，故称碎石检验。

第三节　旋转变换及因素计分

一、因素负荷矩阵的旋转变换

公共因素抽取后，它们所代表的实际意义有时还不十分明确，还需对因素负荷矩阵进行旋转变换。旋转变换就是通过对因素坐标轴位置的改变，在保持变量间原来相对位置的条件下，使因素负荷向两极分化，使其矩阵结构变得简单，以便能准确识别及解释各公共因素的实际意义。旋转的方式有两种：正交旋转及斜交旋转。

1. 正交旋转

正交旋转就是在因素轴旋转之后，因素轴之间仍保持互相正交（垂直），它们间的夹角为 90 度，也就是说，始终保持初始解中因素间不相关的特点。

正交旋转的方法有：四次方最大法、方差最大法、等量最大法。现简要介绍使用最广泛的方差最大法。

方差最大法是将因素轴旋转到适当角度，使因素负荷矩阵中各因素上的负荷平方的方差为最大。从而使每一列上的负荷向两极分化，即每一列上的高负荷只集中出现在少数几个变量上，而其他变量的负荷接近于 0，于是因素负荷矩阵的结构被简化，对因素的解释也变得简单、清晰。

当某个因素其负荷平方的方差最大时，即各变量在该因素上负荷的离散程度最大时，该因素的可解释性为最大。那么因素轴旋转多大角度才能使各因素上的因素负荷平方的方差最大呢？这个问题下面加以说明。

设 T 为 m 阶正交矩阵，A 为因素负荷矩阵，$B = AT$，则有

$$BB' = (AT)(AT)' = ATT'A' = AA'$$

根据(16.11)及因素分析的基本定理得知,B 也是因素负荷矩阵,说明因素负荷矩阵的解不是唯一的。于是可设法找到某个正交矩阵 T,在遵循某种准则条件下,可使矩阵 A 转换成各列因素负荷向 0 和 1 分化的,结构简单的,易于解释的矩阵 $B = AT$。

假如初始因素负荷矩阵 A 中只有两个公共因素,即

$$A = \begin{pmatrix} a_{11} & a_{12} \\ a_{21} & a_{22} \\ \vdots & \vdots \\ a_{p1} & a_{p2} \end{pmatrix}$$

所选取的正交变换矩阵为

$$T = \begin{pmatrix} \cos\theta & -\sin\theta \\ \sin\theta & \cos\theta \end{pmatrix}$$

对 A 进行一次正交变换,从几何的角度看,就相当把两个因素 F_1 与 F_2 的平面绕原点正交旋转一个角度 θ,记为

$$B = AT = \begin{pmatrix} a_{11}\cos\theta + a_{12}\sin\theta & -a_{11}\sin\theta + a_{12}\cos\theta \\ a_{21}\cos\theta + a_{22}\sin\theta & -a_{21}\sin\theta + a_{22}\cos\theta \\ \vdots & \vdots \\ a_{p1}\cos\theta + a_{p2}\sin\theta & -a_{p1}\sin\theta + a_{p2}\cos\theta \end{pmatrix} = \begin{pmatrix} b_{11} & b_{12} \\ b_{21} & b_{22} \\ \vdots & \vdots \\ b_{p1} & b_{p2} \end{pmatrix} \quad (16.15)$$

B 就是旋转因素负荷矩阵,其中 b_{ij} 是旋转后的因素负荷。

因素轴旋转的角度 θ 应以 B 中两列新的因素负荷方差最大为准则。B 的两列因素负荷方差之和,即总方差为 $\quad V = \sigma_1^2 + \sigma_2^2$

上式总方差的一般形式可表示为

$$V = \sum_{j=1}^{m} \sigma_j^2 = \frac{1}{p} \sum_{j=1}^{m} \sum_{i=1}^{p} (b_{ij}^2/h_i^2)^2 - \frac{1}{p^2} \sum_{j=1}^{m} \left[\sum_{i=1}^{p} (b_{ij}^2/b_i^2) \right]^2 (本例 j = 1, 2) \quad (16.16)$$

在这里 $\quad h_i$ 表示各变量的公共因素方差的平方根

为了使 V 达到最大以确定旋转角 θ,需将(16.15)式代入(16.16)式中的 b_{ij},如 $b_{11} = a_{11}\cos\theta + a_{12}\sin\theta$,其他依此类推。并求 V 对 θ 的一阶偏导,再解方程

$$\frac{\mathrm{d}V}{\mathrm{d}\theta} = 0, 便得 \tan 4\theta = \frac{P - 2AB/P}{C - (A^2 - B^2)/P}$$

其中

$$A = \sum_{i=1}^{P} \left[\left(\frac{a_{i1}}{h_i} \right)^2 - \left(\frac{a_{i2}}{h_i} \right)^2 \right] \qquad B = 2 \sum_{i=1}^{P} \frac{a_{i1} a_{i2}}{h_i^2}$$

$$C = \sum_{i=1}^{P} \left\{ \left[\left(\frac{a_{i1}}{h_i} \right)^2 - \left(\frac{a_{i2}}{h_i} \right)^2 \right]^2 - 4 \frac{a_{i1}^2 a_{i2}^2}{h_i^4} \right\}$$

$$D = 4 \sum_{i=1}^{P} \frac{a_{i1} a_{i2}}{h_i^2} \left[\left(\frac{a_{i1}}{h_i} \right)^2 - \left(\frac{a_{i2}}{h_i} \right)^2 \right]$$

$\tan 4\theta$ 值算出后通过查三角函数表可确定旋转角 θ，再用此表可确定 $\sin \theta$ 及 $\cos \theta$ 值，于是正交变换矩阵 T 中 4 个元素都被确定，再根据(16.15)式就可求出旋转后的因素负荷矩阵 B。这就是对 A 进行了一次正交旋转变换。

若初始因素负荷矩阵中有 m 个因素，每次对两个不同因素（如 F_1 与 F_3，F_1 与 F_4······）作一次旋转变换，共需作 $\dfrac{m(m-1)}{2}$ 次旋转变换，称为一个循环。然后再进行第二循环的旋转变换，直至因素负荷矩阵的总方差改变不太大时为止。

2. 斜交旋转

在正交旋转中各公共因素间被假定是不相关的、独立的，但实际的教育与心理问题所涉及的因素是相互关联的，即因素斜交是普遍的，因此对因素进行斜交旋转更符合自然规律。当对各公共因素进行正交旋转之后，它们所代表的实际意义仍不十分明确时，就需要对它们再进行斜交旋转变换。在斜交旋转中因素间的夹角可以是任意的，即因素之间可以是相关的。

在正交因素情况下，因素模型与因素结构是等同的，但在斜交因素情况下，两者的统计意义是不相同的，所以一个完全的斜交因素解必须包括模型矩阵和结构矩阵。模型矩阵是因素模型中公共因素的加权系数，是变量在斜因素轴上的坐标；因素结构矩阵是变量与公共因素的相关，是变量在斜因素轴上的投影。另外斜交解还应包括各斜因素的交互相关矩阵，它表明因素模型中各公共因素的重叠程度，是因素模型及因素结构的补充。

在斜交旋转中目前使用最为广泛的是普洛麦克斯（promax）斜交旋转法。其计算步骤如下。

(1) 将通常由方差极大或四乘方极大正交旋转所获得的初始正交因素负荷矩阵 A［此处的 A 就是(16.15)式中的 B］按行正规化，使行的长度为 1，并记作 A^*。

(2) 为了构建一个因素负荷之间离散程度较大的、假设的因素负荷矩阵 H，将 A^* 中全部因素负荷的绝对值 K 次方（K 可以是 2、3、4、5、6 等），但保留原来的符号。例如，一个初始正交因素负荷矩阵中某列的最大负荷是 0.90，最小是 0.30，二者之比是 3：1。全列负荷平方后最大负荷是 0.81，最小是 0.09，二者之比是 9：1。可见假设矩阵 H 中因素负荷的距离拉大了。

(3) 求从 A^* 到 H 的拟合变换矩阵 C。因为 $A^*C=H$，

故有 $$(A^{*'}A^*)^{-1}A^{*'}A^*C=(A^{*'}A^*)^{-1}A^{*'}H,$$

由此得 $$C = (A^{*'}A^*)^{-1}A^{*'}H$$

(4) 将 C 按列正规化，使列的长度为 1，得初始正交因素到斜参照因素的变换矩阵 Λ。

(5) 求 Λ 的逆矩阵 Λ^{-1}，并将 Λ^{-1} 按行正规化，便得初始正交因素到斜主因素的变换矩阵 T^* 的转置 $T^{*'}$。

(6) 最后求出普洛麦克斯斜主因素的

模型矩阵：$P = A(T^{*'})^{-1} = (b_{ij})_{p \times m}$ （16.17）

结构矩阵：$S = AT^* = (r_{Z_i T_j^*})_{p \times m}$ （16.18）

相关矩阵：$\Phi = T^{*'}T^* = (r_{T_j^* T_q^*})_{m \times m}$ （16.19）

二、因素计分

因素分析可划分为两类问题，一类问题是研究如何以假设的公共因素的线性组合来表

示观测变量,目的在于将多变量 Z 综合成少数指标 F。前面所讨论的正是这类问题。另一类问题是研究如何以已知的观测变量的线性组合来表示假设的公共因素。这种由变量的观测值来估计被试个体在各公共因素上得分的方法称为因素计分。其估计方法一般用多元线性回归。

某个公共因素 f_j 对 p 个观测变量的多元线性回归方程为

$$\hat{f}_j = \beta_{j1}Z_1 + \beta_{j2}Z_2 + \cdots + \beta_{jp}Z_p \quad (j = 1, 2, \cdots, m) \tag{16.20}$$

按多元线性回归理论,决定回归系数的正规方程为

$$\begin{cases} 1\beta_{j1} + r_{z_1 z_2}\beta_{j2} + \cdots + r_{z_1 z_p}\beta_{jp} = r_{z_1 f_j} \\ r_{z_2 z_1}\beta_{j1} + 1\beta_{j2} + \cdots + r_{z_2 z_p}\beta_{jp} = r_{z_2 f_j} \\ \cdots\cdots\cdots\cdots\cdots\cdots\cdots\cdots\cdots\cdots\cdots\cdots \\ r_{z_p z_1}\beta_{j1} + r_{z_p z_2}\beta_{j2} + \cdots + 1\beta_{jp} = r_{z_p f_j} \end{cases} \tag{16.21}$$

公共因素的多元线性回归模型用矩阵可表示为

$$F = BZ + E \tag{16.22}$$

上式中 B 是回归系数 β_{ji} 的矩阵,$j = 1, 2, \cdots m$,$i = 1, 2, \cdots p$。E 是误差矩阵,并假定 E 与 Z 不相关,于是(16.20)式用矩阵可表示为

$$F = BZ \tag{16.23}$$

将上式等号两边同乘以 $Z'(ZZ')^{-1}$,可得

$$B = FZ'(ZZ')^{-1} \tag{16.24}$$

若将变量得分与公共因素得分组成 $(p+m) \times n$ 阶长方阵,并乘以自身的转置矩阵,就可得到四个重要结果:

$$\binom{Z}{F}(Z'F') = \begin{pmatrix} ZZ' & ZF' \\ FZ' & FF' \end{pmatrix} = \begin{pmatrix} R & S \\ S' & \Phi \end{pmatrix} \tag{16.25}$$

将(16.25)式中有关结果代入(16.24)式,可得

$$B = S'R^{-1} \tag{16.26}$$

于是用来估计斜交公共因素得分的矩阵为

$$\hat{F} = S'R^{-1}Z \tag{16.27}$$

在这里　$\hat{F}$ 表示被试个体在斜交公共因素上得分的估计值

　　　　S' 表示斜交因素结构矩阵的转置矩阵

　　　　R^{-1} 表示观测变量相关矩阵的逆矩阵

　　　　Z 表示 n 个个体在 p 个测验上的标准分数矩阵

由(16.17)式知 $A = PT^{*'}$,由(16.19)式知 $T^{*} = \Phi(T^{*'})^{-1}$,将以上二式代入(16.18)式,则 $S = PT^{*'}\Phi(T^{*'})^{-1}$,于是 $S = P\Phi$。由于 $\Phi = I$ 单位阵,故 $S' = p'\Phi$。将之代入(16.27)式则

$$\hat{F} = \Phi p'R^{-1}Z \tag{16.28}$$

当因素正交时，$\varPhi = I$，即为单位矩阵，于是用来估计正交公共因素得分的矩阵为

$$\hat{F} = A'R^{-1}Z \qquad\qquad (16.29)$$

在这里 A' 表示正交旋转后的因素负荷矩阵的转置矩阵。

第四节 应 用 举 例

现用一个例子及 SPSS 软件来说明因素分析的一般计算步骤。

某研究者为了考察不同学科对学生知识能力的影响，随机抽取初三年级 10 名学生语文、数学、英语、政治、物理、化学 6 门学科的考试成绩如表 16.1，以此对 6 门学科进行因素分析的具体步骤如下。

表 16.1　10 名学生 6 门学科的成绩

学生序号	语文(X_1)	数学(X_2)	英语(X_3)	政治(X_4)	物理(X_5)	化学(X_6)
1	80	88	81	65	77	86
2	72	76	70	60	70	75
3	88	75	75	73	75	79
4	68	78	65	60	70	72
5	75	61	70	70	61	65
6	72	78	65	62	66	75
7	70	80	68	75	75	80
8	65	60	63	62	61	73
9	78	72	69	61	69	77
10	75	65	70	61	61	70

一、求初始因素负荷矩阵 A

用主因素法(即主轴法)求因素负荷矩阵 A 的具体步骤：

第一，求相关矩阵 R。

对 6 门学科中的每两门学科成绩求积差相关，得相关矩阵 R 如表 16.2。

表 16.2　6 门学科间的相关矩阵 R

	语文(X_1)	数学(X_2)	英语(X_3)	政治(X_4)	物理(X_5)	化学(X_6)
语文(X_1)	1.000					
数学(X_2)	0.258	1.000				
英语(X_3)	0.784	0.485	1.000			
政治(X_4)	0.388	0.102	0.316	1.000		
物理(X_5)	0.451	0.882	0.588	0.393	1.000	
化学(X_6)	0.379	0.808	0.578	0.220	0.864	1.000

第二，求再生相关矩阵 R^* 的特征根 λ。

（1）首先用最大相关法估计共同度h_i^2,其结果如表 16.3。

表 16.3　最大相关法估计共同度 h_i^2 的估计值

	语文(X_1)	数学(X_2)	英语(X_3)	政治(X_4)	物理(X_5)	化学(X_6)
h_i^2 估计值	0.681	0.864	0.719	0.451	0.915	0.779

（2）再求特征根(λ)及其累积百分比,结果如表 16.4。

表 16.4　特征根及其累积百分比

	特征值 (1)	百分比(%) (2)	累积百分比(%) (3)
λ_1	3.616	60.263	60.263
λ_2	1.205	20.084	80.348
λ_3	0.758	12.627	92.974
λ_4	0.192	3.200	96.174
λ_5	0.177	2.944	99.118
λ_6	0.053	0.882	100.000

第三,确定公共因素个数。

由表 16.4 可知,6 门学科的公共因素个数为 2 个。因为按从大到小排列的特征根的值（如表 16.4 第 1 列）,前面两个特征根所占的累积百分比为 80.348%（如表 16.4 第 3 列）,超过 80%;再用特征根的值大于或等于 1 为标准,其公共因素个数也应确定为 2 个,因为表 16.4 第(1)列中前两个特征根的值 $\lambda_1 = 3.616$、$\lambda_2 = 1.205$,均大于 1。

第四,计算初始因素负荷矩阵 A。

根据 16.13 式算出初始因素负荷矩阵 A 如表 16.5。

表 16.5　初始因素负荷矩阵 A

	语文(X_1)	数学(X_2)	英语(X_3)	政治(X_4)	物理(X_5)	化学(X_6)
因素 1	0.686	0.813	0.762	0.350	0.941	0.849
因素 2	0.713	−0.444	0.347	0.217	−0.252	−0.271

二、正交旋转

由于初始因素负荷矩阵 A（表 16.5）中的语文(X_1),对因素 1 和因素 2 两个因素的负荷都高,且政治(X_4)对因素 1 和因素 2 的负荷相当,则用方差最大法作正交旋转,得正交旋转后的因素负荷矩阵如表 16.6。

表 16.6　正交旋转后的因素负荷矩阵

	语文(X_1)	数学(X_2)	英语(X_3)	政治(X_4)	物理(X_5)	化学(X_6)
因素 1	0.113	0.916	0.396	0.147	0.902	0.840
因素 2	0.983	0.139	0.738	0.385	0.370	0.299

从而得 6 门学科正交旋转后的因素模型为：

$$\begin{cases} Z_1 = 0.113F_1 + 0.983F_2 \\ Z_2 = 0.916F_1 + 0.139F_2 \\ Z_3 = 0.396F_1 + 0.738F_2 \\ Z_4 = 0.147F_1 + 0.385F_2 \\ Z_5 = 0.902F_1 + 0.370F_2 \\ Z_6 = 0.840F_1 + 0.299F_2 \end{cases}$$

三、斜交旋转

从表 16.6 出发，进行普洛麦克斯斜交旋转，得公共因素间的相关矩阵如表 16.7，斜交旋转后的因素结构矩阵如表 16.8 第(1)、(2)列，斜交旋转后的因素模型矩阵如表 16.8 第(3)、(4)列。

表 16.7　公共因素间的相关矩阵

	因素 1	因素 2
因素 1	1.000	
因素 2	0.498	1.000

表 16.8　斜交旋转后的因素结构矩阵及模型矩阵

	因素结构矩阵		因素模型矩阵	
	因素 1 (1)	因素 2 (2)	因素 1 (3)	因素 2 (4)
语文(X_1)	0.376	0.981	−0.150	1.056
数学(X_2)	0.919	0.358	0.985	−0.133
英语(X_3)	0.581	0.812	0.235	0.695
政治(X_4)	0.246	0.409	0.057	0.381
物理(X_5)	0.968	0.578	0.905	0.128
化学(X_6)	0.889	0.495	0.855	0.069

将正交旋转后的因素负荷矩阵与斜交旋转后的因素结构矩阵相比，二者基本一致。第一个因素主要由数学 X_2、物理 X_5 和化学 X_6 三门学科表征，所以，它可看成是数理能力；第二个因素主要由语文 X_1、英语 X_3 和政治 X_4 三门学科表征，它反映的是言语理解与表达能力。

因素模型矩阵是把变量表示为斜交因素的线性组合，因此，6 门学科斜交旋转后的因素模型可表示为：

$$\begin{cases} Z_1 = -0.150F_1 + 1.056F_2 \\ Z_2 = 0.985F_1 - 0.133F_2 \\ Z_3 = 0.235F_1 + 0.695F_2 \\ Z_4 = 0.057F_1 + 0.381F_2 \\ Z_5 = 0.905F_1 + 0.128F_2 \\ Z_6 = 0.855F_1 + 0.069F_2 \end{cases}$$

四、因素计分

为便于对 10 名学生进行综合评判、聚类或排序,可对两个公共因素进行计分。用多元回归法,方差最大法正交旋转和普洛麦克斯斜交旋转所得因素计分矩阵如表 16.9。由此表,再结合方差最大法正交旋转和普洛麦克斯斜交旋转所得的特征根,即可求出 10 名学生的因素分析综合评价加权得分,从而对 10 名学生进行排序或分类。

表 16.9　公共因素计分矩阵(多元回归法)

学生序号	方差最大法正交旋转		普洛麦克斯斜交旋转	
	F_1	F_2	F_1	F_2
1	1.509 76	0.660 33	1.632 40	1.008 05
2	0.458 28	−0.343 44	0.347 67	−0.221 52
3	0.129 52	2.131 14	0.703 93	2.098 54
4	0.573 30	−1.001 04	0.279 61	−0.831 33
5	−1.535 85	0.231 11	−1.415 20	−0.149 79
6	−0.125 38	−0.540 75	−0.267 65	−0.555 00
7	1.123 96	−0.734 20	0.882 07	−0.438 44
8	−0.835 32	−1.201 74	−1.130 52	−1.368 96
9	−0.092 45	0.630 53	0.082 42	0.589 05
10	−1.205 82	0.168 06	−1.114 74	−0.130 59

练 习 题

8 位学生数学、语文、物理和英语 4 门学科的成绩见下表,试对 4 门学科成绩进行因素分析。

8 名学生 4 门学科的成绩

	学 生 序 号							
	1	2	3	4	5	6	7	8
数学(X_1)	78	68	67	55	70	88	96	94
语文(X_2)	70	60	65	80	60	65	82	70
物理(X_3)	79	75	72	70	65	78	75	78
英语(X_4)	62	72	62	60	62	80	65	50

第十七章
聚 类 分 析

聚类分析是对样本或指标变量进行定量分类的多元统计分析方法。对样本的分类称为Q型聚类分析,例如对学生考试成绩优劣或智商水平高低的分类等;对指标变量的分类称为R型聚类分析,例如对考试科目(即对各科所培养的能力)的分类,对教育评价指标的分类等。

聚类分析的基本思想是根据样本间或指标变量间在性质上的亲疏程度进行分类。在Q型聚类中用"距离"表示样本间的亲疏程度;在R型聚类中用"相似系数"表示指标变量间的亲疏程度。

聚类分析的基本过程,首先是对样本或指标变量的数值进行定量分析,然后绘出谱系追踪图,最后依据专业知识确定所分类型的数目,并为各类型命名。由于在此过程中没有运用到概率论知识,所以它属于多元描述统计范畴,其作用在于描绘、探索和总结。

第一节 距离与相似系数

一、指标变量和样本的选择

聚类分析作为一种定量分类,数据是它的依据,数据直接影响聚类的结果。要想获得能真实反映待分类事物的数据,关键在于事先要建构一个各指标变量相互配合共同反映待分类事物本质属性的完备的指标变量体系。其中每一个指标变量都要能刻画待分类事物本质属性的某个侧面;要与所研究的问题密切联系;要有较强的分辨能力;要可测和稳定。

在选择指标变量时要注意:不要包含与所研究的问题联系不大而又有较强分辨力的指标变量。因为有与所研究的问题联系不大的指标变量,就会使某些类互相搅混在一起,难以分辨。如果它还具有较强的分辨力,那就更会掩盖了所寻求的类。

在对样本进行聚类时,若目的是为了推断总体的分类,在选择样本时,还应根据具体情况选择适宜的抽样方式,使样本对总体有较好的代表性。

二、原始数据的整理

聚类分析中的各指标变量必须有统一的量纲,数据间才能相互比较。假如各科考试成绩用不同数量级单位表示,如分别用五分制、十分制、百分制,或者有的学科用一个学期成绩表示,有的用几个学期成绩之和表示,甚至有的用文字表示,由于各科成绩间无统一的量纲,就无法互相比较。下面例1就是如此,故需在聚类之前对原始数据进行整理。

例1 表17.1的第(2)列是6名学生的三科原始成绩,其中数学是一个学期的百分制分数,语文是未量化的等级,英语是一个学期多次成绩之和。整理时应先将语文成绩量化,即分别赋予优、良、中、及格为90、80、70、60分,如第(3)列。然后再对原始数据进行整理。整理的常用方法有以下几种。

表 17.1　原始成绩及其数量化

学生序号(1)	原始成绩(2)			数量化成绩(3)		
	数学	语文	英语	数学	语文	英语
1	86	优等	147	86	90	147
2	68	中等	131	68	70	131
3	91	良等	143	91	80	143
4	72	及格	124	72	60	124
5	78	中等	150	78	70	150
6	85	良等	115	85	80	115
平均数 $\overline{X}$				80	75	135
标准差 σ_{n-1}				8.88	10.49	13.93
极差 R				23	30	35

1. 中心化变换

中心化变换就是将每个原始数据减去该指标变量的平均数。用公式可表示为

$$X'_{ik} = X_{ik} - \overline{X}_k \tag{17.1}$$

在这里　X'_{ik} 表示第 k 个指标变量第 i 个中心化后的数据

X_{ik} 表示第 k 个指标变量第 i 个原始数据

$\overline{X}_k$ 表示第 k 个指标变量的平均数,即

$$\overline{X}_k = \frac{1}{n} \sum_{i=1}^{n} X_{ik}$$

表 17.1 第(3)列数据经中心化变换后列于表 17.2 第(2)列。当因为各指标变量平均数显著差异而造成量纲不统一时,可用此法进行变换。变换后每个指标变量分数之和为 0,其分数的平方和 $\sum_{i=1}^{n}(X_{ik} - \overline{X}_k)^2$ 是该指标变量方差的 $n-1$ 倍,任何两个指标变量分数的离差乘积之和 $\sum_{i=1}^{n}(X_{ik} - \overline{X}_k)(X_{ip} - \overline{X}_p)$ 是这两列分数协方差的 $n-1$ 倍,所以此法对计算矩阵的协方差较为方便。

表 17.2　数据的各种变换

学生序号(1)	中心化变换(2)			标准化变换(3)			极差正规化变换(4)		
	数学	语文	英语	数学	语文	英语	数学	语文	英语
1	6	15	12	0.675 7	1.429 9	0.861 5	0.782 6	1.000 0	0.914 3
2	−12	−5	−4	−1.351 4	−0.476 6	−0.287 2	0.000 0	0.333 3	0.457 1
3	11	5	8	1.238 7	0.476 6	0.574 3	1.000 0	0.666 7	0.800 0
4	−8	−15	−11	−0.900 9	−1.429 9	−0.789 7	0.173 9	0.000 0	0.257 1
5	−2	−5	15	−0.225 2	−0.476 6	1.076 8	0.434 8	0.333 3	1.000 0
6	5	5	−20	0.563 1	0.476 6	−1.435 8	0.739 1	0.666 7	0.000 0

2. 标准化变换

标准化变换就是将所有原始分数都变成标准分数。即每个指标变量的原始数据都减去该指标变量的平均数,再除以该指标变量总体标准差估计值,用公式可表示为

$$X'_{ik} = (X_{ik} - \overline{X}_k)/S_k \tag{17.2}$$

在这里 S_k 表示第 k 个指标变量总体标准差估计值,即

$$S_k = \sqrt{\frac{\sum_{i=1}^{n}(X_{ik} - \overline{X}_k)^2}{n-1}}$$

表 17.1 第(3)列数据经标准化变换后列于表 17.2 第(3)列。变换后每个指标变量的平均数为 0,标准差为 1。当因为各指标变量的方差显著差异而造成量纲不统一时,可用此法进行变换。变换后的数据很容易计算相关系数矩阵。

3. 极差正规化变换

极差正规化变换就是将每个原始数据减去该指标变量的最小值,再除以该指标变量最大值与最小值之差,用公式可表示为

$$X'_{ik} = \frac{X_{ik} - \min_{1 \leqslant i \leqslant n}\{X_{ik}\}}{\max_{1 \leqslant i \leqslant n}\{X_{ik}\} - \min_{1 \leqslant i \leqslant n}\{X_{ik}\}} \tag{17.3}$$

表 17.1 第(3)列数据经极差正规化变换后如表 17.2 第(4)列所示。变换后每个指标变量的最大值为 1,最小值为 0,其余在 0 与 1 之间。

4. 对数变换

对数变换就是将具有指数特征的数据变换成具有线性特征的数据。其变换公式为

$$X'_{ik} = \log_a X_{ik} \tag{17.4}$$

因为具有指数特征的数据不能与其他数据一起直接参加聚类。

三、距离

在 Q 型聚类分析中,对样本进行分类时,距离是描述样本间亲疏程度的指标。

若有 n 个样本在 m 个指标变量上的测定值,可把 n 个样本称为 m 维空间的 n 个样本点。其 m 维空间的任意两点可表示为

$$X_i = \begin{pmatrix} X_{i1} \\ X_{i2} \\ \vdots \\ X_{im} \end{pmatrix} \quad , \quad X_j = \begin{pmatrix} X_{j1} \\ X_{j2} \\ \vdots \\ X_{jm} \end{pmatrix} \tag{17.5}$$

X_i 与 X_j 之间的距离用 d_{ij} 来表示。距离 d_{ij} 应满足三个条件:第一,在 m 维空间中任意两个样本点 X_i 与 X_j 有 $d_{ij} \geqslant 0$;第二,在 m 维空间中任意两个样本点均有 $d_{ij} = d_{ji}$;第三,在 m 维空间中任意三个样本点 X_i、X_j 与 X_L 均有 $d_{ij} \leqslant d_{iL} + d_{jL}$。

常用的距离有以下几种:

1. 绝对值距离(Manhattan 距离)

绝对值距离是空间中两个样本点在 m 维指标变量上差值的绝对值之和,用公式可表

示为

$$d_{ij} = \sum_{k=1}^{m} \mid X_{ik} - X_{jk} \mid \qquad i, j = 1, 2, \cdots, n \qquad (17.6)$$

例 2 表 17.3 内第 1 与第 2 号儿童在某智力测验中三个分测验得分的绝对值距离为

$$d_{12} = \sum_{k=1}^{3} \mid X_{1k} - X_{2k} \mid = \mid 4-3 \mid + \mid 2-1 \mid + \mid 5-7 \mid = 4$$

绝对值距离定义直观形象,计算简单,利用了空间点上所有数据的信息,故反应灵敏,但计算时使用绝对值,不易于代数运算。

表 17.3   7 名儿童在某智力测验中三个分测验上的得分

儿童序号	分 测 验		
	1	2	3
1	4	2	5
2	3	1	7
3	2	3	2
4	4	6	6
5	1	4	1
6	6	3	3
7	5	7	7

2. 欧氏距离(二阶 *Minkowski* 距离)

欧氏距离是空间中两个样本点在 m 维指标变量上差值平方和的平方根。用公式可表示为

$$d_{ij} = \sqrt{\sum_{k=1}^{m} (X_{ik} - X_{jk})^2} \qquad i, j = 1, 2, \cdots, n \qquad (17.7)$$

表 17.3 中第 1 与第 2 号儿童测验分数的欧氏距离为

$$d_{12} = \sqrt{\sum_{k=1}^{3} (X_{1k} - X_{2k})^2} = \sqrt{(4-3)^2 + (2-1)^2 + (5-7)^2} = 2.449\ 5$$

欧氏距离计算时运用了空间点上所有数据信息,故反应灵敏,是聚类分析中最常应用的距离。

3. 切比雪夫(**Чебыщев**)距离

切比雪夫距离是空间中两个样本点在 m 维指标变量上差值绝对值中的最大值。用公式可表示为

$$d_{ij} = \max_{k} \mid X_{ik} - X_{jk} \mid \qquad i, j = 1, 2, \cdots, n \qquad (17.8)$$

表 17.3 中第 1 与第 2 号儿童测验分数的切比雪夫距离为

$$d_{12} = \max\{ \mid 4-3 \mid, \mid 2-1 \mid, \mid 5-7 \mid \} = 2$$

切比雪夫距离定义明确,计算简单,但反应不够灵敏,也不易代数运算。

以上三种距离都属于明氏(明科夫斯基)距离。在聚类分析中应用较多,但有两个缺点。

第一,没有考虑到各指标变量的量纲有可能不统一;第二,没有考虑到各指标变量之间可能存在着相关。

4. 兰氏(Lanberra)距离

兰氏距离就是空间中两个样本点在 m 个指标变量上差值的绝对值,分别除以这两个样本点在 m 个指标变量上的和值,再求其和。用公式可表示为

$$d_{ij} = \sum_{k=1}^{m} \frac{|X_{ik} - X_{jk}|}{X_{ik} + X_{jk}} \qquad i, j = 1, 2, \cdots, n \tag{17.9}$$

表 17.3 中第 1 与第 2 号儿童测验分数的兰氏距离为

$$d_{12} = \frac{|4-3|}{4+3} + \frac{|2-1|}{2+1} + \frac{|5-7|}{5+7} = 0.642\,9$$

兰氏距离是以自身的比率来表示,解决了量纲不统一的问题。但仍未考虑到各指标变量间可能存在着相关。

5. 马氏(P. C. Mahalanobis)距离

空间中任意两个样本点马氏距离的计算公式为

$$d_{ij}^2 = (X_i - X_j)' V^{-1} (X_i - X_j) \qquad i, j = 1, 2, \cdots, n \tag{17.10}$$

在这里　X_i 与 X_j 如(17.5)式所示

V 表示 m 维指标变量间样本协方差矩阵

V^{-1} 表示 V 的逆矩阵

由于表(17.3)中三个分测验的样本协方差计算繁复,故假定它的总体协方差已知为

$$V = \begin{bmatrix} 2 & 1 & 4 \\ 2 & 2 & 1 \\ 1 & 3 & 2 \end{bmatrix}$$

求得 V 的逆矩阵 V^{-1} 为

$$V^{-1} = \frac{1}{15} \begin{bmatrix} 2 & 10 & -7 \\ -3 & 0 & 6 \\ 4 & -5 & 2 \end{bmatrix}$$

用(17.10)式计算表(17.3)中第 1 与第 2 号儿童测验分数间的马氏距离为

$$d_{12}^2 = (X_1 - X_2)' V^{-1} (X_1 - X_2)$$

$$= \left(\begin{bmatrix} 4 \\ 2 \\ 5 \end{bmatrix} - \begin{bmatrix} 3 \\ 1 \\ 7 \end{bmatrix} \right)' \cdot \frac{1}{15} \begin{bmatrix} 2 & 10 & -7 \\ -3 & 0 & 6 \\ 4 & -5 & 2 \end{bmatrix} \left(\begin{bmatrix} 4 \\ 2 \\ 5 \end{bmatrix} - \begin{bmatrix} 3 \\ 1 \\ 7 \end{bmatrix} \right)$$

$$= \frac{1}{15} (1, 1, -2) \begin{bmatrix} 2 & 10 & -7 \\ -3 & 0 & 6 \\ 4 & -5 & 2 \end{bmatrix} \begin{bmatrix} 1 \\ 1 \\ -2 \end{bmatrix} = 1.400\,0$$

马氏距离既不受量纲影响,又不受指标变量相关的影响。

6. 斜交空间距离

空间中任意两个样本点斜交空间距离的计算公式为

$$d_{ij} = \left[\frac{1}{m^2} \sum_{k=1}^{m} \sum_{L=1}^{m} r_{kL}(X_{ik} - X_{jk})(X_{iL} - X_{jL})\right]^{\frac{1}{2}} \qquad i, j = 1, 2, \cdots, n \quad (17.11)$$

在这里 r_{kL} 表示指标变量 k 与 L 的积差相关系数

表 17.3 中三个分测验的样本积差相关系数分别为 $r_{12} = 0.233\,3$，$r_{13} = 0.488\,4$，$r_{23} = 0.187\,1$（在下面有关计算中为了简便只取两位小数），于是表 17.3 中第 1 与第 2 号儿童测验分数的斜交空间距离为

$$
\begin{aligned}
d_{12} &= \left[\frac{1}{3^2} \sum_{k=1}^{3} \sum_{L=1}^{3} r_{kL}(X_{1k} - X_{2k})(X_{1L} - X_{2L})\right]^{\frac{1}{2}} \\
&= \frac{1}{3}\big[r_{11}(X_{11} - X_{21})^2 + r_{12}(X_{11} - X_{21})(X_{12} - X_{22}) + r_{13}(X_{11} - X_{21})(X_{13} - X_{23}) \\
&\quad + r_{21}(X_{12} - X_{22})(X_{11} - X_{21}) + r_{22}(X_{12} - X_{22})^2 + r_{23}(X_{12} - X_{22})(X_{13} - X_{23}) \\
&\quad + r_{31}(X_{13} - X_{23})(X_{11} - X_{21}) + r_{32}(X_{13} - X_{23})(X_{12} - X_{22}) + r_{33}(X_{13} - X_{23})^2\big]^{\frac{1}{2}} \\
&= \frac{1}{3}\big[(4-3)^2 + 0.23(4-3)(2-1) + 0.49(4-3)(5-7) + 0.23(2-1)(4-3) \\
&\quad + (2-1)^2 + 0.19(2-1)(5-7) + 0.49(5-7)(4-3) + 0.19(5-7)(2-1) \\
&\quad + (5-7)^2\big]^{\frac{1}{2}} = 0.644\,6
\end{aligned}
$$

斜交空间距离可使存在相关的指标变量普系结构不变形。

四、相似系数

在 R 型聚类分析中对指标变量分类时，相似系数是描述指标变量间亲疏程度的指标。

聚类分析中的相似系数常用 r_{kL} 表示，它必须满足三个条件：第一，相似系数的数值范围在 +1 与 -1 之间，即 $|r_{kL}| \leqslant 1$。第二，第一与第二个指标变量的相似系数和第二与第一个指标变量的相似系数相等，即 $r_{kL} = r_{Lk}$。第三，当相似系数等于 +1 或 -1 时，这两个指标变量存在着 $Y_k = aY_L(a \neq 0$，是常数$)$ 关系。

相似系数的绝对值 $|r_{kL}|$ 越接近 1，表明这两个指标变量的关系越密切；$|r_{kL}|$ 越接近 0，表明这两个指标变量的关系越疏远。

常用的相似系数有以下几种：

1. 积差相关系数

两个指标变量间积差相关系数的计算公式为

$$r_{kL} = \frac{\sum\limits_{i=1}^{n}(X_{ik} - \overline{X}_k)(X_{iL} - \overline{X}_L)}{\sqrt{\sum\limits_{i=1}^{n}(X_{ik} - \overline{X}_k)^2}\sqrt{\sum\limits_{i=1}^{n}(X_{iL} - \overline{X}_L)^2}} \qquad (17.12)$$

在这里 $\overline{X}_k$ 和 $\overline{X}_L$ 分别表示两个指标变量的平均数

上式就是本书第十一章第二节公式(11.3)的变形（即用离差形式表示）。

在前面计算斜交空间距离时，已经用(17.12)式算出了表 17.3 中三个分测验每两个分测验间的积差相关系数分别为 $r_{12} = 0.233\,3$，$r_{13} = 0.488\,4$，$r_{23} = 0.187\,1$。

2. 夹角余弦

两个指标变量间夹角余弦的计算公式为

$$r_{kL} = \frac{\sum\limits_{i=1}^{n} X_{ik} X_{iL}}{\sqrt{\sum\limits_{i=1}^{n} X_{ik}^2} \sqrt{\sum\limits_{i=1}^{n} X_{iL}^2}}$$

(17.13)

用(17.13)式算得表17.3中每两个分测验间的夹角余弦分别为

$$r_{12} = \frac{\sum\limits_{i=1}^{7} X_{i1} X_{i2}}{\sqrt{\sum\limits_{i=1}^{7} X_{i1}^2} \sqrt{\sum\limits_{i=1}^{7} X_{i2}^2}} = \frac{98}{\sqrt{107} \sqrt{124}} = 0.850\ 8$$

$$r_{13} = \frac{\sum\limits_{i=1}^{7} X_{i1} X_{i3}}{\sqrt{\sum\limits_{i=1}^{7} X_{i1}^2} \sqrt{\sum\limits_{i=1}^{7} X_{i3}^2}} = \frac{123}{\sqrt{107} \sqrt{173}} = 0.904\ 0$$

$$r_{23} = \frac{\sum\limits_{i=1}^{7} X_{i2} X_{i3}}{\sqrt{\sum\limits_{i=1}^{7} X_{i2}^2} \sqrt{\sum\limits_{i=1}^{7} X_{i3}^2}} = \frac{121}{\sqrt{124} \sqrt{173}} = 0.826\ 1$$

五、距离或相似系数的选择原则

距离或相似系数可统称为相似性尺度。同一批待分类对象采用不同的相似性尺度进行聚类,有可能得到不同分类结果,其主要原因是不同的相似性尺度可能衡量着不同意义上的相似程度,所以相似性尺度的选择要遵循一定的原则。所选择的相似性尺度

第一,必须在实际应用中有明确意义。

第二,要与原始数据的性质以及对原始数据处理后的数据性质相一致。例如,在聚类前已对原始数据指标变量间的相关性作了处理,就可采用欧氏距离,而不必采用斜交空间距离。

第三,要与所采用的聚类方法相一致。如若打算用离差平方和法进行聚类,那只能用欧氏距离。

第四,要适当考虑工作量的大小。例如对大样本的聚类就不宜选用斜交空间距离,因为计算工作量太大。

一般来说,用相关系数表示的相似系数其不变性要优于其他种相似系数,但相关系数的分辨力却不如其他种相似系数强。用相似系数比用距离系数绘制出的聚类谱系图,对类别的反映明显。

距离的选择是个复杂的问题,应根据待分类对象的特点作具体分析。在初次进行聚类分析时,可同时试用几种距离,经对比、分析后再确定合适的距离。

第二节　系统聚类法

聚类分析方法有很多,如系统聚类法、有序样品聚类法(最优分割法)、动态聚类法、分解

教育统计学

法、K 均值聚类法、图论聚类法、模糊聚类法等。本章只介绍应用最广泛的系统聚类法。

一、系统聚类法的基本思想及步骤

系统聚类法的基本思想是,首先将待分类的 n 个样本(或 m 个指标变量)各自看成一类,然后规定样本间的距离(或变量间的相似系数)和类与类之间的距离(或相似系数),并计算样本间距离(或变量间相似系数)。由于开始时每个样本(或每个变量)自成一类,这时类与类之间的距离(或相似系数)与样本之间的距离(或变量间的相似系数)是相等的。再将关系最亲密的两类(如距离最小的两个样本,或相似系数最大的两个变量)合并成新类,并计算新类与其他各类的距离(或相似系数),构成新的距离(或相似系数)矩阵,又一次地将关系最密切的两类合并。而每并类一次,类数就减少一个,如此重复并类,直至所有样本(或变量)都归为一类为止。

系统聚类法的基本步骤:

(1) 原始数据的变换。当变量间量纲不统一时,可采用上述的中心化、标准化等方法将原始数据加以变换,使量纲得到统一。

(2) 规定样本间距离(如绝对值、欧氏距离等)或变量间相似系数(如积差相关系数、夹角余弦等),并规定类与类之间的距离(如最短、最长距离等)。按规定计算每两个样本间的距离,或两个变量间相似系数,获得初始的样本距离矩阵 $D(0)$ 或变量间相似系数矩阵 $R(0)$。这两个矩阵都是对称的,即上下三角形对应数值相同,故都省略了下三角形部分。在 $D(0)$ 矩阵中对角线上的值都是 0;在 $R(0)$ 矩阵中对角线上的值都是 1,非对角线上的值都是小于或等于 1 的值。此时因为每个样本或变量自成一类,所以若是 Q 型聚类,样本共有 n 类;若是 R 型聚类,变量共有 m 类。

(3) 并类。将关系最亲密的两类(如最小距离所对应的两个样本,或最大相似系数所对应的两个变量)合成新一类,然后用所定义的类与类之间的距离计算新类与其他类的距离,并与未参加并类的各类构成新的距离矩阵 $D(1)$ 或相似系数矩阵 $R(1)$。这时若是 Q 型聚类,样本共有 $n-1$ 类;若是 R 型聚类,变量共有 $m-1$ 类。如此重复并类,每并类一次待分类的样本或变量就减少一类,直至所有样本或变量都归为一类为止。

在计算新类与其他各类距离时应注意两点:

其一,所谓按所定义的类间距离来计算,就是指采用所确定的上述系统聚类法中某种方法(如最短、最长、重心、离差平方和距离法等)来计算。因为不同类间距离的定义产生着系统聚类法中的不同方法。

其二,无论是对样本分类还是对变量分类,如若按同一种类间距离的定义来计算新类与其他类之间的距离,则它们的计算所采用的是系统聚类法中的同一种方法,使用的是同一个递推公式。

(4) 绘制聚类谱系图。

(5) 决定分类个数及各类成员。

二、系统聚类法的简单性质

1. 并类距离的单调性

在系统聚类过程中被合并的两类之间的距离称为并类距离 D_r。若各次并类距离是一个比一个大,即 $D_1 \leqslant D_2 \leqslant \cdots$,或者是一个比一个小,即 $D_1 \geqslant D_2 \geqslant \cdots$,则称并类距离具有单调性。在 Q 型聚类中并类距离若具单调性是呈单调上升。因为每次并类都是将距离最小的两类合并成新一类。在 R 型聚类中并类距离若具单调性是呈单下降,因为每次并类是将相似系数最大的两类合并成新一类。并类距离具有单调性符合系统聚类法的基本思想和原则,但并不是系统聚类法中的所有方法都具有单调性,至于哪种方法具有哪种方法不具有单调性,请参见下面对各种方法的介绍和表 17.5。

2. 空间的浓缩与扩张

对同一个对象用 A、B 两种不同的方法进行聚类,初始的两个距离矩阵 $D(A)$、$D(B)$(或平方距离矩阵)中每个对应元素都是相等的。因为此时每个样本或变量自成一类。若在每次并类后所获得的两个距离矩阵 $D(A)$、$D(B)$(或平方距离矩阵)中对应的每个元素都是 $A \geqslant B$,则称 A 比 B 空间扩张,或称 B 比 A 空间浓缩。在这种情况下,在 A、B 两种方法的聚类谱系图上,其横轴(并类距离)的范围也是 $A \geqslant B$。

横轴范围太小(即空间太浓缩)的聚类方法对类的区别灵敏度差。而范围太大(即空间太扩张)的方法灵敏度过高,会使支流淹没主流,容易失真。所以横轴范围既不太小,又不太大;空间既不太浓缩,又不太扩张,比较适中(即空间守恒)的方法为最好。在下面所介绍的系统聚类八种方法中属类平均法最为适中,是被推荐应用的好方法。其他几种方法的空间状况,请见对各种方法的介绍及表 17.5。

三、各种系统聚类方法

1. 最短距离法

最短距离法是将一个类中每个样本点与另一个类中每个样本点之间的最短距离作为类与类之间的距离。即 G_p 类与 G_q 类之间的距离 D_{pq} 定义为

$$D_{pq} = \min_{i \in G_p,\, j \in G_q} d_{ij}$$

最短距离法的系统聚类步骤:

(1) 对原始数据进行整理。

(2) 规定并计算样本(或指标变量)间的距离(或相似系数),得初始距离矩阵 $D(0)$。因为此时将每个样本视为自成一类,故有 $D_{pq} = d_{pq}$。

(3) 从 $D(0)$ 中的非对角线上寻找最小距离(或最大相似系数),并设其为 D_{pq},则将 G_p 与 G_q 合并成新类,记为 G_r,即 $G_r = \{G_p, G_q\}$。

(4) 计算新类与其他类的距离。用下面递推公式计算新类 G_r 与其他类 G_k 之间的距离

$$\begin{aligned}
D_{kr} &= \min_{i \in G_k,\, j \in G_r} d_{ij} = \min\{ \min_{i \in G_k,\, j \in G_p} d_{ij},\ \min_{i \in G_k,\, j \in G_q} d_{ij} \} \\
&= \min\{D_{kp}, D_{kq}\}
\end{aligned} \tag{17.14}$$

并与未参加并类的各类距离一同构成距离矩阵 $D(1)$。

(5) 对 $D(1)$ 重复上述第(3)、(4)两个步骤,获得 $D(2)$,如此重复下去,直到所有样本(或指标变量)合并成一类为止。

若某一步 D_k 中的最小距离(或最大相似系数)不止是一个,可同时将其合并成一类。

下面用一个例子说明最小距离聚类法。

表 17.4　5 名学生 4 项体育运动测值

学生序号	运动指标			
	1	2	3	4
1	4	1	2	5
2	5	1	1	3
3	6	3	5	2
4	3	5	2	4
5	5	2	5	3

例 3　5 个学生 4 个体育项目的测值如表 17.4 所示,拟对学生的体育运动水平进行分类。由于 4 个体育项目的量纲基本一致,故不需对原始数据进行整理。若用欧氏距离法计算样本间的距离,则第 1 与第 3 号,第 4 与第 5 号学生间的欧氏距离分别为

$$d_{13} = \sqrt{(4-6)^2 + (1-3)^2 + (2-5)^2 + (5-2)^2} = 5.099\,0$$

$$d_{45} = \sqrt{(3-5)^2 + (5-2)^2 + (2-5)^2 + (4-3)^2} = 4.795\,8$$

由每两个学生之间欧氏距离构成初始距离矩阵 $D(0)$,

$$D(0) = \begin{matrix} & G_2 & G_3 & G_4 & G_5 & \\ & \begin{bmatrix} 2.45 & 5.10 & 4.24 & 3.87 \\ & 4.69 & 4.69 & 4.12 \\ & & 5.10 & 1.73 \\ & & & 4.80 \end{bmatrix} & \begin{matrix} G_1 \\ G_2 \\ G_3 \\ G_4 \end{matrix} \end{matrix} \qquad (17.15)$$

这时 5 个样本(学生)自成一类,类与类之间的距离与 d_{ij} 相同。在 $D(0)$ 中 1.73 为最小,故将 G_3 与 G_5 合并成新一类,记 $G_6 = \{G_3, G_5\} = \{X_3, X_5\}$,此次并类距离为 1.73。然后重新计算新类 G_6 与其他各类间距离,即

$$D_{16} = \min\{d_{13}, d_{15}\} = \min\{5.10, 3.87\} = 3.87$$

$$D_{26} = \min\{d_{23}, d_{25}\} = \min\{4.69, 4.12\} = 4.12$$

$$D_{46} = \min\{d_{43}, d_{45}\} = \min\{5.10, 4.80\} = 4.80$$

而未参与并类的类间距离不变,于是获得新的距离矩阵 $D(1)$,

$$D(1) = \begin{matrix} & G_2 & G_4 & G_6 & \\ & \begin{bmatrix} 2.45 & 4.24 & 3.87 \\ & 4.69 & 4.12 \\ & & 4.80 \end{bmatrix} & \begin{matrix} G_1 \\ G_2 \\ G_4 \end{matrix} \end{matrix}$$

在 $D(1)$ 中 2.45 为最小,故将 G_1 与 G_2 合并为 $G_7 = \{G_1, G_2\} = \{X_1, X_2\}$,此次并类距离为 2.45。再计算 G_7 与其他各类间距离

$$D_{47} = \min\{D_{41}, D_{42}\} = \min\{4.24, 4.69\} = 4.24$$

$$D_{67} = \min\{D_{61}, D_{62}\} = \min\{3.87, 4.12\} = 3.87$$

并与未参加并类的类间距离一同构成距离矩阵 $D(2)$,

$$D(2) = \begin{matrix} & G_4 & G_6 \\ & \begin{pmatrix} 4.24 & 3.87 \\ & 4.80 \end{pmatrix} & \begin{matrix} G_7 \\ G_4 \end{matrix} \end{matrix}$$

在 $D(2)$ 中 3.87 为最小,故将 G_6 与 G_7 合并成 $G_8 = \{G_6, G_7\} = \{X_3, X_5, X_1, X_2\}$。此次并类距离为 3.87,再计算 G_8 与 G_4 类间距离

$$D_{48} = \min\{D_{46}, D_{47}\} = \min\{4.80, 4.24\} = 4.24$$

获得 $D(3)$,

$$D(3) = \begin{matrix} & G_4 \\ (4.24) & G_8 \end{matrix}$$

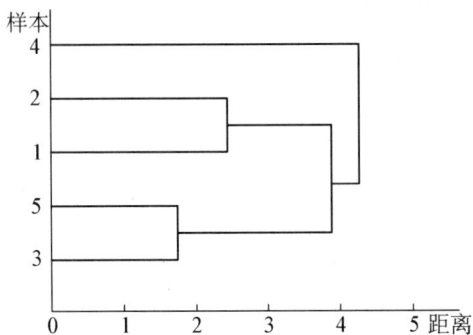

图 17.1 最短距离法聚类谱系图

最后将 G_8 与 G_4 合成一大类,并类距离为 4.24。将上述聚类过程绘制成聚类谱系图,如图 17.1。

最短距离聚类法具有单调性,呈单调上升,如本例的并类距离为 $1.73 < 2.45 < 3.87 < 4.24$。此法处于空间收缩状态,且收缩得快,出现样本不断被并入某一类的链锁反应,这是因为每当两类样本合并后,新类与其他类的距离是取原来两类距离的最小者,这就缩小了新类与其他的距离,因而除了特殊数据之外,一般不宜用这种方法。

2. 最长距离法

与最短距离法相反,最长距离法是将一个类中每个样本点与另一类中每个样本点的最长距离作为类与类之间的距离。用公式可表示为

$$D_{pq} = \max_{i \in G_p, \, j \in G_q} d_{ij}$$

若 G_p 与 G_q 合并成新类 G_r,新类 G_r 与任何一类 G_k 的距离可用类间距离递推公式(17.16)来计算。

$$\begin{aligned} D_{kr} &= \max_{i \in G_k, \, j \in G_r} d_{ij} = \max\{\max_{i \in G_k, \, j \in G_p} d_{ij}, \ \max_{i \in G_k, \, j \in G_q} d_{ij}\} \\ &= \max\{D_{kp}, D_{kq}\} \end{aligned} \tag{17.16}$$

最长距离法的聚类步骤与最短距离法完全相同。在并类时仍是将距离矩阵中最亲近的(距离最小或相似系数最大)两类合并成新一类,但在求新类与其他类之间距离时,要求距离最长者作为类间距离。

在上述例 3,5 个学生 4 项体育测验分数的欧氏距离初始距离矩阵 $D(0)$ 即(17.15)式中 1.73 为最小,将 G_3 与 G_5 合并为新类 $G_6 = \{G_3, G_5\} = \{X_3, X_5\}$,然后以最长距离法计算新类 G_6 与其他各类间距离,即

$$D_{16} = \max\{d_{13}, d_{15}\} = \max\{5.10, 3.87\} = 5.10$$

$$D_{26} = \max\{d_{23}, d_{25}\} = \max\{4.69, 4.12\} = 4.69$$

$$D_{46} = \max\{d_{43}, d_{45}\} = \max\{5.10, 4.80\} = 5.10$$

并与未参加并类的类间距离一同构成距离矩阵 $D(1)$，

$$D(1) = \begin{pmatrix} G_2 & G_4 & G_6 \\ 2.45 & 4.24 & 5.10 \\ & 4.69 & 4.69 \\ & & 5.10 \end{pmatrix} \begin{matrix} G_1 \\ G_2 \\ G_4 \end{matrix}$$

在 $D(1)$ 中 2.45 为最小，将 G_1 与 G_2 类合并为 $G_7 = \{G_1, G_2\} = \{X_1, X_2\}$，然后再以最长距离法计算 G_7 与其他各类间的距离，即

$$D_{47} = \max\{D_{41}, D_{42}\} = \max\{4.24, 4.69\} = 4.69$$
$$D_{67} = \max\{D_{61}, D_{62}\} = \max\{5.10, 4.69\} = 5.10$$

并与未参加并类的类间距离一同构成距离矩阵 $D(2)$，

$$D(2) = \begin{pmatrix} G_4 & G_6 \\ 4.69 & 5.10 \\ & 5.10 \end{pmatrix} \begin{matrix} G_7 \\ G_4 \end{matrix}$$

在 $D(2)$ 中 4.69 为最小，故将 G_4 与 G_7 合并成 $G_8 = \{G_4, G_7\} = \{X_4, X_1, X_2\}$，计算 G_8 与 G_6 的类间距离，即

$$D_{68} = \max\{D_{64}, D_{67}\} = \max\{5.10, 5.10\} = 5.10$$

得距离矩阵 $D(3)$，

$$D(3) = (5.10) \begin{matrix} G_6 \\ G_8 \end{matrix}$$

最后将 G_6 与 G_8 合并成一大类。聚类谱系图如图 17.2 所示。

最长距离聚类法具有单调性，如本例逐次并类距离为 $1.73 < 2.45 < 4.69 < 5.10$。聚类空间呈扩张性，原因是合并后的新类与其他类的距离是取原来两类距离的最大者。

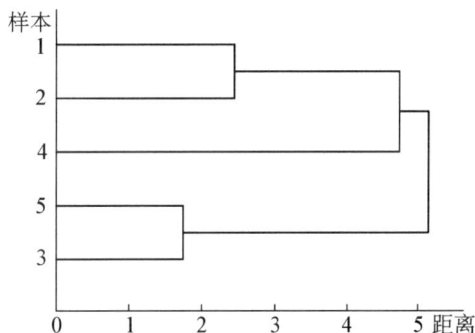

图 17.2　最长距离法聚类谱系图

3. 中间距离法

中间距离法是以最短距离与最长距离的中间距离作为类与类之间的距离。具体来说，就是当两类 G_p 与 G_q 合并成新类 $G_r = \{G_p, G_q\}$ 时，新类 G_r 与任何一类 G_k 的距离是以 D_{kp}、D_{kq}、D_{pq} 三个距离作为三角形的三个边（如图 17.3），若设 $D_{kq} > D_{kp}$，在图上 D_{kp} 是最短距离，D_{kq} 是最长距离，而中间距离就是 D_{pq} 边上的中线。中间距离法是以这条中线的距离作为新类 G_r 与任何一类 G_k 的类间距离 D_{kr}。由初等几何中平行四边形边与对角线的关系导出这条中线的平方等于

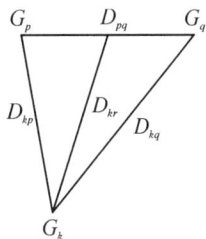

图 17.3

$$D_{kr}^2 = \frac{1}{2}D_{kp}^2 + \frac{1}{2}D_{kq}^2 - \frac{1}{4}D_{pq}^2 \tag{17.17}$$

此式就是中间距离法类间距离的递推公式。由于上式中的距离全是平

方值,故将初始距离矩阵改为 $D^2(0)$,其中所含样本间的距离改为其平方值 d_{ij}^2。

将上述例 3 的欧氏距离平方,获得平方后的初始距离矩阵 $D^2(0)$,

$$D^2(0) = \begin{matrix} & G_2 & G_3 & G_4 & G_5 & \\ & \begin{pmatrix} 6 & 26 & 18 & 15 \\ & 22 & 22 & 17 \\ & & 26 & 3 \\ & & & 23 \end{pmatrix} & \begin{matrix} G_1 \\ G_2 \\ G_3 \\ G_4 \end{matrix} \end{matrix} \qquad (17.18)$$

在 $D^2(0)$ 中 3 为最小,将 G_3 与 G_5 合并成 $G_6 = \{G_3, G_5\} = \{X_3, X_5\}$,然后用(17.17)式计算 G_6 与其他各类间距离,即

$$D_{16}^2 = \frac{1}{2}D_{13}^2 + \frac{1}{2}D_{15}^2 - \frac{1}{4}D_{35}^2 = \frac{1}{2} \times 26 + \frac{1}{2} \times 15 - \frac{1}{4} \times 3 = 19.75$$

$$D_{26}^2 = \frac{1}{2}D_{23}^2 + \frac{1}{2}D_{25}^2 - \frac{1}{4}D_{35}^2 = \frac{1}{2} \times 22 + \frac{1}{2} \times 17 - \frac{1}{4} \times 3 = 18.75$$

$$D_{46}^2 = \frac{1}{2}D_{43}^2 + \frac{1}{2}D_{45}^2 - \frac{1}{4}D_{35}^2 = \frac{1}{2} \times 26 + \frac{1}{2} \times 23 - \frac{1}{4} \times 3 = 23.75$$

并与未参加并类的类间距离一同构成距离矩阵 $D^2(1)$,

$$D^2(1) = \begin{matrix} & G_2 & G_4 & G_6 & \\ & \begin{pmatrix} 6.00 & 18.00 & 19.75 \\ & 22.00 & 18.75 \\ & & 23.75 \end{pmatrix} & \begin{matrix} G_1 \\ G_2 \\ G_4 \end{matrix} \end{matrix}$$

在 $D^2(1)$ 中 6 为最小,将 G_1 与 G_2 合并为 $G_7 = \{G_1, G_2\} = \{X_1, X_2\}$,再用(17.17)式计算 G_7 与其他各类间距离,即

$$D_{47}^2 = \frac{1}{2}D_{41}^2 + \frac{1}{2}D_{42}^2 - \frac{1}{4}D_{12}^2 = \frac{1}{2} \times 18.00 + \frac{1}{2} \times 22.00 - \frac{1}{4} \times 6.00 = 18.50$$

$$D_{67}^2 = \frac{1}{2}D_{61}^2 + \frac{1}{2}D_{62}^2 - \frac{1}{4}D_{12}^2 = \frac{1}{2} \times 19.75 + \frac{1}{2} \times 18.75 - \frac{1}{4} \times 6.00 = 17.75$$

并与未参加并类的类间距离一同构成距离矩阵 $D^2(2)$,

$$D^2(2) = \begin{matrix} & G_4 & G_6 & \\ & \begin{pmatrix} 18.50 & 17.75 \\ & 23.75 \end{pmatrix} & \begin{matrix} G_7 \\ G_4 \end{matrix} \end{matrix}$$

在 $D^2(2)$ 中 17.75 为最小,将 G_6 与 G_7 合并成 $G_8 = \{G_6, G_7\} = \{X_3, X_5, X_1, X_2\}$,再计算 G_8 与 G_4 的类间距离

$$D_{48}^2 = \frac{1}{2}D_{46}^2 + \frac{1}{2}D_{47}^2 - \frac{1}{4}D_{67}^2 = \frac{1}{2} \times 23.75 + \frac{1}{2} \times 18.50 - \frac{1}{4} \times 17.75 = 16.69$$

得距离矩阵 $D^2(3)$,

$$D^2(3) = (16.69) \begin{matrix} G_4 \\ G_8 \end{matrix}$$

最后将 G_4 与 G_8 合并为一大类。聚类谱系图如下图。

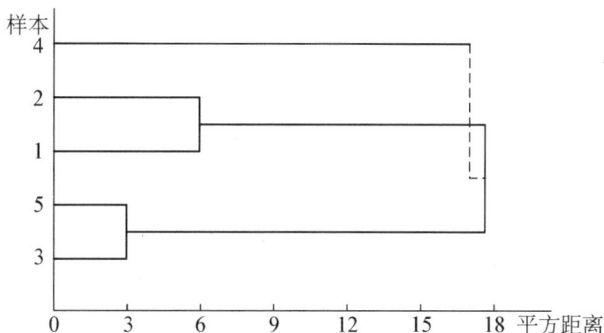

图 17.4　中间距离法聚类谱系图

　　中间距离系统聚类法呈空间守恒状态,原因是类间距离取最长与最短的中间距离。其并类距离不一定具有单调性,如本例逐次并类距离为 3.00,6.00,17.75,16.69,出现了后一次并类距离小于前一次的逆转情况,如图 17.3 所示。这给谱系追踪带来困难,此时不能再以简单的距离截值作为分类依据。

4. 重心法

　　重心法是以两类重心之间的距离作为类与类之间的距离。所谓一个类的重心在 Q 型聚类中就是该类样本的平均数。

　　若 G_p 与 G_q 合并成新类 $G_r = \{G_p, G_q\}$,它们各含的样本个数分别为 $n_r = n_p + n_q$。用重心法求新类 G_r 与任何一类 G_k 的类间距离的递推公式为

$$D_{kr}^2 = \frac{n_p}{n_r} D_{kp}^2 + \frac{n_q}{n_r} D_{kq}^2 - \frac{n_p}{n_r} \cdot \frac{n_q}{n_r} D_{pq}^2 \tag{17.19}$$

若被合并的各类内所含样本个数相同,则(17.19)式就是(17.17)式。使用重心法对例3的5个学生体育运动水平进行聚类,用欧氏距离平方求得 $D^2(0)$,如(17.18)式所示。由于几次并类的新类中所含各类内样本个数都相同,如第一次合并 $n_6 = n_3 + n_5 = 1 + 1 = 2$,第二次合并 $n_7 = n_1 + n_2 = 1 + 1 = 2$,第三次合并 $n_8 = n_6 + n_7 = 2 + 2 = 4$,故所求得的新类与任何一类 G_k 的类间距离都与中间距离法相同,故在此不再赘述。

　　重心法优于上述三种方法的地方是,它考虑到了新类中样本的个数,在计算类间距离时吸收了类内样本容量的信息;另外从物理的观点来看,一类事物用其重心来表示应当有较好的代表性。此法呈空间守恒状态,但并类距离不一定具有单调性。

5. 类平均法

　　类平均法是用两类元素两两间的平均平方距离作为两类间距离的平方,即

$$D_{pq}^2 = \frac{1}{n_p n_q} \sum_{i \in G_p} \sum_{j \in G_q} d_{ij}^2$$

　　若 G_p 与 G_q 合并成新类 $G_r = \{G_p, G_q\}$,且有 $n_r = n_p + n_q$,则任何一类 G_k 与新类 G_r 距离的递推公式为

$$D_{kr}^2 = \frac{1}{n_k n_r} \sum_{i \in G_k} \sum_{j \in G_r} d_{ij}^2$$

$$= \frac{1}{n_k n_r} \left(\sum_{i \in G_k} \sum_{j \in G_p} d_{ij}^2 + \sum_{i \in G_k} \sum_{j \in G_q} d_{ij}^2 \right)$$

$$D_{kr}^2 = \frac{n_p}{n_r} D_{kp}^2 + \frac{n_q}{n_r} D_{kq}^2 \tag{17.20}$$

在例 3 中,由欧氏距离的平方获得 $D^2(0)$,如(17.18)式。在 $D^2(0)$ 中 3 为最小,将 G_3 与 G_5 合并成新类 $G_6 = \{G_3, G_5\} = \{X_3, X_5\}$,$n_6 = n_3 + n_5 = 1 + 1 = 2$,然后用(17.20)式计算 G_6 与其他各类的距离。

$$D_{16}^2 = \frac{n_3}{n_6} D_{13}^2 + \frac{n_5}{n_6} D_{15}^2 = \frac{1}{2} \times 26 + \frac{1}{2} \times 15 = 20.50$$

$$D_{26}^2 = \frac{n_3}{n_6} D_{23}^2 + \frac{n_5}{n_6} D_{25}^2 = \frac{1}{2} \times 22 + \frac{1}{2} \times 17 = 19.50$$

$$D_{46}^2 = \frac{n_3}{n_6} D_{43}^2 + \frac{n_5}{n_6} D_{45}^2 = \frac{1}{2} \times 26 + \frac{1}{2} \times 23 = 24.50$$

并与未参加并类的类间距离一同构成距离矩阵 $D^2(1)$,

$$D^2(1) = \begin{pmatrix} G_2 & G_4 & G_6 \\ 6.00 & 18.00 & 20.50 \\ & 22.00 & 19.50 \\ & & 24.50 \end{pmatrix} \begin{matrix} G_1 \\ G_2 \\ G_4 \end{matrix}$$

在 $D^2(1)$ 中 6 为最小,将 G_1 与 G_2 合并成新类 $G_7 = \{G_1, G_2\} = \{X_1, X_2\}$,$n_7 = n_1 + n_2 = 1 + 1 = 2$,然后再计算 G_7 与其他各类间距离,即

$$D_{47}^2 = \frac{n_1}{n_7} D_{41}^2 + \frac{n_2}{n_7} D_{42}^2 = \frac{1}{2} \times 18.00 + \frac{1}{2} \times 22.00 = 20.00$$

$$D_{67}^2 = \frac{n_1}{n_7} D_{61}^2 + \frac{n_2}{n_7} D_{62}^2 = \frac{1}{2} \times 20.50 + \frac{1}{2} \times 19.50 = 20.00$$

并与未参加并类的类间距离一同构成 $D^2(2)$,

$$D^2(2) = \begin{pmatrix} G_4 & G_6 \\ 20.00 & 20.00 \\ & 24.50 \end{pmatrix} \begin{matrix} G_7 \\ G_4 \end{matrix}$$

在 $D^2(2)$ 中有两个最小距离 20.00,先将 G_4 与 G_7 合并成 G_8,$G_8 = \{G_4, G_7\} = \{X_4, X_1, X_2\}$,$n_8 = n_4 + n_7 = 1 + 2 = 3$,再计算 G_8 与 G_6 的类间距离

$$D_{68}^2 = \frac{1}{3} D_{64}^2 + \frac{2}{3} D_{67}^2 = \frac{1}{3} \times 24.50 + \frac{2}{3} \times 20.00 = 21.50$$

获得 $D^2(3)$,

$$D^2(3) = \begin{matrix} G_6 \\ [21.50] \end{matrix} G_8$$

最后将 G_6 与 G_8 合并成 G_9，$G_9 = \{G_6, G_8\} = \{X_3, X_5, X_1, X_2, X_4\}$。此时所有样本都合成了一类，并类过程结束。聚类谱系图从略。

类平均法与重心法相比，它充分利用了所有样本的信息。既呈空间守恒状态，又具单调性质(如本例逐次并类距离为 3.00，6.00，20.00，21.50)，是聚类效果好，应用广泛的一种系统聚类方法。

6. 可变类平均法

可变类平均法计算类间距离的递推公式为

$$D_{kr}^2 = (1-\beta)\left(\frac{n_p}{n_r}D_{kp}^2 + \frac{n_q}{n_r}D_{kq}^2\right) + \beta D_{pq}^2 \tag{17.21}$$

上式中 β 称为聚集强度系数，其值小于1，即 $\beta < 1$，是个可变参数，可由聚类者自行确定。选取的 β 值不同，聚类结果可能不同。当 $\beta = 0$ 时，空间守恒；当 $\beta > 0$ 时，空间收缩；$\beta < 0$ 时，空间扩张，β 的绝对值越大空间收缩或空间扩张越剧烈。一般 β 值取 $-\frac{1}{4}$ 聚类效果较好。

可变类平均法并类距离具有单调性，与类平均法相比它考虑到了被并类之间距离 D_{pq} 的影响，β 值具有可控性，聚类者可选择最合适的 β 值，以达到聚类的最佳效果。

7. 可变法

若将上述聚集强度系数 β 引入中间距离法(17.17)式的前两项系数之中，而第三项仍与可变类平均法(17.21)式相同，就是可变法类间距离的递推公式

$$D_{kr}^2 = \frac{1-\beta}{2}(D_{kp}^2 + D_{kq}^2) + \beta D_{pq}^2 \tag{17.22}$$

可变法的并类距离同样具有单调性。其 $\beta < 1$，当 $\beta = 0$ 是空间守恒；当 $\beta > 0$ 是空间收缩；当 $\beta < 0$ 是空间扩张。$|\beta|$ 越大收缩或扩张越剧烈。β 值可自控，一般取 $\beta = -\frac{1}{4}$ 聚类效果较好。

8. 离差平方和法

离差平方和法是由沃德(Ward)于1936年提出，其思想来源于方差分析。若分类合理，则同类内样本间的离差平方和应当较小，而类与类之间的离差平方和应当较大。若按此原则聚类，就应当选择类内离差平方和最小的样本加以合并，而这最小的类内离差平方和又如何寻找呢？

设将 n 个样本分成 k 类 G_1，G_2，$\cdots$，G_k，第 G_t 类内样本的离差平方和为

$$S_t = \sum_{i=1}^{n_t}(X_{it} - \overline{X}_t)'(X_{it} - \overline{X}_t)$$

在这里　X_{it} 表示 G_t 类中第 i 个样本(X_{it} 是 m 维向量)

　　　　n_t 表示 G_t 类中样本的个数

　　　　$\overline{X}_t$ 表示 G_t 类的重心(平均数)

全部样本类内离差平方和为

$$S_t = \sum_{t=1}^{k}S_t = \sum_{t=1}^{k}\sum_{i=1}^{n_t}(X_{it} - \overline{X}_t)'(X_{it} - \overline{X}_t)$$

当 k 固定时要选择使 S 达到最小的分类是非常困难的,因为将 n 个样本分成 k 类的一切可能分法数量太大,假设将 21 个样本分成 2 类,其一切可能分法有 $2^{21}-1=1\,048\,575$ 种。于是只好放弃从一切分类中寻找 S 极小值的要求,而是设计某种计算规则,从中找一个局部最优解。沃德就给出了找局部最优解的方法,那就是先将 n 个样本各自看成一类,此时各类内离差平方和为 0,即 $S_1=S_2=\cdots=S_n=0$,然后每次将某两类合并成一类,而每并类一次离差平方和都要增加。每次并类的原则都是选择使全部样本类内离差平方和 S 增加量为最小的两类合并,直至所有样本合并为一类为止。

沃德是将 G_p 与 G_q 两类合并为新类 G_r 后,类内总离差平方和的增加量作为 G_p 与 G_q 的类间平方距离,即

$$D_{pq}^2 = S_r - (S_p + S_q) = \frac{n_p n_q}{n_r}(\overline{X}_p - \overline{X}_q)'(\overline{X}_p - \overline{X}_q) \tag{17.23}$$

当 G_p 与 G_q 合并为 G_r 后,G_r 与其他类 G_k 距离的递推公式为

$$D_{kr}^2 = \frac{n_k + n_p}{n_r + n_k}D_{kp}^2 + \frac{n_k + n_q}{n_r + n_k}D_{kq}^2 - \frac{n_k}{n_r + n_k}D_{pq}^2 \tag{17.24}$$

在这里 n_p, n_q, n_r, n_k 分别为 G_p, G_q, G_r, G_k 类中所含样本个数

开始时由于各样本自成一类,故 $n_p=n_q=1$, $n_r=2$,则(17.23)式就成为

$$D_{pq}^2 = \frac{1}{2}(\overline{X}_p - \overline{X}_q)'(\overline{X}_p - \overline{X}_q) = \frac{1}{2}d_{pq}^2 \tag{17.25}$$

利用(17.25)式可算得每两个样本间的平方距离,以构成初始的平方距离矩阵 $D^2(0)$。利用(17.24)式可算出新一类与其他各类间的平方距离,以构成新的平方距离矩阵,如 $D^2(1)$, $D^2(2)\cdots$。

现用一个简单的例子来说明离差平方和的聚类方法。

例 4 对 5 个学生每人只测一项指标,其值为:1, 2, 4.5, 6, 8。试对这 5 个学生按这项指标用离差平方和法进行分类。

先将 5 个学生各看成一类,这时各类及总的离差平方和都为 0,即

$$S_1 = S_2 = \cdots = S_5 = 0, S(0) = S_1 + S_2 + \cdots + S_5 = 0$$

现在来求任意两类合并后离差平方和的增加量。若是将 $G_1 = \{X_1 = 1\}$ 与 $G_2\{X_2 = 2\}$ 合并,新一类平均数为 $(1+2) \div 2 = 1.5$,离差平方和为

$$S_{12} = (1-1.5)^2 + (2-1.5)^2 = 0.5$$

因为其他三类均未合并过,它们的离差平方和仍为 0,所以全样本总的离差平方和为

$$S_{(1)} = S_{12} + S_3 + S_4 + S_5 = 0.5 + 0 + 0 + 0 = 0.5$$

于是 G_1 与 G_2 两类合并后全样本离差平方和的增加量为

$$S(1) - S(0) = 0.5 - 0 = 0.5$$

若是将 $G_1 = \{X_1 = 1\}$ 与 $G_3 = \{X_3 = 4.5\}$ 合并,其新类的平均数为 $(1+4.5) \div 2 = 2.75$,离差平方和为

$$S_{13} = (1-2.75)^2 + (4.5-2.75)^2 = 6.125$$

同样因为其他三类均未合并过,它们的离差平方和仍为 0,全样本总的离差平方和为

$$S_{(1)} = S_{13} + S_2 + S_4 + S_5 = 6.125 + 0 + 0 + 0 = 6.125$$

则 G_1 与 G_3 两类合并后全样本离差平方和的增加量为

$$S(1) - S(0) = 6.125 - 0 = 6.125$$

两类合并全样本离差平方和的增加量也可由(17.25)式直接算出。如 G_1 与 G_2 合并后全样本离差平方和增加量为

$$D_{12}^2 = \frac{1}{2}(1-2)^2 = 0.5$$

G_1 与 G_3 合并后全样本离差平方和增加量为

$$D_{13}^2 = \frac{1}{2}(1-4.5)^2 = 6.125$$

按此方法算得每两类样本合并后全样本离差平方和的增加量,以构成样本间平方距离矩阵 $D^2(0)$,

$$D^2(0) = \begin{array}{c} \\ \\ \\ \\ \end{array} \begin{matrix} G_2 & G_3 & G_4 & G_5 \\ \left[\begin{matrix} 0.500 & 6.125 & 12.500 & 24.500 \\ & 3.125 & 8.000 & 18.000 \\ & & 1.125 & 6.125 \\ & & & 2.000 \end{matrix}\right. & \begin{matrix} G_1 \\ G_2 \\ G_3 \\ G_4 \end{matrix} \end{matrix}$$

从 $D^2(0)$ 中选择离差平方和增加量最小者 0.5 所对应的 G_1 与 G_2 两类合并成 $G_6 = \{G_1, G_2\} = \{X_1, X_2\}$,$n_6 = n_1 + n_2 = 1 + 1 = 2$,然后用(17.24)式计算 G_6 与其他各类 G_k 的平方距离,如

$$k=3, \ n_3=1, \ D_{36}^2 = \frac{n_3+n_1}{n_6+n_3}D_{31}^2 + \frac{n_3+n_2}{n_6+n_3}D_{32}^2 - \frac{n_3}{n_6+n_3}D_{12}^2$$

$$= \frac{1+1}{2+1} \times 6.125 + \frac{1+1}{2+1} \times 3.125 - \frac{1}{2+1} \times 0.500 = 6.000$$

$$k=4, \ n_4=1, \ D_{46}^2 = \frac{n_4+n_1}{n_6+n_4}D_{41}^2 + \frac{n_4+n_2}{n_6+n_4}D_{42}^2 - \frac{n_4}{n_6+n_4}D_{12}^2$$

$$= \frac{1+1}{2+1} \times 12.500 + \frac{1+1}{2+1} \times 8.000 - \frac{1}{2+1} \times 0.500 = 13.500$$

$$k=5, \ n_5=1, \ D_{56}^2 = \frac{n_5+n_1}{n_6+n_5}D_{51}^2 + \frac{n_5+n_2}{n_6+n_5}D_{52}^2 - \frac{n_5}{n_6+n_5}D_{12}^2$$

$$= \frac{1+1}{2+1} \times 24.500 + \frac{1+1}{2+1} \times 18.000 - \frac{1}{2+1} \times 0.500 = 28.167$$

并与未参加并类的类间平方距离一同构成平方距离矩阵 $D^2(1)$,

$$D^2(1) = \begin{matrix} G_3 & G_4 & G_5 \\ \left[\begin{matrix} 6.000 & 13.500 & 28.167 \\ & 1.125 & 6.125 \\ & & 2.000 \end{matrix}\right. & \begin{matrix} G_6 \\ G_3 \\ G_4 \end{matrix} \end{matrix}$$

从 $D^2(1)$ 中选择离差平方和增加量最小者 1.125 所对应的 G_3 与 G_4 两类合并成 $G_7=$ $\{G_3,G_4\}=\{X_3,X_4\}$，$n_7=n_3+n_4=1+1=2$，然后用(17.24)式计算 G_7 与其他各类 G_k 的平方距离，如

$$k=5,n_5=1,D_{57}^2=\frac{n_5+n_3}{n_7+n_5}D_{53}^2+\frac{n_5+n_4}{n_7+n_5}D_{54}^2-\frac{n_5}{n_7+n_5}D_{34}^2$$

$$=\frac{1+1}{2+1}\times6.125+\frac{1+1}{2+1}\times2.000-\frac{1}{2+1}\times1.125=5.042$$

$$k=6,n_6=2,D_{67}^2=\frac{n_6+n_3}{n_7+n_6}D_{63}^2+\frac{n_6+n_4}{n_7+n_6}D_{64}^2-\frac{n_6}{n_7+n_6}D_{34}^2$$

$$=\frac{2+1}{2+2}\times6.000+\frac{2+1}{2+2}\times13.500-\frac{2}{2+2}\times1.125=14.063$$

并与未参加并类的类间平方距离一同构成平方距离矩阵 $D^2(2)$，

$$D^2(2)=\begin{array}{cc} \quad G_7 \qquad G_5 \end{array}$$

$$D^2(2)=\begin{bmatrix}14.063 & 28.167 \\ & 5.042\end{bmatrix}\begin{array}{c}G_6\\G_7\end{array}$$

从 $D^2(2)$ 中选择离差平方和增加量最小者 5.042 所对应的 G_5 与 G_7 合并成 $G_8=\{G_5,$ $G_7\}=\{X_5,X_3,X_4\}$，$n_8=n_5+n_7=1+2=3$，然后用(17.24)式计算 G_8 与其他各类 G_k 的平方距离，如

$$k=6,n_6=2,D_{68}^2=\frac{n_6+n_5}{n_8+n_6}D_{65}^2+\frac{n_6+n_7}{n_8+n_6}D_{67}^2-\frac{n_6}{n_8+n_6}D_{57}^2$$

$$=\frac{2+1}{3+2}\times28.167+\frac{2+2}{3+2}\times14.063-\frac{2}{3+2}\times5.042=26.134$$

于是获得平方距离矩阵 $D^2(3)$，

$$\begin{array}{c} \qquad G_8 \end{array}$$
$$D^2(3)=[26.134]G_6$$

最后将 G_6 与 G_8 合并成 G_9，$G_9=\{G_6,G_8\}=\{X_1,X_2,X_3,X_4,X_5\}$，此时所有样本都归成了一类，并类过程结束。聚类谱系图从略。

由此可以看出，沃德的递推公式将离差平方和法的聚类过程与上述几种方法一致起来了。开始时都是将各样本自成一类，每次都是从距离(或平方距离)矩阵中找出最小者将所对应的两类合并成新一类，再用递推公式计算新类与其他各类的类间距离，以构成新的距离矩阵。直至各样本都归为一类为止。

但离差平方和法与上述几种系统聚类法有不同之处。上述几种聚类法在计算样本间距离时有多种方法，如绝对值、欧氏距离法等；在计算类间距离时又有多种方法，如最短、最长距离法等。而且使用时样本间距离与类间距离的方法又有多种不同组合方式。而离差平方和法的类内样本间距离与类间距离的定义是统一的，计算时所使用的公式都是(17.23)式，只不过在计算样本间距离时，公式中的重心(平均数)用样本指标向量值所代替，即变成了(17.25)式。此式正是欧氏距离(17.7)式平方的 $\frac{1}{2}$，故离差平方和法只能用欧氏距离平方的

$\frac{1}{2}$ 或绝对值距离平方的 $\frac{1}{2}$ 来计算样本间的距离。

离差平方和法的并类距离具有单调性,如本例各次并类距离为:$0.05<1.125<5.042<26.134$。聚类空间呈扩张状态。它分类效果好,应用广泛,主要用于对样本的分类。当指标变量显著相关时,会导致聚类失误。

四、系统聚类法的统一公式

上述八种系统聚类方法,虽各有不同的类间距离定义,不同的新类距离递推公式,聚类空间有不同的扩缩性,并类距离有不同的单调性,但它们聚类的原则和步骤是完全一样的。于是维爱特(Wishart)在 1969 年给出了一个将以上八种方法递推公式统一起来的公式。这为计算机程序的编制提供了很大方便。

设 G_p 与 G_q 合并为 $G_r=\{G_p,G_q\}$,则新类 G_r 与任何一类 G_k 距离的统一公式为

$$D_{kr}^2 = \alpha_p D_{kp}^2 + \alpha_q D_{kq}^2 + \beta D_{pq}^2 + r \mid D_{kp}^2 - D_{kq}^2 \mid \qquad (17.24)$$

上述中四个可变参量 α_p,α_q,β,γ 取不同值时,产生不同聚类性质,列于表(17.5)内,供读者根据分类对象和目的参考使用。

表 17.5　系统聚类法统一递推公式参数表

方法	α_p	α_q	β	r	空间状态	单调性
最短距离法	$\frac{1}{2}$	$\frac{1}{2}$	0	$-\frac{1}{2}$	收缩	单调
最长距离法	$\frac{1}{2}$	$\frac{1}{2}$	0	$\frac{1}{2}$	扩张	单调
中间距离法	$\frac{1}{2}$	$\frac{1}{2}$	$-\frac{1}{4}$	0	守恒	不一定单调
重心法	$\frac{n_p}{n_r}$	$\frac{n_q}{n_r}$	$-\alpha_p\alpha_q$	0	守恒	不一定单调
类平均法	$\frac{n_p}{n_r}$	$\frac{n_q}{n_r}$	0	0	守恒	单调
可变类平均法	$\frac{(1-\beta)n_p}{n_r}$	$\frac{(1-\beta)n_q}{n_r}$	β	0	$\beta<0$ 时扩张	单调
可变法	$\frac{1-\beta}{2}$	$\frac{1-\beta}{2}$	β	0	$\beta<0$ 时扩张	单调
离差平方和法	$\frac{n_k+n_p}{n_r+n_k}$	$\frac{n_k+n_q}{n_r+n_k}$	$-\frac{n_k}{n_r+n_k}$	0	扩张	单调

五、谱系分类的最终确定

聚类谱系图仅反映了根据样本间或指标变量间亲疏关系的并类过程,它本身并没有对事物进行分类,但它可以作为对事物最终分类的依据。从最终分类的方法来说有两种,一种是先确定分类数目,后确定分类距离的截点值;另一种方法是先确定分类距离的截点值,后确定分类数目。无论哪种方法,最终分类都应遵循以下几点原则:

第一,类内距离差异小,类间距离差异大,即各类重心间距离大;

第二,所分出的各类都要有实际意义;

第三,每类中所包含的元素不要过多;

第四,若用几种不同方法进行聚类,应在各种聚类谱系图上反映出有较多相同的类。

聚类分析是对事物进行的定量分类,所分的类是否正确,是否符合被分类事物的性质、特点及其规律,还要接受客观实际的检验和纠正。

在实际聚类中,可能会遇到些特殊情况,如对样本进行分类时,若样本本身是均匀分布,或者所选的指标变量分辨力较弱,它无法对样本作出区分,此时就无法对样本进行分类;在对指标变量进行分类时,若指标变量是独立的或正交的,它们之间不存在相似关系,此时也无法对指标变量进行分类;当原始数据中只含有一个类,如对样本分类时,所有样本间互相连结,表明样本中只有一个类,不能再加以分类,或者对指标变量分类时,各指标变量间密切相关或共线,表明指标变量中只含有一个类,也不能再加以分类。

第三节　应用举例

上一节为配合对系统聚类各种方法的介绍,所用的例题都是对样本进行分类,作 Q 型聚类分析。下面举一个例子,仍用系统聚类法对指标变量进行分类,作 R 型聚类分析。

现以第十六章第四节某研究者随机抽取的初三 10 名学生语文、数学、英语、政治、物理、化学 6 门学科考试成绩(表 16.1)为依据,用中间相似系数系统聚类法对学科进行分类,以考察不同学科对学生知识能力的影响,聚类步骤如下。

第一步,计算相似系数并求初始相似系数矩阵 $R(0)$。

因为 R 型聚类分析是以相似系数来描述指标变量间的亲疏程度,故首先用(17.12)式计算每两门学科的相似系数(即积差相关系数)所构成的相关矩阵(表 16.2),去掉对角线上的 1,就是初始相似系数矩阵 $R(0)$。但因中间法递推公式中用的是 R^2,故将初始相似系数矩阵 $R(0)$ 中每个元素都加以平方。则为

$$R^2(0) = \begin{array}{ccccc} \text{数学} & \text{英语} & \text{政治} & \text{物理} & \text{化学} \\ G_2 & G_3 & G_4 & G_5 & G_6 \\ \begin{pmatrix} 0.067 & 0.615 & 0.151 & 0.203 & 0.144 \\ & 0.235 & 0.010 & 0.778 & 0.653 \\ & & 0.100 & 0.346 & 0.334 \\ & & & 0.154 & 0.048 \\ & & & & 0.746 \end{pmatrix} \begin{array}{l} G_1 \quad \text{语文} \\ G_2 \quad \text{数学} \\ G_3 \quad \text{英语} \\ G_4 \quad \text{政治} \\ G_5 \quad \text{物理} \end{array} \end{array}$$

第二步,逐次并类。

每次并类都是选择最大的相似系数平方值所对应的两类合并成新类。因为相似系数的值越大,表明两类关系越密切。然后用中间法的递推公式(17.17) $R_{kr}^2 = \frac{1}{2}R_{kp}^2 + \frac{1}{2}R_{kq}^2 - \frac{1}{4}R_{pq}^2$ 计算新类 G_r 与其他各类 G_k 的类间相似系数平方值,并与未参加并类的相似系数平方值一同构成新的相似系数平方矩阵。重复此过程,直至将所有变量都并为一大类为止。

这里应注意的是,当所计算出的新类与某类相似系数平方值为负时,可记作 0。因为最

终分类不可能有负值的截点;另外,学科间的负相关对学科分类来说意义不大,故以 0 表示它们不相关即可。

在 $R^2(0)$ 中将最大的相似系数平方值 0.778 所对应的 G_2(数学)与 G_5(物理)合并成新类 $G_7 = \{G_2, G_5\} = \{X_2, X_5\}$,然后用 (17.17) 式计算新类 G_7 与其他各类 G_k 间的相似系数平方值,如 G_7 与 G_1 相似系数平方值为

$$R_{17}^2 = \frac{1}{2}R_{12}^2 + \frac{1}{2}R_{15}^2 - \frac{1}{4}R_{25}^2$$

$$= \frac{1}{2} \times 0.067 + \frac{1}{2} \times 0.203 - \frac{1}{4} \times 0.778 = -0.060(记为 0)$$

以同样的方法计算得 $R_{37}^2 = 0.096$,$R_{47}^2 = -0.113$(记为 0),$R_{67}^2 = 0.505$,并与未参加并类的相似系数平方值一同构成 $R^2(1)$

$$R^2(1) = \begin{array}{cccc} G_3 & G_4 & G_7 & G_6 \\ \begin{pmatrix} 0.615 & 0.151 & 0.000 & 0.144 \\ & 0.100 & 0.096 & 0.334 \\ & & 0.000 & 0.048 \\ & & & 0.505 \end{pmatrix} & \begin{array}{c} G_1 \\ G_3 \\ G_4 \\ G_7 \end{array} \end{array}$$

在 $R^2(1)$ 中 $R_{13}^2 = 0.615$ 为最大,将其所对应的 G_1(语文)与 G_3(英语)合并成 $G_8 = \{G_1, G_3\} = \{X_1, X_3\}$。用 (17.17) 式计算得 G_8 与其他各类相似系数平方值分别为 $R_{48}^2 = -0.029$(记为 0),$R_{68}^2 = 0.085$,$R_{78}^2 = -0.106$(记为 0),并与未参加并类的相似系数平方值一同构成 $R^2(2)$,

$$R^2(2) = \begin{array}{ccc} G_4 & G_7 & G_6 \\ \begin{pmatrix} 0.000 & 0.000 & 0.085 \\ & 0.000 & 0.048 \\ & & 0.505 \end{pmatrix} & \begin{array}{c} G_8 \\ G_4 \\ G_7 \end{array} \end{array}$$

在 $R^2(2)$ 中 $R_{67}^2 = 0.505$ 为最大,将其所对应的 G_6(化学)与 G_7(数学、物理)合并成 $G_9 = \{G_6, G_7\} = \{X_6, X_2, X_5\}$。用 (17.17) 式算得 G_9 与其各类的相似系数平方值为 $R_{49}^2 = -0.102$(记为 0),$R_{89}^2 = -0.084$(记为 0),并获得相似系数平方矩阵 $R^2(3)$,

$$R^2(3) = \begin{array}{cc} G_4 & G_9 \\ \begin{bmatrix} 0.000 & 0.000 \\ & 0.000 \end{bmatrix} & \begin{array}{c} G_8 \\ G_4 \end{array} \end{array}$$

在 $R^2(3)$ 中所有元素皆为 0,可将 G_4,G_8,G_9 合并成一类,这时所有变量都已归为了一大类,并类过程结束。

第三步,绘制聚类谱系图确定最终分类。

绘制成的初三六门学科聚类谱系图如下:

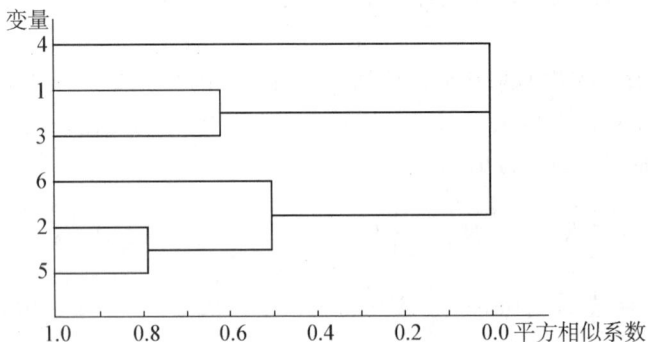

图 17.5 初三六门学科系统聚类谱系图

　　根据谱系图,结合初三教育的有关信息和经验,六门学科可分作三大类,其并类的平方相似系数截点为 0.505。第一类是数学、物理和化学。它反映着数理方面的知识和能力;第二类是语文和英语。它反映着语言规律及对言语的理解、表达和运用的能力;第三类是政治。它反映着法律、法规等一般社会常识。

　　该例经上一章因素分析结果分为两个主因素,第一个主因素含数学、物理、化学;第二个主因素含语文、英语、政治。相比之下,中间法系统聚类分析更加细致、直观和形象,如经中间法系统聚类后,政治学科另分为了一类;又如,数学、物理和化学虽然在因素和聚类两种分析中都将它们归为了一类,但从聚类谱系图上可以清楚地看出,数学和物理关系更加亲密,若以相似系数平方值 0.778 为分类截点,则化学可另分为一类。

练 习 题

　　1. 下列是 10 名学生的物理成绩(百分制分数)及历史成绩(五级记分),试对其进行中心化、标准化、极差正规化变换整理(拟赋予五级记分的 1,2,3,4,5 分别为 40,55,70,80,95 分)。

学生序号		1	2	3	4	5	6	7	8	9	10
成绩	物理	70	75	76	77	66	84	89	64	85	73
	历史	4	2	4	3	4	5	4	3	4	3

　　2. 4 位小学生绘画测验的颜色、方位、大小三部分得分如下表:

学生序号	颜色(1)	方位(2)	大小(3)
1	5	2	3
2	3	4	7
3	4	4	5
4	6	7	8

　　① 试求第 1 与第 2 位学生的绝对值、欧氏、切比雪夫、兰氏距离;若三部分测验分数的总体协方差如下,试求这两位学生的马氏距离。

$$V = \begin{pmatrix} 3 & 2 & 2 \\ 2 & 4 & 1 \\ 1 & 2 & 2 \end{pmatrix}$$

② 计算该测验中三部分(颜色、方位、大小)两两间用积差相关系数表示的相似系数,并求第 1 与第 2 位学生的斜交空间距离。

③ 试求该测验三部分(颜色、方位、大小)间用夹角余弦表示的相似系数。

3. 测得 6 名幼儿闭目单腿立持续时间(秒)为 1,2,5,7,9,10,试用以下几种系统聚类方法对它们进行分类。

① 个体间用绝对值距离,类间分别用最短、最长、中间、重心、类平均距离法对它们进行分类,并绘制聚类谱系图。

② 用离差平方和法对它们进行分类,并绘制聚类谱系图。

4. 某一兴趣测验中 6 个分测验间的相关矩阵如下,试用重心法对 6 个分测验进行分类,作 R 型聚类分析,并绘制聚类谱系图。

$$R = \begin{matrix} & X_2 & X_3 & X_4 & X_5 & X_6 & \\ & \begin{pmatrix} 0.85 & 0.76 & 0.64 & 0.50 & 0.56 \\ & 0.98 & 0.24 & 0.74 & 0.42 \\ & & 0.18 & 0.72 & 0.39 \\ & & & 0.31 & 0.20 \\ & & & & 0.68 \end{pmatrix} & \begin{matrix} X_1 \\ X_2 \\ X_3 \\ X_4 \\ X_5 \end{matrix} \end{matrix}$$

练习题答案

第三章

1. $\overline{X} = 84$
2. $\overline{X} = 75.13$
3. ① Md $= 11$，② Md $= 12$
4. Md $= 76.79$
5. $P_{80} = 182$，$P_{60} = 175$，$P_{30} = 165.83$，$P_{20} = 160$
6. 粗略众数：$M_o - 37.5$，皮尔逊经验法：$M_o = 38.11$
7. 金氏插补法：$M_o = 81.94$
8. $\overline{X}_W = 80.7$
9. 平均进步率为 1.228，进步的平均增长率为 0.228
10. $\overline{X}_H = 9.783$ 字 / 分

第四章

1. $R = 16$；$QD = 4$
2. $R = 40$ 或 $R = 45$，$QD = 5.38$，$P_{90} - P_{10} = 23.55$
3. $MD = 2.8$
4. $MD = 13.2$
5. $\sigma_X^2 = 4$，$\sigma_X = 2$
6. $\sigma_X^2 = 87.48$，$\sigma_X = 9.35$
7. $\sum (X - \overline{X})^2 = 3\,317.76$
8. 男生 $CV = 7.61\%$，女生 $CV = 8.55\%$，离散程度女生大于男生
9. $SK = -0.62$　负偏态
10. $\alpha_3 = 0.50$　正偏态，$\alpha_4 = -1.03$ 低阔峰
11. $\alpha_3 = -0.15$　稍呈负偏态，$\alpha_4 = 0.134$　高狭峰
12. $K_u = 0.228$　高狭峰

第五章

2. 选到张明或李华的概率为 $\dfrac{1}{5}$；两次都选到张明的概率为 $\dfrac{1}{100}$

4. ① $\mu = 2.67$（人），② 至少要猜对 5 个学生的作业成绩

5. ① $\mu = 1$（题），② $\sigma = 0.87$，③ $P_{(X=3)} = 0.047$

7. ① $P = 0.384\,93$，② $P = 0.305\,98$，③ $P = 0.419\,24$
　　④ $P = 0.897\,26$，⑤ $P = 0.272\,61$，⑥ $P = 0.781\,93$

8. ① $Y = 0.094\,05$，② $Y = 0.266\,09$
　　③ $Y = 0.280\,34$，④ $Y = 0.175\,85$

9. 70—90 分之间应当有 2 216.52 人；占总人数的 61.57%

10.

考试科目	标准分数 Z		在团体中的位置（在该分之下的人数比率）	
	甲　生	乙　生	甲　生	乙　生
物　理	-3	2	0.001 35	0.977 25
化　学	0.67	-0.67	0.748 57	0.251 43
数　学	0.92	-0.08	0.821 21	0.468 12
总　和	-1.41	1.25		
总平均	-0.47	0.42	0.319 18	0.662 76

11. 授奖分数线为 81.03 分

12.

等　级	各等级 Z 值分界点及其分布范围	各等级人数
A	$Z = 1.8$ 以上	18
B	$Z = 0.6 - Z = 1.8$	119
C	$Z = -0.6 - Z = 0.6$	226
D	$Z = -1.8 - Z = -0.6$	119
E	$Z = -1.8$ 以下	18
总　和		500

13.

教　师	各等级数量化分数				
	优	良	中	差	极　差
甲	1.15	0.00	-0.89	-1.53	
乙	1.64	0.76	0.00	-0.76	-1.64
丙		1.04	-0.13	-1.28	

A 生平均等级数量化分数为 0.59　　　　　B 生平均等级数量化分数为 0.50

第六章

为了减少篇幅和文字简洁,从本章起有关假设检验题目的答案,在统计决断部分,凡涉及到"在 0.05(或 0.01 等)显著性水平上"均将"显著性"加以省略;在结论部分将题目具体内容省略或简化

8. $\sigma_{\bar{X}} = 3.352$,95％置信区间：$65.430 < \mu < 78.570$

9. $S = 17.632$,95％置信区间：$68.088 < \mu < 93.312$

10. $S_{\bar{X}} = 1.582$,99％置信区间：$67.318 < \mu < 75.482$

17. $|Z| = 4.88^{**} > 2.58 = Z_{0.01}$,$P < 0.01$,在 0.01 水平上拒绝 H_0 接受 H_1,该校 7 岁男童体重与全市有极其显著性差异

18. $|Z| = 0.97 < 1.65 = Z_{0.05}$,$P > 0.05$,保留 H_0 拒绝 H_1,实验学校成绩并不高于全区平均水平

19. $|t| = 1.017 < 2.145 = t_{(14)0.05}$,$P > 0.05$,保留 H_0 拒绝 H_1,甲校成绩与全区无显著性差异

20. $|t| = 2.198$,$t_{(27)0.05} = 1.703 < 2.198^* < 2.473 = t_{(27)0.01}$,$0.01 < P < 0.05$,在 0.05 水平上拒绝 H_0 接受 H_1,该班个人卫生得分显著低于全校平均水平

21. $|Z| = 0.83 < 1.96 = Z_{0.05}$,$P > 0.05$,保留 H_0 拒绝 H_1,民办学校成绩与全区无本质差异

第七章

1. $|t| = 4.280^{**} > 3.250 = t_{(9)0.01}$,$P < 0.01$,在 0.01 水平上拒绝 H_0 接受 H_1,两种教法有极其显著性差异

2. $|t| = 0.564 < 1.895 = t_{(7)0.05}$,$P > 0.05$,保留 H_0 拒绝 H_1,训练无显著效果

3. $|Z| = 4.00^{**} > 2.58 = Z_{0.01}$,$P < 0.01$,在 0.01 水平上拒绝 H_0 接受 H_1,两校学生身高有极其显著性差异

4. $F = 1.56 < 3.87 = F_{(6, 7)0.05}$,$P > 0.05$,保留 H_0 拒绝 H_1,方差齐性；$|t| = 2.633$,$t_{(13)0.05} = 2.160 < 2.633^* < 3.012 = t_{(13)0.01}$,$0.01 < P < 0.05$,在 0.05 水平上拒绝 H_0 接受 H_1,两园成绩有显著性差异

5. $F = 117.2^{**} > 14.5 = F_{(10, 4)0.01}$,$P < 0.01$,在 0.01 水平上拒绝 H_0 接受 H_1,方差不齐性；$|t|' = 0.256 < 2.238 = t'_{0.05}$,$P > 0.05$,保留 H_0 拒绝 H_1,男女生成绩无显著性差异

6. $|t| = 0.909 < 2.024 = t_{(38)0.05}$,$P > 0.05$,保留 H_0 拒绝 H_1,听力与阅读分数方差齐性

第八章

1. $F = 11.52^{**} > 8.02 = F_{(2, 9)0.01}$，$P < 0.01$，在 0.01 水平上拒绝 H_0 接受 H_1，至少有两所学校成绩有极其显著性差异

2. $F = 2.80 < 4.26 = F_{(2, 9)0.05}$，$P > 0.05$，保留 H_0 拒绝 H_1，三个班成绩无显著性差异

3. $F = 45.58^{**} > 3.91 = F_{(3, 162)0.01}$，$P < 0.01$，在 0.01 水平上拒绝 H_0 接受 H_1，至少有两个专业的成绩有极其显著性差异

4. $F = 78.68^{**} > 4.87 = F_{(3, 21)0.01}$，$P < 0.01$，在 0.01 水平上拒绝 H_0 接受 H_1，语文测验四项成绩中至少有两项成绩有极其显著性差异

5. 第 1 题

A 与 B 组 $|q| = 4.68^{**} > 4.60 = q_{(9)(2)0.01}$，$P < 0.01$

A 与 C 组 $|q| = 1.93 < 3.20 = q_{(9)(2)0.05}$，$P > 0.05$

B 与 C 组 $|q| = 6.60^{**} > 5.43 = q_{(9)(3)0.01}$，$P < 0.01$

A 与 B 及 B 与 C 组在 0.01 水平上拒绝 H_0 接受 H_1，平均数的差异极其显著；A 与 C 组保留 H_0 拒绝 H_1，平均数的差异不显著

第 3 题

A 与 B 组 $|q| = 4.18^{**} > 3.70 = q_{(162)(2)0.01}$，$P < 0.01$

A 与 C 组 $|q| = 10.81^{**} > 4.20 = q_{(162)(3)0.01}$，$P < 0.01$

A 与 D 组 $|q| = 15.07^{**} > 4.50 = q_{(162)(4)0.01}$，$P < 0.01$

B 与 C 组 $|q| = 6.83^{**} > 3.70 = q_{(162)(2)0.01}$，$P < 0.01$

B 与 D 组 $|q| = 11.08^{**} > 4.20 = q_{(162)(3)0.01}$，$P < 0.01$

C 与 D 组 $|q| = 4.03^{**} > 3.70 = q_{(162)(2)0.01}$，$P < 0.01$

每对平均数都是在 0.01 水平上拒绝 H_0 接受 H_1，差异都是极其显著

第 4 题

A 与 B 组 $|q| = 2.11 < 2.94 = q_{(21)(2)0.05}$，$P > 0.05$

A 与 C 组 $|q| = 9.44^{**} > 4.62 = q_{(21)(3)0.01}$，$P < 0.01$

A 与 D 组 $|q| = 19.58^{**} > 5.00 = q_{(21)(4)0.01}$，$P < 0.01$

B 与 C 组 $|q| = 7.32^{**} > 4.01 = q_{(21)(2)0.01}$，$P < 0.01$

B 与 D 组 $|q| = 17.46^{**} > 4.62 = q_{(21)(3)0.01}$，$P < 0.01$

C 与 D 组 $|q| = 10.14^{**} > 4.01 = q_{(21)(2)0.01}$，$P < 0.01$

除 A 与 B 组保留 H_0 拒绝 H_1，平均数差异不显著外，其他每对平均数都是在 0.01 水平上拒绝 H_0 接受 H_1，差异都是极其显著

6. 第 1 题

$F_{max} = 7.51$，$P > 0.05$，保留 H_0 拒绝 H_1，三组方差齐性

第 3 题

$F_{max} = 2.91^{**} > 2.87 = F_{max(43)(4)0.01}$，$P < 0.01$，在 0.01 水平上拒绝 H_0 接受 H_1，至少

有两组方差有极其显著性差异

7. A 因素 $F = 0.36 < 4.49 = F_{(1, 16)0.05}$，$P > 0.05$，保留 H_0 拒绝 H_1，性别对作业完成效果的作用不显著

B 因素 $F = 53.38^{**} > 8.53 = F_{(1, 16)0.01}$，$P < 0.01$，在 0.01 水平上拒绝 H_0 接受 H_1，批评、表扬对作业完成效果的作用极其显著

$A \times BF = 11.88^{**} > 8.53 = F_{(1, 16)0.01}$，$P < 0.01$，在 0.01 水平上拒绝 H_0 接受 H_1，性别与批评、表扬对作业完成效果的交互作用极其显著

第九章

1. 99％置信区间：$0.567 < P' < 0.633$

2. 95％置信区间：$1\% < P' < 26\%$

3. $|Z| = 1.61 < 1.96 = Z_{0.05}$，$P > 0.05$，保留 H_0 拒绝 H_1，该系不及格人数比率与全校无显著性差异

4. $P' = 0.15$ 落在 95％置信限的中间，即 $0.04 < 0.15 < 0.33$，则 $P > 0.05$ 保留 H_0 拒绝 H_1，兴趣小组报考人数比率与全校无显著性差异

5. $|Z| = 1.81 < 1.96 = Z_{0.05}$，$P > 0.05$，保留 H_0 拒绝 H_1，两校 75 分以上人数比率无显著性差异

6. $|Z| = 2.54^{**} > 2.33 = Z_{0.01}$，$P < 0.01$，在 0.01 水平上拒绝 H_0 接受 H_1，宣传工作有极其显著效果

第十章

1. $\chi^2 = 2.45 < 5.99 = \chi^2_{(2)0.05}$，$P > 0.05$，保留 H_0 拒绝 H_1，该班持各种态度的人数比率与全校无显著性差异

2. $\chi^2 = 4.91$，$\chi^2_{(1)0.05} = 3.84 < 4.91^* < 6.63 = \chi^2_{(1)0.01}$，$0.01 < P < 0.05$，在 0.05 水平上拒绝 H_0 接受 H_1，外地与本地人数有显著性差异

3. $\chi^2 = 2.17 < 3.84 = \chi^2_{(1)0.05}$，保留 H_0 拒绝 H_1，该组学生家长不给孩子留家庭作业的人数比率与全年级无显著性差异

4. $\chi^2 = 6.86 < 15.51 = \chi^2_{(8)0.05}$，$P > 0.05$，保留 H_0 拒绝 H_1，实际分布符合正态分布

5. $\chi^2 = 5.69 < 9.49 = \chi^2_{(4)0.05}$，保留 H_0 拒绝 H_1，阶层与态度无关

6. $\chi^2 = 2.33 < 7.81 = \chi^2_{(3)0.05}$，$P > 0.05$，保留 H_0 拒绝 H_1，四个班成绩无本质差异

7. $\chi^2 = 13.46^{**} > 6.63 = \chi^2_{(1)0.01}$，$P < 0.01$，在 0.01 水平上拒绝 H_0 接受 H_1，两校录取率有极其显著性差异

8. $\chi^2 = 0.02 < 3.84 = \chi^2_{(1)0.05}$，$P > 0.05$，保留 H_0 拒绝 H_1，文理科录取率无显著性差异

9. $\chi^2 = 6.43$，$\chi^2_{(1)0.05} = 3.84 < 6.43^* < 6.63 = \chi^2_{(1)0.01}$，$0.01 < P < 0.05$，在 0.05

水平上拒绝 H_0 接受 H_1,宣传工作有显著效果

10. $\chi^2 = 0.13 < 3.84 = \chi^2_{(1)0.05}$,$P > 0.05$,保留 H_0 拒绝 H_1,训练无显著效果

第十一章

1. $r = 0.837$,$|t| = 4.589^{**} > 3.250 = t_{(9)0.01}$,$P < 0.01$,在 0.01 水平上拒绝 H_0 接受 H_1,与总体零相关有极其显著性差异

2. $|Z| = 11.29^{**} > 2.58 = Z_{0.01}$,$P < 0.01$,在 0.01 水平上拒绝 H_0 接受 H_1,该样本不是来自于 $\rho = 0$ 的总体

3. $|Z| = 1.30 < 1.96 = Z_{0.05}$,$P > 0.05$,保留 H_0 拒绝 H_1,样本所来自的总体相关系是 0.54

4. $|Z| = 0.18 < 1.96 = Z_{0.05}$,$P > 0.05$,保留 H_0 拒绝 H_1,两个样本相关系数来自同一个总体

5. $\bar{r} = 0.451$

6. $r_R = 0.786$,$|t| = 3.114$,$t_{(6)0.05} = 2.447 < 3.114^* < 3.707 = t_{(6)0.01}$,$0.01 < P < 0.05$,在 0.05 水平上拒绝 H_0 接受 H_1,教学效果与学生成绩存在相关

7. $r_W = 0.111$,$\chi^2 = 1.00 < 7.81 = \chi^2_{(3)0.05}$,$P > 0.05$,保留 H_0 拒绝 H_1,3 位教师评定不一致

8. $r_W = 0.808$,$\chi^2 = 12.93$,$\chi^2_{(4)0.05} = 9.49 < 12.93^* < 13.28 = \chi^2_{(4)0.01}$,$0.01 < P < 0.05$,在 0.05 水平上拒绝 H_0 接受 H_1,4 次评定具有一致性

9. $r_b = 0.476$,$|Z| = 4.58^{**} > 2.58 = Z_{0.01}$,$P < 0.01$,在 0.01 水平上拒绝 H_0 接受 H_1,该题得分与总分存在相关

10. $r_{pb} = 0.326$,$|t| = 1.463 < 2.101 = t_{(18)0.05}$,$P > 0.05$,保留 H_0 拒绝 H_1,婚否与学习成绩不存在相关

11. $r_s = 0.755$,$r'_s = 0.670$,$|Z| = 8.93^{**} > 2.58 = Z_{0.01}$,$P < 0.01$,在 0.01 水平上拒绝 H_0 接受 H_1,学生测验成绩与教师评定极其一致

12. $r_t = 0.29$,$|Z| = 3.57^{**} > 2.58 = Z_{0.01}$,$P < 0.01$,在 0.01 水平上拒绝 H_0 接受 H_1,两科成绩存在相关

13. $r_\phi = -0.340$,$\chi^2 = 11.56^{**} > 6.63 = \chi^2_{(1)0.01}$,$P < 0.01$,在 0.01 水平上拒绝 H_0 接受 H_1,成绩与性别存在相关

14. $C = 0.242$,$\chi^2 = 6.74$,$\chi^2_{(2)0.05} = 5.99 < 6.74^* < 9.21 = \chi^2_{(2)0.01}$,$0.01 < P < 0.05$,在 0.05 水平上拒绝 H_0 接受 H_1,性别与生物学成绩存在相关

第十二章

1. ① $\hat{Y} = 25.082 + 0.710X$;$\hat{X} = -1.426 + 0.986Y$

② $|t| = 4.588^{**} > 3.250 = t_{(9)0.01}$,$P < 0.01$,在 0.01 水平上拒绝 H_0 接受 H_1,

回归方程极其显著

③$r^2 = 0.701$，回归平方和在因变量总平方和中占 70.1%，误差平方和占 29.9%，回归方程预测效果较好

④$\hat{X} = 68.58$

⑤$95\%$ 置信区间：$61.43 < \hat{X} < 75.73$

99% 置信区间：$59.17 < \hat{X} < 77.99$

⑥$95\%$ 置信区间：$59.06 < X_0 < 78.10$

99% 置信区间：$54.91 < X_0 < 82.25$

2. ①$\hat{Y} = -33.270 + 0.686X_1 + 0.944X_2$

②$\hat{Z}_Y = 0.341Z_{X_1} + 0.605Z_{X_2}$

③$R_{Y,12} = 0.802^{**} > 0.732 = R_{(12)0.01}$，$P < 0.01$，在 0.01 水平上拒绝 H_0 接受 H_1，二元线性回归方程极其显著

④$t_{b_1} = 1.824 < 2.179 = t_{(12)0.05}$，$P > 0.05$，保留 H_0 拒绝 H_1，b_1 不显著；$t_{b_2} = 3.233^{**} > 3.055 = t_{(12)0.01}$，$P < 0.01$，在 0.01 水平上拒绝 H_0 接受 H_1，b_2 极其显著

第十三章

1. ①符号检验法：$r = 2^{**} = 2 = r_{0.01}$，$P = 0.01$，在 0.01 水平上拒绝 H_0 接受 H_1，订正作业对提高成绩有极其显著效果；②符号秩次检验法：$T = 12^{**} < 16 = T_{0.005}$，$P < 0.005$，在 0.005 水平上拒绝 H_0 接受 H_1，订正作业对提高成绩有极其显著效果。两种方法检验结论相同，但显著性水平不同，符号秩次检验更精确

2. ①符号检验法：$|Z| = 2.80^{**} > 2.58 = Z_{0.01}$，$P < 0.01$；②符号秩次检验法：$|Z| = 2.68^{**} > 2.58 = Z_{0.01}$，$P < 0.01$。两种检验方法均在 0.01 水平上拒绝 H_0 接受 H_1，结论均为：辅导前后成绩有极其显著性差异

3. $T = 75 > 73 = T_2$，$P < 0.05$，在 0.05 水平上拒绝 H_0 接受 H_1，两园成绩有显著性差异

4. $|Z| = 0.00 < 1.96 = Z_{0.05}$，$P > 0.05$，保留 H_0 拒绝 H_1，两校成绩无显著性差异

5. $\chi^2 = 0.89 < 3.84 = \chi^2_{(1)0.05}$，$P > 0.05$，保留 H_0 拒绝 H_1，两校成绩无显著性差异

6. $\chi^2 = 0.25 < 5.99 = \chi^2_{(2)0.05}$，$P > 0.05$，保留 H_0 拒绝 H_1，三个班成绩无显著性差异

7. $H = 0.7308 < 5.6923 = H_{0.049}$，$P > 0.049$，保留 H_0 拒绝 H_1，三所学校成绩无显著性差异

8. $H = 8.68$，$\chi^2_{(3)0.05} = 7.81 < 8.68^* < 11.34 = \chi^2_{(3)0.01}$，$0.01 < P < 0.05$，在 0.05 水平上拒绝 H_0 接受 H_1，至少有两组成绩差异显著

9. $\chi^2_r = 4 < 6.33 = \chi^2_{r(0.052)}$，$P > 0.052$，保留 H_0 拒绝 H_1，三部电影被评结果无显著性差异

10. $\chi^2 = 10.68$，$\chi^2_{(3)0.05} = 7.81 < 10.68^* < 11.34 = \chi^2_{(3)0.01}$，$0.01 < P < 0.05$，在 0.05 水平上拒绝 H_0 接受 H_1，至少有两位教师授课水平被评结果差异显著

第十四章

2. 视力上等:18 人,中等:60 人,下等:42 人

3. 优 27 人,良 31 人,中 29 人,差 13 人

4. $n = 98$ 人

5. $n = 26$ 人,与查表法确定的样本容量完全相同

6. $n = 68$ 人

7. 公式计算法 $n = 50$ 人,查表法 $n = 54$ 人

8. 公式计算法 $n_1 = n_2 = 54$,查表法 $n_1 = n_2 = 55$

9. $n = 36$ 人

10. 公式计算法 $n = 839$ 人,查表法 $n = 834$ 人

11. 公式计算法 $n_1 = n_2 = 387$ 人,查表法 $n_1 = n_2 = 380$ 人

12. $n = 988$ 人

第十五章

8 个原始变量的标准化 Z 值

学校	Z组织文化	Z教师素质	Z校长领导力	Z学校影响力	Z办学经费	Z校园环境	Z学校规模	Z建校历史
1	0.270	0.400	0.443	−1.244	−0.690	−1.009	0.145	0.591
2	0.625	1.159	−0.465	−0.030	0.157	0.928	0.921	0.591
3	0.979	1.074	1.441	1.183	−0.973	−0.686	−0.242	0.189
4	0.128	−0.611	0.443	0.698	−1.284	−1.655	−0.630	−1.420
5	0.695	0.400	1.169	1.426	0.440	−0.363	−0.242	0.591
6	−1.360	−1.285	−1.464	−0.273	−0.634	−1.655	−1.018	−1.822
7	0.837	0.906	1.351	1.790	−1.255	−1.009	−1.018	0.993
8	−2.139	−2.127	0.261	−0.273	0.157	1.251	−0.242	−2.225
9	1.617	1.411	1.260	0.819	1.852	1.509	2.860	1.395
10	0.128	0.232	0.352	−0.516	0.157	0.282	−0.242	0.189
11	−0.651	0.063	−0.556	−1.850	−0.408	−0.363	−1.018	0.189
12	−1.431	−1.453	−1.555	−1.244	−0.973	0.153	−1.018	−0.214
13	−0.013	−0.442	−0.556	−0.030	−0.408	0.282	0.145	0.189
14	0.766	0.400	−0.375	−0.030	1.287	0.799	0.533	0.591
15	0.058	0.316	−1.373	−0.516	1.231	0.605	0.145	0.390
16	−0.509	−0.442	−0.375	0.091	1.344	0.928	0.921	−0.214

8个标准化变量的相关矩阵

	组织文化	教师素质	校长领导力	学校影响力	办学经费	校园环境	学校规模	建校历史
组织文化	1.000	.936	.612	.565	.242	.038	.522	.804
教师素质	.936	1.000	.523	.397	.246	.085	.482	.860
校长领导力	.612	.523	1.000	.694	−.059	−.087	.241	.335
学校影响力	.565	.397	.694	1.000	.012	−.109	.190	.195
办学经费	.242	.246	−.059	.012	1.000	.782	.772	.318
校园环境	.038	.085	−.087	−.109	.782	1.000	.686	.254
学校规模	.522	.482	.241	.190	.772	.686	1.000	.459
建校历史	.804	.860	.335	.195	.318	.254	.459	1.000

特征根及贡献率

	原始特征根			旋转后的特征根		
	特征根值	贡献率（%）	累计贡献率（%）	特征根值	贡献率（%）	累计贡献率（%）
1	3.942	49.275	49.275	2.702	33.771	33.771
2	2.229	27.861	77.136	2.492	31.155	64.926
3	.962	12.027	89.164	1.939	24.237	89.164
4	.335	4.186	93.349			
5	.261	3.265	96.614			
6	.157	1.965	98.579			
7	.081	1.014	99.593			
8	.033	.407	100.000			

根据累计贡献率大于80%的要求,可得3个主成分。

旋转后的主成分载荷矩阵为:

	主成分		
	1	2	3
组织文化	.848	.132	.469
教师素质	.924	.125	.294
校长领导力	.313	−.041	.848
学校影响力	.139	.001	.924
办学经费	.145	.926	−.038
校园环境	.008	.923	−.120
学校规模	.348	.838	.201
建校历史	.933	.214	.040

主成分1由组织文化、教师素质和建校历史三个变量组成,可命名为学校文化;

主成分2由办学经费、校园环境和学校规模三个变量组成,可命名为学校办学条件;

主成分3由校长领导力和学校影响力两个变量组成,可命名为学校声誉与影响。

主成分的系数矩阵为:

	主成分		
	1	2	3
组织文化	.303	−.053	.063
教师素质	.406	−.085	−.088
校长领导力	−.097	−.002	.496
学校影响力	−.229	.055	.612
办学经费	−.072	.396	.004
校园环境	−.123	.412	−.009
学校规模	−.020	.339	.099
建校历史	.480	−.067	−.264

主成分得分方程为：

$F_1 = .303 \times$ 组织文化标准分 $+ .406 \times$ 教师素质标准分 $- .097 \times$ 校长领导力标准分 $- .229 \times$ 学校影响力标准分 $- .072 \times$ 办学经费标准分 $- .123 \times$ 校园环境标准分 $- .020 \times$ 学校规模标准分 $+ .480 \times$ 建校历史标准分

$F_2 = -.053 \times$ 组织文化标准分 $- .085 \times$ 教师素质标准分 $- .002 \times$ 校长领导力标准分 $+ .055 \times$ 学校影响力标准分 $+ .396 \times$ 办学经费标准分 $+ .412 \times$ 校园环境标准分 $+ .339 \times$ 学校规模标准分 $- .067 \times$ 建校历史标准分

$F_3 = .063 \times$ 组织文化标准分 $- .088 \times$ 教师素质标准分 $+ .496 \times$ 校长领导力标准分 $+ .612 \times$ 学校影响力标准分 $+ .004 \times$ 办学经费标准分 $- .009 \times$ 校园环境标准分 $+ .099 \times$ 学校规模标准分 $- .264 \times$ 建校历史标准分

个体的主成分得分、综合得分及综合评估结果为：

学校	主成分1 得分 F_1	类型	主成分2 得分 F_2	类型	主成分3 得分 F_3	类型	综合 得分 E	类型
1	0.94	2	−0.80	3	−0.70	3	−0.79	3
2	0.85	2	0.59	2	−0.38	3	3.02	2
3	0.57	2	−0.84	3	1.33	1	2.03	2
4	−0.79	3	−1.23	3	1.03	1	−3.18	3
5	0.23	2	−0.09	3	1.28	1	2.89	2
6	−1.34	3	−0.99	3	−0.47	3	−6.99	3
7	0.79	2	−1.35	3	1.38	1	1.44	3
8	−2.70	3	0.92	2	0.57	2	−3.90	3
9	1.05	1	2.07	1	1.01	1	9.95	1
10	0.27	2	0.03	2	−0.23	3	0.35	2
11	0.49	2	−0.74	3	−1.60	3	−3.62	3
12	−0.62	3	−0.52	3	−1.54	3	−5.96	3
13	−0.04	3	0.03	2	−0.30	3	−0.61	3
14	0.52	2	0.91	2	−0.30	3	3.09	2
15	0.42	2	0.71	2	−1.11	3	0.74	2
16	−0.65	3	1.31	1	0.02	2	1.55	2

备注：评估时使用的标准

3个主成分的类型评估中，得分在1以上的为一类，0到1之间为二类，0以下为三类。一类表示该主成分（学校文化、办学条件、学校声誉与影响力）好（大或高），二类表示一般，三类表示较差;综合得分中,得分在 5 以上为一类,0 到 5 之间为二类,0 以下为三类。一类表示该学校整体办学实力强、影响大,二类表示整体办学实力和影响一般,三类表示整体办学实力和影响较弱。

第十六章

相关矩阵 R

	数学(X_1)	语文(X_2)	物理(X_3)	英语(X_4)
数学(X_1)	1.000			
语文(X_2)	0.192	1.000		
物理(X_3)	0.611	0.151	1.000	
英语(X_4)	0.006	−0.305	0.152	1.000

共同度 h_i^2 的估计值

	数学(X_1)	语文(X_2)	物理(X_3)	英语(X_4)
h_j^2 估计值	0.387	0.141	0.403	0.138

特征根及其累积百分比

	特征值	百分比(%)	累积百分比(%)
λ_1	1.696	42.389	42.389
λ_2	1.296	32.391	74.780
λ_3	0.639	15.973	90.753
λ_4	0.370	9.247	100.000

初始因素负荷、正交旋转因素负荷及斜交旋转因素结构、因素模型矩阵

	初始因素负荷		方差最大正交旋转		普洛麦克斯斜交旋转			
					因素结构		因素模型	
	因素1	因素2	因素1	因素2	因素1	因素2	因素1	因素2
数学(X_1)	0.712	−0.061	0.705	−0.120	0.707	−0.114	0.706	−0.104
语文(X_2)	0.238	−0.483	0.197	−0.501	0.209	−0.500	0.201	−0.497
物理(X_3)	0.867	0.127	0.875	0.055	0.874	0.062	0.875	0.075
英语(X_4)	0.073	0.665	0.127	0.657	0.112	0.658	0.122	0.659

普洛麦克斯斜交旋转公共因素相关矩阵

	因素1	因素2
因素1	1.000	
因素2	−0.015	1.000

4 门学科正交及斜交旋转后的因素模型

	正交旋转	斜交旋转
$Z_1=$	$0.705F_1-0.120F_2$	$0.706F_1-0.104F_2$
$Z_2=$	$0.197F_1-0.501F_2$	$0.201F_1-0.497F_2$
$Z_3=$	$0.875F_1+0.055F_2$	$0.875F_1+0.075F_2$
$Z_4=$	$0.127F_1+0.657F_2$	$0.122F_1+0.659F_2$

公共因素计分矩阵(多元回归法)

学生序号	方差最大法正交旋转		普洛麦克斯斜交旋转	
	F_1	F_2	F_1	F_2
1	0.746 23	−0.080 54	0.747 87	−0.074 57
2	−0.043 74	0.930 32	−0.065 01	0.929 94
3	−0.509 12	0.067 68	−0.510 54	0.063 60
4	−0.937 68	−0.586 99	−0.924 01	−0.594 48
5	−1.506 81	0.103 21	−1.508 78	0.091 14
6	0.824 90	1.124 16	0.798 97	1.130 73
7	0.579 15	−0.590 06	0.592 50	−0.585 40
8	0.847 08	−0.967 77	0.868 99	−0.960 96

第十七章

1.

学生序号	原始分数		数量化分数		中心化变换		标准化变换		极差正规化变换	
	物理	历史	物理	历史	物理	历史	物理	历史	物理	历史
1	70	4	70	80	−5.9	4	−0.719 5	0.381 3	0.240 0	0.625 0
2	75	2	75	55	−0.9	−21	−0.109 8	−2.002	0.440 0	0.000 0
3	76	4	76	80	0.1	4	0.012 2	0.381 3	0.480 0	0.625 0
4	77	3	77	70	1.1	−6	0.134 1	−0.572 0	0.520 0	0.375 0
5	66	4	66	80	−9.9	4	−0.120 73	0.381 3	0.080 0	0.625 0
6	84	5	84	95	8.1	19	0.987 8	1.811 2	0.800 0	1.000 0
7	89	4	89	80	13.1	4	1.597 6	0.381 3	1.000 0	0.625 0
8	64	3	64	70	−11.1	−6	−1.451 2	−0.572 0	0.000 0	0.375 0
9	85	4	85	80	9.1	4	1.109 8	0.381 3	0.840 0	0.625 0
10	73	3	73	70	−2.9	−6	−0.353 7	−0.572 0	0.360 0	0.375 0
平均数 $\overline{X}$			75.9	76						
标准差 σ_{n-1}			8.20	10.49						
极差 R			25	40						

2. ① 第 1 与第 2 位学生的绝对值距离 $d_{12}=8$,欧氏距离 $d_{12}=4.899\,0$,切比雪夫距离 $d_{12}=4$,兰氏距离 $d_{12}=0.983\,3$,马氏距离 $d_{12}=16.333\,3$;

② 用积差相关系数表示的相似系数 $r_{12}=0.44$,$r_{13}=0.06$,$r_{23}=0.89$;第 1 与第 2 位学生斜交空间距离为 $d_{12}=1.936\,8$;

③ 用夹角余弦表示的相似系数 $r_{12}=0.935\,7$,$r_{13}=0.925\,0$,$r_{23}=0.984\,1$

3. ① 最短距离法聚类谱系图:

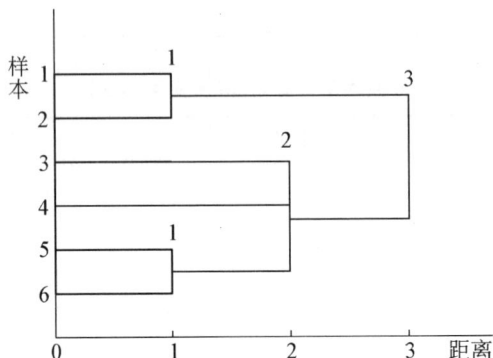

最长距离法聚类谱系图:

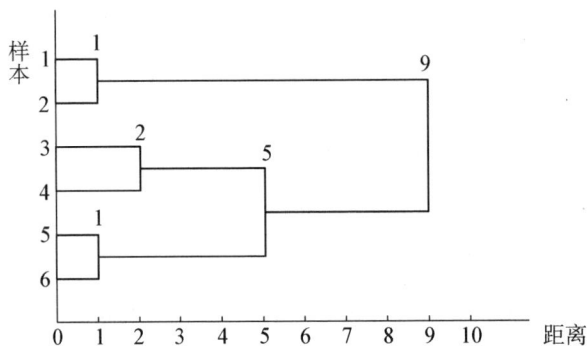

中间和重心距离法聚类谱系图:

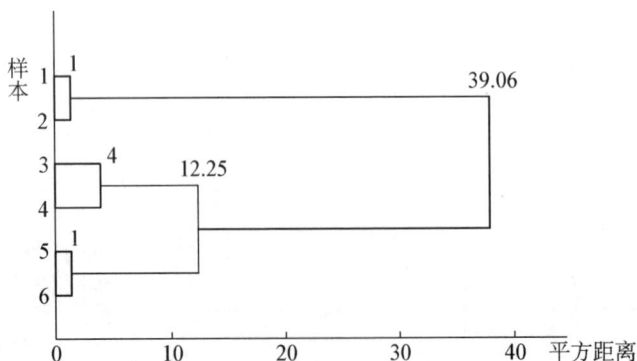

类平均距离法聚类谱系图:

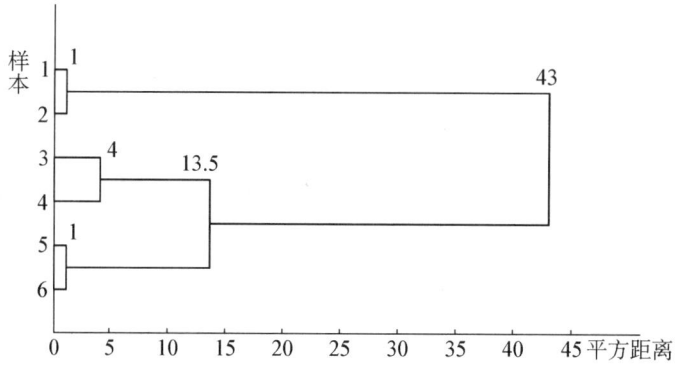

② 离差平方和距离法聚类谱系图：

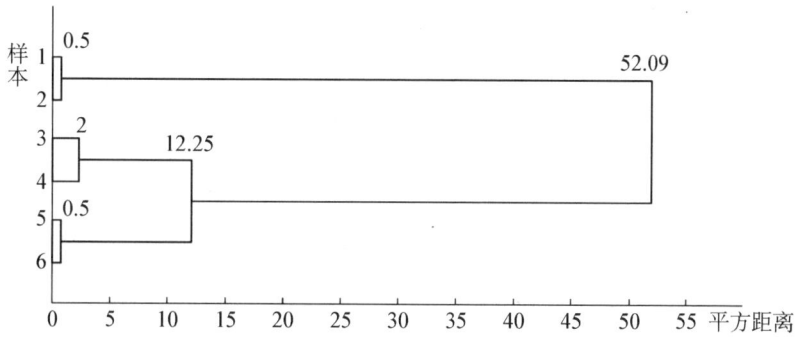

4. 用重心法对指标变量系统聚类谱系图：

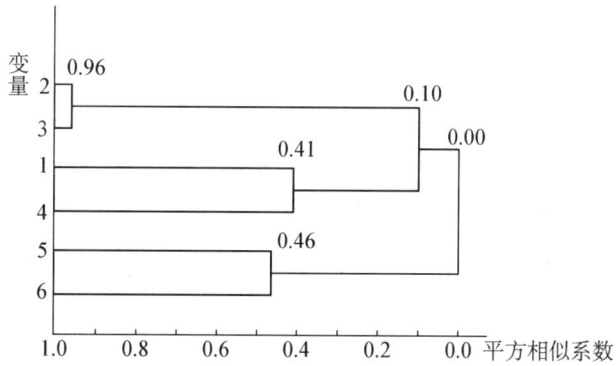

统 计 用 表

附表 1(1)　正态分布表

（曲线下的面积 P 与纵线高度 Y）

Z	Y	P	Z	Y	P	Z	Y	P
.00	.398 94	.000 00	.30	.381 39	.117 91	.60	.333 22	.225 75
.01	.398 92	.003 99	.31	.380 23	.121 72	.61	.331 21	.229 07
.02	.398 86	.007 98	.32	.379 03	.125 52	.62	.329 18	.232 37
.03	.398 76	.011 97	.33	.377 80	.129 30	.63	.327 13	.235 65
.04	.398 62	.015 95	.34	.376 54	.133 07	.64	.325 06	.238 91
.05	.398 44	.019 94	.35	.375 24	.136 83	.65	.322 97	.242 15
.06	.398 22	.023 92	.36	.373 91	.140 58	.66	.320 86	.245 37
.07	.397 97	.027 90	.37	.372 55	.144 31	.67	.318 74	.248 57
.08	.397 67	.031 88	.38	.371 15	.148 03	.68	.316 59	.251 75
.09	.397 33	.035 86	.39	.369 73	.151 73	.69	.314 43	.254 90
.10	.396 95	.039 83	.40	.368 27	.155 42	.70	.312 25	.258 04
.11	.396 54	.043 80	.41	.366 78	.159 10	.71	.310 06	.261 15
.12	.396 08	.047 76	.42	.365 26	.162 76	.72	.307 85	.264 24
.13	.395 59	.051 72	.43	.363 71	.166 40	.73	.305 63	.267 30
.14	.395 05	.055 67	.44	.362 13	.170 03	.74	.303 39	.270 35
.15	.394 48	.059 62	.45	.360 53	.173 64	.75	.301 14	.273 37
.16	.393 87	.063 56	.46	.358 89	.177 24	.76	.298 87	.276 37
.17	.393 22	.067 49	.47	.357 23	.180 82	.77	.296 59	.279 35
.18	.392 53	.071 42	.48	.355 53	.184 39	.78	.294 31	.282 30
.19	.391 81	.075 35	.49	.353 81	.187 93	.79	.292 00	.285 24
.20	.391 04	.079 26	.50	.352 07	.191 46	.80	.289 69	.288 14
.21	.390 24	.083 17	.51	.350 29	.194 97	.81	.287 37	.291 03
.22	.389 40	.087 06	.52	.348 49	.198 47	.82	.285 04	.293 89
.23	.388 53	.090 95	.53	.346 67	.201 94	.83	.282 69	.296 73
.24	.387 62	.094 83	.54	.344 82	.205 40	.84	.280 34	.299 55
.25	.386 67	.098 71	.55	.342 94	.208 84	.85	.277 98	.302 34
.26	.385 68	.102 57	.56	.341 05	.212 26	.86	.275 62	.305 11
.27	.384 66	.106 42	.57	.339 12	.215 66	.87	.273 24	.307 85
.28	.383 61	.110 26	.58	.337 18	.219 04	.88	.270 86	.310 57
.29	.382 51	.114 09	.59	.335 21	.222 40	.89	.288 48	.313 27

教育统计学

（曲线下的面积 P 与纵线高度 Y）

Z	Y	P	Z	Y	P	Z	Y	P
.90	.266 09	.315 94	1.25	.182 65	.394 35	1.60	.110 92	.445 20
.91	.263 69	.318 59	1.26	.180 37	.396 17	1.61	.109 15	.446 30
.92	.261 29	.321 21	1.27	.178 10	.397 96	1.62	.107 41	.447 38
.93	.258 88	.323 81	1.28	.175 85	.399 73	1.63	.105 67	.448 45
.94	.256 47	.326 39	1.29	.173 60	.401 47	1.64	.103 96	.449 50
.95	.254 06	.328 94	1.30	.171 37	.403 20	1.65	.102 26	.450 53
.96	.251 64	.331 47	1.31	.169 15	.404 90	1.66	.100 59	.451 54
.97	.249 23	.333 98	1.32	.166 94	.406 58	1.67	.098 93	.452 54
.98	.246 81	.336 46	1.33	.164 74	.408 24	1.68	.097 28	.453 52
.99	.244 39	.338 91	1.34	.162 56	.409 88	1.69	.095 66	.454 49
1.00	.241 97	.341 34	1.35	.160 38	.411 49	1.70	.094 05	.455 43
1.01	.239 55	.343 75	1.36	.158 22	.413 09	1.71	.092 46	.456 37
1.02	.237 13	.346 14	1.37	.156 08	.414 66	1.72	.090 89	.457 28
1.03	.234 71	.348 50	1.38	.153 95	.416 21	1.73	.089 33	.458 18
1.04	.232 30	.350 83	1.39	.151 83	.417 74	1.74	.087 80	.459 07
1.05	.229 88	.353 14	1.40	.149 73	.419 24	1.75	.086 28	.459 94
1.06	.227 47	.355 43	1.41	.147 64	.420 73	1.76	.084 78	.460 80
1.07	.225 06	.357 69	1.42	.145 56	.422 20	1.77	.083 29	.461 64
1.08	.222 65	.359 93	1.43	.143 50	.423 64	1.78	.081 83	.462 46
1.09	.220 25	.362 14	1.44	.141 46	.425 07	1.79	.080 38	.463 27
1.10	.217 85	.364 33	1.45	.139 43	.426 47	1.80	.078 95	.464 07
1.11	.215 46	.366 50	1.46	.137 42	.427 86	1.81	.077 54	.464 85
1.12	.213 07	.368 64	1.47	.135 42	.429 22	1.82	.076 14	.465 62
1.13	.210 69	.370 76	1.48	.133 44	.430 56	1.83	.074 77	.466 38
1.14	.208 31	.372 86	1.49	.131 47	.431 89	1.84	.073 41	.467 12
1.15	.205 94	.374 93	1.50	.129 52	.433 19	1.85	.072 06	.467 84
1.16	.203 57	.376 98	1.51	.127 58	.434 48	1.86	.070 74	.468 56
1.17	.201 21	.379 00	1.52	.125 66	.435 74	1.87	.069 43	.469 26
1.18	.198 86	.381 00	1.53	.123 76	.436 99	1.88	.068 14	.469 95
1.19	.196 52	.382 98	1.54	.121 88	.438 22	1.89	.066 87	.470 62
1.20	.194 19	.384 93	1.55	.120 01	.439 43	1.90	.065 62	.471 28
1.21	.191 86	.386 86	1.56	.118 16	.440 62	1.91	.064 39	.471 93
1.22	.189 54	.388 77	1.57	.116 32	.441 79	1.92	.063 16	.472 57
1.23	.187 24	.390 65	1.58	.114 50	.442 95	1.93	.061 95	.473 20
1.24	.184 94	.392 51	1.59	.112 70	.444 08	1.94	.060 77	.473 81

统计用表

附表1(3)　正态分布表

(曲线下的面积 P 与纵线高度 Y)

Z	Y	P	Z	Y	P	Z	Y	P
1.95	.059 59	.474 41	2.30	.028 33	.489 28	2.65	.011 91	.495 98
1.96	.058 44	.475 00	2.31	.027 68	.489 56	2.66	.011 60	.496 09
1.97	.057 30	.475 58	2.32	.027 05	.489 83	2.67	.011 30	.496 21
1.98	.056 18	.476 15	2.33	.026 43	.490 10	2.68	.011 00	.496 32
1.99	.055 08	.476 70	2.34	.025 82	.490 36	2.69	.010 71	.496 43
2.00	.053 99	.477 25	2.35	.025 22	.490 61	2.70	.010 42	.496 53
2.01	.025 92	.477 78	2.36	.024 63	.490 86	2.71	.010 14	.496 64
2.02	.051 86	.478 31	2.37	.024 06	.491 11	2.72	.009 87	.496 74
2.03	.050 82	.478 82	2.38	.023 49	.491 34	2.73	.009 61	.496 83
2.04	.049 80	.479 32	2.39	.022 94	.491 58	2.74	.009 35	.496 93
2.05	.048 79	.479 82	2.40	.022 39	.491 80	2.75	.009 09	.497 02
2.06	.047 80	.480 30	2.41	.021 86	.492 02	2.76	.008 85	.497 11
2.07	.046 82	.480 77	2.42	.021 34	.492 24	2.77	.008 61	.497 20
2.08	.045 86	.481 24	2.43	.020 83	.492 45	2.78	.008 37	.497 28
2.09	.044 91	.481 69	2.44	.020 33	.492 66	2.79	.008 14	.497 36
2.10	.043 98	.482 14	2.45	.019 84	.492 86	2.80	.007 92	.497 44
2.11	.043 07	.482 57	2.46	.019 36	.493 05	2.81	.007 70	.497 52
2.12	.042 17	.483 00	2.47	.018 89	.493 24	2.82	.007 48	.497 60
2.13	.041 28	.483 41	2.48	.018 42	.493 43	2.83	.007 27	.497 67
2.14	.040 41	.483 82	2.49	.017 97	.493 61	2.84	.007 07	.497 74
2.15	.039 55	.484 22	2.50	.017 53	.493 79	2.85	.006 87	.497 81
2.16	.038 71	.484 61	2.51	.017 09	.493 96	2.86	.006 68	.497 88
2.17	.037 88	.485 00	2.52	.016 67	.494 13	2.87	.006 49	.497 95
2.18	.037 06	.485 37	2.53	.016 25	.494 30	2.88	.006 31	.498 01
2.19	.036 26	.485 74	2.54	.015 85	.494 46	2.89	.006 13	.498 07
2.20	.035 47	.486 10	2.55	.015 45	.494 61	2.90	.005 95	.498 13
2.21	.034 70	.486 45	2.56	.015 06	.494 77	2.91	.005 78	.498 19
2.22	.033 94	.486 79	2.57	.014 68	.494 92	2.92	.005 62	.498 25
2.23	.033 19	.487 13	2.58	.014 31	.495 06	2.93	.005 45	.498 31
2.24	.032 46	.487 45	2.59	.013 94	.495 20	2.94	.005 30	.498 36
2.25	.031 74	.487 78	2.60	.013 58	.495 34	2.95	.005 14	.498 41
2.26	.031 03	.488 09	2.61	.013 23	.495 47	2.96	.004 99	.498 46
2.27	.030 34	.488 40	2.62	.012 89	.495 60	2.97	.004 85	.498 51
2.28	.029 65	.488 70	2.63	.012 56	.495 73	2.98	.004 71	.498 56
2.29	.028 98	.488 99	2.64	.012 23	.495 85	2.99	.004 57	.498 61

（曲线下的面积 P 与纵线高度 Y）

Z	Y	P	Z	Y	P	Z	Y	P
3.00	.004 43	.498 65	3.35	.001 46	.499 60	3.70	.000 42	.499 89
3.01	.004 30	.498 69	3.36	.001 41	.499 61	3.71	.000 41	.499 90
3.02	.004 17	.498 74	3.37	.001 36	.499 62	3.72	.000 39	.499 90
3.03	.004 05	.498 78	3.38	.001 32	.499 64	3.73	.000 38	.499 90
3.04	.003 93	.498 82	3.39	.001 27	.499 65	3.74	.000 37	.499 91
3.05	.003 81	.498 86	3.40	.001 23	.499 66	3.75	.000 35	.499 91
3.06	.003 70	.498 89	3.41	.001 19	.499 68	3.76	.000 34	.499 92
3.07	.003 58	.498 93	3.42	.001 15	.499 69	3.77	.000 33	.499 92
3.08	.003 48	.498 97	3.43	.001 11	.499 70	3.78	.000 31	.499 92
3.09	.003 37	.499 00	3.44	.001 07	.499 71	3.79	.000 30	.499 92
3.10	.003 27	.499 03	3.45	.001 04	.499 72	3.80	.000 29	.499 93
3.11	.003 17	.499 06	3.46	.001 00	.499 73	3.81	.000 28	.499 93
3.12	.003 07	.499 10	3.47	.000 97	.499 74	3.82	.000 27	.499 93
3.13	.002 98	.499 13	3.48	.000 94	.499 75	3.83	.000 26	.499 94
3.14	.002 88	.499 16	3.49	.000 90	.499 76	3.84	.000 25	.499 94
3.15	.002 79	.499 18	3.50	.000 87	.499 77	3.85	.000 24	.499 94
3.16	.002 71	.499 21	3.51	.000 84	.499 78	3.86	.000 23	.499 94
3.17	.002 62	.499 24	3.52	.000 81	.499 78	3.87	.000 22	.499 95
3.18	.002 54	.499 26	3.53	.000 79	.499 79	3.88	.000 21	.499 95
3.19	.002 46	.499 29	3.54	.000 76	.499 80	3.89	.000 21	.499 95
3.20	.002 38	.499 31	3.55	.000 73	.499 81	3.90	.000 20	.499 95
3.21	.002 31	.499 34	3.56	.000 71	.499 81	3.91	.000 19	.499 95
3.22	.002 24	.499 36	3.57	.000 68	.499 82	3.92	.000 18	.499 96
3.23	.002 16	.499 38	3.58	.000 66	.499 83	3.93	.000 18	.499 96
3.24	.002 10	.499 40	3.59	.000 63	.499 83	3.94	.000 17	.499 96
3.25	.002 03	.499 42	3.60	.000 61	.499 84	3.95	.000 16	.499 96
3.26	.001 96	.499 44	3.61	.000 59	.499 85	3.96	.000 16	.499 96
3.27	.001 90	.499 46	3.62	.000 57	.499 85	3.97	.000 15	.499 88
3.28	.001 84	.499 48	3.63	.000 55	.499 86	3.98	.000 14	.499 97
3.29	.001 78	.499 50	3.64	.000 53	.499 86	3.99	.000 14	.499 97
3.30	.001 72	.499 52	3.65	.000 51	.499 87			
3.31	.001 67	.499 53	3.66	.000 49	.499 87			
3.32	.001 61	.499 55	3.67	.000 47	.499 88			
3.33	.001 56	.499 57	3.68	.000 46	.499 88			
3.34	.001 51	.499 58	3.69	.000 44	.499 89			

统计用表

附表 2　*t* 值表

df	P(2): P(1):	0.50 0.25	0.20 0.10	0.10 0.05	0.05 0.025	0.02 0.01	0.01 0.005	0.005 0.0025	0.002 0.001	0.001 0.0005
1		1.000	3.078	6.314	12.706	31.821	63.657	127.321	318.309	636.619
2		0.816	1.886	2.920	4.303	6.965	9.925	14.089	22.327	31.599
3		0.765	1.638	2.353	3.182	4.541	5.841	7.453	10.215	12.924
4		0.741	1.533	2.132	2.776	3.747	4.604	5.598	7.173	8.610
5		0.727	1.476	2.015	2.571	3.365	4.032	4.773	5.893	6.869
6		0.718	1.440	1.943	2.447	3.143	3.707	4.317	5.208	5.959
7		0.711	1.415	1.895	2.365	2.998	3.499	4.029	4.785	5.408
8		0.706	1.397	1.860	2.306	2.896	3.355	3.833	4.501	5.041
9		0.703	1.383	1.833	2.262	2.821	3.250	3.690	4.297	4.781
10		0.700	1.372	1.812	2.228	2.764	3.169	3.581	4.144	4.587
11		0.697	1.363	1.796	2.201	2.718	3.106	3.497	4.025	4.437
12		0.695	1.356	1.782	2.179	2.681	3.055	3.428	3.930	4.318
13		0.694	1.350	1.771	2.160	2.650	3.012	3.372	3.852	4.221
14		0.692	1.345	1.761	2.145	2.624	2.977	3.326	3.787	4.140
15		0.691	1.341	1.753	2.131	2.602	2.947	3.286	3.733	4.073
16		0.690	1.337	1.746	2.120	2.583	2.921	3.252	3.686	4.015
17		0.689	1.333	1.740	2.110	2.567	2.898	3.222	3.646	3.965
18		0.688	1.330	1.734	2.101	2.552	2.878	3.197	3.610	3.922
19		0.688	1.328	1.729	2.093	2.539	2.861	3.174	3.579	3.883
20		0.687	1.325	1.725	2.086	2.528	2.845	3.153	3.552	3.850
21		0.686	1.323	1.721	2.080	2.518	2.831	3.135	3.527	3.819
22		0.686	1.321	1.717	2.074	2.508	2.819	3.119	3.505	3.792
23		0.685	1.319	1.714	2.069	2.500	2.807	3.104	3.485	3.768
24		0.685	1.318	1.711	2.064	2.492	2.797	3.091	3.467	3.745
25		0.684	1.316	1.708	2.060	2.485	2.787	3.078	3.450	3.725

df	P(2): 0.50 P(1): 0.25	0.20 0.10	0.10 0.05	0.05 0.025	0.02 0.01	0.01 0.005	0.005 0.002 5	0.002 0.001	0.001 0.000 5
26	0.684	1.315	1.706	2.056	2.479	2.779	3.067	3.435	3.707
27	0.684	1.314	1.703	2.052	2.473	2.771	3.057	3.421	3.690
28	0.683	1.313	1.701	2.048	2.467	2.763	3.047	3.408	3.674
29	0.683	1.311	1.699	2.045	2.462	2.756	3.038	3.396	3.659
30	0.683	1.310	1.697	2.042	2.457	2.750	3.030	3.385	3.646
31	0.682	1.309	1.696	2.040	2.453	2.744	3.022	3.375	3.633
32	0.682	1.309	1.694	2.037	2.449	2.738	3.015	3.365	3.622
33	0.682	1.308	1.692	2.035	2.445	2.733	3.008	3.356	3.611
34	0.682	1.307	1.691	2.032	2.441	2.728	3.002	3.348	3.601
35	0.682	1.306	1.690	2.030	2.438	2.724	2.996	3.340	3.591
36	0.681	1.306	1.688	2.028	2.434	2.719	2.990	3.333	3.582
37	0.681	1.305	1.687	2.026	2.431	2.715	2.985	3.326	3.574
38	0.681	1.304	1.686	2.024	2.429	2.712	2.980	3.319	3.566
39	0.681	1.304	1.685	2.023	2.426	2.708	2.976	3.313	3.558
40	0.681	1.303	1.684	2.021	2.423	2.704	2.971	3.307	3.551
50	0.679	1.299	1.676	2.009	2.403	2.678	2.937	3.261	3.496
60	0.679	1.296	1.671	2.000	2.390	2.660	2.915	3.232	3.460
70	0.678	1.294	1.667	1.994	2.381	2.648	2.899	3.211	3.435
80	0.678	1.292	1.664	1.990	2.374	2.639	2.887	3.195	3.416
90	0.677	1.291	1.662	1.987	2.368	2.632	2.878	3.183	3.402
100	0.677	1.290	1.660	1.984	2.364	2.626	2.871	3.174	3.390
200	0.676	1.286	1.653	1.972	2.345	2.601	2.839	3.131	3.340
500	0.675	1.283	1.648	1.965	2.334	2.586	2.820	3.107	3.310
1 000	0.675	1.282	1.646	1.962	2.330	2.581	2.813	3.098	3.300
∞	0.674 5	1.281 6	1.644 9	1.960 0	2.326 3	2.575 8	2.807 0	3.090 2	3.290 5

统计用表

附表 3(1) *F* 值表

$P = 0.05$

df_2	df_1（分子的自由度）															df_2
	1	2	3	4	5	6	7	8	9	10	12	14	16	18	20	
1	161	200	216	225	230	234	237	239	241	242	244	245	246	247	248	1
2	18.5	19.0	19.2	19.2	19.3	19.3	19.4	19.4	19.4	19.4	19.4	19.4	19.4	19.4	19.4	2
3	10.1	9.55	9.28	9.12	9.01	8.94	8.89	8.85	8.81	8.79	8.74	8.71	8.69	8.67	8.66	3
4	7.71	6.94	6.59	6.39	6.26	6.16	6.09	6.04	6.00	5.96	5.91	5.87	5.84	5.82	5.80	4
5	6.61	5.79	5.41	5.19	5.05	4.95	4.88	4.82	4.77	4.74	4.68	4.64	4.60	4.58	4.56	5
6	5.99	5.14	4.76	4.53	4.39	4.28	4.21	4.15	4.10	4.06	4.00	3.96	3.92	3.90	3.87	6
7	5.59	4.74	4.35	4.12	3.97	3.87	3.79	3.73	3.68	3.64	3.57	3.53	3.49	3.47	3.44	7
8	5.32	4.46	4.07	3.84	3.69	3.58	3.50	3.44	3.39	3.35	3.28	3.24	3.20	3.17	3.15	8
9	5.12	4.26	3.86	3.63	3.48	3.37	3.29	3.23	3.18	3.14	3.07	3.03	2.99	2.96	2.94	9
10	4.96	4.10	3.71	3.48	3.33	3.22	3.14	3.07	3.02	2.98	2.91	2.86	2.83	2.80	2.77	10
11	4.84	3.98	3.59	3.36	3.20	3.09	3.01	2.95	2.90	2.85	2.79	2.74	2.70	2.67	2.65	11
12	4.75	3.89	3.49	3.26	3.11	3.00	2.91	2.85	2.80	2.75	2.69	2.64	2.60	2.57	2.54	12
13	4.67	3.81	3.41	3.18	3.03	2.92	2.83	2.77	2.71	2.67	2.60	2.55	2.51	2.48	2.46	13
14	4.60	3.74	3.34	3.11	2.96	2.85	2.76	2.70	2.65	2.60	2.53	2.48	2.44	2.41	2.39	14
15	4.54	3.68	3.29	3.06	2.90	2.79	2.71	2.64	2.59	2.54	2.48	2.42	2.38	2.35	2.33	15
16	4.49	3.63	3.24	3.01	2.85	2.74	2.66	2.59	2.54	2.49	2.42	2.37	2.33	2.30	2.28	16
17	4.45	3.59	3.20	2.96	2.81	2.70	2.61	2.55	2.49	2.45	2.38	2.33	2.29	2.26	2.23	17
18	4.41	3.55	3.16	2.93	2.77	2.66	2.58	2.51	2.46	2.41	2.34	2.29	2.25	2.22	2.19	18
19	4.38	3.52	3.13	2.90	2.74	2.63	2.54	2.48	2.42	2.38	2.31	2.26	2.21	2.18	2.16	19
20	4.35	3.49	3.10	2.87	2.71	2.60	2.51	2.45	2.39	2.35	2.28	2.22	2.18	2.15	2.12	20
21	4.32	3.47	3.07	2.84	2.68	2.57	2.49	2.42	2.37	2.32	2.25	2.20	2.16	2.12	2.10	21
22	4.30	3.44	3.05	2.82	2.66	2.55	2.46	2.40	2.34	2.30	2.23	2.17	2.13	2.10	2.07	22
23	4.28	3.42	3.03	2.80	2.64	2.53	2.44	2.37	2.32	2.27	2.20	2.15	2.11	2.07	2.05	23
24	4.26	3.40	3.01	2.78	2.62	2.51	2.42	2.36	2.30	2.25	2.18	2.13	2.09	2.05	2.03	24
25	4.24	3.39	2.99	2.76	2.60	2.49	2.40	2.34	2.28	2.24	2.16	2.11	2.07	2.04	2.01	25

df_2	df_1（分子的自由度）															df_2
	1	2	3	4	5	6	7	8	9	10	12	14	16	18	20	
26	4.23	3.37	2.98	2.74	2.59	2.47	2.39	2.32	2.27	2.22	2.15	2.09	2.05	2.02	1.99	26
27	4.21	3.35	2.96	2.73	2.57	2.46	2.37	2.31	2.25	2.20	2.13	2.08	2.04	2.00	1.97	27
28	4.20	3.34	2.95	2.71	2.56	2.45	2.36	2.29	2.24	2.19	2.12	2.06	2.02	1.99	1.96	28
29	4.18	3.33	2.93	2.70	2.55	2.43	2.35	2.28	2.22	2.18	2.10	2.05	2.01	1.97	1.94	29
30	4.17	3.32	2.92	2.69	2.53	2.42	2.33	2.27	2.21	2.16	2.09	2.04	1.99	1.96	1.93	30
32	4.15	3.29	2.90	2.67	2.51	2.40	2.31	2.24	2.19	2.14	2.07	2.01	1.97	1.94	1.91	32
34	4.13	3.28	2.88	2.65	2.49	2.38	2.29	2.23	2.17	2.12	2.05	1.99	1.95	1.92	1.89	34
36	4.11	3.26	2.87	2.63	2.48	2.36	2.28	2.21	2.15	2.11	2.03	1.98	1.93	1.90	1.87	36
38	4.10	3.24	2.85	2.62	2.46	2.35	2.26	2.19	2.14	2.09	2.02	1.96	1.92	1.88	1.85	38
40	4.08	3.23	2.84	2.61	2.45	2.34	2.25	2.18	2.12	2.08	2.00	1.95	1.90	1.87	1.84	40
42	4.07	3.22	2.83	2.59	2.44	2.32	2.24	2.17	2.11	2.06	1.99	1.93	1.89	1.86	1.83	42
44	4.06	3.21	2.82	2.58	2.43	2.31	2.23	2.16	2.10	2.05	1.98	1.92	1.88	1.84	1.81	44
46	4.05	3.20	2.81	2.57	2.42	2.30	2.22	2.15	2.09	2.04	1.97	1.91	1.87	1.83	1.80	46
48	4.04	3.19	2.80	2.57	2.41	2.29	2.21	2.14	2.08	2.03	1.96	1.90	1.86	1.82	1.79	48
50	4.03	3.18	2.79	2.56	2.40	2.29	2.20	2.13	2.07	2.03	1.95	1.89	1.85	1.81	1.78	50
60	4.00	3.15	2.76	2.53	2.37	2.25	2.17	2.10	2.04	1.99	1.92	1.86	1.82	1.78	1.75	60
80	3.96	3.11	2.72	2.49	2.33	2.21	2.13	2.06	2.00	1.95	1.88	1.82	1.77	1.73	1.70	80
100	3.94	3.09	2.70	2.46	2.31	2.19	2.10	2.03	1.97	1.93	1.85	1.79	1.75	1.71	1.68	100
125	3.92	3.07	2.68	2.44	2.29	2.17	2.08	2.01	1.96	1.91	1.83	1.77	1.72	1.69	1.65	125
150	3.90	3.06	2.66	2.43	2.27	2.16	2.07	2.00	1.94	1.89	1.82	1.76	1.71	1.67	1.64	150
200	3.89	3.04	2.65	2.42	2.26	2.14	2.06	1.98	1.93	1.88	1.80	1.74	1.69	1.66	1.62	200
300	3.87	3.03	2.63	2.40	2.24	2.13	2.04	1.97	1.91	1.86	1.78	1.72	1.68	1.64	1.61	300
500	3.86	3.01	2.62	2.39	2.23	2.12	2.03	1.96	1.90	1.85	1.77	1.71	1.66	1.62	1.59	500
1 000	3.85	3.00	2.61	2.38	2.22	2.11	2.02	1.95	1.89	1.84	1.76	1.70	1.65	1.61	1.58	1 000
∞	3.84	3.00	2.60	2.37	2.21	2.10	2.01	1.94	1.88	1.83	1.75	1.69	1.64	1.60	1.57	∞

统计用表

教育统计学

附表 3(2)　F 值表

df_2	\multicolumn{15}{c}{df_1（分子的自由度）}
	22	24	26	28	30	35	40	45	50	60	80	100	200	500	∞
1	249	249	249	250	250	251	251	251	252	252	252	253	254	254	254
2	19.5	19.5	19.5	19.5	19.5	19.5	19.5	19.5	19.5	19.5	19.5	19.5	19.5	19.5	19.5
3	8.65	8.64	8.63	8.62	8.62	8.60	8.59	8.59	8.58	8.57	8.56	8.55	8.54	8.53	8.53
4	5.79	5.77	5.76	5.75	5.75	5.73	5.72	5.71	5.70	5.69	5.67	5.66	5.65	5.64	5.63
5	4.54	4.53	4.52	4.50	4.50	4.48	4.46	4.45	4.44	4.43	4.41	4.41	4.39	4.37	4.37
6	3.86	3.84	3.83	3.82	3.81	3.79	3.77	3.76	3.75	3.74	3.72	3.71	3.69	3.68	3.67
7	3.43	3.41	3.40	3.39	3.38	3.36	3.34	3.33	3.32	3.30	3.29	3.27	3.25	3.24	3.23
8	3.13	3.12	3.10	3.09	3.08	3.06	3.04	3.03	3.02	3.01	2.99	2.97	2.95	2.94	2.93
9	2.92	2.90	2.89	2.87	2.86	2.84	2.83	2.81	2.80	2.79	2.77	2.76	2.73	2.72	2.71
10	2.75	2.74	2.72	2.71	2.70	2.68	2.66	2.65	2.64	2.62	2.60	2.59	2.56	2.55	2.54
11	2.63	2.61	2.59	2.58	2.57	2.55	2.53	2.52	2.51	2.49	2.47	2.46	2.43	2.42	2.40
12	2.52	2.51	2.49	2.48	2.47	2.44	2.43	2.41	2.40	2.38	2.36	2.35	2.32	2.31	2.30
13	2.44	2.42	2.41	2.39	2.38	2.36	2.34	2.33	2.31	2.30	2.27	2.26	2.23	2.22	2.21
14	2.37	2.35	2.33	2.32	2.31	2.28	2.27	2.25	2.24	2.22	2.20	2.19	2.16	2.14	2.13
15	2.31	2.29	2.27	2.26	2.25	2.22	2.20	2.19	2.18	2.16	2.14	2.12	2.10	2.08	2.07
16	2.25	2.24	2.22	2.21	2.19	2.17	2.15	2.14	2.12	2.11	2.08	2.07	2.04	2.02	2.01
17	2.21	2.19	2.17	2.16	2.15	2.12	2.10	2.09	2.08	2.06	2.03	2.02	1.99	1.97	1.96
18	2.17	2.15	2.13	2.12	2.11	2.08	2.06	2.05	2.04	2.02	1.99	1.98	1.95	1.93	1.92
19	2.13	2.11	2.10	2.08	2.07	2.05	2.03	2.01	2.00	1.98	1.96	1.94	1.91	1.89	1.88
20	2.10	2.08	2.07	2.05	2.04	2.01	1.99	1.98	1.97	1.95	1.92	1.91	1.88	1.86	1.84
21	2.07	2.05	2.04	2.02	2.01	1.98	1.96	1.95	1.94	1.92	1.89	1.88	1.84	1.82	1.81
22	2.05	2.03	2.01	2.00	1.98	1.96	1.94	1.92	1.91	1.89	1.86	1.85	1.82	1.80	1.78
23	2.02	2.00	1.99	1.97	1.96	1.93	1.91	1.90	1.88	1.86	1.84	1.82	1.79	1.77	1.76
24	2.00	1.98	1.97	1.95	1.94	1.91	1.89	1.88	1.86	1.84	1.82	1.80	1.77	1.75	1.73
25	1.98	1.96	1.95	1.93	1.92	1.89	1.87	1.86	1.84	1.82	1.80	1.78	1.75	1.73	1.71

| df_2 | \multicolumn{15}{c}{df_1（分子的自由度）} | df_2 |
---	22	24	26	28	30	35	40	45	50	60	80	100	200	500	∞	
26	1.97	1.95	1.93	1.91	1.90	1.87	1.85	1.84	1.82	1.80	1.78	1.76	1.73	1.71	1.69	26
27	1.95	1.93	1.91	1.90	1.88	1.86	1.84	1.82	1.81	1.79	1.76	1.74	1.71	1.69	1.67	27
28	1.93	1.91	1.90	1.88	1.87	1.84	1.82	1.80	1.79	1.77	1.74	1.73	1.69	1.67	1.65	28
29	1.92	1.90	1.88	1.87	1.85	1.83	1.81	1.79	1.77	1.75	1.73	1.71	1.67	1.65	1.64	29
30	1.91	1.89	1.87	1.85	1.84	1.81	1.79	1.77	1.76	1.74	1.71	1.70	1.66	1.64	1.62	30
32	1.88	1.86	1.85	1.83	1.82	1.79	1.77	1.75	1.74	1.71	1.69	1.67	1.63	1.61	1.59	32
34	1.86	1.84	1.82	1.80	1.80	1.77	1.75	1.73	1.71	1.69	1.66	1.65	1.61	1.59	1.57	34
36	1.85	1.82	1.81	1.79	1.78	1.75	1.73	1.71	1.69	1.67	1.64	1.62	1.59	1.56	1.55	36
38	1.83	1.81	1.79	1.77	1.76	1.73	1.71	1.69	1.68	1.65	1.62	1.61	1.57	1.54	1.53	38
40	1.81	1.79	1.77	1.76	1.74	1.72	1.69	1.67	1.66	1.64	1.61	1.59	1.55	1.53	1.51	40
42	1.80	1.78	1.76	1.74	1.73	1.70	1.68	1.66	1.65	1.62	1.59	1.57	1.53	1.51	1.49	42
44	1.79	1.77	1.75	1.73	1.72	1.69	1.67	1.65	1.63	1.61	1.58	1.56	1.52	1.49	1.48	44
46	1.78	1.76	1.74	1.72	1.71	1.68	1.65	1.64	1.62	1.60	1.57	1.55	1.51	1.48	1.46	46
48	1.77	1.75	1.73	1.71	1.70	1.67	1.64	1.62	1.61	1.59	1.56	1.54	1.49	1.47	1.45	48
50	1.76	1.74	1.72	1.70	1.69	1.66	1.63	1.61	1.60	1.58	1.54	1.52	1.48	1.46	1.44	50
60	1.72	1.70	1.68	1.66	1.65	1.62	1.59	1.57	1.56	1.53	1.50	1.48	1.44	1.41	1.39	60
80	1.68	1.65	1.63	1.62	1.60	1.57	1.54	1.52	1.51	1.48	1.45	1.43	1.38	1.35	1.32	80
100	1.65	1.63	1.61	1.59	1.57	1.54	1.52	1.49	1.48	1.45	1.41	1.39	1.34	1.31	1.28	100
125	1.63	1.60	1.58	1.57	1.55	1.52	1.49	1.47	1.45	1.42	1.39	1.36	1.31	1.27	1.25	125
150	1.61	1.59	1.57	1.55	1.53	1.50	1.48	1.45	1.44	1.41	1.37	1.34	1.29	1.25	1.22	150
200	1.60	1.57	1.55	1.53	1.52	1.48	1.46	1.43	1.41	1.39	1.35	1.32	1.26	1.22	1.19	200
300	1.58	1.56	1.53	1.51	1.50	1.46	1.43	1.41	1.39	1.36	1.32	1.30	1.23	1.19	1.15	300
500	1.56	1.54	1.52	1.50	1.48	1.45	1.42	1.40	1.38	1.34	1.30	1.28	1.21	1.16	1.11	500
1 000	1.55	1.53	1.51	1.49	1.47	1.44	1.41	1.38	1.36	1.33	1.29	1.26	1.19	1.13	1.08	1 000
∞	1.54	1.52	1.50	1.48	1.46	1.42	1.39	1.37	1.35	1.32	1.27	1.24	1.17	1.11	1.00	∞

统计用表

附表 3(3) F 值表

$P = 0.01$

df_2	\multicolumn{15}{c}{df_1（分子的自由度）}	df_2
	1	2	3	4	5	6	7	8	9	10	12	14	16	18	20	
1	4 052	5 000	5 403	5 625	5 764	5 859	5 928	5 981	6 022	6 056	6 106	6 142	6 169	6 190	6 209	1
2	98.5	99.0	99.2	99.2	99.3	99.3	99.4	99.4	99.4	99.4	99.4	99.4	99.4	99.4	99.4	2
3	34.1	30.8	29.5	28.7	28.2	27.9	27.7	27.5	27.3	27.2	27.1	26.9	26.8	26.8	26.7	3
4	21.2	18.0	16.7	16.0	15.5	15.2	15.0	14.8	14.7	14.5	14.4	14.2	14.2	14.1	14.0	4
5	16.3	13.3	12.1	11.4	11.0	10.7	10.5	10.3	10.2	10.1	9.89	9.77	9.68	9.61	9.55	5
6	13.7	10.9	9.78	9.15	8.75	8.47	8.26	8.10	7.98	7.87	7.72	7.60	7.52	7.45	7.40	6
7	12.2	9.55	8.45	7.85	7.46	7.19	6.99	6.84	6.72	6.62	6.47	6.36	6.27	6.21	6.16	7
8	11.3	8.65	7.59	7.01	6.63	6.37	6.18	6.03	5.91	5.81	5.67	5.56	5.48	5.41	5.36	8
9	10.6	8.02	6.99	6.42	6.06	5.80	5.61	5.47	5.35	5.26	5.11	5.00	4.92	4.86	4.81	9
10	10.0	7.56	6.55	5.99	5.64	5.39	5.20	5.06	4.94	4.85	4.71	4.60	4.52	4.46	4.41	10
11	9.65	7.21	6.22	5.67	5.32	5.07	4.89	4.74	4.63	4.54	4.40	4.29	4.21	4.15	4.10	11
12	9.33	6.93	5.95	5.41	5.06	4.82	4.64	4.50	4.39	4.30	4.16	4.05	3.97	3.91	3.86	12
13	9.07	6.70	5.74	5.21	4.86	4.62	4.44	4.30	4.19	4.10	3.96	3.86	3.78	3.71	3.66	13
14	8.86	6.51	5.56	5.04	4.70	4.46	4.28	4.14	4.03	3.94	3.80	3.70	3.62	3.56	3.51	14
15	8.68	6.36	5.42	4.89	4.56	4.32	4.14	4.00	3.89	3.80	3.67	3.56	3.49	3.42	3.37	15
16	8.53	6.23	5.29	4.77	4.44	4.20	4.03	3.89	3.78	3.69	3.55	3.45	3.37	3.31	3.26	16
17	8.40	6.11	5.18	4.67	4.34	4.10	3.93	3.79	3.68	3.59	3.46	3.35	3.27	3.21	3.16	17
18	8.29	6.01	5.09	4.58	4.25	4.01	3.84	3.71	3.60	3.51	3.37	3.27	3.19	3.13	3.08	18
19	8.18	5.93	5.01	4.50	4.17	3.94	3.77	3.63	3.52	3.43	3.30	3.19	3.12	3.05	3.00	19
20	8.10	5.85	4.94	4.43	4.10	3.87	3.70	3.56	3.46	3.37	3.23	3.13	3.05	2.99	2.94	20
21	8.02	5.78	4.87	4.37	4.04	3.81	3.64	3.51	3.40	3.31	3.17	3.07	2.99	2.93	2.88	21
22	7.95	5.72	4.82	4.31	3.99	3.76	3.59	3.45	3.35	3.26	3.12	3.02	2.94	2.88	2.83	22
23	7.88	5.66	4.76	4.26	3.94	3.71	3.54	3.41	3.30	3.21	3.07	2.97	2.89	2.83	2.78	23
24	7.82	5.61	4.72	4.22	3.90	3.67	3.50	3.36	3.26	3.17	3.03	2.93	2.85	2.79	2.74	24
25	7.77	5.57	4.68	4.18	3.86	3.63	3.46	3.32	3.22	3.13	2.99	2.89	2.81	2.75	2.70	25

df_2	df_1（分子的自由度）															df_2
	1	2	3	4	5	6	7	8	9	10	12	14	16	18	20	
26	7.72	5.53	4.64	4.14	3.82	3.59	3.42	3.29	3.18	3.09	2.96	2.86	2.78	2.72	2.66	26
27	7.68	5.49	4.60	4.11	3.78	3.56	3.39	3.26	3.15	3.06	2.93	2.82	2.75	2.68	2.63	27
28	7.64	5.45	4.57	4.07	3.75	3.53	3.36	3.23	3.12	3.03	2.90	2.79	2.72	2.65	2.60	28
29	7.60	5.42	4.54	4.04	3.73	3.50	3.33	3.20	3.09	3.00	2.87	2.77	2.69	2.62	2.57	29
30	7.56	5.39	4.51	4.02	3.70	3.47	3.30	3.17	3.07	2.98	2.84	2.74	2.66	2.60	2.55	30
32	7.50	5.34	4.46	3.97	3.65	3.43	3.26	3.13	3.02	2.93	2.80	2.70	2.62	2.55	2.50	32
34	7.44	5.29	4.42	3.93	3.61	3.39	3.22	3.09	2.98	2.89	2.76	2.66	2.58	2.51	2.46	34
36	7.40	5.25	4.38	3.89	3.57	3.35	3.18	3.05	2.95	2.86	2.72	2.62	2.54	2.48	2.43	36
38	7.35	5.21	4.34	3.86	3.54	3.32	3.15	3.02	2.92	2.83	2.69	2.59	2.51	2.45	2.40	38
40	7.31	5.18	4.31	3.83	3.51	3.29	3.12	2.99	2.89	2.80	2.66	2.56	2.48	2.42	2.37	40
42	7.28	5.15	4.29	3.80	3.49	3.27	3.10	2.97	2.86	2.78	2.64	2.54	2.46	2.40	2.34	42
44	7.25	5.12	4.26	3.78	3.47	3.24	3.08	2.95	2.84	2.75	2.62	2.52	2.44	2.37	2.32	44
46	7.22	5.10	4.24	3.76	3.44	3.22	3.06	2.93	2.82	2.73	2.60	2.50	2.42	2.35	2.30	46
48	7.20	5.08	4.22	3.74	3.43	3.20	3.04	2.91	2.80	2.72	2.58	2.48	2.40	2.33	2.28	48
50	7.17	5.06	4.20	3.72	3.41	3.19	3.02	2.89	2.79	2.70	2.56	2.46	2.38	2.32	2.27	50
60	7.08	4.98	4.13	3.65	3.34	3.12	2.95	2.82	2.72	2.63	2.50	2.39	2.31	2.25	2.20	60
80	6.96	4.88	4.04	3.56	3.26	3.04	2.87	2.74	2.64	2.55	2.42	2.31	2.23	2.17	2.12	80
100	6.90	4.82	3.98	3.51	3.21	2.99	2.82	2.69	2.59	2.50	2.37	2.26	2.19	2.12	2.07	100
125	6.84	4.78	3.94	3.47	3.17	2.95	2.79	2.66	2.55	2.47	2.33	2.23	2.15	2.08	2.03	125
150	6.81	4.75	3.92	3.45	3.14	2.92	2.76	2.63	2.53	2.44	2.31	2.20	2.12	2.06	2.00	150
200	6.76	4.71	3.88	3.41	3.11	2.89	2.73	2.60	2.50	2.41	2.27	2.17	2.09	2.02	1.97	200
300	6.72	4.68	3.85	3.38	3.08	2.86	2.70	2.57	2.47	2.38	2.24	2.14	2.06	1.99	1.94	300
500	6.69	4.65	3.82	3.36	3.05	2.84	2.68	2.55	2.44	2.36	2.22	2.12	2.04	1.97	1.92	500
1 000	6.66	4.63	3.80	3.34	3.04	2.82	2.66	2.53	2.43	2.34	2.20	2.10	2.02	1.95	1.90	1 000
∞	6.63	4.61	3.78	3.32	3.02	2.80	2.64	2.51	2.41	2.32	2.18	2.08	2.00	1.93	1.88	∞

统计用表

附表 3（4） F 值表

$P = 0.01$

df_2	22	24	26	28	30	35	40	45	50	60	80	100	200	500	∞
1	6 220	6 234	6 240	6 250	6 258	6 280	6 286	6 300	6 302	6 310	6 334	6 330	6 352	6 361	6 366
2	99.5	99.5	99.5	99.5	99.5	99.5	99.5	99.5	99.5	99.5	99.5	99.5	99.5	99.5	99.5
3	26.6	26.6	26.6	26.5	26.5	26.5	26.4	26.4	26.4	26.3	26.3	26.2	26.2	26.1	26.1
4	14.0	13.9	13.9	13.9	13.8	13.8	13.7	13.7	13.7	13.7	13.6	13.6	13.5	13.5	13.5
5	9.51	9.47	9.43	9.40	9.38	9.33	9.29	9.26	9.24	9.20	9.16	9.13	9.08	9.04	9.02
6	7.35	7.31	7.28	7.25	7.23	7.18	7.14	7.11	7.09	7.06	7.01	6.99	6.93	6.90	6.88
7	6.11	6.07	6.04	6.02	5.99	5.94	5.91	5.88	5.86	5.82	5.78	5.75	5.70	5.67	5.65
8	5.32	5.28	5.25	5.22	5.20	5.15	5.12	5.00	5.07	5.03	4.99	4.96	4.91	4.88	4.86
9	4.77	4.73	4.70	4.67	4.65	4.60	4.57	4.54	4.52	4.48	4.44	4.42	4.36	4.33	4.31
10	4.36	4.33	4.30	4.27	4.25	4.20	4.17	4.14	4.12	4.08	4.04	4.01	3.96	3.93	3.91
11	4.06	4.02	3.99	3.96	3.94	3.89	3.86	3.83	3.81	3.78	3.73	3.71	3.66	3.62	3.60
12	3.82	3.78	3.75	3.72	3.70	3.65	3.62	3.59	3.57	3.54	3.49	3.47	3.41	3.38	3.36
13	3.62	3.59	3.56	3.53	3.51	3.46	3.43	3.40	3.38	3.34	3.30	3.27	3.22	3.19	3.17
14	3.46	3.43	3.40	3.37	3.35	3.30	3.27	3.24	3.22	3.18	3.14	3.11	3.06	3.03	3.00
15	3.33	3.29	3.26	3.24	3.21	3.17	3.13	3.10	3.08	3.05	3.00	2.98	2.92	2.89	2.87
16	3.22	3.18	3.15	3.12	3.10	3.05	3.02	2.99	2.97	2.93	2.89	2.86	2.81	2.78	2.75
17	3.12	3.08	3.05	3.03	3.00	2.96	2.92	2.89	2.87	2.83	2.79	2.76	2.71	2.68	2.65
18	3.03	3.00	2.97	2.94	2.92	2.87	2.84	2.81	2.78	2.75	2.70	2.68	2.62	2.59	2.57
19	2.96	2.92	2.89	2.87	2.84	2.80	2.76	2.73	2.71	2.67	2.63	2.60	2.55	2.51	2.49
20	2.90	2.86	2.83	2.80	2.78	2.73	2.69	2.67	2.64	2.61	2.56	2.54	2.48	2.44	2.42
21	2.84	2.80	2.77	2.74	2.72	2.67	2.64	2.61	2.58	2.55	2.50	2.48	2.42	2.38	2.36
22	2.78	2.75	2.72	2.69	2.67	2.62	2.58	2.55	2.53	2.50	2.45	2.42	2.36	2.33	2.31
23	2.74	2.70	2.67	2.64	2.62	2.57	2.54	2.51	2.48	2.45	2.40	2.37	2.32	2.28	2.26
24	2.70	2.66	2.63	2.60	2.58	2.53	2.49	2.46	2.44	2.40	2.36	2.33	2.27	2.24	2.21
25	2.66	2.62	2.59	2.56	2.54	2.49	2.45	2.42	2.40	2.36	2.32	2.29	2.23	2.19	2.17

df_1（分子的自由度）

df_2	df_1（分子的自由度）															df_2
	22	24	26	28	30	35	40	45	50	60	80	100	200	500	∞	
26	2.62	2.58	2.55	2.53	2.50	2.45	2.42	2.39	2.36	2.33	2.28	2.25	2.19	2.16	2.13	26
27	2.59	2.55	2.52	2.49	2.47	2.42	2.38	2.35	2.33	2.29	2.25	2.22	2.16	2.12	2.10	27
28	2.56	2.52	2.49	2.46	2.44	2.39	2.35	2.32	2.30	2.26	2.22	2.19	2.13	2.09	2.06	28
29	2.53	2.49	2.46	2.44	2.41	2.36	2.33	2.30	2.27	2.23	2.19	2.16	2.10	2.06	2.03	29
30	2.51	2.47	2.44	2.41	2.39	2.34	2.30	2.27	2.25	2.21	2.16	2.13	2.07	2.03	2.01	30
32	2.46	2.42	2.39	2.36	2.34	2.29	2.25	2.22	2.20	2.16	2.11	2.08	2.02	1.98	1.96	32
34	2.42	2.38	2.35	2.32	2.30	2.25	2.21	2.18	2.16	2.12	2.07	2.04	1.98	1.94	1.91	34
36	2.38	2.35	2.32	2.29	2.26	2.21	2.17	2.14	2.12	2.08	2.03	2.00	1.94	1.90	1.87	36
38	2.35	2.32	2.28	2.26	2.23	2.18	2.14	2.11	2.09	2.05	2.00	1.97	1.90	1.86	1.84	38
40	2.33	2.29	2.26	2.23	2.20	2.15	2.11	2.08	2.06	2.02	1.97	1.94	1.87	1.83	1.80	40
42	2.30	2.26	2.23	2.20	2.18	2.13	2.09	2.06	2.03	1.99	1.94	1.91	1.85	1.80	1.78	42
44	2.28	2.24	2.21	2.18	2.15	2.10	2.06	2.03	2.01	1.97	1.92	1.89	1.82	1.78	1.75	44
46	2.26	2.22	2.19	2.16	2.13	2.08	2.04	2.01	1.99	1.95	1.90	1.86	1.80	1.75	1.73	46
48	2.24	2.20	2.17	2.14	2.12	2.06	2.02	1.99	1.97	1.93	1.88	1.84	1.78	1.73	1.70	48
50	2.22	2.18	2.15	2.12	2.10	2.05	2.01	1.97	1.95	1.91	1.86	1.82	1.76	1.71	1.68	50
60	2.15	2.12	2.08	2.05	2.03	1.98	1.94	1.90	1.88	1.84	1.78	1.75	1.68	1.63	1.60	60
80	2.07	2.03	2.00	1.97	1.94	1.89	1.85	1.81	1.79	1.75	1.69	1.66	1.58	1.53	1.49	80
100	2.02	1.98	1.94	1.92	1.89	1.84	1.80	1.76	1.73	1.69	1.63	1.60	1.52	1.47	1.43	100
125	1.98	1.94	1.91	1.88	1.85	1.80	1.76	1.72	1.69	1.65	1.59	1.55	1.47	1.41	1.37	125
150	1.96	1.92	1.88	1.85	1.83	1.77	1.73	1.69	1.66	1.62	1.56	1.52	1.43	1.38	1.33	150
200	1.93	1.89	1.85	1.82	1.79	1.74	1.69	1.66	1.63	1.58	1.52	1.48	1.39	1.33	1.28	200
300	1.89	1.85	1.82	1.79	1.76	1.71	1.66	1.62	1.59	1.55	1.48	1.44	1.35	1.28	1.22	300
500	1.87	1.83	1.79	1.76	1.74	1.68	1.63	1.60	1.56	1.52	1.45	1.41	1.31	1.23	1.16	500
1 000	1.85	1.81	1.77	1.74	1.72	1.66	1.61	1.57	1.54	1.50	1.43	1.38	1.28	1.19	1.11	1 000
∞	1.83	1.79	1.76	1.72	1.70	1.64	1.59	1.55	1.52	1.47	1.40	1.36	1.25	1.15	1.00	∞

附表 4 q 值表

上行:$P=0.05$
下行:$P=0.01$

df_w	2	3	4	5	6	7	8	9	10
5	3.64	4.60	5.22	5.67	6.03	6.33	6.58	6.80	6.99
	5.70	6.98	7.80	8.42	8.91	9.32	9.67	9.97	10.24
6	3.46	4.34	4.90	5.30	5.63	5.90	6.12	6.32	6.49
	5.24	6.33	7.03	7.56	7.97	8.32	8.61	8.87	9.10
7	3.34	4.16	4.68	5.06	5.36	5.61	5.82	6.00	6.16
	4.95	5.92	6.54	7.01	7.37	7.68	7.94	8.17	8.37
8	3.26	4.04	4.53	4.89	5.17	5.40	5.60	5.77	5.92
	4.75	5.64	6.20	6.62	6.96	7.24	7.47	7.68	7.86
9	3.20	3.95	4.41	4.76	5.02	5.24	5.43	5.59	5.74
	4.60	5.43	5.96	6.35	6.66	6.91	7.31	7.33	7.49
10	3.15	3.88	4.33	4.65	4.91	5.12	5.30	5.46	5.60
	4.48	5.27	5.77	6.14	6.43	6.67	6.87	7.05	7.21
12	3.08	3.77	4.20	4.51	4.75	4.95	5.12	5.27	5.39
	4.32	5.05	5.50	5.84	6.10	6.32	6.51	6.67	6.81
14	3.03	3.70	4.11	4.41	4.64	4.83	4.99	5.13	5.25
	4.21	4.89	5.32	5.63	5.88	6.08	6.26	6.41	6.54

a(组数)

（续表）

df_w	a（组数）								
	2	3	4	5	6	7	8	9	10
16	3.00	3.65	4.05	4.33	4.56	4.74	4.90	5.03	5.15
	4.13	4.79	5.19	5.49	5.72	5.92	6.08	6.22	6.35
18	2.97	3.61	4.00	4.28	4.49	4.67	4.82	4.96	5.07
	4.07	4.70	5.09	5.38	5.60	5.79	5.94	6.08	6.20
20	2.95	3.58	3.96	4.23	4.45	4.62	4.77	4.90	5.01
	4.02	4.64	5.02	5.29	5.51	5.69	5.84	5.97	6.09
30	2.89	3.49	3.85	4.10	4.30	4.46	4.60	4.72	4.82
	3.89	4.45	4.80	5.05	5.24	5.40	5.54	5.65	5.76
40	2.86	3.44	3.79	4.04	4.23	4.39	4.52	4.63	4.73
	3.82	4.37	4.70	4.93	5.11	5.26	5.39	5.50	5.60
60	2.83	3.40	3.74	3.98	4.16	4.31	4.44	4.55	4.65
	3.76	4.28	4.59	4.82	4.99	5.13	5.25	5.36	5.45
120	2.80	3.36	3.68	3.92	4.10	4.24	4.36	4.47	4.56
	3.70	4.20	4.50	4.71	4.87	5.01	5.12	5.21	5.30
∞	2.77	3.31	3.63	3.86	4.03	4.17	4.29	4.39	4.47
	3.64	4.12	4.40	4.60	4.76	4.88	4.99	5.08	5.16

统计用表

附表 5 F_{max} 界值表

（哈特莱方差齐性检验）

S_j^2 的 df	P	$k=$ 方差的数目										
		2	3	4	5	6	7	8	9	10	11	12
4	0.05	9.60	15.5	20.6	25.2	29.5	33.6	37.5	41.4	44.6	48.0	51.4
	0.01	23.2	37.	49.	59.	69.	79.	89.	97.	106.	113.	120.
5	0.05	7.15	10.8	13.7	16.3	18.7	20.8	22.9	24.7	26.5	28.2	29.9
	0.01	14.9	22.	28.	33.	38.	42.	46.	50.	54.	57.	60.
6	0.05	5.82	8.38	10.4	12.1	13.7	15.0	16.3	17.5	18.6	19.7	20.7
	0.01	11.1	15.5	19.1	22.	25.	27.	30.	32.	34.	36.	37.
7	0.05	4.99	6.94	8.44	9.70	10.8	11.8	12.7	13.5	14.3	15.1	15.8
	0.01	8.89	12.1	14.5	16.5	18.4	20.	22.	23.	24.	26.	27.
8	0.05	4.43	6.00	7.18	8.12	9.03	9.78	10.5	11.1	11.7	12.2	12.7
	0.01	7.50	9.9	11.7	13.2	14.5	15.8	16.9	17.9	18.9	19.8	21.
9	0.05	4.03	5.34	6.31	7.11	7.80	8.41	8.95	9.45	9.91	10.3	10.7
	0.01	6.54	8.5	9.9	11.1	12.1	13.1	13.9	14.7	15.3	16.0	16.6
10	0.05	3.72	4.85	5.67	6.34	6.92	7.42	7.87	8.28	8.66	9.01	9.34
	0.01	5.85	7.4	8.6	9.6	10.4	11.1	11.8	12.4	12.9	13.4	13.9
12	0.05	3.28	4.16	4.79	5.30	5.72	6.09	6.42	6.72	7.00	7.25	7.48
	0.01	4.91	6.1	6.9	7.6	8.2	8.7	9.1	9.5	9.9	10.2	10.6
15	0.05	2.86	3.54	4.01	4.37	4.68	4.95	5.19	5.40	5.59	5.77	5.93
	0.01	4.07	4.9	5.5	6.0	6.4	6.7	7.1	7.3	7.5	7.8	8.0
20	0.05	2.46	2.95	3.29	3.54	3.76	3.94	4.10	4.24	4.37	4.49	4.59
	0.01	3.32	3.8	4.3	4.6	4.9	5.1	5.3	5.5	5.6	5.8	5.9
30	0.05	2.07	2.40	2.61	2.78	2.91	3.02	3.12	3.21	3.29	3.36	3.39
	0.01	2.63	3.0	3.3	3.4	3.6	3.7	3.8	3.9	4.0	4.1	4.2
60	0.05	1.67	1.85	1.96	2.04	2.11	2.17	2.22	2.26	2.30	2.33	2.36
	0.01	1.96	2.2	2.3	2.4	2.4	2.5	2.5	2.6	2.6	2.7	2.7
∞	0.05	1.00	1.00	1.00	1.00	1.00	1.00	1.00	1.00	1.00	1.00	1.00
	0.01	1.00	1.00	1.00	1.00	1.00	1.00	1.00	1.00	1.00	1.00	1.00

附表 6.1(1)　百分率的可信限　（1≤n≤50）

上行:95%可信限
下行:99%可信限

n	0	1	2	3	4	5	6	7	8	9	10	11	12	13
1	0 98													
	0 100													
2	0 84	1 99												
	0 93	0 100												
3	0 71	1 91	9 99											
	0 83	0 96	4 100											
4	0 60	1 81	7 93											
	0 73	0 89	3 97											
5	0 52	1 72	5 85	15 95										
	0 65	0 81	2 92	8 98										
6	0 46	0 64	4 78	12 88										
	0 59	0 75	2 86	7 93										
7	0 41	0 58	4 71	10 82	18 90									
	0 53	0 68	2 80	6 88	12 94									
8	0 37	0 53	3 65	9 76	16 84									
	0 48	0 63	1 74	5 83	10 90									
9	0 34	0 48	3 60	7 70	14 79	21 86								
	0 45	0 59	1 69	4 78	9 85	15 91								
10	0 31	0 45	3 56	7 65	12 74	19 81								
	0 41	0 54	1 65	4 74	8 81	13 87								
11	0 28	0 41	2 52	6 61	11 69	17 77	23 83							
	0 38	0 51	1 61	3 69	7 77	11 83	17 89							
12	0 26	0 38	2 48	5 57	10 65	15 72	21 79							
	0 36	0 48	1 57	3 66	6 73	10 79	15 85							

X

统计用表

（续表）

n	X																											
	0		1		2		3		4		5		6		7		8		9		10		11		12		13	
13	0	25	0	36	2	45	5	54	9	61	14	68	19	75	25	81												
	0	34	0	45	1	54	3	62	6	69	9	76	14	81	19	86												
14	0	23	0	34	2	43	5	51	8	58	13	65	18	71	23	77												
	0	32	0	42	1	51	3	59	5	66	9	72	13	78	17	83												
15	0	22	0	32	2	41	4	48	8	55	12	62	16	68	21	73	27	79										
	0	30	0	40	1	49	2	56	5	63	8	69	12	74	16	79	21	84										
16	0	21	0	30	2	38	4	46	7	52	11	59	15	65	20	70	25	75										
	0	28	0	38	1	46	2	53	5	60	8	66	11	71	15	76	19	81										
17	0	20	0	29	2	36	4	43	7	50	10	56	14	62	18	67	23	72	28	77								
	0	27	0	36	1	44	2	51	4	57	7	63	10	69	14	74	18	78	22	82								
18	0	19	0	27	1	35	4	41	6	48	10	54	13	59	17	64	22	69	26	74								
	0	26	0	35	1	42	2	49	4	55	7	61	10	66	13	71	17	75	21	79								
19	0	18	0	26	1	33	3	40	6	46	9	51	13	57	16	62	20	67	24	71	29	76						
	0	24	0	33	1	40	2	47	4	53	6	58	9	63	12	68	16	73	19	77	23	81						
20	0	17	0	25	1	32	3	38	6	44	9	49	12	54	15	59	19	64	23	69	27	73						
	0	23	0	32	1	39	2	45	4	51	6	56	9	61	11	66	15	70	18	74	22	78						
21	0	16	0	24	1	30	3	36	5	42	8	47	11	52	15	57	18	62	22	66	26	70	30	74				
	0	22	0	30	1	37	2	43	3	49	6	54	8	59	11	63	14	68	17	71	21	76	24	80				
22	0	15	0	23	1	29	3	35	5	40	8	45	11	50	14	55	17	59	21	64	24	68	28	72				
	0	21	0	29	1	36	2	42	3	47	5	52	8	57	10	61	13	66	16	70	20	73	23	77				
23	0	15	0	22	1	28	3	34	5	39	8	44	10	48	13	53	16	57	20	62	23	66	27	69	31	73		
	0	21	0	28	1	35	2	40	3	45	5	50	7	55	10	59	13	63	15	67	19	71	22	75	25	78		
24	0	14	0	21	1	27	3	32	5	37	7	42	10	47	13	51	16	55	19	59	22	63	26	87	29	71		
	0	20	0	27	0	33	2	39	3	44	5	49	7	53	9	57	12	61	15	65	18	69	21	73	24	76		
25	0	14	0	20	1	26	3	31	5	36	7	41	9	45	12	49	15	54	18	58	21	61	24	65	28	69	31	72
	0	19	0	26	0	32	1	37	3	42	5	47	7	51	9	56	11	60	14	63	17	67	20	71	23	74	26	77

附表 6.1（2） 百分率的可信限 （$1 \leqslant n \leqslant 50$）

上行：95%可信限
下行：99%可信限

每格内两数为下限与上限（lower upper）。上行为 95%可信限，下行为 99%可信限。

n	可信限	0	1	2	3	4	5	6	7	8	9	10	11	12	13
26	95%	0 13	0 20	1 25	2 30	4 35	7 39	9 44	12 48	14 52	17 56	20 60	23 63	27 67	30 70
26	99%	0 18	0 25	0 31	1 36	3 41	4 46	6 50	9 54	11 58	13 62	16 65	19 69	22 72	25 75
27	95%	0 13	0 19	1 24	2 29	4 34	6 38	9 42	11 46	14 50	17 54	19 58	22 61	26 65	29 68
27	99%	0 18	0 25	0 30	1 35	3 40	4 44	6 48	8 51	10 56	13 60	15 63	18 67	21 70	24 73
28	95%	0 12	0 18	1 24	2 28	4 33	6 37	8 41	11 45	13 49	16 52	19 56	22 59	25 63	28 66
28	99%	0 17	0 24	0 29	1 34	3 39	4 43	6 47	8 51	10 55	12 58	15 62	17 65	20 68	23 71
29	95%	0 12	0 18	1 23	2 27	4 32	6 36	8 40	10 44	13 47	15 51	18 54	21 58	24 61	26 64
29	99%	0 17	0 23	0 28	1 33	2 37	4 42	6 46	8 49	10 53	12 57	14 60	17 63	19 66	22 70
30	95%	0 12	0 17	1 22	2 27	4 31	6 35	8 39	10 42	12 46	15 49	17 53	20 56	23 59	26 63
30	99%	0 16	0 22	0 27	1 32	2 36	4 40	5 44	7 48	9 52	11 55	14 58	16 62	19 65	21 68
31	95%	0 11	0 17	1 22	2 26	4 30	6 34	8 38	10 41	12 45	14 48	17 51	19 55	22 58	25 61
31	99%	0 16	0 22	0 27	1 31	2 35	4 39	5 43	7 47	9 50	11 54	13 57	16 60	18 63	20 66
32	95%	0 11	0 16	1 21	2 25	4 29	5 33	7 36	9 40	12 43	14 47	16 50	19 53	21 56	24 59
32	99%	0 15	0 21	0 26	1 30	2 34	4 38	5 42	7 46	9 49	11 52	13 56	15 59	17 62	20 65
33	95%	0 11	0 15	1 20	2 24	3 28	5 32	7 36	9 39	11 42	13 46	16 49	18 52	20 55	23 58
33	99%	0 15	0 20	0 25	1 30	2 34	3 37	5 41	7 44	8 48	10 51	12 54	14 57	17 60	19 63
34	95%	0 10	0 15	1 19	2 23	3 28	5 31	7 35	9 38	11 41	13 44	15 48	17 51	20 54	22 56
34	99%	0 14	0 20	0 25	1 29	2 33	3 36	5 40	6 43	8 47	10 50	12 53	14 56	16 59	18 62
35	95%	0 10	0 15	1 19	2 23	3 27	5 30	7 34	8 37	10 40	13 43	15 46	17 49	19 52	22 55
35	99%	0 14	0 20	0 24	1 28	2 32	3 35	5 39	6 42	8 45	10 49	12 52	14 55	16 57	18 60
36	95%	0 10	0 15	1 18	2 22	3 25	5 29	6 33	8 36	10 39	12 42	14 45	16 48	19 51	21 54
36	99%	0 14	0 19	0 23	1 27	2 31	3 35	5 38	6 41	8 44	9 47	11 50	13 53	15 56	17 59
37	95%	0 10	0 14	1 18	2 22	3 25	5 28	6 32	8 35	10 38	12 41	14 44	16 47	18 50	20 53
37	99%	0 13	0 18	0 23	1 27	2 30	3 34	4 37	6 40	7 43	9 46	11 49	13 52	15 55	17 58

X

教育统计学

X

n	0	1	2	3	4	5	6	7	8	9	10	11	12	13
38	10 0	14 1	18 2	21 3	25 3	28 5	32 6	34 8	37 10	40 11	43 13	46 15	49 18	51 20
	13 0	18 0	22 1	26 2	30 2	33 3	36 4	39 6	42 7	45 9	48 11	51 12	54 14	56 16
39	9 0	14 1	17 2	21 3	24 4	27 4	31 6	33 8	36 9	39 11	42 13	45 15	48 17	50 19
	13 0	18 0	21 1	25 2	29 3	32 3	35 4	38 6	41 7	44 9	47 10	50 12	53 14	55 16
40	9 0	13 1	17 2	21 3	24 4	27 4	31 6	33 8	35 9	38 11	41 13	44 15	47 17	49 19
	12 0	17 0	21 1	25 2	28 3	32 3	35 4	38 5	40 7	43 9	46 10	49 12	52 13	54 15
41	9 0	13 1	17 2	20 3	23 4	26 4	30 6	32 7	35 9	37 11	40 12	43 14	46 16	48 18
	12 0	17 0	21 1	24 2	28 3	31 3	34 4	37 5	40 7	42 8	45 10	48 11	50 13	53 15
42	9 0	13 1	16 2	20 3	23 4	26 4	30 6	31 7	34 9	37 10	39 12	42 14	45 16	47 18
	12 0	17 0	20 1	24 2	27 3	31 3	34 4	36 5	39 7	42 8	44 9	47 11	49 13	52 15
43	9 0	12 1	16 2	19 3	23 4	26 4	28 6	31 7	33 9	36 10	39 12	41 14	44 15	46 17
	12 0	16 0	20 1	23 2	26 3	30 3	33 4	36 5	38 7	41 8	43 9	46 11	49 13	51 14
44	9 0	12 1	15 2	19 3	22 4	25 4	28 5	30 7	33 8	35 10	38 11	40 13	43 15	45 17
	11 0	16 0	19 1	23 2	26 3	29 3	32 4	35 5	37 6	40 8	42 9	45 11	47 12	50 14
45	8 0	12 1	15 2	18 3	21 4	25 4	28 5	30 7	32 8	34 10	37 11	39 13	42 15	44 16
	11 0	15 0	19 1	22 2	25 3	29 3	32 4	35 5	37 6	39 8	42 9	44 11	47 12	49 14
46	8 0	12 1	15 2	18 3	21 4	24 4	27 5	29 7	31 8	34 9	36 11	39 13	41 14	43 16
	11 0	15 0	19 1	22 2	25 3	28 3	31 4	33 5	36 6	39 8	41 9	43 10	46 12	48 13
47	8 0	12 1	15 2	17 3	20 4	24 4	26 5	28 6	31 8	34 9	36 11	38 13	40 14	43 16
	11 0	15 0	18 1	21 2	24 2	28 3	31 4	33 5	35 6	39 7	40 9	42 10	45 11	47 13
48	8 0	11 1	14 2	17 3	20 4	24 4	26 5	28 6	30 8	33 9	36 11	37 12	39 14	42 15
	10 0	14 0	18 1	21 2	24 2	27 2	30 4	32 5	35 6	37 7	40 8	42 10	44 11	47 13
49	8 0	11 1	14 2	17 2	20 4	22 4	26 5	27 6	29 7	32 9	35 11	37 12	39 13	41 15
	10 0	14 0	17 1	20 1	24 2	26 3	29 4	32 4	34 6	36 7	39 8	41 9	44 11	46 12
50	7 0	11 1	14 2	17 2	19 3	22 3	25 5	26 6	29 7	31 7	34 10	36 11	38 13	41 15
	10 0	14 0	17 1	20 1	23 2	26 3	28 4	31 4	33 5	36 7	38 8	40 9	43 11	45 12

附表 6.1(3)　百分率的可信限　$(1 \leqslant n \leqslant 50)$

上行：95%可信限
下行：99%可信限

n	14	15	16	17	18	19	20	21	22	23	24	25
26												
27	32 71 / 27 76											
28	31 69 / 26 74											
29	30 68 / 25 72	33 71 / 28 75										
30	28 66 / 24 71	31 69 / 27 74										
31	27 64 / 23 69	30 67 / 26 72	33 70 / 28 75									
32	26 62 / 22 67	29 65 / 25 70	32 68 / 27 73									
33	26 61 / 21 66	28 64 / 24 69	31 67 / 26 71	34 69 / 29 74								
34	25 59 / 21 64	27 62 / 23 67	30 65 / 25 70	32 68 / 28 72								
35	24 58 / 20 63	26 61 / 22 66	29 63 / 24 68	31 66 / 27 71	34 69 / 29 73							
36	23 57 / 19 62	26 59 / 22 64	28 62 / 23 67	30 65 / 26 69	33 67 / 28 72							
37	23 55 / 19 60	25 58 / 21 63	27 61 / 23 65	30 63 / 25 68	32 66 / 28 70	34 68 / 30 73						

n	14	15	16	17	18	19	20	21	22	23	24	25
38	22–54	24–57	26–59	29–62	31–64	33–67						
	18–59	20–61	22–64	25–66	27–69	29–71						
39	21–53	23–55	26–58	28–60	30–63	32–65	35–68					
	18–58	20–60	22–63	24–65	26–68	28–70	30–72					
40	21–52	23–54	25–57	27–59	29–62	32–64	34–66					
	17–57	19–59	21–61	23–64	25–66	27–68	30–71					
41	20–51	22–53	24–56	26–58	29–60	31–63	33–65	35–67				
	17–55	19–58	21–60	23–63	25–65	27–67	29–69	31–71				
42	20–50	22–52	24–54	26–57	28–59	30–61	33–64	34–66				
	16–54	18–57	20–59	22–61	24–64	26–66	28–67	30–70				
43	19–49	21–51	23–53	25–56	27–58	29–60	32–62	33–65	36–67			
	16–53	18–56	19–58	21–60	23–62	25–65	28–66	29–69	31–71			
44	19–48	21–50	22–52	24–55	26–57	28–59	31–61	33–63	35–65			
	15–52	17–55	19–57	21–59	23–61	25–63	27–65	28–68	30–70			
45	18–47	20–49	22–51	24–54	26–56	28–58	30–60	32–62	34–64	36–66		
	15–51	17–54	19–56	21–58	22–60	24–62	26–64	28–66	30–68	32–70		
46	18–46	20–48	21–50	23–53	25–55	27–57	30–59	31–61	33–63	35–65		
	15–50	16–53	18–55	20–57	21–59	23–61	26–63	27–65	29–67	31–69		
47	18–45	19–47	21–49	23–52	25–54	26–56	29–58	30–60	33–62	34–64	36–66	
	14–49	16–52	18–54	19–56	21–58	23–60	25–62	26–64	29–66	30–68	32–70	
48	17–44	19–46	20–48	22–51	24–53	26–55	28–57	30–59	32–61	33–63	36–65	
	14–49	16–51	17–53	19–55	20–57	22–59	25–61	25–63	28–65	29–67	32–69	
49	17–43	18–45	20–47	22–50	24–52	25–54	28–56	29–58	31–60	33–62	35–64	36–66
	14–48	15–50	17–52	19–54	20–56	22–58	24–60	25–62	28–64	28–66	31–68	32–70
50	16–43	18–45	20–47	21–49	23–51	25–53	27–55	28–57	30–59	32–61	34–63	36–65
	14–47	15–49	17–51	18–53	20–55	21–57	23–59	25–61	26–63	28–65	30–67	32–68

附表 6.2　百分率的可信限　($50 \leqslant n \leqslant 100$)

（上行：95%可信限）　（下行：99%可信限）

X	n=50		60		70		80		90		100	
1	0	11	0	9	0	8	0	7	0	6	0	5
	0	14	0	12	0	10	0	9	0	8	0	7
2	0	14	1	11	0	10	1	9	0	8	0	7
	0	17	0	14	0	13	0	11	0	10	0	9
3	1	17	1	14	1	12	1	11	1	10	1	8
	1	20	1	17	1	15	1	13	0	12	0	10
4	2	19	2	16	2	14	2	13	1	11	1	10
	1	23	1	20	1	17	1	15	1	14	1	12
5	3	22	3	18	3	16	2	14	2	13	2	11
	2	26	2	22	2	19	1	17	1	15	1	13
6	5	24	4	20	3	18	3	16	3	14	2	12
	3	29	3	24	2	21	2	19	2	17	2	14
14	16	43	13	36	11	31	10	27	9	25	8	22
	14	47	11	40	9	35	8	31	7	28	6	24
15	18	44	15	38	13	33	11	29	10	26	9	24
	15	49	12	42	10	37	9	33	8	30	7	26
16	20	46	16	40	14	34	12	30	11	27	9	25
	17	51	14	44	11	38	10	34	9	31	8	27
17	21	48	18	41	15	36	13	32	12	28	10	26
	18	53	15	46	12	40	11	35	10	32	9	29
18	23	50	19	43	16	37	14	33	12	30	11	27
	20	55	16	47	14	41	12	37	10	33	9	30
19	25	53	20	45	17	38	15	34	13	31	12	28
	21	57	17	49	15	43	13	38	11	35	10	31

Each cell lists the limits as: lower upper / lower upper

X				n		
	50	60	70	80	90	100
20	27 55 / 23 59	22 47 / 19 51	18 40 / 16 44	16 36 / 14 39	14 32 / 12 36	13 29 / 11 32
21	28 57 / 24 61	23 49 / 20 52	20 41 / 17 46	17 37 / 15 41	15 33 / 13 37	14 30 / 12 33
22	30 59 / 26 63	25 50 / 22 54	21 43 / 18 47	18 39 / 16 42	16 35 / 14 38	14 31 / 12 34
23	32 61 / 28 65	26 52 / 23 56	22 45 / 19 49	19 40 / 17 44	17 36 / 15 39	15 32 / 13 35
24	34 63 / 29 67	28 53 / 24 58	23 46 / 21 50	20 41 / 18 45	18 37 / 16 41	16 33 / 14 36
25	36 64 / 31 69	29 55 / 26 59	25 48 / 22 52	21 43 / 19 46	19 38 / 17 42	17 35 / 15 38

X				n		
	50	60	70	80	90	100
7	6 27 / 4 31	5 23 / 4 26	4 20 / 3 23	4 17 / 3 21	3 15 / 2 18	3 14 / 2 16
8	7 29 / 6 33	6 25 / 4 29	5 21 / 4 25	5 19 / 3 22	4 17 / 3 20	4 15 / 3 17
9	9 31 / 7 36	7 26 / 5 30	6 23 / 5 27	5 20 / 4 24	5 18 / 4 21	4 16 / 3 18
10	10 34 / 8 38	8 29 / 7 32	7 25 / 6 28	6 22 / 5 25	6 20 / 4 22	5 18 / 4 19
11	12 36 / 10 40	10 30 / 8 34	8 26 / 7 30	7 23 / 6 27	6 21 / 5 24	5 19 / 4 20
12	13 38 / 11 43	11 32 / 9 36	9 28 / 7 32	8 25 / 6 28	7 22 / 6 25	6 20 / 5 21
13	15 41 / 12 45	12 34 / 10 38	10 30 / 8 33	9 26 / 7 30	8 23 / 6 27	7 21 / 6 23

（续表）

X	n=60	70	80	90	100
26	31 57	26 49	22 44	20 39	18 36
	27 61	23 53	20 48	17 43	16 39
27	32 58	27 51	24 45	21 40	19 37
	29 62	24 55	21 49	18 44	16 40
28	34 60	29 52	25 46	22 42	20 38
	30 64	25 56	22 50	19 45	17 41
29	35 62	30 54	26 48	23 43	20 39
	32 65	27 57	23 51	20 46	18 42
30	37 63	31 55	27 49	24 44	21 40
	33 67	28 59	24 53	21 47	19 43
31		33 57	28 50	25 45	22 41
		29 60	25 45	22 49	20 44

X	n=60	70	80	90	100
38			36 59	32 53	29 48
			33 62	29 56	26 51
39			37 60	33 54	29 49
			34 64	30 57	27 52
40			39 61	34 55	30 50
			35 65	31 59	28 53
41				35 56	31 51
				32 60	29 54
42				36 57	32 52
				33 61	30 55
43				37 59	33 53
				34 62	30 56

（续表）

X	60	70	80	90	100
44				38–60	34–54
				35–63	31–57
45				39–61	35–55
				36–64	32–58
46					36–56
					33–59
47					37–57
					34–60
48					38–58
					35–61
49					39–59
					36–62
50					40–60
					37–63

X	60	70	80	90	100
32		34–58	29–51	26–46	23–42
		30–62	26–55	23–50	21–45
33		35–59	31–53	27–47	24–43
		32–63	27–56	24–51	21–46
34		36–61	32–54	28–48	25–44
		33–64	28–58	25–52	22–47
35		38–62	33–55	29–50	26–45
		34–66	30–59	26–53	23–48
36			34–56	30–51	27–46
			31–60	27–54	24–49
37			35–58	31–52	28–47
			32–61	28–55	25–50

附表 6.3 百分率的可信限 （100≤n≤1000）

上行:95%可信限
下行:99%可信限

统 计 用 表

%	n=100 下限	n=100 上限	n=250 下限	n=250 上限	n=1000 下限	n=1000 上限
1	0 / 0	5 / 7	0 / 0	4 / 5	0 / 0	2 / 2
2	0 / 0	7 / 9	1 / 1	5 / 6	0 / 0	3 / 3

%	n=100 下限	n=100 上限	n=250 下限	n=250 上限	n=1000 下限	n=1000 上限
8	4 / 3	15 / 17	5 / 4	12 / 14	6 / 6	10 / 10
9	4 / 3	16 / 18	6 / 5	13 / 15	7 / 7	11 / 12
10	5 / 4	18 / 19	7 / 6	14 / 16	8 / 8	12 / 13

%	n=100 下限	n=100 上限	n=250 下限	n=250 上限	n=1000 下限	n=1000 上限
16	9 / 8	25 / 27	11 / 10	21 / 23	14 / 13	18 / 19
17	10 / 9	26 / 29	12 / 11	22 / 24	15 / 14	19 / 20
18	11 / 9	27 / 30	13 / 12	23 / 25	16 / 15	21 / 21

%	100		250		1000	
	下限	上限	下限	上限	下限	上限
3	1	8	1	6	2	4
	0	10	1	7	2	4
4	1	10	2	7	3	5
	1	12	2	9	3	6
5	2	11	3	9	4	7
	1	13	2	10	3	7
6	2	12	3	10	5	8
	2	14	3	11	4	8
7	3	14	4	11	6	9
	2	16	3	13	5	9
11	5	19	7	16	9	13
	4	20	6	17	9	14
12	6	20	8	17	10	14
	5	21	7	18	9	15
13	7	21	9	18	11	15
	6	23	8	19	10	16
14	8	22	10	19	12	16
	6	24	9	20	11	17
15	9	24	10	20	13	17
	7	26	9	22	12	18
19	12	28	14	24	17	22
	10	31	13	36	16	22
20	13	29	15	26	18	23
	11	32	14	27	17	23
21	14	30	16	27	19	24
	12	33	15	28	18	24
22	14	31	17	28	19	25
	12	34	16	30	19	26
23	15	32	18	29	20	26
	13	35	17	31	20	27

%	n=100		n=250		n=1000	
24	16	33	19	30	21	27
	14	36	18	32	21	28
25	17	35	20	31	22	28
	15	38	18	33	22	29
26	18	36	20	32	23	29
	16	39	19	34	22	30
27	19	37	21	33	24	30
	16	40	20	35	23	31
34	25	44	28	40	31	37
	22	47	26	42	30	38
35	26	45	29	41	32	38
	23	48	27	43	31	39
36	27	46	30	42	33	39
	24	49	28	44	32	40
37	28	47	31	43	34	40
	25	50	29	45	33	41
44	34	54	38	50	41	47
	31	57	36	53	40	48
45	35	55	39	51	42	48
	32	58	37	54	41	49
46	36	56	40	52	43	49
	33	59	38	55	42	50
47	37	57	41	53	44	50
	34	60	39	55	43	51

统计用表

%	n=100		n=250		n=1 000	
28	19	38	22	34	25	31
	17	41	21	36	24	32
29	20	39	23	35	26	32
	18	42	22	37	25	33
30	21	40	24	36	27	33
	19	42	23	38	26	34
31	22	41	25	37	28	34
	20	44	24	39	27	35
32	23	42	26	38	29	35
	21	43	25	40	28	36
33	24	43	27	39	30	36
	21	46	26	41	29	37
38	28	48	32	44	35	41
	26	51	30	46	34	42
39	29	49	33	45	36	42
	27	52	31	47	35	43
40	30	50	34	46	37	43
	28	53	32	48	36	44
41	31	51	35	47	38	44
	29	54	33	50	37	45
42	32	52	36	48	39	45
	29	55	34	51	38	46
43	33	53	37	49	40	46
	30	56	35	52	39	47
48	38	58	42	54	45	51
	35	61	40	56	44	52
49	39	59	43	55	46	52
	36	62	41	57	45	53
50	40	60	44	56	47	53
	37	63	42	58	46	54

附表 7 χ^2 值表

df	P												
	0.995	0.990	0.975	0.950	0.900	0.750	0.500	0.250	0.100	0.050	0.025	0.010	0.005
1	...	...	...	...	0.02	0.10	0.45	1.32	2.71	3.84	5.02	6.63	7.88
2	0.01	0.02	0.05	0.10	0.21	0.58	1.39	2.77	4.61	5.99	7.38	9.21	10.60
3	0.07	0.11	0.22	0.35	0.58	1.21	2.37	4.11	6.25	7.81	9.35	11.34	12.84
4	0.21	0.30	0.48	0.71	1.06	1.92	3.36	5.39	7.78	9.49	11.14	13.28	14.86
5	0.41	0.55	0.83	1.15	1.61	2.67	4.35	6.63	9.24	11.07	12.83	15.09	16.75
6	0.68	0.87	1.24	1.64	2.20	3.45	5.35	7.84	10.64	12.59	14.45	16.81	18.55
7	0.99	1.24	1.69	2.17	2.83	4.25	6.35	9.04	12.02	14.07	16.01	18.48	20.28
8	1.34	1.65	2.18	2.73	3.49	5.07	7.34	10.22	13.36	15.51	17.53	20.09	21.96
9	1.73	2.09	2.70	3.33	4.17	5.90	8.34	11.39	14.68	16.92	19.02	21.67	23.59
10	2.16	2.56	3.25	3.94	4.87	6.74	9.34	12.55	15.99	18.31	20.48	23.21	25.19
11	2.60	3.05	3.82	4.57	5.58	7.58	10.34	13.70	17.28	19.68	21.92	24.72	26.76
12	3.07	3.57	4.40	5.23	6.30	8.44	11.34	14.85	18.55	21.03	23.34	26.22	28.30
13	3.57	4.11	5.01	5.89	7.04	9.30	12.34	15.98	19.81	22.36	24.74	27.69	29.82
14	4.07	4.66	5.63	6.57	7.79	10.17	13.34	17.12	21.06	23.68	26.12	29.14	31.32
15	4.60	5.23	6.27	7.26	8.55	11.04	14.34	18.25	22.31	25.00	27.49	30.58	32.80
16	5.14	5.81	6.91	7.96	9.31	11.91	15.34	19.37	23.54	26.30	28.85	32.00	34.27
17	5.70	6.41	7.56	8.67	10.09	12.79	16.34	20.49	24.77	27.59	30.19	33.41	35.72
18	6.26	7.01	8.23	9.39	10.86	13.68	17.34	21.60	25.99	28.87	31.53	34.81	37.16
19	6.84	7.63	8.91	10.12	11.65	14.56	18.34	22.72	27.20	30.14	32.85	36.19	38.58
20	7.43	8.26	9.59	10.85	12.44	15.45	19.34	23.83	28.41	31.41	34.17	37.57	40.00

统计用表

df	\multicolumn{13}{c}{P}
	0.005	0.010	0.025	0.050	0.100	0.250	0.500	0.750	0.900	0.950	0.975	0.990	0.995
21	41.40	38.93	35.48	32.67	29.62	24.93	20.34	16.34	13.24	11.59	10.28	8.90	8.03
22	42.80	40.29	36.78	33.92	30.81	26.04	21.34	17.24	14.04	12.34	10.98	9.54	8.64
23	44.18	41.64	38.08	35.17	32.01	27.14	22.34	18.14	14.85	13.09	11.69	10.20	9.26
24	45.56	42.98	39.36	36.42	33.20	28.24	23.34	19.04	15.66	13.85	12.40	10.86	9.89
25	46.93	44.31	40.65	37.65	34.38	29.34	24.34	19.94	16.47	14.61	13.12	11.52	10.52
26	48.29	45.64	41.92	38.89	35.56	30.43	25.34	20.84	17.29	15.38	13.84	12.20	11.16
27	49.64	46.96	43.19	40.11	36.74	31.53	26.34	21.75	18.11	16.15	14.57	12.88	11.81
28	50.99	48.28	44.46	41.34	37.92	32.62	27.34	22.66	18.94	16.93	15.31	13.56	12.46
29	52.34	49.59	45.72	42.56	39.09	33.71	28.34	23.57	19.77	17.71	16.05	14.26	13.12
30	53.67	50.89	46.98	43.77	40.26	34.80	29.34	24.48	20.60	18.49	16.79	14.95	13.79
40	66.77	63.69	59.34	55.76	51.80	45.62	39.34	33.66	29.05	26.51	24.43	22.16	20.71
50	79.49	76.15	71.42	67.50	63.17	56.33	49.33	42.94	37.69	34.76	32.36	29.71	27.99
60	91.95	88.38	83.30	79.08	74.40	66.98	59.33	52.29	46.46	43.19	40.48	37.48	35.53
70	104.22	100.42	95.02	90.53	85.53	77.58	69.33	61.70	55.33	51.74	48.76	45.44	43.28
80	116.32	112.33	106.63	101.88	96.58	88.13	79.33	71.14	64.28	60.39	57.15	53.54	51.17
90	128.30	124.12	118.14	113.14	107.56	98.64	89.33	80.62	73.29	69.13	65.65	61.75	59.20
100	140.17	135.81	129.56	124.34	118.50	109.14	99.33	90.13	82.36	77.93	74.22	70.06	67.33

附表 8　r 值的 Z_r 转换表

r	Z_r	r	Z_r	r	Z_r	r	Z_r	r	Z_r
.000	.000	.200	.203	.400	.424	.600	.693	.800	1.099
.005	.005	.205	.208	.405	.430	.605	.701	.805	1.113
.010	.010	.210	.213	.410	.436	.610	.709	.810	1.127
.015	.015	.215	.218	.415	.442	.615	.717	.815	1.142
.020	.020	.220	.224	.420	.448	.620	.725	.820	1.157
.025	.025	.225	.229	.425	.454	.625	.733	.825	1.172
.030	.030	.230	.234	.430	.460	.630	.741	.830	1.188
.035	.035	.235	.239	.435	.466	.635	.750	.835	1.204
.040	.040	.240	.245	.440	.472	.640	.758	.840	1.221
.045	.045	.245	.250	.445	.478	.645	.767	.845	1.238
.050	.050	.250	.255	.450	.485	.650	.775	.850	1.256
.055	.055	.255	.261	.455	.491	.655	.784	.855	1.274
.060	.060	.260	.266	.460	.497	.660	.793	.860	1.293
.065	.065	.265	.271	.465	.504	.665	.802	.865	1.313
.070	.070	.270	.277	.470	.510	.670	.811	.870	1.333
.075	.075	.275	.282	.475	.517	.675	.820	.875	1.354
.080	.080	.280	.288	.480	.523	.680	.829	.880	1.376
.085	.085	.285	.293	.485	.530	.685	.838	.885	1.398
.090	.090	.290	.299	.490	.536	.690	.848	.890	1.422
.095	.095	.295	.304	.495	.543	.695	.858	.895	1.447

统计用表

r	Z_r	r	Z_r	r	Z_r	r	Z_r	r	Z_r
.100	.100	.300	.310	.500	.549	.700	.867	.900	1.472
.105	.105	.305	.315	.505	.556	.705	.877	.905	1.499
.110	.110	.310	.321	.510	.563	.710	.887	.910	1.528
.115	.116	.315	.326	.515	.570	.715	.897	.915	1.557
.120	.121	.320	.332	.520	.576	.720	.908	.920	1.589
.125	.126	.325	.337	.525	.583	.725	.918	.925	1.623
.130	.131	.330	.343	.530	.590	.730	.929	.930	1.658
.135	.136	.335	.348	.535	.597	.735	.940	.935	1.697
.140	.141	.340	.354	.540	.604	.740	.950	.940	1.738
.145	.146	.345	.360	.545	.611	.745	.962	.945	1.783
.150	.151	.350	.365	.550	.618	.750	.973	.950	1.832
.155	.156	.355	.371	.555	.626	.755	.984	.955	1.886
.160	.161	.360	.377	.560	.633	.760	.996	.960	1.946
.165	.167	.365	.383	.565	.640	.765	1.008	.965	2.014
.170	.172	.370	.388	.570	.648	.770	1.020	.970	2.092
.175	.177	.375	.394	.575	.655	.775	1.033	.975	2.185
.180	.182	.380	.400	.580	.662	.780	1.045	.980	2.298
.185	.187	.385	.406	.585	.670	.785	1.058	.985	2.443
.190	.192	.390	.412	.590	.678	.790	1.071	.990	2.647
.195	.198	.395	.418	.595	.685	.795	1.085	.995	2.994

附表 9(1) 积差相关系数界值表

$df = n-2$	P(2):	0.50	0.20	0.10	0.05	0.02	0.01	0.005	0.002	0.001
	P(1):	0.25	0.10	0.05	0.025	0.01	0.005	0.002 5	0.001	0.000 5
1		0.707	0.951	0.988	0.997	1.000	1.000	1.000	1.000	1.000
2		0.500	0.800	0.900	0.950	0.980	0.990	0.995	0.998	0.999
3		0.404	0.687	0.805	0.878	0.934	0.959	0.974	0.986	0.991
4		0.347	0.608	0.729	0.811	0.882	0.917	0.942	0.963	0.974
5		0.309	0.551	0.669	0.755	0.833	0.875	0.906	0.935	0.951
6		0.281	0.507	0.621	0.707	0.789	0.834	0.870	0.905	0.925
7		0.260	0.472	0.582	0.666	0.750	0.798	0.836	0.875	0.898
8		0.242	0.443	0.549	0.632	0.715	0.765	0.805	0.847	0.872
9		0.228	0.419	0.521	0.602	0.685	0.735	0.776	0.820	0.847
10		0.216	0.398	0.497	0.576	0.658	0.708	0.750	0.795	0.823
11		0.206	0.380	0.476	0.553	0.634	0.684	0.726	0.772	0.801
12		0.197	0.365	0.457	0.532	0.612	0.661	0.703	0.750	0.780
13		0.189	0.351	0.441	0.514	0.592	0.641	0.683	0.730	0.760
14		0.182	0.338	0.426	0.497	0.574	0.623	0.664	0.711	0.742
15		0.176	0.327	0.412	0.482	0.558	0.606	0.647	0.694	0.725
16		0.170	0.317	0.400	0.468	0.542	0.590	0.631	0.678	0.708
17		0.165	0.308	0.389	0.456	0.529	0.575	0.616	0.662	0.693
18		0.160	0.299	0.378	0.444	0.515	0.561	0.602	0.648	0.679
19		0.156	0.291	0.369	0.433	0.503	0.549	0.589	0.635	0.665
20		0.152	0.284	0.360	0.423	0.492	0.537	0.576	0.622	0.652
21		0.148	0.277	0.352	0.413	0.482	0.526	0.565	0.610	0.640
22		0.145	0.271	0.344	0.404	0.472	0.515	0.554	0.599	0.629
23		0.141	0.265	0.337	0.396	0.462	0.505	0.543	0.588	0.618
24		0.138	0.260	0.330	0.388	0.453	0.496	0.534	0.578	0.607
25		0.136	0.255	0.323	0.381	0.445	0.487	0.524	0.568	0.597

$df = n-2$	P(2): 0.50 P(1): 0.25	0.20 0.10	0.10 0.05	0.05 0.025	0.02 0.01	0.01 0.005	0.005 0.0025	0.002 0.001	0.001 0.0005
26	0.133	0.250	0.317	0.374	0.437	0.479	0.515	0.559	0.588
27	0.131	0.245	0.311	0.367	0.430	0.471	0.507	0.550	0.579
28	0.128	0.241	0.306	0.361	0.423	0.463	0.499	0.541	0.570
29	0.126	0.237	0.301	0.355	0.416	0.456	0.491	0.533	0.562
30	0.124	0.233	0.296	0.349	0.409	0.449	0.484	0.526	0.554
31	0.122	0.229	0.291	0.344	0.403	0.442	0.477	0.518	0.546
32	0.120	0.225	0.287	0.339	0.397	0.436	0.470	0.511	0.539
33	0.118	0.222	0.283	0.334	0.392	0.430	0.464	0.504	0.532
34	0.116	0.219	0.279	0.329	0.386	0.424	0.458	0.498	0.525
35	0.115	0.216	0.275	0.325	0.381	0.418	0.452	0.492	0.519
36	0.113	0.213	0.271	0.320	0.376	0.413	0.446	0.486	0.513
37	0.111	0.210	0.267	0.316	0.371	0.408	0.441	0.480	0.507
38	0.110	0.207	0.264	0.312	0.367	0.403	0.435	0.474	0.501
39	0.108	0.204	0.261	0.308	0.362	0.398	0.430	0.469	0.495
40	0.107	0.202	0.257	0.304	0.358	0.393	0.425	0.463	0.490
41	0.106	0.199	0.254	0.301	0.354	0.389	0.420	0.458	0.484
42	0.104	0.197	0.251	0.297	0.350	0.384	0.416	0.453	0.479
43	0.103	0.195	0.248	0.294	0.346	0.380	0.411	0.449	0.474
44	0.102	0.192	0.246	0.291	0.342	0.376	0.407	0.444	0.469
45	0.101	0.190	0.243	0.288	0.338	0.372	0.403	0.439	0.465
46	0.100	0.188	0.240	0.285	0.335	0.368	0.399	0.435	0.460
47	0.099	0.186	0.238	0.282	0.331	0.365	0.395	0.431	0.456
48	0.098	0.184	0.235	0.279	0.328	0.361	0.391	0.427	0.451
49	0.097	0.182	0.233	0.276	0.325	0.358	0.387	0.423	0.447
50	0.096	0.181	0.231	0.273	0.322	0.354	0.384	0.419	0.443

$df = n-2$	P(2): 0.50 P(1): 0.25	0.20 0.10	0.10 0.05	0.05 0.025	0.02 0.01	0.01 0.005	0.005 0.002 5	0.002 0.001	0.001 0.000 5
52	0.094	0.177	0.226	0.268	0.316	0.348	0.377	0.411	0.435
54	0.092	0.174	0.222	0.263	0.310	0.341	0.370	0.404	0.428
56	0.090	0.171	0.218	0.259	0.305	0.336	0.364	0.398	0.421
58	0.089	0.168	0.214	0.254	0.300	0.330	0.358	0.391	0.414
60	0.087	0.165	0.211	0.250	0.295	0.325	0.352	0.385	0.408
62	0.086	0.162	0.207	0.246	0.290	0.320	0.347	0.379	0.402
64	0.084	0.160	0.204	0.242	0.286	0.315	0.342	0.374	0.396
66	0.083	0.157	0.201	0.239	0.282	0.310	0.337	0.368	0.390
68	0.082	0.155	0.198	0.235	0.278	0.306	0.332	0.363	0.385
70	0.081	0.153	0.195	0.232	0.274	0.302	0.327	0.358	0.380
72	0.080	0.151	0.193	0.229	0.270	0.298	0.323	0.354	0.375
74	0.079	0.149	0.190	0.226	0.266	0.294	0.319	0.349	0.370
76	0.078	0.147	0.188	0.223	0.263	0.290	0.315	0.345	0.365
78	0.077	0.145	0.185	0.220	0.260	0.286	0.311	0.340	0.361
80	0.076	0.143	0.183	0.217	0.257	0.283	0.307	0.336	0.357
82	0.075	0.141	0.181	0.215	0.253	0.280	0.304	0.333	0.353
84	0.074	0.140	0.179	0.212	0.251	0.276	0.300	0.329	0.349
86	0.073	0.138	0.177	0.210	0.248	0.273	0.297	0.325	0.345
88	0.072	0.136	0.174	0.207	0.245	0.270	0.293	0.321	0.341
90	0.071	0.135	0.173	0.205	0.242	0.267	0.290	0.318	0.338
92	0.070	0.133	0.171	0.203	0.240	0.264	0.287	0.315	0.334
94	0.070	0.132	0.169	0.201	0.237	0.262	0.284	0.312	0.331
96	0.069	0.131	0.167	0.199	0.235	0.259	0.281	0.308	0.327
98	0.068	0.129	0.165	0.197	0.232	0.256	0.279	0.305	0.324
100	0.068	0.128	0.164	0.195	0.230	0.254	0.276	0.303	0.321

统计用表

教育统计学

$df = n-2$	P(2): 0.50 / P(1): 0.25	0.20 / 0.10	0.10 / 0.05	0.05 / 0.025	0.02 / 0.01	0.01 / 0.005	0.005 / 0.0025	0.002 / 0.001	0.001 / 0.0005
105	0.066	0.125	0.160	0.190	0.225	0.248	0.270	0.296	0.314
110	0.064	0.122	0.156	0.186	0.220	0.242	0.264	0.289	0.307
115	0.063	0.119	0.153	0.182	0.215	0.237	0.258	0.283	0.300
120	0.062	0.117	0.150	0.178	0.210	0.232	0.253	0.277	0.294
125	0.060	0.114	0.147	0.174	0.206	0.228	0.248	0.272	0.289
130	0.059	0.112	0.144	0.171	0.202	0.223	0.243	0.267	0.283
135	0.058	0.110	0.141	0.168	0.199	0.219	0.239	0.262	0.278
140	0.057	0.108	0.139	0.165	0.195	0.215	0.234	0.257	0.273
145	0.056	0.106	0.136	0.162	0.192	0.212	0.230	0.253	0.269
150	0.055	0.105	0.134	0.159	0.189	0.208	0.227	0.249	0.264
160	0.053	0.101	0.130	0.154	0.183	0.202	0.220	0.241	0.256
170	0.052	0.098	0.126	0.150	0.177	0.196	0.213	0.234	0.249
180	0.050	0.095	0.122	0.145	0.172	0.190	0.207	0.228	0.242
190	0.049	0.093	0.119	0.142	0.168	0.185	0.202	0.222	0.236
200	0.048	0.091	0.116	0.138	0.164	0.181	0.197	0.216	0.230
250	0.043	0.081	0.104	0.124	0.146	0.162	0.176	0.194	0.206
300	0.039	0.074	0.095	0.113	0.134	0.148	0.161	0.177	0.188
350	0.036	0.068	0.088	0.105	0.124	0.137	0.149	0.164	0.175
400	0.034	0.064	0.082	0.098	0.116	0.128	0.140	0.154	0.164
450	0.032	0.060	0.077	0.092	0.109	0.121	0.132	0.145	0.154
500	0.030	0.057	0.074	0.088	0.104	0.115	0.125	0.138	0.146
600	0.028	0.052	0.067	0.080	0.095	0.105	0.114	0.126	0.134
700	0.026	0.048	0.062	0.074	0.088	0.097	0.106	0.116	0.124
800	0.024	0.045	0.058	0.069	0.082	0.091	0.099	0.109	0.116
900	0.022	0.043	0.055	0.065	0.077	0.086	0.093	0.103	0.109
1 000	0.021	0.041	0.052	0.062	0.073	0.081	0.089	0.098	0.104

附表 10　等级相关系数界值表

n	P(2): P(1):	0.50 0.25	0.20 0.10	0.10 0.05	0.05 0.025	0.02 0.01	0.01 0.005	0.005 0.002 5	0.002 0.001	0.001 0.000 5
4		0.600	1.000	1.000						
5		0.500	0.800	0.900	1.000	1.000				
6		0.371	0.657	0.829	0.886	0.943	1.000	1.000	1.000	1.000
7		0.321	0.571	0.714	0.786	0.893	0.929	0.964	0.952	0.976
8		0.310	0.524	0.643	0.738	0.833	0.881	0.905	0.917	0.933
9		0.267	0.483	0.600	0.700	0.783	0.833	0.867	0.879	0.903
10		0.248	0.455	0.564	0.648	0.745	0.794	0.830	0.845	0.873
11		0.236	0.427	0.536	0.618	0.709	0.755	0.800	0.818	0.846
12		0.217	0.406	0.503	0.587	0.678	0.727	0.769	0.791	0.824
13		0.209	0.385	0.484	0.560	0.648	0.703	0.747	0.771	0.802
14		0.200	0.367	0.464	0.538	0.626	0.679	0.723	0.750	0.779
15		0.189	0.354	0.446	0.521	0.604	0.654	0.700		
16		0.182	0.341	0.429	0.503	0.582	0.635	0.679	0.729	0.762
17		0.176	0.328	0.414	0.485	0.566	0.615	0.662	0.713	0.748
18		0.170	0.317	0.401	0.472	0.550	0.600	0.643	0.695	0.728
19		0.165	0.309	0.391	0.460	0.535	0.584	0.628	0.677	0.712
20		0.161	0.299	0.380	0.447	0.520	0.570	0.612	0.662	0.696
21		0.156	0.292	0.370	0.435	0.508	0.556	0.599	0.648	0.681
22		0.152	0.284	0.361	0.425	0.496	0.544	0.586	0.634	0.667
23		0.148	0.278	0.353	0.415	0.486	0.532	0.573	0.622	0.654
24		0.144	0.271	0.344	0.406	0.476	0.521	0.562	0.610	0.642
25		0.142	0.265	0.337	0.398	0.466	0.511	0.551	0.598	0.630
26		0.138	0.259	0.331	0.390	0.457	0.501	0.541	0.587	0.619
27		0.136	0.255	0.324	0.382	0.448	0.491	0.531	0.577	0.608
28		0.133	0.250	0.317	0.375	0.440	0.483	0.522	0.567	0.598

统 计 用 表

n	$P(2)$: 0.50 $P(1)$: 0.25	0.20 0.10	0.10 0.05	0.05 0.025	0.02 0.01	0.01 0.005	0.005 0.002 5	0.002 0.001	0.001 0.000 5
29	0.130	0.245	0.312	0.368	0.433	0.475	0.513	0.558	0.589
30	0.128	0.240	0.306	0.362	0.425	0.467	0.504	0.549	0.580
31	0.126	0.236	0.301	0.356	0.418	0.459	0.496	0.541	0.571
32	0.124	0.232	0.296	0.350	0.412	0.452	0.489	0.533	0.563
33	0.121	0.229	0.291	0.345	0.405	0.446	0.482	0.525	0.554
34	0.120	0.225	0.287	0.340	0.399	0.439	0.475	0.517	0.547
35	0.118	0.222	0.283	0.335	0.394	0.433	0.468	0.510	0.539
36	0.116	0.219	0.279	0.330	0.388	0.427	0.462	0.504	0.533
37	0.114	0.216	0.275	0.325	0.383	0.421	0.456	0.497	0.526
38	0.113	0.212	0.271	0.321	0.378	0.415	0.450	0.491	0.519
39	0.111	0.210	0.267	0.317	0.373	0.410	0.444	0.485	0.513
40	0.110	0.207	0.264	0.313	0.368	0.405	0.439	0.479	0.507
41	0.108	0.204	0.261	0.309	0.364	0.400	0.433	0.473	0.501
42	0.107	0.202	0.257	0.305	0.359	0.395	0.428	0.468	0.495
43	0.105	0.199	0.254	0.301	0.355	0.391	0.423	0.468	0.490
44	0.104	0.197	0.251	0.298	0.351	0.386	0.419	0.458	0.484
45	0.103	0.194	0.248	0.294	0.347	0.382	0.414	0.453	0.479
46	0.102	0.192	0.246	0.291	0.343	0.378	0.410	0.448	0.474
47	0.101	0.190	0.243	0.288	0.340	0.374	0.405	0.443	0.469
48	0.100	0.188	0.240	0.285	0.336	0.370	0.401	0.439	0.465
49	0.098	0.186	0.238	0.282	0.333	0.366	0.397	0.434	0.460
50	0.097	0.184	0.235	0.279	0.329	0.363	0.393	0.430	0.456

附表 11(1)　复相关系数界值表

（表中横行上面 $\alpha = 0.05$，下面 $\alpha = 0.01$）

自由度 df	独立自变量 x 数				自由度 df	独立自变量 x 数			
	1	2	3	4		1	2	3	4
1	0.997	0.999	0.999	0.999	16	0.468	0.559	0.615	0.655
	1.000	1.000	1.000	1.000		0.590	0.662	0.706	0.738
2	0.950	0.975	0.983	0.987	17	0.456	0.545	0.601	0.641
	0.990	0.995	0.997	0.998		0.575	0.647	0.691	0.724
3	0.878	0.930	0.950	0.961	18	0.444	0.532	0.587	0.628
	0.959	0.976	0.983	0.987		0.561	0.633	0.678	0.710
4	0.811	0.881	0.912	0.930	19	0.433	0.520	0.575	0.615
	0.917	0.949	0.962	0.970		0.549	0.620	0.665	0.698
5	0.754	0.836	0.874	0.898	20	0.423	0.509	0.563	0.604
	0.874	0.917	0.937	0.949		0.537	0.608	0.652	0.685
6	0.707	0.795	0.839	0.867	21	0.413	0.498	0.522	0.592
	0.834	0.886	0.911	0.927		0.526	0.596	0.641	0.674
7	0.666	0.758	0.807	0.838	22	0.404	0.488	0.542	0.582
	0.798	0.855	0.885	0.904		0.515	0.585	0.630	0.663
8	0.632	0.726	0.777	0.811	23	0.396	0.479	0.532	0.572
	0.765	0.827	0.860	0.882		0.505	0.574	0.619	0.652
9	0.602	0.697	0.750	0.786	24	0.388	0.470	0.523	0.562
	0.735	0.800	0.836	0.861		0.496	0.565	0.609	0.642
10	0.576	0.671	0.726	0.763	25	0.381	0.462	0.514	0.553
	0.708	0.776	0.814	0.840		0.487	0.555	0.600	0.633
11	0.553	0.648	0.703	0.741	26	0.374	0.454	0.506	0.545
	0.684	0.753	0.793	0.821		0.478	0.546	0.590	0.624
12	0.532	0.627	0.683	0.722	27	0.367	0.446	0.498	0.536
	0.661	0.732	0.773	0.802		0.470	0.538	0.582	0.615
13	0.514	0.608	0.664	0.703	28	0.361	0.439	0.490	0.529
	0.641	0.712	0.755	0.785		0.463	0.530	0.573	0.606
14	0.497	0.590	0.646	0.686	29	0.355	0.482	0.482	0.521
	0.623	0.694	0.737	0.768		0.456	0.522	0.565	0.598
15	0.482	0.574	0.630	0.670	30	0.349	0.420	0.476	0.514
	0.606	0.677	0.721	0.752		0.449	0.514	0.558	0.591

（表中横行上面 $\alpha = 0.05$，下面 $\alpha = 0.01$）

自由度 df	独立自变量 x 数				自由度 df	独立自变量 x 数			
	1	2	3	4		1	2	3	4
35	0.325	0.897	0.415	0.482	100	0.195	0.241	0.274	0.300
	0.418	0.481	0.523	0.556		0.254	0.297	0.327	0.351
40	0.304	0.373	0.419	0.455	125	0.174	0.216	0.246	0.269
	0.393	0.454	0.494	0.526		0.228	0.266	0.294	0.316
45	0.288	0.353	0.397	0.432	150	0.159	0.198	0.225	0.247
	0.372	0.430	0.470	0.501		0.208	0.244	0.270	0.290
50	0.273	0.336	0.379	0.412	200	0.138	0.172	0.196	0.215
	0.354	0.410	0.449	0.479		0.181	0.212	0.234	0.253
60	0.250	0.308	0.348	0.380	300	0.113	0.141	0.160	0.176
	0.325	0.377	0.414	0.442		0.148	0.174	0.192	0.208
70	0.232	0.286	0.324	0.354	400	0.098	0.122	0.139	0.153
	0.302	0.351	0.386	0.413		0.128	0.151	0.167	0.180
80	0.217	0.269	0.304	0.332	500	0.088	0.109	0.124	0.137
	0.288	0.330	0.362	0.389		0.115	0.135	0.150	0.162
90	0.205	0.254	0.288	0.315	1 000	0.062	0.077	0.088	0.097
	0.267	0.312	0.343	0.368		0.081	0.096	0.106	0.115

n 对子数	.01	.05	.10	n 对子数	.01	.05	.10	n 对子数	.01	.05	.10
1				31	7	9	10	61	20	22	23
2				32	8	9	10	62	20	22	24
3				33	8	10	11	63	20	23	24
4				34	9	10	11	64	21	23	24
5			0	35	9	11	12	65	21	24	25
6		0	0	36	9	11	12	66	22	24	25
7		0	0	37	10	12	13	67	22	25	26
8	0	0	1	38	10	12	13	68	22	25	26
9	0	1	1	39	11	12	13	69	23	25	27
10	0	1	1	40	11	13	14	70	23	26	27
11	0	1	2	41	11	13	14	71	24	26	28
12	1	2	2	42	12	14	15	72	24	27	28
13	1	2	3	43	12	14	15	73	25	27	28
14	1	2	3	44	13	15	16	74	25	28	29
15	2	3	3	45	13	15	16	75	25	28	29
16	2	3	4	46	13	15	16	76	26	28	30
17	2	4	4	47	14	16	17	77	26	29	30
18	3	4	5	48	14	16	17	78	27	29	31
19	3	4	5	49	15	17	18	79	27	30	31
20	3	5	5	50	15	17	18	80	28	30	32
21	4	5	6	51	15	18	19	81	28	31	32
22	4	5	6	52	16	18	19	82	28	31	33
23	4	6	7	53	16	18	20	83	29	32	33
24	5	6	7	54	17	19	20	84	29	32	33
25	5	7	7	55	17	19	20	85	30	32	34
26	6	7	8	56	17	20	21	86	30	33	34
27	6	7	8	57	18	20	21	87	31	33	35
28	6	8	9	58	18	21	22	88	31	34	35
29	7	8	9	59	19	21	22	89	31	34	36
30	7	9	10	60	19	21	23	90	32	35	36

注:此表为单侧检验,双侧检验的概率应为 0.02、0.10、0.20。

统计用表

附表 13　符号秩次检验表

n	单侧检验显著水平		
	.025	.01	.005
	双侧检验显著水平		
	.05	.02	.01
6	0	—	—
7	2	0	—
8	4	2	0
9	6	3	2
10	8	5	3
11	11	7	5
12	14	10	7
13	17	13	10
14	21	16	13
15	25	20	16
16	30	24	20
17	35	28	23
18	40	33	28
19	46	38	32
20	52	43	38
21	59	49	43
22	66	56	49
23	73	62	55
24	81	69	61
25	89	77	68

教育统计学

附表 14 秩和检验表

$$P(T_1 < T < T_2) = 1 - a$$

n_1	n_2	$a=0.025$ T_1	$a=0.025$ T_2	$a=0.05$ T_1	$a=0.05$ T_2
2	4			3	11
	5			3	13
	6	3	15	4	14
	7	3	17	4	16
	8	3	19	4	18
	9	3	21	4	20
	10	4	22	5	21
3	3			6	15
	4	6	18	7	17
	5	6	21	7	20
	6	7	23	8	22
	7	8	25	9	24
	8	8	28	9	27
	9	9	30	10	29
	10	9	33	11	31
4	4	11	25	12	24
	5	12	28	13	27
	6	12	32	14	30
	7	13	35	15	33
	8	14	38	16	36
	9	15	41	17	39
	10	16	44	18	42
5	5	18	37	19	36
	6	19	41	20	40
	7	20	45	22	43
	8	21	49	23	47
	9	22	53	25	50
	10	24	56	26	54
6	6	26	52	28	50
	7	28	56	30	54
	8	29	61	32	58
	9	31	65	33	63
	10	33	69	35	67
7	7	37	68	39	66
	8	39	73	41	71
	9	41	78	43	76
	10	43	83	46	80
8	8	49	87	52	84
	9	51	93	54	90
	10	54	98	57	95
9	9	63	108	66	105
	10	66	114	69	111
10	10	79	131	83	127

统计用表

（单向秩次方差分析时大于观察值之概率）

样本大小			H	P	样本大小			H	P
n_1	n_2	n_3			n_1	n_2	n_3		
2	1	1	2.7000	.500	4	3	2	6.4444	.003
2	2	1	3.6000	.200				6.3000	.011
2	2	2	4.5714	.067				5.4444	.046
			3.7143	.200				5.4000	.051
								4.5111	.093
3	1	1	3.2000	.300				4.4444	.102
					4	3	3	6.7455	.010
								6.7091	.013
3	2	1	4.2857	.100				5.7909	.046
			3.8571	.133				5.7273	.050
3	2	2	5.3572	.029				4.7091	.092
			4.7143	.048				4.7000	.101
			4.5000	.067	4	4	1	6.6667	.010
			4.4643	.105				6.1667	.022
3	3	1	5.1429	.043				4.9667	.048
			4.5734	.100				4.8667	.054
			4.0000	.129				4.1667	.082
3	3	2	6.2500	.011				4.0667	.102
			5.3611	.032	4	4	2	7.0364	.006
			5.1389	.061				6.8727	.011
			4.5556	.100				5.4545	.046
			4.2500	.121				5.2664	.052
3	3	3	7.2000	.004				4.5545	.098
			6.4889	.011				4.4455	.103
			5.6889	.029	4	4	3	7.1439	.010
			5.6000	.050				7.1364	.011
			5.0667	.086				5.5985	.049
			4.6222	.100				5.5758	.051
4	1	1	3.5714	.200				4.5455	.099
4	2	1	4.8214	.057				4.4773	.102
			4.5000	.076	4	4	4	7.6538	.008
			4.0179	.114				7.5385	.011
4	2	2	6.0000	.014				5.6923	.049
			5.3333	.033				5.6538	.054
			5.1250	.052				4.6539	.097
			4.4583	.100				4.5001	.104
			4.1667	.105	5	1	1	3.8571	.143
4	3	1	5.8333	.021	5	2	1	5.2500	.036
			5.2083	.050				5.0000	.048
			5.0000	.057				4.4500	.071
			4.0556	.093				4.2000	.095
			3.8880	.129				4.0500	.119

教育统计学

（单向秩次方差分析时大于观察值之概率）

样本大小			*H*	*P*	样本大小			*H*	*P*
n_1	n_2	n_3			n_1	n_2	n_3		
5	2	2	6.533 3	.008				5.630 8	.050
			6.133 3	.013				4.548 7	.099
			5.160 0	.034				4.523 1	.103
			5.040 0	.056					
			4.373 3	.090	5	4	4	7.760 4	.009
			4.293 3	.122				7.744 0	.011
								5.657 1	.049
5	3	1	6.400 0	.012				5.617 6	.050
			4.960 0	.048				4.618 7	.100
			4.871 1	.052				4.552 7	.102
			4.017 8	.095					
			3.840 0	.123	5	5	1	7.309 1	.009
								6.836 4	.011
5	3	2	6.909 1	.009				5.127 3	.046
			6.821 8	.010				4.909 1	.053
			5.250 9	.049				4.109 1	.086
			5.105 5	.052				4.036 4	.105
			4.650 9	.091					
			4.494 5	.101	5	5	2	7.338 5	.010
								7.269 2	.010
5	3	3	7.078 8	.009				5.338 5	.047
			6.981 8	.011				5.246 2	.051
			5.648 5	.049				4.623 1	.097
			5.515 2	.051				4.507 7	.100
			4.533 3	.097					
			4.412 1	.109	5	5	3	7.578 0	.010
								7.542 9	.010
5	4	1	6.954 5	.008				5.705 5	.046
			6.840 0	.011				5.626 4	.051
			4.985 5	.044				4.545 1	.100
			4.860 0	.056				4.536 3	.102
			3.987 3	.098					
			3.960 0	.102	5	5	4	7.822 9	.010
								7.791 4	.010
5	4	2	7.204 5	.009				5.665 7	.049
			7.118 2	.010				5.642 9	.050
			5.272 7	.049				4.522 9	.099
			5.268 2	.050				4.520 0	.101
			4.540 9	.098					
			4.518 2	.101	5	5	5	8.000 0	.009
								7.980 0	.010
5	4	3	7.444 9	.010				5.780 0	.049
			7.394 9	.011				5.660 0	.051
			5.656 4	.049				4.560 0	.100
								4.500 0	.102

附表 16(1) 双向秩次方差分析 χ_r^2 值表

$k = 3$

$n = 2$		$n = 3$		$n = 4$		$n = 5$	
χ_r^2	P	χ_r^2	P	χ_r^2	P	χ_r^2	P
0	1.000	.000	1.000	.0	1.000	.0	1.000
1	.833	.667	.944	.5	.931	.4	.954
3	.500	2.000	.528	1.5	.653	1.2	.691
4	.167	2.667	.361	2.0	.431	1.6	.522
		4.667	.194	3.5	.273	2.8	.367
		6.000	.028	4.5	.125	3.6	.182
				6.0	.069	4.8	.124
				6.5	.042	5.2	.093
				8.0	.004 6	6.4	.039
						7.6	.024
						8.4	.008 5
						10.0	.000 77

说明：在弗里德曼（Friedman）双向秩次方差分析中，要取得与得实得 χ_r^2 一样大的值所涉及的相应概率（P）。

附表 16(2) 双向秩次方差分析 χ_r^2 值表

$$k = 3$$

$n = 6$		$n = 7$		$n = 8$		$n = 9$	
χ_r^2	P	χ_r^2	P	χ_r^2	P	χ_r^2	P
.00	1.000	.000	1.000	.00	1.000	.000	1.000
.33	.956	.286	.964	.25	.967	.222	.971
1.00	.740	.857	.768	.75	.794	.667	.814
1.33	.570	1.143	.620	1.00	.654	.889	.865
2.33	.430	2.000	.486	1.75	.531	1.556	.569
3.00	.252	2.571	.305	2.25	.355	2.000	.398
4.00	.184	3.429	.237	3.00	.285	2.667	.328
4.33	.142	3.714	.192	3.25	.236	2.889	.278
5.33	.072	4.571	.112	4.00	.149	3.556	.187
6.33	.052	5.429	.085	4.75	.120	4.222	.154
7.00	.029	6.000	.052	5.25	.079	4.667	.107
8.33	.012	7.143	.027	6.25	.047	5.556	.069
9.00	.008 1	7.714	.021	6.75	.038	6.000	.057
9.33	.005 5	8.000	.016	7.00	.030	6.222	.048
10.33	.001 7	8.857	.008 4	7.75	.018	6.889	.031
12.00	.000 13	10.286	.003 6	9.00	.009 9	8.000	.019
		10.571	.002 7	9.25	.008 0	8.222	.016
		11.143	.001 2	9.75	.004 8	8.667	.010
		12.286	.000 32	10.75	.002 4	9.556	.006 0
		14.000	.000 021	12.00	.001 1	10.667	.003 5
				12.25	.000 86	10.889	.002 9
				13.00	.000 26	11.556	.001 3
				14.25	.000 061	12.667	.000 66
				16.00	.000 003 6	13.556	.000 35
						14.000	.000 20
						14.222	.000 097
						14.889	.000 054
						16.222	.000 011
						18.000	.000 000 6

附表 16(3)　双向秩次方差分析 χ_r^2 值表

$$k = 4$$

$n = 2$		$n = 3$		$n = 4$			
χ_r^2	P	χ_r^2	P	χ_r^2	P	χ_r^2	P
.0	1.000	.2	1.000	.0	1.000	5.7	.141
.6	.958	.6	.958	.3	.992	6.0	.105
1.2	.834	1.0	.910	.6	.928	6.3	.094
1.8	.792	1.8	.727	.9	.900	6.6	.077
2.4	.625	2.2	.608	1.2	.800	6.9	.068
3.0	.542	2.6	.524	1.5	.754	7.2	.054
3.6	.458	3.4	.446	1.8	.677	7.5	.052
4.2	.375	3.8	.342	2.1	.649	7.8	.036
4.8	.208	4.2	.300	2.4	.524	8.1	.033
5.4	.167	5.0	.207	2.7	.508	8.4	.019
6.0	.042	5.4	.175	3.0	.432	8.7	.014
		5.8	.148	3.3	.389	9.3	.012
		6.6	.075	3.6	.355	9.6	.006 9
		7.0	.054	3.9	.324	9.9	.006 2
		7.4	.033	4.5	.242	10.2	.002 7
		8.2	.017	4.8	.200	10.8	.001 6
		9.0	.001 7	5.1	.190	11.1	.000 94
				5.4	.158	12.0	.000 072

编号	1	2	3	4	5	6	7	8	9	10	11	12	13	14	15	16	17	18	19	20	21	22	23	24	25
1	03	47	43	73	86	36	96	47	36	61	46	98	63	71	62	33	26	16	80	45	60	11	14	10	95
2	97	74	24	67	62	42	81	14	57	20	42	53	32	37	32	27	07	36	07	51	24	51	79	89	73
3	16	76	62	27	66	56	50	26	71	07	32	90	79	78	53	13	55	38	58	59	88	97	54	14	10
4	12	56	85	99	26	96	96	68	27	31	05	03	72	93	15	57	12	10	14	21	88	26	49	81	76
5	55	59	56	35	64	38	54	82	46	22	31	62	43	09	90	06	18	44	32	53	23	83	01	30	30
6	16	22	77	94	39	49	54	43	54	82	17	37	93	23	78	87	35	20	96	43	84	26	34	91	64
7	84	42	17	53	31	57	24	55	06	88	77	04	74	47	67	21	76	33	50	25	83	92	12	06	76
8	63	01	63	78	59	16	95	55	67	19	98	10	50	71	75	12	86	73	58	07	44	39	52	38	79
9	33	21	12	34	29	78	64	56	07	82	52	42	07	44	38	15	51	00	13	42	99	66	02	79	54
10	57	60	86	32	44	09	47	27	96	54	49	17	46	09	62	90	52	84	77	27	08	02	73	43	28
11	18	18	07	92	46	44	17	16	58	09	79	83	86	19	62	06	76	50	03	10	55	23	64	05	05
12	26	62	38	97	75	84	16	07	44	99	83	11	46	32	24	20	14	85	88	45	10	93	72	88	71
13	23	42	40	64	74	82	97	77	77	81	07	45	32	14	08	32	98	94	07	72	93	85	79	10	75
14	52	36	28	19	95	50	92	26	11	97	00	56	76	31	38	80	22	02	53	53	86	60	42	04	53
15	37	85	94	35	12	83	39	50	08	30	42	34	07	96	88	54	42	06	87	98	35	85	29	48	39
16	70	29	17	12	13	40	33	20	38	26	13	89	51	03	74	17	76	37	13	04	07	74	21	19	30
17	56	62	18	37	35	96	83	50	87	75	97	12	25	93	47	70	33	24	03	54	97	77	46	44	80
18	99	49	57	22	77	88	42	95	45	72	16	64	36	16	00	04	43	18	66	79	94	77	24	21	90
19	16	08	15	04	72	33	27	14	34	09	45	59	34	68	49	12	72	07	34	45	99	27	72	95	14
20	31	16	93	32	43	50	27	89	87	19	20	15	37	00	49	52	85	66	60	44	38	68	88	11	80
21	68	34	30	13	70	55	74	30	77	40	44	22	78	84	26	04	33	46	09	52	68	07	97	06	57
22	74	57	25	65	76	59	29	97	68	60	71	91	38	67	54	13	58	18	24	76	15	54	55	95	52
23	27	42	37	86	53	48	55	90	65	72	96	57	69	36	10	96	46	92	42	45	97	60	49	04	91
24	00	39	68	29	61	66	37	32	20	30	77	84	57	03	29	10	45	65	04	26	11	04	96	67	24
25	29	94	98	94	24	68	49	69	10	82	53	75	91	93	30	34	25	20	57	27	40	48	73	51	92

附表 18(1)　由样本平均数估计总体平均数所需样本容量 n

$\alpha = 0.05$

S/δ	0.0	0.1	0.2	0.3	0.4	0.5	0.6	0.7	0.8	0.9
1	7	8	9	9	11	12	13	14	15	17
2	18	20	22	23	25	27	29	31	33	35
3	38	40	42	45	47	50	53	56	58	61
4	64	68	71	74	77	81	84	88	91	95
5	99	103	107	111	115	119	123	128	132	137
6	141	146	151	156	160	165	170	176	181	186
7	191	196	202	207	213	219	225	231	237	243
8	249	255	261	268	274	281	288	294	301	308
9	315	322	329	336	343	351	358	366	373	381
10	389	396	404	412	420	428	437	445	453	462
11	470	478	487	496	505	514	523	532	541	550
12	559	569	578	588	597	607	617	626	636	646
13	656	667	677	687	697	708	718	729	740	750
14	761	772	783	794	805	816	828	839	851	862
15	874	885	897	909	921	933	945	957	969	982
16	994	1 006	1 019	1 032	1 044	1 057	1 070	1 083	1 096	1 109
17	1 122	1 135	1 149	1 162	1 175	1 189	1 203	1 216	1 230	1 244
18	1 253	1 272	1 286	1 300	1 311	1 329	1 343	1 358	1 372	1 387
19	1 402	1 416	1 431	1 446	1 461	1 476	1 491	1 507	1 522	1 537
20	1 553	1 568	1 583	1 600	1 616	1 631	1 647	1 663	1 680	1 696

附表 18(2) 由样本平均数估计总体平均数所需样本容量 n

$\alpha = 0.01$

S/δ	0.0	0.1	0.2	0.3	0.4	0.5	0.6	0.7	0.8	0.9
1	11	12	14	15	17	19	21	23	26	28
2	31	34	36	39	43	46	49	53	56	60
3	64	68	72	77	81	86	90	95	100	105
4	110	116	121	127	133	139	145	151	157	164
5	170	177	184	191	198	205	213	220	228	235
6	243	251	260	268	277	285	294	303	312	321
7	331	340	350	360	370	380	390	400	411	421
8	432	443	454	465	476	487	499	511	522	534
9	546	559	571	583	596	609	622	635	648	661
10	674	688	702	715	729	743	758	772	787	801
11	816	831	846	861	876	892	907	923	939	955
12	971	987	1 004	1 020	1 037	1 054	1 070	1 087	1 105	1 122
13	1 139	1 157	1 175	1 193	1 211	1 229	1 247	1 265	1 284	1 303
14	1 321	1 340	1 359	1 379	1 398	1 417	1 437	1 457	1 477	1 497
15	1 517	1 537	1 558	1 578	1 599	1 620	1 641	1 662	1 683	1 704
16	1 726	1 747	1 769	1 791	1 813	1 835	1 858	1 880	1 903	1 925
17	1 948	1 971	1 994	2 017	2 041	2 064	2 088	2 112	2 136	2 160
18	2 184	2 208	2 232	2 257	2 282	2 307	2 332	2 357	2 382	2 408
19	2 433	2 459	2 485	2 511	2 537	2 563	2 589	2 616	2 643	2 669
20	2 696	2 723	2 750	2 778	2 805	2 833	2 860	2 888	2 916	2 943

统计用表

附表 19　样本平均数与总体平均数差异显著性检验所需样本容量 n

双侧检验	α=0.01					α=0.02					α=0.05					α=0.1				
单侧检验	α=0.005					α=0.01					α=0.025					α=0.05				
δ/σ ＼ β=	0.01	0.05	0.1	0.2	0.5	0.01	0.05	0.1	0.2	0.5	0.01	0.05	0.1	0.2	0.5	0.01	0.05	0.1	0.2	0.5
0.05																				
0.10																				
0.15																				122
0.20										139					99					70
0.25					110					90				128	64			139	101	45
0.30				134	78			115		63			119	90	45		122	97	71	32
0.35			125	99	58			109	85	47		109	88	67	34		90	72	52	24
0.40		115	97	77	45		101	85	66	37	117	84	68	51	26	101	70	55	40	19
0.45		92	77	62	37	110	81	68	53	30	93	67	54	41	21	80	55	44	32	15
0.50	100	75	63	51	30	90	66	55	43	25	76	54	44	34	18	65	45	36	27	13
0.55	83	63	53	42	26	75	55	46	36	21	63	45	37	28	15	54	38	30	22	11
0.60	71	53	45	36	22	63	47	39	31	18	53	38	32	24	13	46	32	26	19	9
0.65	61	46	39	31	20	55	41	34	27	16	46	33	27	21	12	39	28	22	16	8
0.70	53	40	34	28	17	47	35	30	24	14	40	29	24	19	10	34	24	19	14	8
0.75	47	36	30	25	16	42	31	27	21	13	35	26	21	16	9	30	21	17	13	7
0.80	41	32	27	22	14	37	28	24	19	12	31	22	19	15	9	27	19	15	11	6
0.85	37	29	24	20	13	33	25	21	17	11	28	21	17	13	8	24	17	14	10	6
0.90	34	26	22	18	12	29	23	19	16	10	25	19	16	12	7	21	15	13	9	5
0.95	31	24	20	17	11	27	21	18	14	9	23	17	14	11	7	19	14	11	9	5
1.00	28	22	19	16	10	25	19	16	13	9	21	16	13	10	6	18	13	11	8	5

双侧检验	α=0.01					α=0.02					α=0.05					α=0.1				
单侧检验	α=0.005					α=0.01					α=0.025					α=0.05				
β=	0.01	0.05	0.1	0.2	0.5	0.01	0.05	0.1	0.2	0.5	0.01	0.05	0.1	0.2	0.5	0.01	0.05	0.1	0.2	0.5
1.1	24	19	16	14	9	21	16	14	12	8	18	13	11	9	6	15	11	9	7	
1.2	21	16	14	12	8	18	14	12	10	7	15	12	10	8	5	13	10	8	6	
1.3	18	15	13	11	8	16	13	11	9	6	14	10	9	7		11	8	7	6	
1.4	16	13	12	10	7	14	11	10	9	6	12	9	8	7		10	8	7	5	
1.5	15	12	11	9	7	13	10	9	8	6	11	8	7	6		9	7	6		
1.6	13	11	10	8	6	12	10	9	7	5	10	8	7	6		8	6	6		
1.7	12	10	9	8	6	11	9	8	7		9	7	6	5		8	6	5		
1.8	12	10	9	8	6	10	8	7	7		8	7	6			7	6			
1.9	11	9	8	7	6	10	8	7	6		8	6	6			7	5			
2.0	10	8	8	7	5	9	7	7	6		7	6	5			6				
2.1	10	8	7	7		8	7	6	6		7	6				6				
2.2	9	8	7	6		8	7	6	5		7	6				6				
2.3	9	7	7	6		8	6	6			6	5				6				
2.4	8	7	7	6		7	6	6			6									
2.5	8	7	6	6		7	6	6			6									
3.0	7	6	6	5		6	5	5			5									
3.5	6	5	5			5														
4.0	6																			

统计用表

教育 统 计 学 ●●●●

附表 20 两个样本平均数差异显著性检验所需样本容量 $n(=n_1=n_2)$

双侧检验	α = 0.01					α = 0.02					α = 0.05					α = 0.1			
单侧检验	α = 0.005					α = 0.01					α = 0.025					α = 0.05			
β=	0.01	0.05	0.1	0.2	0.5	0.01	0.05	0.1	0.2	0.5	0.01	0.05	0.1	0.2	0.5	0.05	0.1	0.2	0.5
δ/σ 0.05																			
0.10																			
0.15																			
0.20																			137
0.25															124				88
0.30										123					87				61
0.35					110					90					64			102	45
0.40					85					70				100	50		108	78	35
0.45				118	68				101	55			105	79	39	108	86	62	28
0.50				96	55			106	82	45		106	86	64	32	88	70	51	23
0.55			101	79	46		106	98	68	38	112	87	71	53	27	73	58	42	19
0.60		101	85	67	39		90	74	58	32	89	74	60	45	23	61	49	36	16
0.65		87	73	57	34	104	77	64	49	27	76	63	51	39	20	52	42	30	14
0.70	100	75	63	50	29	90	66	55	43	24	66	55	44	34	17	45	36	26	12
0.75	88	66	55	44	26	79	58	48	38	21	57	48	39	29	15	40	32	23	11
δ/σ 0.80	77	58	49	39	23	70	51	43	33	19	50	42	34	26	14	35	28	21	10
0.85	69	51	43	35	21	62	46	38	30	17	45	37	31	23	12	31	25	18	9
0.90	62	46	39	31	19	55	41	34	27	15	40	34	27	21	11	28	22	16	8
0.95	55	42	35	28	17	50	37	31	24	14	36	30	25	19	10	25	20	15	7
1.00	50	38	32	26	15	45	33	28	22	13	33	27	23	17	9	23	18	14	7

双侧检验	α=0.01					α=0.02					α=0.05					α=0.1				
单侧检验	α=0.005					α=0.01					α=0.025					α=0.05				
β=	0.01	0.05	0.1	0.2	0.5	0.01	0.05	0.1	0.2	0.5	0.01	0.05	0.1	0.2	0.5	0.01	0.05	0.1	0.2	0.5
1.1	42	32	27	22	13	38	28	23	19	11	32	23	19	14	8	27	19	15	12	6
1.2	36	27	23	18	11	32	24	20	16	9	27	20	16	12	7	23	16	13	10	5
1.3	31	23	20	16	10	28	21	17	14	8	23	17	14	11	6	20	14	11	9	5
1.4	27	20	17	14	9	24	18	15	12	8	20	15	12	10	6	17	12	10	8	4
1.5	24	18	15	13	8	21	16	14	11	7	18	13	11	9	5	15	11	9	7	4
1.6	21	16	14	11	7	19	14	12	10	6	16	12	10	8	5	14	10	8	6	4
1.7	19	15	13	10	7	17	13	11	9	6	14	11	9	7	4	12	9	7	6	3
1.8	17	13	11	10	6	15	12	10	8	5	13	10	8	6	4	11	8	7	5	
1.9	16	12	11	9	6	14	11	9	8	5	12	9	7	6	4	10	7	6	5	
2.0	14	11	10	8	6	13	10	9	7	5	11	8	7	6	4	9	7	6	4	
2.1	13	10	9	8	5	12	9	8	7	5	10	8	6	5	3	8	6	5	4	
2.2	12	10	8	7	5	11	9	7	6	4	9	7	6	5		8	6	5	4	
2.3	11	9	8	7	5	10	8	7	6	4	9	7	6	5		7	5	5	4	
2.4	11	9	8	6	5	10	8	7	6	4	8	6	5	4		7	5	4	4	
2.5	10	8	7	6	4	9	7	6	5	4	8	6	5	4		6	5	4	3	
3.0	8	6	6	5	4	7	6	5	4	3	6	5	4	4		5	4	3		
3.5	6	5	5	4	3	6	5	4	4		5	4	4	3		4	3			
4.0	6	5	4	4		5	4	4	3		4	4	3			4				

附表 21(1)　由样本比率估计总体比率所需样本容量 n

$\alpha = 0.05$

δ	P									
	0.50	0.45 0.55	0.40 0.60	0.35 0.65	0.30 0.70	0.25 0.75	0.20 0.80	0.15 0.85	0.10 0.90	0.05 0.95
0.200	24	24	23	22	20	18	15			
0.180	30	29	28	27	25	22	19			
0.160	38	37	36	34	32	28	24			
0.140	49	49	47	45	41	37	31	25		
0.120	67	66	64	61	56	50	43	34		
0.100	96	95	92	87	81	72	61	49		
0.090	119	117	114	108	100	89	76	60	43	
0.080	150	149	144	137	126	113	96	77	54	
0.070	196	194	188	178	165	147	125	100	71	
0.060	267	264	256	243	224	200	171	136	96	
0.050	384	380	369	350	323	288	246	196	138	73
0.045	474	470	455	432	398	356	304	242	171	90
0.040	600	594	576	546	504	450	384	306	216	114
0.035	784	776	753	713	659	588	502	400	282	149
0.030	1 067	1 056	1 024	971	896	800	683	544	384	203
0.025	1 537	1 521	1 475	1 398	1 291	1 152	983	784	553	292
0.020	2 401	2 377	2 305	2 185	2 017	1 801	1 537	1 225	864	456
0.015	4 268	4 226	4 098	3 884	3 585	3 201	2 732	2 177	1 537	811
0.010	9 604	9 508	9 220	8 740	8 067	7 203	6 147	4 898	3 457	1 825
0.005	38 416	38 032	36 879	34 959	32 269	28 812	24 586	19 592	13 830	7 299

附表 21(2) 由样本比率估计总体比率所需样本容量 n

$\alpha = 0.01$

δ	P									
	0.50	0.45 0.55	0.40 0.60	0.35 0.65	0.30 0.70	0.25 0.75	0.20 0.80	0.15 0.85	0.10 0.90	0.05 0.95
0.200	41	41	40	38	35	31	27			
0.180	51	51	49	47	43	38	33			
0.160	65	64	62	59	54	49	41			
0.140	85	84	81	77	71	63	54	43		
0.120	115	114	111	105	97	86	74	59		
0.100	166	164	159	151	139	124	106	85		
0.090	205	203	197	186	172	154	131	104	74	
0.080	259	257	249	236	218	194	166	132	93	
0.070	339	335	325	308	284	254	217	173	122	
0.060	461	456	442	419	387	346	295	235	166	
0.050	664	657	637	604	557	498	425	338	239	125
0.045	819	811	786	746	688	614	524	418	295	156
0.040	1 037	1 026	995	944	871	778	664	529	373	197
0.035	1 354	1 341	1 300	1 232	1 138	1 016	867	691	488	257
0.030	1 843	1 825	1 770	1 677	1 548	1 382	1 180	940	664	350
0.025	2 654	2 628	2 548	2 415	2 230	1 991	1 699	1 354	956	504
0.020	4 147	4 106	3 981	3 774	3 484	3 111	2 654	2 115	1 493	788
0.015	7 373	7 299	7 078	6 710	6 193	5 530	4 719	3 760	2 654	1 401
0.010	16 589	16 424	15 926	15 096	13 935	12 442	10 617	8 461	5 972	3 152
0.005	66 358	65 694	63 703	60 386	55 740	49 768	42 469	33 842	23 889	12 608

附表 22 √比率 的反正弦转换表

$$\varphi = 2\arcsin\sqrt{P}$$

（单位：弧度）

P	φ	P	φ	P	φ	P	φ
.00	.000	.25	1.047	.50	1.571	.75	2.094
.01	.200	.26	1.070	.51	1.591	.76	2.118
.02	.284	.27	1.093	.52	1.611	.77	2.141
.03	.348	.28	1.115	.53	1.631	.78	2.165
.04	.403	.29	1.137	.54	1.651	.79	2.190
.05	.451	.30	1.159	.55	1.671	.80	2.214
.06	.495	.31	1.181	.56	1.691	.81	2.240
.07	.536	.32	1.203	.57	1.711	.82	2.265
.08	.574	.33	1.224	.58	1.731	.83	2.292
.09	.609	.34	1.245	.59	1.752	.84	2.319
.10	.644	.35	1.266	.60	1.772	.85	2.346
.11	.676	.36	1.287	.61	1.793	.86	2.375
.12	.707	.37	1.308	.62	1.813	.87	2.404
.13	.738	.38	1.328	.63	1.834	.88	2.434
.14	.767	.39	1.349	.64	1.855	.89	2.465
.15	.795	.40	1.369	.65	1.875	.90	2.498
.16	.823	.41	1.390	.66	1.897	.91	2.532
.17	.850	.42	1.410	.67	1.918	.92	2.568
.18	.876	.43	1.430	.68	1.939	.93	2.606
.19	.902	.44	1.451	.69	1.961	.94	2.647
.20	.927	.45	1.471	.70	1.982	.95	2.691
.21	.952	.46	1.491	.71	2.004	.96	2.739
.22	.976	.47	1.511	.72	2.026	.97	2.793
.23	1.000	.48	1.531	.73	2.049	.98	2.858
.24	1.024	.49	1.551	.74	2.071	.99	2.941
						1.00	3.142

教育统计学

附表 23(1) 两个样本比率差异显著性检验所需样本容量 $n(= n_1 = n_2)$

（表中横行：上行为单侧检验，下行为双侧检验）$\alpha = 0.05$，$\beta = 0.10$

P_1	$\delta = P_2 - P_1$													
	0.05	0.10	0.15	0.20	0.25	0.30	0.35	0.40	0.45	0.50	0.55	0.60	0.65	0.70
0.05	460	145	76	48	34	26	21	17	15	13	11	9	8	7
	570	175	93	59	42	32	25	21	18	15	13	11	10	9
0.10	740	210	105	64	44	33	25	21	17	14	12	11	9	8
	910	260	130	79	54	40	31	24	21	18	15	13	11	10
0.15	990	270	130	77	52	38	29	22	19	16	13	10	10	8
	1 220	330	160	95	64	46	35	27	22	19	16	13	11	10
0.20	1 190	320	150	88	58	41	31	24	20	16	14	11	10	8
	1 460	390	185	105	71	51	38	29	23	20	16	14	11	10
0.25	1 360	360	165	96	63	44	33	25	21	16	14	11	9	—
	1 680	440	200	115	77	54	40	31	24	20	16	13	11	—
0.30	1 500	390	175	100	65	46	33	25	21	16	13	11	—	—
	1 840	480	220	125	80	56	41	31	24	20	16	13	—	—
0.35	1 600	410	185	105	67	46	33	25	20	16	12	—	—	—
	1 970	500	225	130	82	57	41	31	23	19	15	—	—	—
0.40	1 670	420	190	105	67	46	33	24	19	14	—	—	—	—
	2 050	520	230	130	82	56	40	29	22	18	—	—	—	—
0.45	1 710	430	190	105	65	44	31	22	17	—	—	—	—	—
	2 100	520	230	130	80	54	38	27	21	—	—	—	—	—
0.50	1 710	420	185	100	63	41	29	21	—	—	—	—	—	—
	2 100	520	225	125	77	51	35	24	—	—	—	—	—	—

统计用表

附表 23(2) 两个样本比率差异显著性检验所需样本容量 $n(=n_1=n_2)$

（表中横行：上行为单侧检验，下行为双侧检验）$\alpha=0.01$, $\beta=0.05$

P_1		$\delta=P_2-P_1$													
		0.05	0.10	0.15	0.20	0.25	0.30	0.35	0.40	0.45	0.50	0.55	0.60	0.65	0.70
0.05		850	270	140	89	63	47	37	30	25	21	19	17	14	13
		960	300	155	100	71	54	42	34	28	24	21	19	16	14
0.10		1 370	390	195	120	81	60	46	37	30	25	21	19	16	14
		1 550	440	220	135	92	68	52	41	34	28	23	21	18	15
0.15		1 820	500	240	145	96	69	52	41	33	27	22	20	17	14
		2 060	560	270	160	110	78	59	47	37	31	25	21	19	16
0.20		2 190	590	280	160	105	76	57	44	35	28	23	20	17	14
		2 470	660	310	180	120	86	64	50	40	32	26	21	19	15
0.25		2 510	660	300	175	115	81	60	46	36	29	23	20	16	—
		2 840	740	340	200	130	92	68	52	41	32	26	21	18	—
0.30		2 760	720	330	185	120	84	61	47	36	28	22	19	—	—
		3 120	810	370	210	135	95	69	53	41	32	25	21	—	—
0.35		2 960	750	340	190	125	85	61	46	35	27	21	—	—	—
		3 340	850	380	215	140	96	69	52	40	31	23	—	—	—
0.40		3 080	780	350	195	125	84	60	44	33	25	—	—	—	—
		3 480	880	390	220	140	95	68	50	37	28	—	—	—	—
0.45		3 140	790	350	190	120	81	57	41	30	—	—	—	—	—
		3 550	890	390	215	135	92	64	47	34	—	—	—	—	—
0.50		3 140	780	340	185	115	76	52	37	—	—	—	—	—	—
		3 550	880	380	210	130	86	59	41	—	—	—	—	—	—

附表 24(1)　相关系数显著性检验所需样本容量 *n*

单侧检验 $\alpha = 0.10$（双侧检验 $\alpha = 0.20$）

$(1-\beta)$ ＼ ρ	.10	.20	.30	.40	.50	60	.70	.80	.90
.25	39	11	6	4	3	3	3	3	3
.50	165	42	19	11	7	5	4	3	3
.60	236	59	27	15	10	7	5	4	3
.70	326	81	36	20	13	9	6	5	4
.75	383	95	42	23	14	10	7	5	4
.80	450	112	49	27	17	11	8	6	4
.85	536	133	58	32	19	13	9	6	4
.90	655	162	71	39	24	16	11	7	5
.95	864	213	93	50	31	20	13	9	6
.99	1 296	319	138	75	45	29	19	13	8

附表 24(2)　相关系数显著性检验所需样本容量 *n*

单侧检验 $\alpha = 0.05$（双侧检验 $\alpha = 0.10$）

$(1-\beta)$ ＼ ρ	.10	.20	.30	.40	.50	60	.70	.80	.90
.25	99	24	12	8	6	4	4	3	3
.50	277	69	30	17	11	8	6	5	4
.60	368	92	40	22	14	10	7	5	4
.70	470	117	51	28	18	12	8	6	4
.75	537	133	58	32	20	13	9	7	5
.80	618	153	68	37	22	15	10	7	5
.85	727	180	78	43	26	17	12	8	6
.90	864	213	93	50	31	20	13	9	6
.95	1 105	272	118	64	39	25	16	11	7
.99	1 585	389	168	91	55	35	23	15	10

统计用表

附表 24(3) 相关系数显著性检验所需样本容量 *n*

单侧检验 $\alpha = 0.025$（双侧检验 $\alpha = 0.05$）

$(1-\beta)$ ＼ ρ	.10	.20	.30	.40	.50	60	.70	.80	.90
.25	166	42	20	12	8	6	5	4	3
.50	384	95	42	24	15	10	7	6	4
.60	489	121	53	29	18	12	9	6	5
.70	616	152	66	37	23	15	10	7	5
.75	692	171	74	41	25	17	11	8	6
.80	783	193	84	46	28	18	12	9	6
.85	895	221	96	52	32	21	14	10	6
.90	1 046	258	112	61	37	24	16	11	7
.95	1 308	322	139	75	46	30	19	13	8
.99	1 828	449	194	104	63	40	27	18	11

附表 24(4) 相关系数显著性检验所需样本容量 *n*

单侧检验 $\alpha = 0.01$（双侧检验 $\alpha = 0.02$）

$(1-\beta)$ ＼ ρ	.10	.20	.30	.40	.50	60	.70	.80	.90
.25	273	68	31	18	12	9	7	5	4
.50	540	134	59	31	20	14	10	7	5
.60	663	164	72	39	24	16	11	8	6
.70	809	200	87	48	29	19	13	9	6
.75	897	221	96	53	32	21	14	10	7
.80	998	246	107	58	36	23	16	11	7
.85	1 126	277	120	65	40	26	17	13	8
.90	1 296	319	138	75	45	29	20	13	8
.95	1 585	389	168	91	55	35	23	16	10
.99	2 154	529	228	123	74	47	31	20	13

附表 24(5)　相关系数显著性检验所需样本容量 n

单侧检验 $\alpha = 0.005$(双侧检验 $\alpha = 0.01$)

$(1-\beta)$ ＼ ρ	.10	.20	.30	.40	.50	60	.70	.80	.90
.25	362	90	40	23	15	11	8	6	5
.50	662	164	71	39	24	16	12	8	6
.60	797	197	86	47	29	19	13	9	7
.70	957	236	102	56	34	23	15	11	7
.75	1 052	259	112	61	37	25	17	11	8
.80	1 163	286	124	67	41	27	18	12	8
.85	1 299	320	138	75	45	30	20	13	9
.90	1 480	364	157	85	51	34	22	15	9
.95	1 790	440	190	102	62	40	26	17	11
.99	2 390	587	253	136	82	52	34	23	13

统
计
用
表